ヒトラーとシュタウフェンベルク家

「ワルキューレ」に賭けた一族の肖像

ペーター・ホフマン
大山晶 訳

目次

ヒトラーとシュタウフェンベルク家

目　次

プロローグ

シュタウフェンベルク家の三人の兄弟は、みな二〇世紀の最初の一〇年間に生まれた。幼少時から青年期にかけて、彼らの人格形成に大きな影響を与えた要素が三つある。

第一に、一族が育んできた昔ながらのしきたりと価値観。シュヴァーベンとフランケンに所有する土地。シュトゥットガルトのヴュルテンブルク王室とのつながり、国家に貢献してきたという伝統。

第二に、教育を受けた学校の精神と教え、とくに古典を重視した教育。

第三が、詩の世界と詩人からの影響だ。

兄弟が何よりも優先したのは、祖国への奉仕だった。かつてビスマルクは、当時の同意見の人々にならすぐに通じる簡潔な言葉で、次のように語っている。プロイセン人農夫の息子たちが国に背く主張をしたからといって銃で撃たれる道理はないが、「貴族の場合は話が別だ。貴族は大義のために生きているからだ」。一九三三〜四五年にかけてのナチ独裁政権下で、人類史上まれに見る犯罪に直面したシュタウフェンベルク家の兄弟は、職業の価値観と外在的な状況から、自分たちの母国の過去と現在を比較し、疑問を抱かざるをえなかった。

どのような経緯で、クラウス・フォン・シュタウフェンベルク伯爵はベルリンの軍務省中庭の砂山の前で

銃殺されたのか。兄ベルトルトはプレッツェンゼー刑務所の処刑小屋で絞首刑に処せられたのか。犠牲になった二人と生き延びた兄、母親、未亡人、子どもたちの苦悩は何を意味するのか。

シュタウフェンベルク兄弟について詳しく知ろうとしたとき、そこには多くの困難が待ち受けていた。なぜなら彼らは世間の人々とは一線を画していたからだ。

一族の中でも貴族階級においても、カトリック団体においても、学校においても、職業についてからも。この事実は一次資料から色濃く浮かび上がってくる。証人たちがシュタウフェンベルク兄弟と親しければ親しいほど、尊敬、賞賛、非凡さ以外の印象や見解を口にすることには慎重になる。これはとくにクラウスの文武両道の性格全般について、よくあてはまるようだ。もちろん証人がシュタウフェンベルク兄弟をよく知らなければ、証言にはおのずと限界が生じるが。クラウス・シュタウフェンベルクについての否定的情報はほとんどないといってよい。懐疑的な研究者ならば、それを愛国心のせいにするだろうが、きめ細かく吟味していくと、そのような疑念は見当違いだとわかる。実際、シュタウフェンベルク兄弟を知る多数の人々が強調するのは、彼らが知的にも肉体的にも非凡であった点だ。

シュタウフェンベルク兄弟は、自分たちと他者との違いをよく認識していた。ひとつには、貴族の伝統を色濃く受け継いでいたためだ。現代ならば階級についての話題に不快感や偏見を抱く者もいるかもしれない。だが、生まれながらに授かっている環境の違いや階級の違いをタブー視して、「人間はみな平等」であることを前提にすると、対等を拒否した文化への理解が難しくなる可能性がある。もちろん、ありもしない平等にあこがれる風潮によって、不平等が軽減されるわけでもない。個人によって社会的・文化的素性、遺伝的形質、教育、地位、業績、特権はさまざまなのだ。

しかし、より広範な状況から判断すると、シュタウフェンベルク兄弟の生活には不利な側面もあった。クラウス・シュタウフェンベルク自身もこう述べている。「参謀将校として、われわれはみな責任を共有しなければならない」。クラウスのいとこで友人でもあるペーター・ヨルク・フォン・ヴァルテンブルク伯爵は、未遂に終わったクーデターに加担したせいで死を余儀なくされたが、処刑の二日前に、「われわれすべてにのしかかっていた罪悪感のために」自分は行動せざるをえなかったと記している。シュタウフェンベルクもヨルクも、ドイツの名のもとで犯された膨大かつ甚大な罪に深く苦しんでいた。ゲシュタポによる尋問においてヨルクは、政権を非難する根拠として、ユダヤ人に対する「絶滅政策」をあげている。彼に絞首刑の判決を下した「民族法廷」では、自分とシュタウフェンベルクが迫害をどれほど嫌悪したかについて強調している。この迫害を裁判長ローラント・フライスラーは「ユダヤ人の根絶」と呼んでいた。アクセル・フォン・デム・ブッシェは一九四二年一〇月五日にドブノで目撃したユダヤ人大量銃殺に言及し、「そもそも、この虐殺がなければ七月二〇日の事件は起こらなかっただろう」と断言している。

ヨルクとシュタウフェンベルクは自分たちが極悪非道な行為を知るのが遅すぎて異議を唱えられなかった点、そして事実を知った後も、憤慨しながら行動をなかなか起こさなかった点が自分たちの罪だと認めた。しかし一個人が最終的にどうすべきだったかを追求するのは歴史的に重要ではない。

いずれにも共通する責任への悔恨は、倫理から生じたもので、シュタウフェンベルク兄弟と友人たちは、社会のあらゆる人々の規範として最高位にまでもち上げられた。一九四四年七月二〇日のクーデター失敗から三ヵ月後、ゲシュタポの調査委員長、ＳＳ中佐ヴァルター・フォン・キールピンスキーは調査結果を次のようにまとめている。「この反動的陰謀グループは国家社会主義の理念から精神的に完全に隔絶しているのが特徴で、何よりもユダヤ人問題に関する自分たちの考えを誇張している。（中略）彼らは原則としてユダヤ人にもドイツ人と同じ地位を与えるという寛大な姿勢に固執している」。クラウス・シュタウフェンベルクの一九四二年四月以降の発言、そしてベルトルト・シュタウフェンベルク、アレクサンダー・シュタウフェンベルク、ペーター・ヨルクがゲシュタポと民族法廷で行った証言は、彼らの個々の事例に共通する結論を裏づけている。

シュタウフェンベルク兄弟を束ねてきたのは「世界観」ではない。彼らはむしろ思想統制の「拒否」を心がけていた。クラウス・シュタウフェンベルクは、いかなる政党にも傾倒していない。ある親しい友人は、もしクラウスが政党について真剣に考えたとしたら、むしろ自分で結党していただろうと述べている。しかし、シュタウフェンベルクも晩年には、ドイツ人である意義がわかる基本的教義に触れた文書を作成すべきだと主張している。

シュタウフェンベルク兄弟の主な動機は、国家に貢献する伝統をもつ貴族としての自覚と、祖国が歩んでいる知的・政治的な歴史への懸念に根ざしていた。一族の名誉や、詩人シュテファン・ゲオルゲから学んだ理念、そして軍人としてあるべき姿勢が彼らを突き動かしたのだ。

この三つがあればこそ、ヒトラーによる戦争の犯罪要素に彼らは気づくことができた。これらはすべて、ごく幼い頃から繰り返し認識されていたに違いない。それが一九四二年四月頃には鮮明に自覚されるようになり、第一義になっていったのだ。

当時の情報を探りだす作業には、かなり難しい面がある。外部の低俗な世界に対して口を閉ざす一族のあり方、そして詩人シュテファン・ゲオルゲを師とするサークル（ゲオルゲ クライス）の閉鎖的な秘密主義は、情報を記録から隠したり暗号化したりする傾向があった。シュタウフェンベルク兄弟が「師」に歓迎され、教えを受けた瞬間から、彼らと外の世界の間には目に見えない壁ができた。その壁を通り抜けることができるのは、シュテファン・ゲオルゲの思想を熟知し、支持する者だけだ。今、この目に見えない壁を解明しようとする者は、ゲオルゲ クライスの思想が最後までシュタウフェンベルク兄弟に強く影響を及ぼし続けたことに驚くだろう。

軍人になろうというクラウス・シュタウフェンベルクの決意は、伝記の情報をさらに記号化した。祖国のために進んで死ぬ軍人としての覚悟のせいで、彼の日常生活や精神構造についての情報が見えないからだ。

ゲオルゲ クライス以外の世界に関していえば、さらにわれわれを惑わすのは陸軍参謀本部との関係だ。一九三八〜四二年にかけて参謀総長を務めたフランツ・ハルダー大将は、初期のシュタウフェンベルクの伝記作家に、「参謀本部の仕事は大衆が立ち入ることのできない世界なので」、その歴史を書くのは事実上不可能だと書き送っている。

ヨアヒム・クラマルツが一九六五年に出版したシュタウフェンベルク伝の序文によると、四四年七月二〇日の事件後、ゲシュタポはシュタウフェンベルクのベルリンのアパートとバンベルクの自宅を捜索し、ほんの小さな紙片にいたるまで押収したという。そのため、残っている資料はごくわずかだ。誰かが燃やさずにおいた数通の手紙、葉書、数冊の軍事関係のファイルなどである。六八年にシュテファン・ゲオルゲの書類を受け継いだロベルト・ベーリンガーが、クラウス・シュタウフェンベルクが書いた五通の手紙と六篇の詩を閲覧できるようにした。また、七〇年にシュタウフェンベルクに関する長い論文を発表したクリスティアン・ミュラーは、さらに数通の手紙とシュタウフェンベルクの学校時代の練習帳を発見している。

筆者がシュタウフェンベルクの思想を研究し始めた頃、関係書類の保管先はすべて調べ尽くされたかと思われた。しかしクラマルツとミュラーが探し出したよりも、さらに多くの資料が現存していることがまもなく判明した。筆者はこれまでにクラウス・シュタウフェンベルクの書いた六〇通以上の手紙の原文およびコピーと、多くのプライベートな資料とパブリックな資料、兄ベルトルトとアレクサンダー・シュタウフェンベルクの書いた数百通の手紙、彼らによる文章、メモ、友人からの通信と文書、来客名簿、未使用の記録を入手している。

クラウスの兄であるベルトルトとアレクサンダーの研究も、ゲオルゲの友人たちについての研究と同じく成果を上げている。ラウトリンゲンの邸宅からゲシュタポに押収され、一九四四年一一月にライプチヒに近いマルククレーベルクの国家保安本部支部に運び込まれた書類でさえ現存している。シュテファン・ゲオルゲの相続人ロベルト・ベーリンガーがこれらの返還を要求し、六一年に受け取って七〇年代にシュトゥットガルトに新設されたシュテファン・ゲオルゲ文書館に移した。大方の予想に反して、ここから一九四三年のチュニジアでのクラウスの勤務期間についての多くが判明する可能性が生まれた。四四年の春にクラウスがヒトラー政権を転覆させせようと努力していたことを示す重要な数枚の文書も、最近ポツダムの文書庫で閲覧可能になった。一方、ゲシュタポが押収した多数の書類は今だに発見されておらず、失われたと考えられている。多くの文書、とくに手紙は、四四年七月二〇日以降、警察の捜査を恐れた持ち主によって廃棄された。

この序章で、私は名前をあげきれないほど多くの方々の助力に感謝したい。
誰よりも私の父、故ヴィルヘルム・ホフマンに感謝を。私の調査の解釈について論じ、思いやりのこもった助言を与えてくれた。さらに特別な感謝をカレン・ビンゲル、ヴァーレンティーン・ボス、故ルドルフ・ファールナー、ローレ・フランク、マンフレート・ケーリッグ、クレメンス・フォン・クレンペラー、ヨアヒム・クラマルツ、リヒャルト・ランブ、H・O・マロネ、リューディガー・フォン・マンシュタイン、フランク・ニコシア、故テオドール・プフィーツァー、カテリーネ・ザムス、オルガ・フォン・ザウケン、ペーター・ザウアーブルッフ、アルベルト・シック（第一〇機甲師団の他の多くのメンバーの代表として）、ブラッドリー・スミス、多くのシュタウフェンベルク一族と、とくにシュタウフェンベルク伯爵夫人ニナ、故アルフレート・シュタウフェンベルク伯爵、ベルトルト・シュタウフェンベルク伯爵、ハンス・クリストフ・シュタウフェンベルク男爵に。私の同僚、故ロベルト・フォーゲル、ゲンマ・ヴォルタース＝ティールシュ、エーベルハルト・ツェラー、シュテファン・ゲオルゲ文書館、ドイツ連邦公文書館、ポツダム連邦文書館、ドイツ連邦軍事文書館、ドイツ連邦公文書館中央記録書局、ドイツ現代史研究所、ドイツベルリン（国防軍情報局）、リルケ文書館、ワシントンの国立公文書館、マギル大学マクレナン図書館に感謝を。息子のペーター・Fに特別の感謝を。彼はタイプ原稿を読んで、多くの貴重な忠告を与えてくれた。

また、マギル大学大学院研究科が寛大な支援をしてくれたことに感謝する。同じ感謝をカナダ社会・人文科学研究会議、フォルクスワーゲン基金、キラム基金に捧げたい。

ペーター・ホフマン

一九九四年、モントリオール、マギル大学にて

1章　子ども時代　第一次世界大戦　新しい始まり

記録によれば、シュタウフェンベルク家の歴史はネッカー川の南、ドナウ川上流にある一三世紀のシュヴァーベンにさかのぼる。この時代、ドイツ王の力は弱まり、他の諸侯たち同様、ツォレルン伯爵も王族に負けない勢力を誇っていた。ツォレルン伯爵に仕えていた一族の中に酌人あるいは給仕（Schenken）に任命された者がおり、その結果、「シェンケン」が一門の名となった。姓には住居のある場所が付け加えられる。一族の場合、それにあたる場所が、ドイツ南部に多い円錐形の山々のひとつであるシュタウフェンベルクだった。こうして一族は「シェンケン・フォン・シュタウフェンベルク」と呼ばれることになる。

一五世紀末、「シュタウフェンベルク」は一族の永続的な名となった。一族の中にはそれをシュタウフェン王朝と結びつける伝説もある。シュタウフェンベルク家が躍進を遂げたのは一六九八年のことで、この年、皇帝レオポルト一世が一族のひとりに世襲男爵（Freiherr）の位を与え、一七九一年には皇帝レオポルト二世が別のひとりに世襲の帝国伯爵（Reichsgraf）の位を与えた。

シュタウフェンベルク兄弟は男爵の家系出身だが、先祖のひとりフランツ・ルートヴィヒ・シェンク・フォン・シュタウフェンベルク男爵が、一八七四年に国王ルートヴィヒ二世からバイエルン王国の世襲伯爵（Graf）の位を与えられた。彼はバイエルン議会（Land tag）の一員として、「純粋に人道的な観点から」死刑廃止を求めて運動した人物である。一族は一五六六年には結婚によってノルトリンゲンに近いアーメルディンゲンを、また一七世紀と一八世紀にはバンベルクに近いグライフェンシュタイン、ギュンツブルクに近いイェティンゲン、シュヴァーベン アルプスの南麓にあるエビンゲンに程近いラウトリンゲンを領地に加えた。三世紀にわたり、一族のメンバーはバンベルク、ヴュルツブルク、アウグスブルクで司教座聖堂参事会員を務め、バンベルクの主教兼任諸侯の組織において代理司祭を務めた。自身が主教兼任諸侯となった先祖もいる。

シュタウフェンベルク兄弟の父でラウトリンゲンを所領としたアルフレート・シェンク・フォン・シュタウフェンベルク伯爵は、初代バイエルン伯爵の孫にあたる。彼はヴュルテンベルク王の軍で少佐の地位を得、一九〇八年からは侍従長としてシュトゥットガルトの宮廷に仕えた。一九一八年一一月末に心から敬愛した王が退位すると、アルフレートは自分が引退する一九二八年まで王族の私有地の管理にあたった。彼は実利を重んじるたちで、電気ケーブルを設置し、家具を修理し、ラウトリンゲンの厳しい天候の中でアーティチョークの栽培すらした。また、こういった仕事に子どもたちも参加させている。一九〇四年五月、カトリック教徒の伯爵はルター派のカロリーネ・フォン・ユクスキュル＝ギレンバント伯爵令嬢と結婚した。彼女の父はオーストリア帝国の中佐、母ヴァレリエは元フォン・ホーエンタール伯爵令嬢で、陸軍元帥アウグスト・ナイトハルト・フォン・グナイゼナウ伯爵の子孫にあたる。カロリーネは芸術や現代文学への造詣が深く、台所の神秘には概して無関心だった。しかし子どもたちを愛情たっぷりに育て、独語だけでなく仏語と英語で彼らと話し、知的な趣味を奨励した。宮廷の侍従長という一家の環境が、子どもたちの物腰や考え方を形成した。兄弟のひとりは、自分たちの育った流儀が「非常に価値あるものだった」と思い返している。

双子のベルトルトとアレクサンダーは一九〇五年三月一五日にシュトゥットガルトで生まれた。アレクサンダーは陽気で人懐っこく、ベルトルトよりも少し小柄でのんびりやで、音楽の才に恵まれていた。ベルトルトは夢見がちの内気な少年だったようだ。彼の美しい目は深遠な表情をたたえ、母親を驚かせた。一九〇七年一〇月のある晩、双子はラウトリンゲンの村の教会に行きたがった。母親は彼らを聖母マリア像の前に連れていき、「天なる母」の前で祈るときには両手を組み合わせなさいと促した。アレクサンダーはいわれたとおりにしたが、ベルトルトは真剣な表情で、自分の母親に小さな手を伸ばして「天なる母はここにいるもの」といった。

1. カロリーネ・シェンク・シュタウフェンベルク伯爵夫人（元ユクスキュル＝ギレンバント伯爵令嬢）、1910年頃

夏になるとヴュルテンベルク王妃シャルロッテがシュトゥットガルトに、あるいはラウトリンゲンに、頻繁にカロリーネを訪ねてきた。王妃とカロリーネは結婚する前からの親しい友人だったのだ。子どもたちは彼女を「ケー」（Königin 女王の意）と呼んでいた。ベルトルトは一度王妃の手にキスするついでにかみついて、彼女を仰天させたことがあった。すてきな冗談のつもりだったようだ。

一九〇七年一一月一五日、カロリーネ

2．シュヴァーベン アルプス南麓、エビンゲンに程近いラウトリンゲン。1910年頃のリノリウム版画と現在の写真

3．上：ベルトルトとアレクサンダー、ラウトリンゲンにて、1908年
　下：左からアレクサンダー、ベルトルト、クラウス。ラウトリンゲンの近くで、1914年

はもう一組、双子を出産した。クラウス・フィリップとコンラート・マリアである。カロリーネは妊娠八ヵ月で、たまたま姑とイェティンゲンに滞在していた。コンラートは生後一日で亡くなった。成長したクラウスは、亡くなった弟のことを知らされると悲しんだ。弟の墓に供えてほしいといって、母親のところによく花を持ってきたという。

ベルトルトはもっぱら一番下の弟に愛情を注ぎ、何かとかまってやりたがった。彼ほどには弟に夢中にならず淡々としていたアレクサンダーは、少々孤立していた。クラウスは兄たちに比べると体が弱かったが、彼もアレクサンダーも痛みにはあまり動じなかった。クラウスは四歳で馬も干し草を積んだ荷馬車も怖がらなかったという。ラウトリンゲン周辺の険しい岩に登りながら、彼は英雄になりたいと宣言した。村一番の無鉄砲な少年とも互角に渡り合った。一九一三年二月にシルヴァプラーナに出かけた際には、もっとも険しいスキーコースを好んだ。一九一四年七月にちょっとした手術を受けたが、医師も看護師もクラウスの精神的な強さに驚いた。彼はこう公言したのである。「僕はもう十分勇敢だから軍人にもなれるし、大きくなったら全部の戦争に行くんだ」。年長者や同年代の者たちは、クラウスの金髪と大きな目に魅力を感じた。彼は飲み込みが速く、ものごとを苦もなく覚えた。

アレクサンダーとクラウスは、ベルトルトとは違って信心深かった。クラウスは三歳のとき、よく死についての夢を見たらしく、天国に行かないで「ずっとここにいたい」といった。いい子にしていたから、煉獄ではなく天国に行くだろう、ということもあった。

ベルトルトは一九一三年にジフテリアを患っている間、第二次バルカン戦争終結までの交渉の見込みを自分なりに検討して、母にこういった。「見ていてごらん。話はまとまらないよ。トルコはブルガリアのいうことなんか聞かないし、バルカン半島の国だってトルコの話なんか聞くもんか。だから戦争は続くよ」。母親は彼が知的に早熟すぎるのではないかと心配した。

クラウスは明解で単純な解決法を好んだ。九歳のとき、彼は宗教改革についてこう意見を述べている。ルターがもっと辛抱強くて、法王と修道士を説得してもっとよい行いをさせていたら、キリスト教が分裂することもなく、そのほうがずっとよかったのに。また、翌年には金銭の廃止を提案している。そうすれば、金持ちも貧乏人もいなくなるというのだ。世界のすべての不幸は金が原因だ、ニーベルンゲンの物語を読めばわかるよ、と彼はいった。

アレクサンダーが一九一七年一月にジフテリアにかかると、兄弟はユクスキュル伯爵家のオルガおば（オーシュ）とともに、彼女の仕事用フラットに隔離された。ここはかつてカール・オイゲン公爵が設立した「アカデミー」だった。一九一八年七月にはアレクサンダーが胸膜の感染症によって肺炎を起こした。彼は聖体を拝領し、兄弟が同じことをして回復を祈ってくれるよう望んだ。

兄弟が子ども時代に親しんだ場所は、家族の公邸だったシュトゥットガルトの旧宮殿、ラウトリンゲンの自宅、イェティンゲン、アーメルディンゲン、グライフェンシュタインにある親類の家々（それらはすべてSchloss、ドイツ語で「城館」と呼ばれた）などである。母と子どもたちで北海やアルプスに休暇を過ごしに行くこともあった。庭園めぐり、サロン、茶会、王族との交際、カンシュタットにあるヴィルヘルマ公園訪問は、お決まりの行事だった。

双子は家庭教師について学び、一九一三年秋からエーベルハルト ルートヴィヒ ギムナジウムに通い始めた。とくに古典を重視していたシュトゥットガルト一の中等学校である。時期を同じくしてクラウスも私立学校に入り、喜び勇んで兄たちと競うように勉強を始めた。一九一六年からはクラウスもギムナジウムに通った。三人の兄弟はピアノとヴァイオリンも演奏した。一九一七年にクラウスはチェロを始めている。

同じ年、ベルトルトとクラウスはともに学年で一番の成績をとった。アレクサンダーは一四番だった。最後の（卒業）試験で、ベルトルトの評価は平均して「良」、アレクサンダーは「申し分ない」、クラウスはその中間だった。三人とも詩を書いたが、アレクサンダーだけは正真正銘の詩人だった。ベルトルトは明晰かつ鋭敏な優れた知性の持ち主で、現実的ではあるものの、情熱と空想力も備えていた。同時に寡黙で不器用で内気でもあり、人付き合いが苦手だった。

一九一四年七月三一日、ラウトリンゲンで休暇を過ごしていた一家は、王がコンスタンツ湖畔のフリードリヒシャーフェンにある夏宮殿からシュトゥットガルトに戻ったことを電話で知った。侍従長も戻らねばならない。村の通りでは男たちや少年たちが集まって、興奮しながらしゃべっていた。女たちは玄関の前で泣いている。熱狂している様子はなかった。八月一日、カロリーネは子どもたちを連れてシュトゥットガルトに戻ることに決めた。彼女は日記にこう書いている。「世界中が大きな興奮の渦に巻き込まれているのに、私は子どもたちと明るい陽光の中を歩き回っている。こんなことではいけない。耐えられない。（中略）夜にもう一度電話した。何もかもが戦時動員されているのだから、私もそちらに行きたい、と。アルフレートは反対したが、結局許してくれた」。八月二日、母と子どもたち、アイルランド人家庭教師ミス・バリーと数人の召使いがシュトゥットガルトに向けて出発した。混雑した列車の中は、ドナウ川の橋が破壊されスパイが銃殺されたという噂でもちきりだった。

旧宮殿は野戦病院として使用された。第一槍騎兵連隊の少佐であるベルトルトおじは連隊に合流した。ア

4．左からアレクサンダー、クラウス、母親とベルトルト。1915年、シュトゥットガルトの旧宮殿にて

ルフレートは前線行きを希望していた。ユクスキュル伯爵であるニコラウスおじ（ヌクスおじ）は、オーストリア帝国の大尉であるとともに、フイン伯爵カール騎兵隊監察官下の王室参謀部大尉でもあった。八月一三日、ベルトルトおじの息子であるクレメンス・シュタウフェンベルク伯爵が肺を撃ち抜かれたという知らせが届いた。

八月二八日、シュトゥットガルトに空襲警報が発令され、砲撃も少なからずあったが、明らかにそれは「すべて無駄」だった。人々が大きな関心をもって見守る中、負傷兵が街路を通り抜けていく。勝利の発表は人々に興奮を巻き起こした。英語しか話せないミス・バリーはもはや子どもたちと出かけることもできず、彼女の姉妹が亡くなったという知らせを受けて一九一五年一月に帰国するまで、日に二度警察に出頭することを義務づけられていた。カロリ

5．上：左からアレクサンダー、クラウス、ベルトルト。1913年、シュトゥットガルトの旧宮殿にて
下：左からベルトルト、アレクサンダー、クラウス。1917年、ラウトリンゲンにて

ーネは日記に、負傷者が呆然として無気力になっている様子、戦闘と敗北の恐怖、ニコラウスについての心配、平和への願いを綴っている。戦争に熱狂するような言葉はひと言も記されていない。

戦争に対する子どもたちの反応は、もちろんまったく異なっていた。「戦争に心躍らせていた」のだ。クラウスはある朝、カロリーネのところにきてすすり泣いた。「僕たちは一〇年たてば入隊できるけど、クラウスはだめだよ」と兄たちにいわれたからだ。彼をなだめるのには時間がかかった。彼女はしまいに、自分が「英雄」になって子どもたちみんなを戦争に行かせてあげます、と約束しなければならなかった。クラウスは毎晩、すべての兵士が再び家に帰れますように、負傷者がよくなりますように、死んだ兵士はみな天国へ行けますように、と祈った。一九一四年八月、アレクサンダーはリエージュでの勝戦を指揮したオットー・フォン・エンミッヒ中将に敬意を表して一編の詩を書いた。一九一五年には、沈没した機雷敷設艦ケーニギン・ルイーゼについての詩と、「ドイツ」についての詩を書いている。ベルトルトとクラウスは、「われらの敵」と潜水艦U9について、技巧にはしらない、悲痛さのこもった詩を書いた。ベルトルトはドイツ海軍に大きな関心を抱くようになり、一九一六年一一月に海軍の歴史についての作文を書き、学校で発表している。

一九一五年六月二二日、旧宮殿でボランティアを務めていた病院助手たちはみな、夏の休暇に出かけた。学年も終わり、ベルトルトは終業式の日に年度賞を受賞し、母と息子たちはラウトリンゲンに出発した。ティアベルクにある一家の農場から連れてきた犬のハーロウも一緒だ。鉄道の駅から大きな木箱を引いていくためにロバを荷車につないだが、駅から六メートルも行かないところで車輪がはずれ、荷車はひっくり返った。彼らは村の子どもたちから麻疹《はしか》をうつされ、アレクサンダーは咳がひどくなり、ベルトルトは橋の柵から「断崖絶壁へと」転落した。八月七日にワルシャワ、一八日にはコヴノとブレスト＝リトフスクが陥落し、

6．上：ラウトリンゲンの中庭、1917年。ロバに乗っているのがクラウス、帽子をかぶっているのがアレクサンダー、箱の上に座っているのがベルトルト
下：ラウトリンゲンの庭、1917年。左からアレクサンダー、クラウス、ベルトルトと両親

八月二五日、カロリーネは旗を掲げるよう命じ、司祭に鐘を鳴らさせた。しかし一九一六年の春になると、人々がヴェルダンの戦いについてどれほど心配しているかを彼女は記している。「ヴェルダンでは味方に多くの戦死者が出るだろう。みな、いつもそう話している」

一九一五年九月、少年たちはシュトゥットガルトの学校に戻った。時折空襲はあったものの、授業が少々中断される程度にすぎなかった。秋の最大の呼びものは、旧宮殿円形ホールで開かれる演奏会だった。クリスマスには、宮廷付き司祭コンラート・ホフマンによる式辞ののち、長いテーブルの両端から中央に向かって二〇〇人の子どもたちが列をつくり、王と王妃から贈り物を受け取った。イギリスによる封鎖のために食糧が不足し、カロリーネは毎晩シュトゥットガルトの鉄道駅で兵士たちにお茶をふるまう習慣をやめざるをえなくなった。一九一六年の春には、ヴェルダンが暗い影を落としていた。兄弟は他家の子どもたちと「潜水艦のための」演奏会を開き、一二〇〇マルクの寄付金を集めている。

一九一七年三月、アルフレート・フォン・ホーファッカーがヴェルダンで戦死した。カロリーネの姉アルベルティーネの息子である。もうひとりの甥ツェーザルはマケドニアで飛行隊に勤務していたが、休暇をとってラウトリンゲンに戻り、シュタウフェンベルク家とホーファッカー家はともにイースターを過ごした。一九一八年、ツェーザルはドイツ軍事使節団の一員としてトルコに駐在する。おじであるニコラウス・ユクスキュル伯爵も、一九一七年の終わりから一九一八年にかけて、コンスタンチノープルでオーストリア大使館付き武官を務めていた。ツェーザルは一〇月にフランス軍の捕虜となり、一九二〇年三月まで戻らなかった。

一九一七年の夏、双子は干し草づくりや穀物の収穫を手伝えるほどたくましくなっていた。彼らは六時半に干し草置き場に出かける。クラウスが荷車用の動物を家畜小屋から連れ出してつなぎ、双子は荷の積みおろしをした。その年の秋、ギムナジウムがフランス軍将校の捕虜収容所として接収されたため、授業は他の学校の校舎で行われた。一一〜一二月になると空襲はさらに増え、列車は遅れ、翌年一月、石炭不足のために学校は閉鎖された。一家はイェティンゲンで過ごし、大雪に閉じ込められた。

一九一八年七月、アレクサンダーは胸膜炎を患い、シュトゥットガルトの病院に入院した。ベルトルトとクラウスはルートヴィヒスブルクに程近いホイティングスハイムに、父親の侍従仲間の未亡人とともに滞在した。兄弟は滞在先での様子を家に書き送っている。ホーエネック、ルートヴィヒスブルク、モンレポスに行ったこと、ボートに乗ったり泳いだりする計画、新しい干し草につくったトンネルのこと、歩道と花壇の草むしりをしたこと、「昨日は雨が降っていて何もできなかったし、する必要もなかった」ことなどだ。クラウスは、カーネーションのしおれた花を摘み取ったり日光浴をしたりと木曜日の朝はだらだら過ごしたが、午後にはびっくりするようなことがあった、と手紙に書いている。

五回負傷した若き英雄フォン・プリュスコウ氏が、ご両親と一緒にルートヴィヒスブルクからお茶にみえました。足の傷はひどく、添え木をあてていました。馬車から庭まで、男のひとたちが三人がかりで運ばなければなりませんでした。五回も負傷したのに、この勇敢な兵士は前線に戻りたいというのです。彼の父上は身長一九八センチで、ドイツ軍で一番背の高い兵士です。皇帝が外国に行かれるときには副官としてお供するのが習慣になっていたそうです。その後、僕たちは干し草の中にすてきなキツネ穴をつくりました。出口も三つついています。

七月一八日、ベルトルトとクラウスは父親とラウトリンゲンに行き、いとこたち（ニコラウス・ユクスキュルの娘二人と息子ひとり）と一緒に過ごした。ベルトルトは、アレクサンダーに次のような手紙を書いている。「病気が治ったらすぐにこちらにおいで。そうすれば、また一緒に盗賊ごっこや狼ごっこができる。ユクスキュル家の子どもたちは本を読まないでいつも遊びたがるから、あまり読書はできないよ」。八月二日には、盗賊ごっこの隠れ家にしているテントから、テーブルや籐椅子のある小屋に引越した様子を書き送っている。

クラウスがロバを引いて、アレックス（ユクスキュル）が前に座り、僕は家具のてっぺんに立った。いよいよ旅の始まりだ。ヴァイッペルトがお盆を持って笑いながら通り過ぎていった。庭からシャイラーさんがきて、やっぱり笑った。ミュラーさんは自分の家の前に立って、笑っていた。庭のはずれに座っていたイーダおばさんも笑った。要するに、会った人たちみんなに笑われたのだ。僕たちはゆっくりと小屋に近づいていった。所帯道具がひっくりかえらなかったのは驚きだ。電光石火で荷物を全部おろし、あるべき場所に収めた。すぐに中でお茶を飲むことができたよ。僕たちの引越しの話はこれでおしまい。

その後は天気が悪いこと、読書したり、発酵させたイチゴジュースを飲んだり、父親が壁紙を貼るのを手伝ったりして楽しかった、などという報告が続いている。

アレクサンダーは八月二三日にラウトリンゲンに到着した。まだ病み上がりで、元気いっぱいの兄弟やいとこたちに圧倒されたが、静かに幸せそうに笑っていた。八月の終わりから九月の終わりまで、古典語と文

7．ラウトリンゲンにて、1917年。左からアレクサンダー、ベルトルト、クラウス

学を学ぶチルデ・ヴェンデルという女学生が子どもたちの家庭教師にやってきた。ヌクスおじは八月の終わりに休暇で戻ってきた。ヴュルテンベルク赤十字会会長を務めるユクスキュル伯爵令嬢のアレクサンドリーネおば（親しい者たちの間ではウラス、あるいはラスリと呼ばれていた）もモスクワから戻ってきたが、彼女は革命さなかの七月六日に、駐露ドイツ大使フォン・ミルバッハ＝ハルフ伯爵の暗殺を目撃していた。彼女は九ヵ月間、列車とそりで戦争捕虜収容所をまわりながら東シベリアを横断し、凍えかけ飢えかけたドイツ兵が数多く収容されているショッキングな状況を見てきたのだった。持参したお金や毛皮や長靴では、とても足りなかったという。

一九一四年一一月の時点で、参謀総長フォン・ファルケンハイン中将は首相フォン・ベートマン・ホルヴェークに、ドイツは戦争に勝てないだろうと告げていた。それにもかかわらず、ドイツ軍と同盟国は多大な死傷者を出しながら敵の領土深くまで侵攻し、無理やり勝負を決しようとした。一九一八年三月三日にはロシア革命政権との間にブレストリトフスク条約が締結されたが、一八日後に西方で始まる攻撃を確実に成功させるほど十分な軍隊は、ドイツにはなかった。英仏軍の損害を補ってあまりあるほど、アメリカの兵力が増大していたからである。八月八日、イギリス、オーストラリア、フランスの部隊がドイツの前線に決定的な突破口を開いた。八月一三日、参謀長も務めた主計総監ルーデンドルフ中将は首相フォン・ヘルトリングに、もはや軍事攻撃によっても純粋に防衛的な方法によっても、相手から講和を引きだすことはできそうにないと知らせた。こちらから停戦交渉に入らねばならないということだ。

ドイツは一〇月三日に停戦を要請した。この知らせをカロリーネと息子たちが聞いたのは、二日後、秋の休暇でラウトリンゲンからイェティンゲンに向かう途中のことである。その夜遅く、母は子どもたちを教会に連れて行った。クラウスは泣きながらこういった。「僕のドイツが滅びるはずがない。もしドイツがこれで終わっても、強く大きくなってまた立ち上がるよ。だって、神さまはまだいらっしゃるのだから」。アレクサンダーはショックを受け、落胆した。ベルトルトは何もいわなかった。一〇月二四日、ヴュルテンベルクの大新聞シュヴェービッシャー・メルクールの第一面には、アメリカ国務長官ランシングによる二三日付通達のドイツ語訳が掲載された。連合国は彼らが適切と考える講和条件を課す権利を要求し、現在のドイツ政府代表との交渉は拒否する、という内容だ。ドイツ占領を回避するには、君主制を廃止するほかない。

一一月一〇日、新聞各紙は皇帝の退位を報じ、翌日、停戦は合意に達した。

ヴュルテンベルク王ヴィルヘルム二世は、実現不可能な目的のために臣下が血を流すことを望まなかった。一一月二日には、宮殿への機関銃の持ち込みを禁じている。一一月六日、あちこちでデモが行われ騒然としていたにもかかわらず、王はいつもどおり平服を着て、ひとりでシュトゥットガルトの通りを散歩し、民衆からうやうやしくあいさつをされていた。一一月八日、ギムナジウムの生徒たちは普段より早く家に帰された。一一月九日には野外集会の数が増え、王の大臣のひとりが共和国建設のために会議を招集することを提案した。王は、数週間そのつもりでいたと述べ、すぐに命令を出した。午前一一時に暴徒が宮殿に押しかけた。王の侍医グスマン博士が、宮宰のフォン・ノイラート男爵、侍従長のシュタウフェンベルク伯爵、召使いたちとともに、暴徒が王の居室に侵入するのを防いだ。しかし群衆が散り散りになるとすぐ、宮殿の屋根にはためく王家の旗は赤い旗に換えられ、「革命の見張り番」が外に配置された。王は退位を考えていなかったが、赤い旗のもとにとどまるつもりもなく、シュトゥットガルトを去る決意を固めた。

シュタウフェンベルク一家は大混乱の只中にいた。旧宮殿は市の中心部にあり、王宮から数百メートルしか離れていない。朝一〇時に路面電車が止まり、旧宮殿の周囲を大勢の人々がうろつき、急進的な演説が行われ、赤い旗がはためくのが見えた。群衆は兵舎付近や王宮にいる無抵抗な兵から武器を取り上げた。午後、カロリーネが王妃に会いに行くと、白いあごひげに涙をしたたらせ悲嘆な面持ちの王が部屋に入ってきて、去るときがきたといった。自分の代でヴュルテンベルク王国が終わることはかなり以前からわかっていたのだが、このような形での退位は見苦しく、不当に思われた。寛容な統治を心がけてきたからだ。兵士たちでさえみな、彼を見捨てた。流血沙汰は回避するようにと命じたものの、王は明らかに何らかの形で彼らが忠誠を示してくれることを期待していたのだ。

王と王妃、シュタウフェンベルク伯爵、フォン・ゲーファーニッツ中将、数人の側近と侍女は六時半に二台の自動車に分乗し、革命防衛隊に警護され、チュービンゲン近くのベーベンハウゼンに向かった。この町にあるシトー派修道会の旧修道院が王家の狩猟小屋として使われており、ここが隠棲先となったのだ。ヴィルヘルム二世の王位継承者アルブレヒト公の息子フィリップ公爵は、後にシュタウフェンベルク伯爵のことを、王のもっとも忠実な臣下のひとりで、あの悲しい日々に冷静さを失わなかった唯一の人物だと書いている。夜九時には全員が無事にベーベンハウゼンに到着した。一一月一〇日、反革命運動の噂や、ウルムとルートヴィヒブルクの守備隊から王党派の兵団が今にも到着するという噂が届いたが、みな平静を保っていた。一一月一一日、ドイツは武装解除し、戦勝国が課すいかなる条件をも飲む、という停戦条約を受け入れた。一一月一五日はクラウスにとって人生でもっとも悲しい誕生日だった。彼は一日中懸命に涙をこらえ、何の祝いも求めなかった。クラウスは王が抵抗もせず去ったことに落胆していた。

国王夫妻の私有地と恩給についてヴュルテンベルクの新政府と交渉したのは、シュタウフェンベルク伯爵だった。正式な協定は一一月二九日に調印され、翌日、王は退位した。国王一家にはいくらかの財産が残されたものの、王家の所有地、森林などの資産は、シュトゥットガルトとルートヴィヒスブルクの宮殿も含め、国有財産となった。貴族の資産は概ね没収を免れたが、民法の適用を受けることとなった。

何世代にもわたるシュタウフェンベルク一族の伝統は、一一月最後の日に終わった。何世紀もの間、彼らは高貴な臣下として、君臨する国王に仕えてきたし、農民や召使いには尊大な態度をとってきた。それが今、逆転した。自分たちが奉仕する立場にあるという考えに、そうそうなじめるものではなかった。

一九一九年一月初めにはスパルタクス団（共産主義者）が蜂起し、シュトゥットガルトではホスピタル通りにあるヴュルテンベルガー　ツァイトゥンク紙の建物近くで銃撃戦があった。とくに騒然としたある日、カロリーネはホルツガルテン通りのギムナジウムまで息子たちを迎えにいっている。双子のクラスは試験中だったが、彼女は頓着しなかった。暴動、散発的な銃撃、ストライキが二～四月まで続いたのだから、貴族の家族たちが不安に駆られるのも無理はなかった。カロリーネは次のように書いている。「アイスナーがミュンヘンでアルコ伯爵に撃たれた。（中略）略奪や夜間の銃撃が続いている。投獄された貴族は二五人にのぼる」。貴族の多くが、都市にとどまるのは危険だと判断した。地方の領地にいるほうがずっと安全だ。田舎の人々は概して今も忠実だったからだ。それに家族が領地に住んでいれば、所領を没収から守る助けにもなるだろう。シュタウフェンベルク一族のさまざまな分家の代表がシュトゥットガルトに集まり、長子に相続権（当時は法で禁じられていた）のある私有地を一族の法人の所有へと変更した。

四月八日、カロリーネと息子たちは包囲状態にあるニュルンベルクを経由してグライフェンシュタインに旅した。道中で耳にしたのは、ミュンヘンに樹立したレーテ共和国や市街戦、バイエルン政府のバンベルクへの撤退の噂だった。一ヵ月後にはスパルタクス団による人質の射殺、さらにスパルタクス団の崩壊についての噂も聞いた。五月の終わりに一家はラウトリンゲンに戻り、シュトゥットガルトのイェーガー通り八番地にある新しいフラットを公邸として使うよう整えた。政治状況は混沌としていた。もしドイツがヴェルサイユ条約に調印しなければ、フランス軍部隊とアルジェリア先住民騎兵（フランスの植民地から召集された部隊）が国を占領するだろう。五月三一日に王妃が車で訪れ、宝石をカロリーネに預けていった。彼女はそれを服の中に隠してこっそり持ち出し、しばらくスイスに保管しておいた。

六月、少年たちはラウトリンゲンでヌクスおじの子どもたちと合流した。クラウスは旧宮殿にいた頃に自分なりの宗教儀式を始めていたが、それを屋根裏に設けた「祭壇」で続け、八歳のルター派のいとこエリザベート（赤ちゃん）・ユクスキュルも参加させた。「だって、エリザベートはミサのことを何も知らないんだもの」

というのがクラウスの言い分である。ベルトルトはもう一四歳になっていて、天文学や地質学や哲学の本を読んでいた。アレクサンダーは音楽や、ゲーテのヴァイマール滞在について読み、詩を書いていた。

六月半ばから九月半ばまで、三人兄弟はシュトゥットガルトのエリザベート・ディッパーに勉強を教わった。チュービンゲンの大学に入学予定の優秀な女性で、カロリーネがシュトゥットガルト一の女学校校長に家庭教師の推薦を頼んだのは明らかだ。ディッパー嬢が到着すると、少年たちは馬車にロバをつないで駅まで迎えに行き、彼女を乗せると、ロバをできる限り早く走らせて村のでこぼこ道を戻ってきた。ディッパー嬢は自分が試されていることも、どれほど冷静でいられるかに自分の権威がかかっていることも承知していたので、三人の元気いっぱいの少年たちからの挑戦に敢然と立ち向かうことができた。

ディッパー嬢と少年たちは、毎朝、庭のはずれにある小さな塔で朝食をとった。メニューは家で食べるのと同じ「代用コーヒー、湿った黒パン（たまにトーストしてある）、マーガリン、ジャム」である。朝食後、同じ部屋で授業が行われた。昼食と夕食のときには召使いが皿を持ってまわり、料理ごとに新しい皿で供される。子どもたちは皿にのせられた料理はすべて食べなければならなかった。シュタウフェンベルク伯爵は大きなガラスのボウルに入ったサラダを自ら和えた。食事はディッパー嬢が普段食べているものよりも簡素だった。「もっともおそらく上等ではあったのだろうが」。会話はしばしば英語あるいは仏語に切り替わった。コーヒーは図書室に運ばれる。そこで両親と大人たちは歴史や時事問題について語り合い、少年たちは話の内容をおとなしく吸収した。そういっただらだらと長引く食事は迷惑だと、ディッパー嬢は家への手紙に書いている。純粋な食事に加え、それに続く消化のプロセスに毎日少なくとも五時間半を要したからである。昼食の後には昼寝が続き、それで一日が終わってしまう。

シュタウフェンベルク伯爵はディッパー嬢が到着した翌週にやってくる予定だった。彼は妻や息子たちに対し、ぶっきらぼうで厳しく無愛想だといわれていた。伯爵が新体制を不快に感じていたのは確かで、現政府をならず者の集団だと形容した。しかしカロリーネのおばオーシュは、彼を「時代錯誤」だと断言した。

アレクサンダーは父親からの手厳しい小言に傷つきやすかったが、哲学的な洞察力を身につけたクラウスには自分なりの手立てがあった。父の気が済むまでがみがみいわせておいたのだ。三人の少年はディッパー嬢が今読みたがるような本をすでに数多く読み終えていた。彼女はカール・シュルツ（アメリカの政治家）の回顧録やシュペングラーの『西洋の没落』について三人と論じ合った。アレクサンダーはピアノ曲を作曲した。彼は驚くほどだまされやすく、まだ純真だった。ベルトルトはどんな学科でもたちどころに習得してしまうので、ディッパー嬢はギリシャ語の知識を総動員しなければ彼の質問に答えることはできなかった。アレクサンダーは自分を頭が悪いと考えていたが、兄弟に比べてほんの少しゆっくりしているだけにすぎなかった。ベルトルトはどことなく陰気で、横柄な気配を漂わせていたが、ディッパー嬢はこれを優れた知性のせいだと考えていた。彼の将来の志望は外交官だった。クラウスは始終ラウトリンゲンの邸宅を完全に建て替える計画を練っていた。農業を始め、自分の小さな庭に多くの植物を育てるつもりでいた。まだ自分にどれほどの魅力があるかについては気づいていなかった。九月になって、カロリーネが日光浴のために一日おきの「休日」を提案すると、クラウスはディッパー嬢の授業が減るのを嫌がった。学校で落ちこぼれるのが怖かったのだ（実際にはその危険はまったくなかったのだが）。両者は妥協した。つまり、授業はするが「宿題」をなしにしたのである。それぞれに詩の暗記も課された。クラウスはハインリヒ・ハイネが書いたバビロン王ベルシャザールについてのバラッドを選んだ。エホバを冒涜し、神殿を略奪した王である。彼は情熱的に朗読した。

しかしその同じ夜、ベルシャザールは召使いに殺害された。

一九一九年の夏から、シュタウフェンベルク伯爵が隠居する一九二八年まで、一家は公爵領税務署長公邸であるシュトゥットガルトのイェーガー通り一八番地に暮らしていた。ブドウ園と駅（パウル・ボナーツによる近代的な建物）の間にある家で、ヌクスおじとウラスおばも同じ番地にフラットを構えていた。

当初、クラウスはラウトリンゲンでユクスキュル一家の子どもたちといっしょに新しい家庭教師のエルスベト・ミラーに教わっていた。彼女もエリザベート・ディッパーと同じシュトゥットガルトの女学校校長が推薦した人物である。ベルトルトとアレクサンダーはシュトゥットガルトの学校に戻った。学校が始まった最初の週末にラウトリンゲンにやってきたアレクサンダーは、青ざめ、動揺していた。学友が的を射た論理でキリストの神性に疑問を投げかけたからだ。神の存在を信じられないなら、もはや正餐式に行くことはできない、とアレクサンダーは言い始めたのだ。ベルトルトは実のところ不可知論者だったが、マイスター・エックハルトとアシジの聖フランチェスコには関心をもっていた。学校である教師がカトリックの教義を教える際に、ルターを不快なほど中傷し、幾人かの生徒が抗議したことがあった。ベルトルトは授業中は黙ったままだったが、後で教師のもとにいき、自分も他のカトリックの生徒も、これ以上、低俗な批判をするならば授業には出席しないと宣言している。

当時の偉大な詩人たちは少年を魅了した。彼らが最初に愛したのはホフマンスタールの詩である。生徒を私的に集めて、コンラート・フェルディナント・マイヤーの作品を読む教師もいた。ベルトルトとアレクサンダー兄弟と友人のテオドール・プフィーツァー、ハンス＝ウルリヒ・フォン・マーヒタラーは、ゲーテ、フリードリヒ・ヘッベル、ハインリヒ・フォン・クライストの作品や、リルケの『旗手クリストフ・リルケの愛と死の歌』を集まって読んだ。ノルデ、マッケ、ヤウレンスキーといった表現主義の画家の複製画を持ち寄って展覧会を開く者たちもいた。もっとも正規の授業では、ルネサンス期以降の時代の作品はあえて扱わなかった。家で、学校で、兄弟と友人たちは、ヘルダーリン『エムペードクレス』、ホフマンスタール『ティツィアーノの死』、シェークスピア『ジュリアス・シーザー』のさまざまな場面を演じた。

一九一八年二月、ヴィルヘルム・フォン・シュタウフェンベルク男爵が亡くなった。彼は一九一四年八月からリルケと文通しており、男爵の死後はカロリーネが代わって偉大な詩人と文通することになる。この交流は母と子の姿勢に影響を与えたかもしれない。葬儀のあとカロリーネは、一九一七年九月に手紙をリルケに書き送った。男爵と最後に会った際、リルケが大傑作を書き上げたと話していたこと、その本は書店で入手可能かということ、そして自分もリルケの世界に浸るために男爵のベッド脇で見つけた本を読んでいる、といった内容だった。これに対しリルケは亡き友への哀悼の意を示し、寛大かつ賢明な友が自分に望んだ道を邁進し続けることを何よりの責務と考えているし、自分が彼を同じ方向に駆り立てたということをうれしく思う、と書いている。また、シュタウフェンベルク伯爵夫人が興味を示した作品は断片的な形でしかまだ存在しておらず、全体像はさまざまな会話を交わしている親しい友人にしか理解できないと思われること、遠い将来に出版されるかもしれないが、もしでき上がったら夫人に一冊進呈するつもりでいること、男爵のテーブルのそばにどの本があったのかを教えてほしいということが書かれていた。

カロリーネは、リルケの『ある少年に捧げる鎮魂歌（Requiem auf den Tod eines Knaben）』を読み返して、リルケならば男爵を失ったことへの慰めの言葉を見つけられるかもしれないと思ったと書いている。「悲しみを表現する能力を神が与えてくれた」ことを確認するのは、詩人にとって最大の特権だったに違いない。男爵のベッド脇に積まれた大量の本の中には、ド・コステの『オイレンシュピーゲル』もあった。本の山から離れたところにはアーノルド・ベネットの『二人の女の物語』があった。彼女はこの本も読んでいたが、男爵が何か特別な感想を抱いたとは思わなかった。しかし、彼はメアリー・ハミルトンの『昨日の死（Dead Yesterday）』はみごとだと考えていた。その優れた公正さと客観性には共感を覚えたに違いない。

その後、文通は一時中断している。一九一九年一月、リルケはカロリーネにインセル（出版社）の暦を送った。自薦集を出す決心がついたのは男爵の死によるところが大きいと書いてあった。カロリーネはリルケに感謝し、将来の運命の一撃に対する準備は整っていると述べた。訪れつつある困難な時代に三人の息子を育てる母親として、彼女はそのことを予期していたに違いない。リルケがエミール・ヴェルハーレンの『天上の炎』を進呈した際、カロリーネは感謝の言葉とともに、シュトゥットガルトの旧宮殿バルコニーに立つ三人の息子の写真を同封した。リルケは次のように返信している。夫人の手紙に添えられた写真は多くのことを語ってくれる。三人の息子への夫人の不安もこれで理解できる。だが、この情愛豊かな少年たちの写真を見れば、ハンサムで前途有望な三人の息子が与えてくれる大きな幸福も予想できる、と。

一九一八年にベルンハルト・ユクスキュル伯爵が亡くなった際、シュタウフェンベルク一家はもうひとりの詩人と知り合うことになる。ベルンハルトはプロイセン野戦砲第一守備連隊の士官候補生で、一八九九年生まれだった。彼の父は、カロリーネの父親とは異母兄弟にあたる。ベルンハルトは一九〇七年にベルリン高等裁判所判事エルンスト・モーヴィッツを通じて、シュテファン・ゲオルゲと親交を結んでいた。ベルンハルトのドラッグ中毒仲間アダルベルト・コールスは、休暇から軍務へ時間どおりに帰ることができなかった。ベルンハルトも彼に付き合って、二人で銃で自殺したのだ。しかし、さしあたりシュテファン・ゲオルゲはシュタウフェンベルク一家にとってまだ遠い存在だった。

一九二〇年、シュタウフェンベルク兄弟は手書雑誌『ヘルメス』第一号をつくり上げた。ベルトルトは世界大戦と七年戦争の比較論を寄稿し、その原因は同盟と根拠十分な相互不信にあると特定し、結末が同等に有益でなかったことを惜しんでいる。アレクサンダーは詩とおとぎ話を寄稿した。クラウスは父親の話に触発されたのだろう、失業手当について詳細に説明し、それがドイツを他のどんな敵よりもひどく破壊するだろうと述べている。社会主義、スパルタキズム、ストライキは勢いを増すばかりで、政府はまもなく労働者への支払いを中止せざるをえなくなる、という内容だ。

実際、ドイツは断腸の思いで領土を割譲した後も不安定な状態が続いていた。フランスはラインラントとバイエルンで分離主義の炎をかきたて、ポーランドは国民投票ではドイツに有利だったにもかかわらず、イギリスの支援を受けてシュレジェンと西プロイセンのドイツ領土を奪った。一九二一年一月に協商国が補償要求の詳細を明らかにすると、ドイツは落胆したものの、抵抗への意欲が新たに生まれた。

一九二一年初頭、アレクサンダーは友人テオドール・プフィーツァーに手紙を書いている。「去年のような状況が今年も続けば、僕たちは祖国の埋葬に立ち会うことになるだろう。だが、新たな夜明けの手がかりを知る可能性も大いにある。それははるかな地平線にあるのかもしれないが」。この年の春、アレクサンダーはサラミスの海戦について読み、歴史はバラッドや演劇のよい題材になると思うと明言している。学校ではトーマス・マンの『トニオ・クレーゲル』を夢中になって読んだ。教師は口をゆがめ、自分が若い頃に読んだ「近代」文学を推薦した。フレンセンの『イエルン・ウール』（どちらかというと平凡な小説）などである。

校庭でアレクサンダーはテオドールに、リルケよりも偉大な人物がいるのを知っているかい、シュテファン・ゲオルゲだよ、と教えた。一九二一年、双子とテオドールはゲオルゲの詩集『盟約の星』を読んでいる。

ベルトルトとアレクサンダーには多くの親しい友人がいたが、なかでも二人との親交は彼らが死ぬまで続いた。クラウスの場合、そのような友人の記録は残っていない。病気がちで学校を休むことが多かったせいかもしれないし、クラウスの親友といわれる二人の学友が思い出話を語るほど長生きしなかったせいかもしれない。だが一番の理由は、双子の兄がいないと心細いクラウスが、休憩時間の間も校庭で兄たちにくっついていたからだろう。一九二三年のある日、クラウスはラウトリンゲンから、シュトゥットガルトにいるいとこのアレクサンダー・ユクスキュルに手紙を書いている。彼はアレックスが最後にラウトリンゲンを訪れて以来会えずにいるのを残念がり、二人には話すことがたくさんあると信じていた。最後に会ったときも、互いに愛と友情を感じていたからだ。だがこれはあまり手がかりにはならないように思われる。アレックス・ユクスキュルはどちらかといえば独立心旺盛な人間だからだ。一九二八年頃には、クラウスの友人といえば、シュテファン・ゲオルゲのほぼすべての友人、そして兄たちの友人を意味した。兄たちの学友には、判事の息子テオドール・プフィーツァー、陸軍将校の息子ハンス＝ウルリヒ・フォン・マーヒタラー、イェーガー通り一二番地に住む官僚の息子ルドルフ・オバーミュラー、オーストリア＝ハンガリー領事の父をもつゲオルク・フェデラー、一九〇九年にモスクワで生まれたフランク・メーネルトがいた。フランクの父はドイツ系ロシア人の印刷工で、世界大戦ではドイツ側について戦った。

一九二三年まで、双子とクラウスは「新ボーイスカウト」に所属していた。いくつかあった「青年運動」

(Jugendbewegung) のグループのひとつで、学校に代表者がいた。彼らは徒歩遠征に出かけたり、キャンプファイアーを囲んでシュテファン・ゲオルゲの『盟約の星』を読んだり、古い傭兵の歌を歌ったり、帝国の運命や国民共同体 (Volkgemeinschaft) について話し合ったりした。

ベルトルトとルドルフ・オバーミュラーとのやりとりは、控えめで無口ですらある若きベルトルトがどのような考えを持っていたを知る手がかりになる。彼はルドルフに自分の写真を与え、次のように書いている。

愛は世界の目的だ。実際、まったく純粋な姿でわれわれの前に姿をあらわす。僕に見つけることができるのは美、喜び、愛だけだ。これらはもっとも深い、同一の感覚ではないだろうか。愛に身を捧げるということは、完全を求めることであり、それが道となる。君のベルトルト・シュタウフェンベルク、一九二一年六月。

これはヘルダーリンの『ヒュペリオン』に書かれた言葉だ。「数千年以上、愛は生きている人間を生み出してきた。友情を通して、彼らは再び生まれかわる」。シュテファン・ゲオルゲはこのバリエーションともいうべき言葉を書いている。「愛は世界を生んだ。愛が世界を生まれかわらせるだろう」。一九二二年にベルトルトは、ヘルダーリンとゲオルゲを、自分にとってもっとも偉大な英雄だと明言している。

ルドルフは卒業する一九二二年、ベルトルトに告別の辞を捧げている。「生きている人々の死亡記事」の形で、ベルトルトについての詳細な記事を書いたのだ。ルドルフは神学を学ぶためにチュービンゲンに去ったが、ベルトルトが翌年五月にハイデルベルク大学に入学すると、徒歩で会いにきた。ベルトルトはルドルフに、古代ギリシャとキリスト教との妥協を受け入れることは自分にはできないと伝えている。

この頃には、ベルトルト、クラウス、アレクサンダーは、シュテファン・ゲオルゲに紹介されていた。兄弟よりも少し年上で、シュトゥットガルトの川向こうにあるカンシュタットで育ったマックス・コンメレルは、当時ゲオルゲともっとも親しい人物で、詩のサークルに入る新たな候補者を探し出す名人だった。彼はベルトルトに向けて愛の詩を書き、ベルトルトはゲオルゲに宛てて、そして一四歳のフランク・メーネルトに向けて愛の詩を書いている。

一九二三年の四月と六月にアレクサンダーとベルトルトは、国家の状況を鑑みて、自分たちの務めをどのように考えているかを手紙で説明している。三年後にはクラウスがやはり手紙で、自分の職業選択について説明している。三人とも躊躇することなく、自分の生涯を国民への奉仕に捧げるつもりでいた。ラウトリンゲンには一五〇ヘクタールの賃貸地が二ヵ所あり、それが一家のつつましい田舎暮らしを支えていたと思われる。クラウスは農作業が好きだったが、それにもかかわらず、貴族が土地を保有する唯一の理由は、子どもたちを育て上げて国軍の士官や官僚や専門家として公職に就かせるためだと考えていた。兄弟たちが育った環境と教育、さらには彼らの非常に知的な天性の資質は、三人を自然にそれぞれの能力に適した職業へと向かわせた。彼らは自分たちの輝かしい祖先、つまり父方の主教兼任諸侯と、母方のグナイゼナウ伯爵を意識していた。三人とも当然の権利として、一流の場で国民に奉仕するつもりでいたのだ。

一九二三年一月一一日、フランスとベルギーの部隊がルール地方を占領した。ドイツが意図的に補償の義務を怠ったというのがその理由だった。ドイツが若干の木材と電柱を納品できずにいたのは事実である。若きドイツ人たちは続々と兵に志願した。さまざまな場所、とくに大学で、正規軍とともに防衛軍が組織された。ヴェルサイユ条約は予備軍の訓練を禁じていたが、ルール占領後、ドイツ当局はドイツ国軍の軍事施設に協商国の調査官（フランスとベルギーの役人も含め）が入るのを拒否した。検閲が行われなかった一九二三年一月から翌年初頭までの期間、多くのドイツ人の若者が基礎的な軍事訓練を受けている。その中に、シュタウフェンベルク兄弟と友人たちも含まれていた。

一九二三年の夏学期、アレクサンダーとベルトルトは軍事訓練に向けてハイデルベルク周辺でジョギングに励んだ。アレクサンダーは、第一三歩兵連隊とともにウルムで基礎訓練を受けているテオドール・プフィーツァーに、文学の勉強と修行をするつもりでいたがあきらめた、という内容の手紙を書いている。いつ何時「事態が大きく急変して重大な決定がなされる」かもしれないのだから、「われわれに時間を浪費している権利はない。膠着状態にある今だからこそ、誰もが準備万端整えていなければならないのだ。そうしなければ恐ろしい結末につながるに違いない」。アレクサンダーが二三年五月と六月に書いた戦闘、血、犠牲をテーマにした詩では、剣を手に廃墟の小道を歩くさまが描かれている。アレクサンダーは、自分の人生が「祖国の理想（おそらく、そのモデルはすでに『盟約の星』の中にある）が定めた無限の任務」によって、予想をはるかに超えて充実したものになるだろう、と述べている。ベルトルトの考えもほぼ同じだった。将来について考えるのは無意味だといっていい。なぜなら、まもなく何もかもが完全なる混沌におちいるか、さもなくば、もっとも恐ろしいことだが、アメリカ化して終わる、と彼は考えていたからだ。軍事訓練のためにルートヴィヒスブルクに行くのは、やがて必要となるだろうから、好都合だったのだ。

この年はインフレが進行し、大学の授業料として、ベルトルトは八四二五ライヒスマルク、アレクサンダーは七二二五ライヒスマルクを支払った。ベルトルトは法律を専攻していたが、六月の時点で二つの講義にしか出席していないと書いている。そのうちひとつは文学史研究家でシュテファン・ゲオルゲの友人として有名なグンドルフの講義だった。ベルトルトはほとんどの時間、森を散策したり、川べりやボートで日光浴をしたりして過ごしたと述べている。アレクサンダーも自由を謳歌していた。とくにヴォルデマール・ユクスキュル伯爵（ベルンハルトの弟）がハイデルベルクにきてからはそうだった。ヴォルデマールも一九〇七年からゲオルゲ　クライスに入会しており、最近歴史の学位を得ていた。アレクサンダーは彼と散歩に出かけ、いっしょにアイスキュロスの悲劇を読んだ。アレクサンダーは彼の両親の訪問を楽しみにしており、オーシユおばと王妃を乗せた汽車がハイデルベルクに停車したら、プラットホームまで会いにいくつもりでいた。だが、彼は入場券を郵便切手で払わねばならなくなりそうだった。手持ちの二〇ライヒスマルクでは半ペニーの価値もなかったからだ。「僕たちはオーシュおばさんにずいぶんたくさんお金を出してもらうことになるだろう」と彼は書いている。

ベルトルトはシュヴェービッシュグミュントの第一三歩兵連隊の訓練大隊による訓練にも参加したが、関節炎に罹ったため切り上げざるをえなかった。アレクサンダーはルートヴィヒスブルクの第一八騎兵連隊で、ガイル・フォン・シュヴェッペンブルク大尉（男爵）率いる第四騎兵大隊（バーデン）の訓練に参加した。彼は自分が軍人に向いているとは思わなかったが、馬に乗ることを楽しんでいた。

ラウトリンゲンで休暇を過ごした後、ベルトルトは法律と哲学を専攻するために、一九二三〜二四年にかけての冬学期、イエナ大学に入学した。彼はこの地方はすばらしいが、ゲーテやシラーの時代のような雰囲気はなく、不快な町だと感想を漏らしている。学生たちも含め、人々の性質は不愉快で、知己を得たいと思わせる顔つきをした者はひとりもいなかったという。さらに日用品はインフレのために入手が困難だった。

アレクサンダーは同じ冬、テオドール・プフィーツァーが法律を専攻しているチュービンゲン大学に入学した。彼はカイザー通り六番地でオーシュおばと暮らし、民法、社会政策、ギリシャ ローマ史の講義に履修届を提出した。また、学友カール・シェフォールトと一緒にホメロスを読んでいる。義務感から法律を専攻しようと決めていて、母親に、実利的なシュタウフェンベルク家の性分を受け継いだと書き送っている。「この性分のせいで、メネラオスやキケロがドイツ復活に役立つとは思えないのです」。しかし一九二三年一二月には、すべてが変わった。アレクサンダーは歴史のとりことなり、囚われた状態は本人の望むところだった。

シュテファン・ゲオルゲとの最初の対面は、シュタウフェンベルク兄弟の人生に新たな方向性と意味を与えた。出会いを仲介したのは、リューベック市長の娘で、有名な演劇監督の姉妹、マリア・フェーリングである。彼女はシュトゥットガルトのコッタ出版に勤めており、社長夫人がカロリーネの友人だった関係で、シュタウフェンベルク一家と知り合ったのだった。彼女はシュテファン・ゲオルゲの友人アルブレヒト・フォン・ブルメンタールとも知り合いだった。それで彼女は「少なくとも兄弟のうちの二人はサークルにふさわしい」と推薦したのだ。これはベルトルトとクラウスを意味した。

ブルメンタールは五月の終わりに、ラーン河畔のマールブルクにあるフリードリヒ・ヴォルタース教授の家で、ベルトルトをシュテファン・ゲオルゲに紹介した。教授もまた、ゲオルゲの大切な友人だったのである。クラウスは同じときか、あるいはその後まもなく、ゲオルゲに引き合わされた。アレクサンダーはベルトルトよりも後に、ヴォルデマール・ユクスキュル伯爵から紹介を受けたが、それも一九二三年の五月、ラーン河畔のマールブルクでだった。

ゲオルゲはベルトルトを愛称で呼び、以来、その名は詩人のクライス内で使われることになる。『千夜一夜物語』の登場人物からとった「アジブ」（すばらしい）という名だ。ベルトルトと同じく若いときから賢く早熟で、自分の代がくるのを待ちきれず父王の位を奪った王子の名である。ミュンヘンの人々は、ベルトルトをヴィッテルスバッハ家のプリンスとみなしていたという。詩集『新しい国』の中の詩で、ゲオルゲはベルトルトの「威厳」「堂々たる正義」「品のよさ」を褒め称えている。これは一般的な平等や最多数の幸福という考えにとって代わられるはずのないものだった。アレクサンダーは「オッファ」という名をもらった。アングル人の王子の名である。父から王国を奪おうとした敵と雄雄しく戦った後、再び元の怠け者に戻った人物だ。「オッファ」が二度目にゲオルゲに会いにきた一九二四年三月、詩人は彼にこういった。「良き神オッファ、なんと君はぎこちないのだろう」。ゲオルゲはアレクサンダーよりも、ベルトルトの美しさと優れた知性、クラウスの魅力的な輝きと伸び伸びとした雰囲気に引かれていた。クラウスにあだ名はつけられなかった。ゲオルゲが後に親友に説明したところによると、クラウスにぴったりの愛称が見つからなかったからだ。

世界大戦前には、ゲオルゲは「魂の領土」（reich des geistes）を主張していた。「一族、階級、名前」を軽蔑し、むしろ「息子であること」を好み、そこから自らの「世界の支配者」をつくり上げようとしたのである。彼は家系や親族関係よりも性格の高潔さを尊重した。しかし革命以来、ゲオルゲは定評ある貴族に近づき仲間に引き入れるほうが容易だということに気づいていた。彼はシュタウフェンベルク兄弟と荘厳なるシュタウフェン王朝とのつながりを確信していたに違いない。そうでなければ、ゲオルゲに捧げた詩の中で、クラウスが自分をオットー朝およびシュタウフェン朝の後継者だと高らかに宣言するようなことは決してなかっただろう。

それ以降、ゲオルゲやクライスとの関係によって、シュタウフェンベルク兄弟と一線を画す世界の間には、

8．ラウトリンゲンにて、1924年。左からクラウス、ベルトルト、アレクサンダーと両親

目に見えないけれど知覚できる不可解な壁ができた。アレクサンダーは詩人との出会いを「生涯最大のできごと」と考え、ゲオルゲを自分の運命の支配者、神官、王、父、裁判官、聖人、赤々と燃える火の中心、「愛と情熱の新たなる世界の創造者」「祖国の今はなき栄光の王」、何よりも偉大なる統一者、エロス神と呼んだ。ようやく一九五九年になって、アレクサンダーは公開講演で、彼のシュテファン・ゲオルゲ作品に対する「率直な畏敬の念と賞賛」を告白し、人々を陶冶した詩人の力を賛美している。クラウスはゲオルゲを「師として、当時もっとも偉大な詩人だった」と述べている。ベルトルトは彼の「主人」および「師」への服従を誓い、自分を「征服され呪文にかけられた者」、ゲオルゲを「この世界に遣わされた救世主」と記している。また、「罪からの解放」に向かって進んでいく「辛く切なる思い」を告白している。

ゲオルゲや他の友人たちに宛てたアレクサンダーの詩は情熱的で、ベルトルトやクラウスの詩に比べてはるかにロマンティックだ。クラウスは優しい魅力に満ちた詩でのみ、エロスを賞賛している。若者たちとゲオルゲのきずなは、率直かつ包括的で深淵なものだった。「キリストの模倣」ともいうべき愛と服従によって結びついていた。

クライスへの入会のしるしは接吻だった。アレクサンダーが次のように記している。

私の唇は尋ねる
あなたの目は静かにクライスを見渡す
記されるのは口から口へのみ
唇は静かなる答えを口にする

ゲオルゲの遺品から見つかったベルトルト、アレクサンダー、クラウスの詩の原稿は、折りたたまれ、折り目が汚くなっていた。詩人はこれを長い間持ち歩いていたに違いない。

愛についてのゲオルゲの考えは、公には一九一二年にフリードリヒ・グンドルフとカール・ヴォルフスケールが『精神運動年鑑』のなかで弁護している。シラーの戯曲に登場するドン・カルロスのポーサ侯爵への愛、あるいはゲーテの戯曲に登場するフェルディナントのエグモントへの愛が、刑法典における一種の「魔女狩りの法」に抵触するかどうかは、ゲオルゲにとって重要ではない。このような「エロス」はドイツの文化と教育の一部であって、認可された結婚制度のようなものだ。結婚という名を隠れ蓑に、嫌悪すべき不自然な形態の猥褻が存在している可能性もある。前者のエロスはありうべき不品行ゆえに軽蔑されるものではない。いずれにせよ、実のところ道徳的偏見ではないのだ。ほとんどの人間は、ダンテのベアトリーチェへの愛を理解できないのと同様に、シェークスピアの四行詩「友人」への愛を理解できない。「それはアメリカ人が抱く嫌悪である。彼らには情熱、つまり英雄的な愛の形への情熱が欠けているのだ」。ゲオルゲとその友人たちに、「ある種の刑罰法規の廃止を哀訴する実に不愉快な人々」との共通点はない。というのも「われわれに」もっとも不快な攻撃を仕掛けてきたのは、まさにそういった面々だからだ、と彼らは述べている。

一九二三年六月一六、一七日、クラウスと両親はネッカーハウゼンの親類を訪ね、それからハイデルベルクのベルトルトとアレクサンダーに会いに行った。カロリーネはゲオルゲに会いたいと電話をかけ、若き歴史学者エルンスト・カントロヴィッチとともに、ゲオルゲがしばしば滞在していた場所に彼を訪ねた。エルンストはヴォルフスブルンネンヴェーク城一一番地でヴォルディ（ヴォルデマール・ユクスキュル）と共同生活を送っていた。カロリーネは息子たちが詩人とどのような付き合い方をしているのかを知りたかったのだ。彼女は息子たちが詩人を愛することによって、母親に向けていた幼い愛情から、大人へと、理想の父親像に、そしてより大きな目標への奉仕に方向転換していることを鋭く感じとった。彼女もまた有名な詩人にひきつけられたが、リルケと結んだような関係は二人の間には生まれなかった。

クラウスも兄弟たちと同じく、人生の目的について考えていた。彼はそれをルール占領以前、そして兄たちがハイデルベルクに行って軍事訓練を始める以前から、すでに表明している。一九二二年七月、彼は学校で「国家の繁栄をになうための職業に就くのは」市民の当然の義務だと作文に書き、「自由、秩序、調和」というシラーの理想を彼の人生の目標に掲げている。九月には「競技の効用と危険性」についての作文で、競技の目的は祖国の幸福のため親交を結ぶことにあると明言している。

学校仲間の記憶では、クラウスはどちらかといえばはかなげな外見で、芸術を愛し音楽家を志す少年だった。別の面を知っていたのはひとりか二人だ。クラウスは音楽ですばらしい業績を残せるほどの才が自分にはないと悟り、この野望をあきらめた。級友のアルフォンス・ボップ（彼は聖職者志望だった）はクラウスから、人間の本質的な価値は何だと思うかと尋ねられたことがある。ボップは不滅の魂だと答えたが、クラウスは違うといった。業績が重要なのだ、と。

クラウスはしばらくの間、建築家になろうとも考えていた。一九二三年一月二四日に学校で書いた作文には、その目標が記されている。しかし彼は、「祖国と新たな帝国を認識した」者が就くべき職業がひとつだけあるとも明言し、「kampf（戦い、奮闘の意）」という言葉を、作文の最初の二文で三回使っている。「祖国にふさわしい、祖国のために戦うにふさわしい人間になること、国民のための崇高な戦いに身を投じること、現実と戦いとを自覚して生きること」。これはいかなる仕事に就いても可能であり、クラウスに関していうならば、彼は建築家としてそれを実行するつもりだった。設計するどの建物も、神殿としてドイツ国家にささげようと考えていたのだ。自分の国家のみならず他の国家や文化をもよりよく理解するために、クラウスは歴史を勉強するつもりでいた。これが目下の計画だが、変わる可能性もあると書いている。肝心なのは、明確で男らしい決断をもって、何であれ最終的に選んだ道に従うことだった。基本的な仕事は常に祖国のための戦いなのだ。実際の仕事はこの指針に従わねばならない。クラウスの建築への傾倒は、一過性のものではなかった。少なくとも一九二三年はずっと、そのつもりでいたように思われる。彼は次のような詩を書いている。

私はよく図面を描かねばならないと思う
高くて巨大な宮殿の図面だ
赤い大理石と白い階段
広々として光あふれるすばらしいホール

最終学年に、彼はよく舞台装置をデザインしていた。第二次世界大戦の間も、昔なりたかった職業や建物の計画について好んで話している。

ルール地方の占領、消極的なレジスタンス、国軍における不正な予備軍の訓練、ザクセンとチューリンゲンにおける共産主義者の反乱、バイエルンにおける「民族闘争同盟」の反抗、ヒトラーのミュンヘン一揆。こういったすべてのできごとが、波紋のように興奮を広げた。少なくとも学校には影響が流れ込んだ。シュトゥットガルトのいくつかの高校では、下襟に黒・白・赤（帝国の色）のリボン、あるいはスワスチカ（卐）をつけていた。生徒の中には「敵」を痛い目にあわせる者もいた。黒・白・赤の生徒と黒・赤・金（共和国の色）の生徒が、通りで野次を飛ばし合った。ユダヤ人が所有する店をひいきにしている親は匿名の投書で警告を受けた。学級で「インターナショナル」を歌ったある生徒は、罰として二時間ひとりで居残りさせられた。こういったできごとは当時の風潮を示しているが、それらは包括的な判断によるものではない。ほとんどの生徒は両親の考えから影響を受けており、「国家的」あるいは「愛国的」見解を示す傾向があったものの、極端な人種差別主義者や共産主義者というわけではなかった。

クラウスの級友はほとんどがカトリックで、彼らが最初に忠誠を誓ったのは教会に対してだと後に述べている。しかしたいていの学校は、一八七一年一月一八日のドイツ国家樹立を毎年祝い、旗日にはいつも黒・赤・金の共和国の旗とともに黒・白・赤の旗を掲げ、共和国旗を正式な国旗として受け入れるのを言外に拒んだ。一九二三年、最上級生に仏語を教えていたルドルフ・グリージンガーは、カリキュラムにフランス文学がなくて残念だとこぼしている。文学など時間の無駄だと考えられていたのだ。クラウスのかつての級友のうち、学校が共和国に否定的だったと記憶しているのは二人だけで、全般的には無関心な雰囲気が漂っていたようだ。しかしドイツが軍事占領をたてに受諾を余儀なくされたヴェルサイユ条約については、誰もが完全に非難する側に立っていた。教師のひとりアルベルト・ストローレは、条約についての研究書を出版している。一九二三年には数十万部が売れ、生徒たちはみな一冊持つことを求められた。カトリックの教義を教えていたアルトゥール・グットマンが、スワスチカは反ユダヤ主義の象徴だと述べた際、クラウスはスワスチカの起源は古代エジプトにあり、反ユダヤ主義とは無関係だと反論した。彼はもちろん、ゲオルゲ クライスが出版した本に使われているスワスチカに慣れ親しんでいたのだ。クライス内にはユダヤ人メンバーが多かった。学校でもほとんどのクラスに何人かのユダヤ人生徒がいた。双子がいた学級の卒業試験の受験者リストでは、ふたりの少年が「ユダヤ人」と特定されている。クラウスの最終学年の同じリストにはユダヤ人が三人と、申請によりレヴィからラーゼに姓を変えた生徒がいる。クラウスと同時に合格した三人のうち、アルフレート・バッハは化学技術者になったが、ヒトラーの台頭を受けて一九三二年にドイツを去り、一九六〇年にイスラエルで亡くなった。エドゥアルト・ロヴィンスキーはシカゴ大学で音楽学者になり、一九八五年に亡くなった。エーリヒ・マルクスの消息は不明だ。

クラウスのある級友は、学校時代に反ユダヤの雰囲気が何となくあったことを思い出し、むしろ自分のほうからロヴィンスキーの仲間を避けていたと証言している。ロヴィンスキーの両親はウクライナ出身で、エドゥアルトは八歳か九歳のときにユダヤ人青年同盟である「カメラーデン」への入会を拒否された。東方ユダヤ人だったからだ。それで彼はシオニストの組織「ブラウ＝ヴァイス」に参加した。学校で反ユダヤ主義が広がっていた記憶は彼にはないが、一部の生徒と教師から偏見を示されたことを覚えている。たとえば級友のひとりが、ロヴィンスキーがユダヤ人なのに意志が強いと驚いたこと。ロヴィンスキーがスワスチカをつけている生徒について意見を述べた際、生徒のひとりから反ユダヤ主義のパンフレットを渡されたこと。ユダヤ人であるロヴィンスキーがルター派のバッハに熱中できるのか、音楽教師が知りたがったこと。

シュタウフェンベルク兄弟はいかなるレベルでも、そのようなできごとには無関係だったし、彼らに反ユダヤ主義の傾向があったという情報もない。ユダヤ人の生徒ロタール・バウアーは、よくシュタウフェンベルク家のフラットにお茶にやってきた。アルフレート・バッハはクラウスの友人で、イェーガー通り一八番地によく招待された。彼は後に、キリスト教徒の学友が招待されていない誕生パーティーにユダヤ人の自分が招かれたことにどれほど感動したかを思い出している。しかしユダヤ人の友人がいるからといって、必ずしも偏見がないことの証明にはならない。

あるとき、クラウスのクラスでもっとも音楽が得意だったエドゥアルト・ロヴィンスキーが、クラウスとともにイェーガー通りにやってきた。おそらくシュタウフェンベルク トリオもしくはカルテットのピアニストに加わる話でもあったのだろう。だがカロリーネは、ひょっとして何かに気をとられていたのか、それともぼんやりしていたのか、ホールで彼に手短に話しかけただけで室内に入るよう勧めなかった。クラウス

9．フランク・メーネルト。ラウトリンゲンにて、1924年

は決まりの悪い思いをして、償いのために彼とともに半時間歩きまわり、両親のフラットに戻ると、ゴシック大聖堂についてずっと熱心にしゃべり続けた。

兄たちがハイデルベルクに去り、三人がシュテファン・ゲオルゲに会って以来、クラウスは兄たちとともにまた詩人に会いたいと願っていた。学校と、どちらかといえば小さなシュトゥットガルトの町は、耐えがたいものだったに違いない。過激な政治がらみの騒動、敵軍によるルール占領、一揆の噂、兄たちが目前にしている軍事訓練。すべてがクラウスをますます落ち着かない気持ちにさせた。一九二三年六月、彼はハイデルベルクにアレクサンダーを訪ねた。別の親戚、ルドルフ・バッセヴィッツ伯爵も訪ねている。彼はドイツ公使館の参事官としてコペンハーゲンに駐在していた。

その夏の終わりに兄たちが軍事訓練を終えた後、一家はラウトリンゲンに再び集まった。アルブレヒト・フォン・ブルメンタールとマリア・フェーリング、ヴァルディとテオドールは、九月に一家の客となっている。クラウスが口峡炎に罹りベッドで寝たきりになっていると、カール・シェフォールトが見舞いにきて、学校での「青年新生活運動」というグループの思想を力説した。クラウスは「僕は思想ではなく、人についていくたちなんだ」と答えたという。シェフォールトはこれが「いかなる教義よりも、自分にとって意味がある人に従う」、つまりシュテファン・ゲオルゲに従うという意味だと悟った。

クラウスと、二歳年下で同じギムナジウムに入学したフランク・メーネルトは、互いの仲間と多くの時間を過ごしていた。一九二四年一月、彼らはヘルダーリンの『ヒュペリオン』を一緒に読んでいる。ベルトルトの不在を二人とも寂しがった。フランクは一九二二年にベルトルトを熱愛するようになっていた。しかしベルトルトとアレクサンダーは、その年はイタリアにいた。

2章　秘密のドイツ

ゲオルゲ　クライスへのシュタウフェンベルク兄弟の入会は、詩人の友人たちの間に大きな興奮を呼んだ。兄弟の名前は非常に意味深いものだった。歴史学者エルンスト・カントロヴィッチはシュタウフェン朝の皇帝フリードリヒ二世の伝記を執筆中だったし、ドイツの知的指導者たらんとするゲオルゲの姿勢は、あらゆるものを神秘的な光り輝く霞で包んだからである。包まれた者たちは、それが非常に明快な「ビジョン」であると気づくのだった。

師自身はベルトルトについての詩を書き、彼の「荘厳さ」「品のよさ」「君主にふさわしい公正さ」に触れた。アルブレヒト・フォン・ブルメンタールは一連の詩を「principi inventutis」（ベルトルト）に捧げ、彼を「王の息子」と呼び、「目に見えない王冠をかぶっている」「新たなる王座へと続く、未来の都大路を通り抜けていく」などと書いている。若き文学史研究家でゲオルゲとは親友だったマックス・コンメレルは、ベルトルトとアレクサンダーの両方に、「王の」あるいは「王の末裔の」といった形容詞を用いた。彼はクラウスを「神話の長《おさ》」と呼び、この「奇跡を起こす若者」を「シュタウフェン山の」皇帝の後継者と描写し、同じ文脈で「秘密の戴冠式」という言葉を用い、さらにはクラウスを戦いの神になぞらえ、隠喩に富んだ詩に「Cに捧げる歌」「キフホイザー」「英雄の儀式」といった題名をつけた。

当時、一九二九年頃には、コンメレルとゲオルゲの思想と教義は完全に一致していた。したがって、シュタウフェンベルク兄弟をシュタウフェン朝の末裔とするコンメレルの描写は、個人的な見解ではなく、師との会話から生まれたものだったに違いない。同様に、クラウス自身の詩にも師の思想が浸透しており、使う言葉も似ていた。ゲオルゲはクラウスの詩を大切にし、かなり長い間ポケットに入れて持ち歩いていたようだ。これらの詩の中で、クラウスは自分と兄弟たちを「シュタウフェン朝とオットー朝の金髪の後継者」と宣言している。彼は一九二三年にベルトルトのために書いた詩の中でゲオルゲに触れている。

自分自身と君に私は君主たらんことを誓う
師ご自身はどんな知識を明かしてくださるだろうか

詩の中で表現された重要な思想は、一九四四年七月に書かれるクラウスの宣誓書にも繰り返されている。一九二四年二月、アレクサンダーは古代史の教師ヴィルヘルム・ヴェーバー、講師のフリッツ・タエガー、ヨーゼフ・フォークトとイタリア旅行に出かける許しをゲオルゲに求めた。師は彼に行くよう熱心に進め、それが「最後の機会」になるかもしれないとあいまいに付け加えた。

一行は三月二四日にチュービンゲンを発ち、ミラノ、ヴェローナ、パドヴァ、ヴェネツィア、ラヴェンナを経由して四月二日にローマに到着した。そしてミネルヴァ広場にある「ミネルヴァ」という小さなホテルに滞在した。偉大なる古代史研究家テオドール・モムゼンもかつて泊まったホテルだ。サンタマリア ソプラ ミネルヴァ教会が、ドミティアヌス帝の建てたミネルヴァ神殿跡にあった。ベルトルトとブルメンタールは一足早い三月七日に出発して、ローマには三月一八日に到着していた。ここで彼らはアレクサンダーと合流した。マリア・フェーリングは四月四日にローマに到着している。ベルトルト、ブルメンタール、マリア・フェーリングはヴィルヘルム・ヴェーバーのグループと合流して何度か博物館を訪ねた。ブルメンタールとマリア・フェーリングは熱狂し、いくつかの彫刻の前でひざまずいた。四月七日、アレクサンダー、ベルトルト、ブルメンタール、マリア・フェーリングは、ナポリ、パエストゥム、カプリに旅した。チュービンゲンからのグループは、四月の終わりに帰途についた。アレクサンダーはさらに二日間フィレンツェに滞在し、四月二七日にはチュービンゲンに戻った。

ベルトルト、ブルメンタール、マリア・フェーリングはパレルモに向かい、皇帝フリードリヒ二世が子ども時代を過ごした王宮を訪ね、彼の石棺を見るために大聖堂に行った。博物館でブルメンタールは考古学者エーリヒ・ベーリンガーに会った。彼もゲオルゲの友人である。ブルメンタールとベルトルトはその後ジルジェンティ（現在のアグリジェント）とシラクーザに向かった。彼らはブレンネル峠を経由して帰途につき、五月一〇日にミュンヘンに到着した。

同じシーズンに、エルンスト・カントロヴィッチやエリカ・ヴォルタース（フリードリヒ・ヴォルタースの妻）、社会学者で政治科学者のクルト・ジンガーといった師の他の友人たちもパレルモにいた。ベルリンの弁護士で作家でもあるベルトルト・ファレンティンは、妻のディアナとともにシチリアにいた。エリカ・ヴォルタースはゲオルゲに次のような手紙を書いている。「私はフリードリヒ二世を探して、師を見つけました」。ゲオルゲはこのすばらしい国の魔法を詩の中に閉じ込めたが、それを完全に理解するには自分の力で見なければならない、と彼女は述べている。

イタリアでは、シュタウフェンベルクの兄たちのグランド ツアー以外にも進行中のできごとがあった。一九二四年五月三日、カントロヴィッチはフリードリヒ二世の大学創設七〇〇年記念でナポリに滞在していた。カントロヴィッチがゲオルゲに書き送ったところでは、新聞は「イタリア帝国」というファシストの夢の預言者としてムッソリーニをフリードリヒ二世になぞらえ、このもっともすばらしいシュヴァーベン人の加護を非常に喜んでいるという。

友人たちがローマで会った際、皇帝の墓に花輪を置いてはどうかという提案がなされた。カントロヴィッチはフリードリヒ二世の伝記の序文に、次のように書いている。

一九二四年五月、イタリア王国がホーエンシュタウフェン朝のフリードリヒ二世によるナポリ大学創立七〇〇年を祝った際、パレルモ大聖堂の皇帝の石棺には、次のような言葉を添えた花輪が置かれた。

その皇帝たちと英雄たちに
「秘密のドイツ」を

『フリードリヒ二世の生涯』は、このできごとが刺激となって生まれたわけではない。だが、ドイツの偉大な支配者への関心が、この帝国なき時代に、ほかならぬ学識あるサークルの心を強く揺り動かした表れとみなすことはできるかもしれない。

著書の結びでカントロヴィッチは再び自分の時代に言及している。救出を待ちながら人目をしのんで暮らす皇帝の伝説が、フリードリヒ二世からフリードリヒ一世バルバロッサに移って久しいが、「『彼は生きていて、生きていない』というシビュラの託宣は、もはや皇帝ではなく皇帝の人民のことを意味しているのだ」「学識あるサークル」とは、ゲオルゲ　クライスを意味している。花輪を置いたのはそのメンバーだが、詩人の仲間の誰が実際に置いたかは謎のままだ。はっきりしているのは、ゲオルゲがカントロヴィッチの原稿執筆を監督し、それをベルトルト・シュタウフェンベルクとともに編集し、文体に影響を与え、筆者の代わりに出版者と会って交渉を進めたことだ。そのため、出版社はゲラが訂正されて初めて、本当の筆者が誰かを知った。

「秘密のドイツ」の概念には長い歴史がある。もっとも近い時代では、一八〇〇年頃に国家的運動として発展を遂げた。ヘルダーリンはドイツが秘める創造の才という概念を、彼の賛歌『ドイツの歌』と『ゲルマニア』の中で展開している。

もはやロにはされない
秘密のままでいるように
（中略）
ゲルマニア、そこであなたは巫女の役割を果たす
武器はもたず、差し出すのは
王と民への助言だ

同様に、フリードリヒ・シラーは心のドイツについて書いている。政治的なドイツは衰弱し崩壊していたからだ。一八四五年頃に書いたエピグラムでドイツの政治的な神秘化に着手したのは、フリードリヒ・ヘッベルである。国家には王たちがいた。

しかし彼らには秘密の皇帝もいる
おそらく彼は自分で井戸から水を汲む
芸術家なのか、賢者なのか、思想家なのか
世紀が終わる前に彼はひとりで王冠をつける

ハインリヒ・ハイネは一八五二年に「現実のドイツ、つまりドイツ人民の偉大で神秘的な、いわば匿名のドイツについて、尾長猿の飾りのついた錫と王冠をもつ眠れる王について」書いている。パウル・ド・ラガルドは国家の状況に不満を抱き、一八七五～七八年の間に「われわれの中にせめて共謀者がいればいいのに。誰でも参加できる秘密の同盟、つまり偉大なる明日について考え、準備をする者たちだ」、「われわれが愛し、見たいと願うドイツは、これまで決して存在しなかったし、存在しないのかもしれない。その理想もどのようなものなのかはっきりしない」と書いている。一八九〇年にユリウス・ラングベーンはヘッベルにインスピレーションを求め、自分こそが秘密の皇帝だと考えた。

シュテファン・ゲオルゲはハイネ、ラガルド、ラングベーン、ヘルダーリンの作品に親しんでいた。

一九〇四年、ゲオルゲと友人のカール・ヴォルフスケールは、「あらゆる有益かつ開放的な思想は、秘密のサークル（cenacles）から生まれる」と公言している。こうしたサークルは一般人をまったく近づけないと訴える偽善者に、近代の芸術家や知識人は惑わされなかったに違いない。現代の大衆は偉大なる国家の活力をまったく記憶していないし、いくらかの実例によって熟知していた人々の存在を現代の知識人が見落としたとしても、知力のある人々は異議を唱えないだろう。ちょうど古代の賢人たちが「奴隷と家畜（pecus et manicipium）」の扱いに異議を唱えなかったように。

カール・ヴォルフスケールは一九一〇年に書いた随筆でゲオルゲの思想を述べ、『芸術草紙』への寄稿者と、その「排他的な招待読者」を形容するのに、初めて「秘密のドイツ」という表現を使った。彼は、「国民のイメージ」を生み出す潜在的な力をもつ者に対しても、この表現を使っている。「まどろみながら、不毛の堅い地面の下で今動きだしている者のために、「秘密のドイツ」、すなわち唯一のドイツは、この時代に生きている。ここに、そしてここだけに、声を見つけている」。ゲオルゲの支持を受けて、ヴォルフスケールは「深い場所からの運動は、もしそのようなものがまだヨーロッパで可能ならばだが、ドイツからのみ、「秘密のドイツ」からのみ、起こすことができる。われわれが話す一言一句はこのドイツのためにあり、われわれの詩のひとつひとつが命とリズムを引き出す。その絶え間ない奉仕に至福、苦悩、生の神聖化があるのだ」という恐れと希望を述べている。

ヴォルフスケールの随筆以降、「秘密のドイツ」という表現はゲオルゲ クライス内で通用するようになったが、さほど頻繁に使われていたわけではない。詩人の友人たちは、ソクラテスの皮肉な調子をまねて、自分たちのクライスを「国家」と呼ぶことのほうが多かった。これはプラトンの『国家』の一節を暗に指している。ソクラテスの弟子グラウコンが、自分たちが論じている「国家」は地球上のどこにもない、ただ言葉の中にあるだけだ、というと、ソクラテスは答える。「おそらくその国家は天に創られる。それを見ようとする者、見てそれに従おうとする者たちのための模範として。それがどこに存在するか、そもそも存在するかどうかは重要なことではない。彼らはこの国家にのみ仕えるだろう。そして、他のどんな国家にも仕えない」。ゲオルゲの友人たちは、唯一の生きているドイツ、すなわち「秘密のドイツ」が、師の新たな詩によって目覚め、彼のクライスでのみ表現されると信じていた。この点において、ゲオルゲは自分自身をヘルダーリンの詩の直接の後継者と考えていた。

一九二八年一〇月に出版した本の中で、マックス・コンメレルはゲーテ時代の詩人を「指導者」（Führer）と形容している。この本は『芸術草紙』と同じ出版社から出版された。友人たちの作品をどの出版社から出すべきかを決めるのもゲオルゲだった。コンメレルは、ドイツ人は本質的な意味でも知的な意味でも、まだ民族（Volk）ではないと断言している。そうなる途上にすらない、と述べた。ドイツの未来についての秘密のメッセージは、国民全体が戦争において神格化されるというものだった。不当にも意気地なしと非難されていた詩人ヘルダーリンは、

大胆にも、戦争を究極の民族的（völkische）現実と賛美した。たしかに、完全に目ざめた民族によって遂行されるのは戦争のみだ。ヘルダーリンが想像した民族が存在するとしたら、その中には神々が住み、英雄の父親となる。その生活はごくささいな営みにいたるまで、神の生活に似る。そのような民族は最上の地位を占めるに違いない。どんな時代にもそのような民族はただひとつだ。そのとき、他の民

族はすべて二流の地位へと陥落する。そしてこの最上の民族は英雄として君臨し、普通の人々の上に君臨する。(中略) 彼 (ヘルダーリン) の時代の詩人や演説家の中に、ドイツに強大な力への権利、独占的な価値と地位の意識を与えることができる者は他にいなかった。(中略) 神の鷲が舞い降りる土地は、正義が自らを守ってくれないことを知っている。そしてその神聖さを否定する者は誰でも、この民族の敵であるのみならず、神自身の敵となるだろう。

コンメレルはこの結論によって、ドイツを古典的な時代から崇高な現在、つまり「師の支配する今日」へと前進させた。その「今日」の中でゲオルゲは指導者を務め、「心から真剣な明日へと足を踏み入れる。そのとき若者は人々が熱狂的に力を合わせるさまや、これまで奥深くにしまい込まれていた武器が再びぶつかり合うさまを見て、新たな祖国の誕生を感じるだろう」。コンメレルはゲオルゲの認可を得ると、ヨハン・ゴットリープ・フィヒテが以前『ドイツ国民に告ぐ』という講演の中で表明した思想を平易にして出版した。フィヒテは、ナポレオンの支配のくびきから脱せよとドイツ人に強く勧告した人物である。彼は一八〇七～〇八年にかけての冬、ベルリンのウンター デン リンデンのアカデミーで講演をしていた。その間、フランスの占領軍が行進しながら建物の前を通り過ぎたため、彼の演説はドラムを打ち鳴らす音で時折かき消されたという。ルソーが一七七二年に著した『ポーランド統治論』と同じく、フィヒテは言語と教育、つまりフランスの占領者が統治下に置くことができなかった唯一の領域がもつ「避けられない」機能を、哲学的な論法を使って正当化している。フィヒテは民族の運命を胸に抱きその手に引き受ける愛国的な世代をドイツで育て上げるには教育しかない、と断言している。ドイツ語はラテン語の影響を受けていないために純粋で、それゆえフランス語より優れているという理論に基づき、フィヒテはドイツの道徳的精神は敵よりも堅固で、実際、ドイツには世界の他の国々に与える偉大なものがあると説明している。しかし、他の国にまで領土を拡大して支配しろとドイツ人に促すことは決してなかった。コンメレルとはそこが異なる。

コンメレルは国家社会主義にかなり心酔しており、その態度はヒトラーの首相就任後もしばらく変わらなかった。一方で、自分は「政治に無関心」だと考えていた。彼の著書の題名『Der Dichter als Führer in der deutschen Klassik（ドイツ古典期における指導者としての詩人）』はゲオルゲの承諾を得たものだが、指導者の地位をはっきりと要求しており、どこからどう見ても国家社会主義者の要求と一致していた。

ゲオルゲはまた、『芸術草紙』の出版社から出した作品のカバーとタイトルページには、必ずスワスチカの飾りを入れることにしていた。一九二八年の出版社の広告には、スワスチカが国家社会主義者の「かぎ十字」とよく混同されると述べられている。「この古代（インド）の符号は一九一八年一〇月にハーケンクロイツと名づけられ、新たな意味を帯びるようになったが、『芸術草紙』のクライスは、ずっと以前から使用していた符号を捨てることができなかった。この符号付で出版された作品に少しでも触れたことのある方なら、それが政治とは何のかかわりもないということをおわかりだろう」

マックス・コンメレルの本が出版された二年後、フリードリヒ・ヴォルタースがシュテファン・ゲオルゲの運動の歴史に関する本を書き、その中で師の知的リーダーシップを力説し、さらにそれ以上のことを暗示した。作品のタイトルは『Stefan George und die Blätter für die Kunst. Deutsche Geistesgeschichte seit 1890（シュテファン・ゲオルゲと『芸術草紙』一八九〇年からのドイツの知の歴史）』である。ゲオルゲが細部に至るまで監修し、認可した。この本の中で彼とヴォルタースは、ヘルダーリンが到来を告げ、師が土台を築いた「生きている領土（帝国）」に関する理論を展開している。師は地道な努力を重ねて、衰退したあらゆるものを退け、知的に健全なものすべてを育成し、「自ら時代の支配者になった。つまりドイツ人の中で育んだ四〇年に及ぶ彼の仕事から生まれた『秘密の帝国』」が、今や目に見えるものになったのだ。「秘密のドイツ」は、出入り自由なのに人跡未踏の島のように、誰もが知っているドイツの中に、それどころか、根底まで揺り動かされた人間の中にある。指導者たちは時代の爆発的な力によって駆り立てられ、「自分たちがもっともわびしい平和ともっとも激しい戦いのどちらかを選ばねばならないということしかわかっていない」。

コンメレルとヴォルタースの著書は、カントロヴィッチが今こそ「秘密のドイツ」の幕開けについて考えるべきだと注意を喚起した様子を明らかにしている。カントロヴィッチによれば、ゲオルゲは彼の詩「秘密のドイツ」を通して、この衰退していく傾向に歯止めをかけるつもりだった。この詩の中で、彼は神話的なイメージである「別の帝国の謎」を提供することによって、それが崩壊し不明瞭になるのを防いだ。ゲオルゲは読者に、今日価値があり重要だと思われるものはすべて秋風の中の朽葉にすぎないということを思い出させた。身を守るために神聖な大地の「もっとも奥深い穴」で眠っていたのは、ただ次のようなものだった。

今は説明のつかない奇跡
これからの日々の宿命

ゲオルゲの友人たちの期待は、詩的な夢の領域をはるかに超えて広がった。ゲオルゲに宛てた彼らの手紙から、詩人の承認が絶対的と考えられていたことがよくわかる。一九一八年七月、ドイツの敗北を目の当たりにしたエルンスト・モーヴィッツは、ゲオルゲの誕生日に書いた手紙の中で、師と友人たちは外的な事象によって立場を変えることがあってはならないと述べている。たとえそういった事象が大惨事に発展する一歩手前であっても、プラトンが述べた真実に変わりはない。すなわち重要な芸術的事象が起こる背景には、必ず重要な政治的事象があるのだ。

戦争の長期化により国民の中にある堕落がすべて取り除かれて初めて、この戦争には意味があったといえるでしょう。そのとき、階級は入れ替わり、個々の力が機械的組織に勝る。それがかつてないほど明確になってきています。あなたはドイツで必要とされるでしょう。最愛の師よ！

ヴォルタースは著書で、次のように述べている。

われわれは今、国民的詩人であるゲオルゲが地上の統治を求め実現する優れた政治家でもあること、そして彼の詩才が最初に覚醒した際に、領土の中核が構築され始めたことを大きな幸運だと考えている。

こういった期待を呼び起こしていたのはシュテファン・ゲオルゲ自身だ。一九一一年四月一六日、彼は訪ねてきた古代ローマ研究者エルンスト・ロベルト・クルティウスにこう話している。「私の初期の詩集は技巧的なだけで新たな人間性へと向かう推進力に欠けているという人もいる。とんでもない話だ。『アルガバル』は画期的な詩集だ。プラトンの言葉に耳を傾けるがいい。芸術の基準が変わるのは国家の基準が変わるときだけだ、と彼はいっている」

ベルトルト・ファレンティンとの一九二〇年一月の会話でもゲオルゲは、今年は政治的な立場を明確にし、時代の大いなる政治運動に取り組むつもりだと述べている。政府の力は今や見る影もない。「われわれの力」は効果的な行動を起こすのに十分だ、と考えたのである。二八年二月にはやはりファレンティンに、自分の「運動」についての思想はドイツでは決して実践されないだろうが、外国で実践されるかもしれないと述べている。フランスやイギリスのロマン主義運動からは新たな人間的・精神的姿勢が生まれたが、ドイツでは文学にとどまった。すべては、その思想に関心を抱き、効果的な政治活動に変換できる者の出現にかかっている。ムッソリーニに期待されたのはそういった類のものだったのかもしれない。その後ゲオルゲは再び秘密の教義に引きこもり、自分の作品を「秘密のもの」と形容し、自分は大衆には無関心だと宣言し、国民を組織し動かすことは「若い弟子たち」に任せた。彼自身は、早まって表立った行為に突入したくなる誘惑を克服していたのである。ゲオルゲにしてみれば、何らかの組織をつくり上げるのは容易なことだっただろうが、そうすれば、彼が思う秘密の仕事は失敗するだけだったろう。ゲオルゲは当時六〇歳で、腎臓疾患に苦しんでいた。しかしもっと若いときですら、彼は人生と芸術の間で揺れていた。自分が生きている間に結果を出すことを望んだが、公には政治的禁欲を貫いた。当然のことながら、かなりの議論が交わされ、とくに一九三〇年九月の選挙でナチが勝利した後には、彼らも政治に参加すべきかどうかについて、友人と口論になることもあった。もっと以前、ヴォルタースが国家主義的で民族的な宣言に署名した際には、カントロヴィッチが、人は同時に二つの「国家」に仕えることはできないし、党派を超えた価値がどん底を引きずられるのを放っておくこともできない、とたしなめている。ナチ勢力が増大すると、ゲオルゲや友人たちの多くは支持派にまわった。ゲオルゲの若き友人たちの中には党員になる熱心な者もいた。年長者たちはこれを大目に見たが、それはナチの論法が、しばしばゲオルゲとまったく同じだったからだ。その結果、ナチの発言に隠された有害な意味合いは、容易に見落とされた。

一九二八年、クラウス・シュタウフェンベルクはマックス・コンメレルへの手紙の中で、もし外的な基準や形式が存在するとしても、それらを軽蔑する人々が「認識し支配できるように、そうなっているだけなのだ」と述べている。本質的な事柄は「外的世界」ではなく、どこか別の場所で処理されているのだ。シュタウフェンベルク兄弟は「外的世界」からひそかに距離をおき、現世的な専門家としての活動と、秘儀的な知的サークルとの緊張関係を保ちながら生きていた。

ベルトルトは一九二三～二四年にかけての冬をイエナで過ごし、それからチュービンゲンに行った。彼は財産法を専攻し、それとともにローマ、初期ビザンチン、フランス、イギリス、東洋の歴史を学んでいた。二四～二五年にかけての冬学期には、ベルリンのフリードリヒ＝ヴィルヘルム大学にテオドール・プフィーツァーとともに通った。当時の教授会には、法学者ヴィクトル・ブルンズ、ルドルフ・スメント、歴史学者フリードリヒ・マイネッケ、フリッツ・ハルトゥンク、クルト・ブライジッヒ（ゲオルゲの友人）、文献学者で考古学者のヴェルナー・イェーガー、文学史家のユリウス・ペーターゼン、経済学者ヴェルナー・ゾンバルト、哲学者エドゥアルド・シュプランガーがいた。この学期の間にベルリンでは、ゲオルゲ臨席のもと、新たな詩の朗読が頻繁に行われていた。会場はファサネン通り一三番地にある彫刻家アレクサンダー・チョツケの工房か、二四年一〇～一二月にかけてマックス・コンメレルが借りてゲオルゲ、ヨハン・アントンとともに住んでいた大きな別荘の門番小屋だった。

一九二五年の夏学期、ベルトルト、アレクサンダー、ヴォルディ、テオドール・プフィーツァーは、みなミュンヘン大学に移った。ベルトルトとテオドールはエルンスト・ベリンク教授の法哲学の講義を朝の七時に受けた。ゲオルゲはこの時期ミュンヘンに住んでいたため、兄弟は彼や他の友人たちと四月、五月に数回会っている。四月七日にベルトルトはフランク・メーネルトをゲオルゲに紹介した。

続く冬学期、ベルトルトはベルリンに戻った。一九二六年の夏学期と二七～二八年にかけての冬学期、彼はテオドールとともにチュービンゲンに行き、法律の資格認定試験の準備をした。ベルトルトはすばらしい成績で合格した後、ロシア語の勉強を始めた。外交官を目指してのことである。同時に彼はゲオルゲ、コンメレル、彼らの友人ヨハン・アントン（王子）を手伝って、カントロヴィッチの書いた皇帝フリードリヒ二世の伝記を編集した。

一九二七年六月、ベルトルトはロンドンに旅行し、博物館をまわり、紹介を受けた人々の家に客として滞在し、クリケットやテニスの試合に参加した。七月の終わりにはオックスフォード、ブラットン＝フレミング、アイルランド南部のヨールを訪ねた。多くの人々に会ったが、「たいてい、みな同じことをいう。親しみやすい。感傷的で子どもっぽい。結局のところかなり退屈だ」と感想を記している。後に妻となるマリア（ミカ）・クラッセンには（練習のため、ロシア語で）次のような手紙を書いている。「君は僕を信頼しなくてはいけない。僕は誇り高く、血は熱くたぎっている。魂は気高き行為を心に描いている。機が熟すまで待ち、耐えねばならないと思うと、いてもたってもいられなくなる。ときには暗い気分になるほどだ」。

八月一九日、ベルトルトはフランクフルト アム マインに到着し、タウヌス山地のケーニヒシュタインまでゲオルゲに会いに出かけた。それからラウトリンゲンで四週間過ごし、そこでフランク・メーネルト、アルブレヒト・フォン・ブルメンタール、ヴォルディにも会っている。九月の終わりにはベルリンに行き、ドイツにおけるソヴィエト貿易使節団の法的地位についての論文に取り組んだ。そして一〇月にはパリで仏語とロシア語の授業を受けた。週に三度、乗馬にも出かけている。文学と自由主義のサークルに接してみたが、かなり退屈だった。一九二八年一月末、彼はパリからミカに手紙を書いている。「フランス人について新しく話すことはない。彼らは頭が鈍い。実に間抜けだ」。一九二七年一二月、外務省に入るつもりだったヨハン・アントンは、仏語に熟達するため、パリにやってきた。ゲオルゲの許しを得て、ベルトルトとヨハンは一緒にフランス南部をビアリッツからマルセイユまで旅した。ベルトルトはパリ以外のフランス人には好意的な印象を抱いたようである。田舎は自然の活力をとどめているように思われた。二人はアヴィニョンを経由してフィレンツェに行き、ベルトルトはミヌシオの近くに滞在しているゲオルゲを訪ねるため、一〇日間ロカルノにとどまった。

ベルトルトは外交官を志願したが不合格に終わった。一九二八年のイースターの後、彼はシュトゥットガルトの下級民事刑事裁判所で裁判実習に入った。七月の終わりにはフランクとともにコルシカを旅している。九月一日から一一月一日まではロートリンゲンの上級廷吏の事務所で働いた。一一月一日から年末までは情報収集のために休暇をとってベルリンにいた。シュトゥットガルトの法廷に戻ると、ヌクスおじに自分は外交官になれそうかどうかを調べてほしいと頼んだ。そして帝国議会の外交政策委員会メンバーであるオットー・ヘッチュ教授への接触を頼んだ。彼は人生最良のときを法律関係の仕事で「むなしく」浪費するのに我慢ならなかったのである。法律を学術的に勉強することにはまったく興味がなかった。彼は「崇高な目標」

をもち、「高い理想のために」生きる、とミカに書き送っている。ベルトルトの知性は鋭く、洞察力に富んでいた。知的で博学だが支離滅裂な年長者の込み入った話を、明解な言葉に直してみせて当惑させることもしばしばだった。後にヒトラーへの抵抗運動で命を落とす人々、つまりヘルムート・イェムス・フォン・モルトケ、ディートリヒ・ボンヘッファー、フリッツ＝ディートロフ・シューレンブルク伯爵といった者たち同様、ベルトルト・シュタウフェンベルクと弟のクラウスは貴族だった。グナイゼナウの末裔であり、彼を通じてシャルンホルストと関係があり、王室の侍従の息子である。彼らが公職で最高の地位を望むのは当然だった。

一月二九日、ベルトルトはチュービンゲン大学で法学博士の学位を取得した。三月一日には、ベルリンの王宮内にあるカイザー＝ヴィルヘルム研究所にある外国一般法と国際法のための研究所の助手に任命された。これは非政府機関だが、政府、とくに外務省と仕事をしていた。ヨーロッパ諸国の多くにそういった研究所があったのである。ベルトルトは『万民法規範』に取り組み、論文をハーグの常設国際司法裁判所で発表し、ドイツ＝ポーランド混合調停委員会の一員として働いた。クリスマスと大晦日の間にはゲオルゲを訪ねている。

一九三一年七月一日、ベルトルトは研究所の推薦を受け、常設国際司法裁判所所長エイク・ハマーショルドの事務所で書記課文書係になった。三一年一一月以後、常設裁判所に長期の役職を得たため、ベルトルトはミカと結婚することもできたが、両親もゲオルゲも結婚には反対だったし、ベルトルトは常にゲオルゲには特別な敬意を払っていた。いつもクリスマス休暇をミカよりもゲオルゲに会いにいくのに費やしていたほどだ。日々の職務に加え、彼は裁判所の法令についての公式解説書『Statut et reglement de la Cour permanente de Justice internationale.Elements d'inter pretation』の編集もしていた。また、三一年三月一九日に調印されたオーストリア＝ドイツ関税同盟の協定に、第三者として異議申し立てをする件でも忙しかった。裁判所は投票の結果八対七で、この協定が一九一九年のサンジェルマン条約と一九二二年一〇月のジュネーヴ議定書に抵触すると結論づけた。

ベルトルトは相変わらず落ち着かなかった。本を書いている他の友人たちに比べ、訴えかけるものを何も完成させていないとゲオルゲからいわれたとき、ベルトルトの目には涙が浮かんだ。師はハーグの裁判所を快く思っておらず、ベルトルトも彼に同意し、オーストリア＝ドイツ関税同盟が禁止されたことからもわかるように、国際司法は見かけ倒しだと述べている。彼は自分のエネルギーを何かもっとよいものに注ぎたいと願っており、時折「愛馬のジョリーをうまく調教することのほうが重要だ」と思うほどだった。

アレクサンダーはといえば、一九二五〜二六年にかけての冬をイエナ大学で、その後はハレで過ごしていた。彼はこの町の雰囲気が気に入らず、ゲオルゲやクライスの友人たちがいないことを寂しがり、ドイツの復活と新たなるドイツというゲオルゲの思想に貢献するのに古典の勉強が何の役に立つのかと疑問を抱き、学者としての人生に不満を感じるようになっていた。それでも彼は自分の気持ちに折り合いをつけ、ゲオルゲからの励ましもあったのだろう、アレクサンダーは実用的な仕事にはまったく不適だというブルメンタールの判断を受け入れた。ベルトルト同様アレクサンダーも、『国家』にまだ貢献していないと、ゲオルゲから厳しい評価を受けたこと」に苦しんでいた。一九二八年一一月、彼はカエサルからトラヤヌス帝までのローマ帝国の歴史を扱ったヨハネス・マララスの年代記について、博士論文を提出した。指導教官たちからは「うれしくなるほど熱意にあふれた、造詣が深く知的な論文だ」と評価されている。この論文は三一年に書籍として出版された。アレクサンダー・シュタウフェンベルクの第二の論文（大学の教師になるために必要だった）は、

10. ミカ・クラッセンとベルトルト・シュタウフェンベルク、スヘフェニンゲンにて、1930年頃

シラクーザのヒエロン二世をテーマにしたもので、三三年に出版された。彼はヴュルツブルク大学に臨時の職を得て、初めて師に認められた。三六年にはヴュルツブルクで正規の職を得ている。

シュテファン・ゲオルゲは「秘密のドイツ」、すなわち自分の「国家」の未来を守るために、あらゆる方法を求めた。一九二〇年代半ば以前には、彼はユダヤ系の法学者エルンスト・モーヴィッツを自分の唯一の後継者であるとともに遺著管理者とみなしていた。二三年以降はマックス・コンメレル（「マキシム」「一番小さなやつ」「パック」）とヨハン・アントンがゲオルゲのもっとも親しい友人となった。モーヴィッツはコンメレルを、ゲオルゲの知性とオーラを利用して自分のキャリアを発展させていこうとする日和見主義者と考えていた。コンメレルとアントンはともに反ユダヤ主義者で人種差別主義者で、傲慢なほど国家主義的だったため、モーヴィッツに慕われることもなかった。今では若い非ユダヤの友人たちがゲオルゲ　クライスで幅を利かせており、そのことが一般的な社会・政治の風潮を何よりも反映していた。しかし二九年以降は、コンメレル自身がゲオルゲの仲間を遠ざけるようになっている。ゲオルゲは三〇年に、ロベルト・ベーリンガー、マックス・コンメレル、ヨハン・アントンを、「シュテファン・ゲオルゲの仕事」と呼ばれる協会の評議員に指名したが、コンメレルは自分は一人立ちしなければならないと述べ、ゲオルゲが期待していた無条件の忠誠をもはや示そうとはしなかった。それ以後、ゲオルゲはコンメレルを「ヒキガエル」と呼ぶようになる。それでもゲオルゲのコンメレルに対する尊敬は変わらず、彼の新しい詩集が出るといつも熱心に読んだが、亀裂はさらなる別離につながった。ゲオルゲにとって、コンメレルが自分と和解もしないまま、クライスの友人たちに会い続けることは驚きだった。最終的に、アレクサンダーとクラウス・シュタウフェンベルクはゲオルゲの沈黙を受け入れた。クラウスは非常に落胆し、意気消沈し、コンメレルはフリードリヒ二世を裏切った顧問官のようだ、人間はもっとも信頼している人間に見捨てられるものだ、といった。ヨハン・アントンはコンメレルとゲオルゲを和解させようと努力したが失敗に終わり、二人の板ばさみとなって、三一年二月、フライブルクで自殺した。

シュテファン・ゲオルゲの遺言状は、ロベルト・ベーリンガーとベルトルト・シュタウフェンベルクを執行者に指名していた。詩人の死後、ベルトルトは自分が死んだときのためにフランク・メーネルトを後継者に指名し、フランクは速やかに自分の後継者を指名すること、と明記した。フランクが一九四三年にロシア戦線で死んだ後、ベルトルトは弟のクラウスを同じ条項で後継者に指名した。彼らはゲオルゲのプラトン的「国家」の相続人に指名され、「秘密のドイツ」の実現に尽力した。

3章　国軍

　兄たちが大学に入学して家を出ると、クラウスはシュトゥットガルトにひとり残された。ギムナジウムを卒業するまであと三年ある。彼は体が弱く、感染症や頭痛にたびたび悩まされていた。一九二四年の夏には前年の騒乱は鎮まり、インフレにも歯止めがかかり、貨幣は安定した。兄たちがイタリア旅行から戻った後、クラウスは学校の卒業試験に出願したが拒否された。ヴュルテンブルクでは、最終学年を修了していなければ受験を許可されなかったからだ。プロイセンのライン管区での受験申し込みも却下された。彼は九月になっても学校に戻らず、一〇月にラウトリンゲンから、「こういったことはすべて、とるに足らないことですし、いたしかたない。いずれにせよ、ひとつは達成されました。学校が終わったのですから。ふさわしい人生以上に望むべきものがあるでしょうか」とゲオルゲに書き送っている。また、ベルトルトが呼んでくれたので一一月にベルリンを訪ね、一、二週間を兄とともに過ごした後、ゲオルゲにも会いにいくつもりだと書いている。翌年はブルメンタールと一緒にイエナで過ごす計画も立てていた。おそらく、ブルメンタールの監督下で勉学を続けるつもりだったのだろう。手紙の中でクラウスは、自分が実行するつもりの「偉業」にも触れ、ゲオルゲの詩集のひとつとそれを結びつけている。

11. 1924年の夏、ラウトリンゲンにて。左からフランク・メーネルト、ベルトルト、アレクサンダー、アルブレヒト・フォン・ブルメンタール、クラウス。前にいるのはマリア・フェーリング

私は『魂の四季』を何度も読み返しました。（中略）人生が私にとって明確になればなるほど、人間という存在は気高さを増し、やらねばならないことが緊急性を帯びてきます。血が黒くなればなるほど、言葉は届きにくくなり、生きる意味が希薄になるものです。おそらくやがては、その代価の厳しさと、その偉大さについて、兆しが見えてくることでしょう。師よ、私は詩から非常に多くのことを学んできました。私が今礼賛するように、師は基盤なのです。私の夢が偽りだったわけではありません。それどころか、私は成長しました。

もしクラウスが以前のまま建築学校への入学に固執していたなら、卒業試験に合格する必要はなかっただろう。しかし彼が完全に退学してしまっ

12. 上：右からベルトルト、クラウス、シュテファン・ゲオルゲ。ベルリン、グリューネヴァルトの別荘の門番小屋にて、1924年11月。
下：左からマックス・コンメレル、クラウス、ヨハン・アントン、アルブレヒト・フォン・ブルメンタール（座っている）、アレクサンダー、ヴァルター・アントン、ベルトルト

13. 右からアレクサンダー、クラウス、ベルトルト。父とともに。1925年頃

たという証拠はない。クラウスはギムナジウムであと二年も勉強を続けたいとは思わなかったが、試験は受けたかった。彼は建築家になることをずっと前にあきらめており、それで中等教育の最終証明書が必要になったのだと思われる。

イエナで過ごす計画は実現しなかった。しかし一九二四年一一月、クラウスと兄たち、アルブレヒト・フォン・ブルメンタール、ヴァルター・アントンは、しばしば門番小屋のゲオルゲのもとを訪れている。ゲオルゲはそこでマックス・コンメレル、ヨハン・アントンと暮らしていた。ヨハン・アントンは自分の詩をみなに読んで聞かせた。ゲオルゲは彫刻家の友人ルートヴィヒ・トーマエーレンを呼び出して、小さな集合写真を撮らせた。これらのすばらしい写真から、その場に広がっていた雰囲気と、クラウスとベルトルトがゲオルゲに感じていた情熱的な愛情が見てとれる。

クラウスは相変わらず虚弱で、ラウトリンゲンで療養した後、休息療法のためスイスアルプスに出かけた。ゲオルゲに書き送ったように、クラウスはベルトルトが訪ねてきてくれることが「何よりの喜び」であると気づいた。彼はベルトルトと非常に親密になり、王のようなベルトルトの態度を恐れる必要がなく、彼という優れた存在に当惑する必要のない希有な存在となった。クラウスはギムナジウムの教師たちと定期的に連絡をとり、カリキュラムに従った。療養から戻ったものの、勉強の進み具合が遅れてトップクラスに入ることはできなかったため、代わりに家庭教師と勉強した。

一九二五年八月の末、クラウスとテオドール・プフィーツァーはラウトリンゲン近くの丘に早朝散策に出かけた。クラウスは「新たなドイツの痛みを伴う誕生、国民の義務と奉仕、自分自身の職業の希望」などについて話したが、あくまでも一般論であって、建築家についても軍人についても言及はしていない。しかし、ゲオルゲが職業選択についてクラウスから相談を受けていたのも、彼がそうするよう勧めていたのも確かだ。同じ八月にアレクサンダー・シュタウフェンベルクが書いた詩は、クラウスの軍隊生活への関心、剣のぶつかり合う音と戦いの響きに満たされた彼の夢について描写している。同じ頃、ブルメンタールはゲオルゲに、ラウトリンゲンで会ったクラウスが「落ち着かない様子で、それが心配の種です。軍人になるべきかどうかの迷いが一番問題のようです」と書き送っている。二六年三月にはコンメレルが、「私のクラウス」のことがあれこれ気になる、とゲオルゲに手紙で述べている。「遠くからでも、彼が奮闘している様子がうかがえます。彼の身に起こる大きな変動から、美しく英雄的な風景が現れますように」

一九二五年一〇月二一日、クラウスは翌年三月の最終試験を受ける手続きを、ヴュルテンベルクの学校当局に申請した。願書は二日後に受理され、「陸軍士官」という職業選択で試験名簿に登録された。彼は仏語、歴史、地理、数学で「優」、作文、ドイツ文学、哲学、ギリシャ語、自然史で「良」、ラテン語で「可」をとり、クラス平均より上で合格した。

病弱であることを考えれば、クラウスに軍人という職業が向いているとは思えなかった。彼自身もそれを一番不安に感じていたに違いない。だがいったん決心した後は、その不安をしっかりと抑制した。軍隊での一年目に、彼は極度の疲労に苦しんだ。一九三一年にはひどい胃炎に悩まされ、コルベルク（彼の祖先グナイゼナウはここで初めて軍事的名声を得た）の守備隊駐屯地にある陸軍療養所に送られている。鉄のような意志をもって、クラウスは生来の虚弱を克服した。

クラウスの父親は、ヴュルテンベルク王国陸軍少佐だった。父の兄はバイエルン重騎兵連隊長で中佐である。母の兄弟はオーストリア軍の参謀本部の中佐だった。クラウスの兄たちは一九二三年に軍事訓練に志願している。クラウス自身も幼い頃から軍人になりたいと話したり夢見たりしていた。学校時代には建築家への憧憬もあったが、漠然とした計画にすぎなかった。彼には戦いたいという強い衝動があった。自分に指導力があることは知っていたし、人々に教えたり陶冶したりしたいとも思っていた。アレクサンダーは詩の中で、クラウスをバンベルク大聖堂にある王家の有名な騎馬像にたとえている。そこには神秘的な予感すら見てとれる。

飽くことを知らぬ衝動
偉業ははるか遠くにあり——ついに君は気づく

14. クラウス・シュタウフェンベルク、ラウトリンゲンにて、1926年

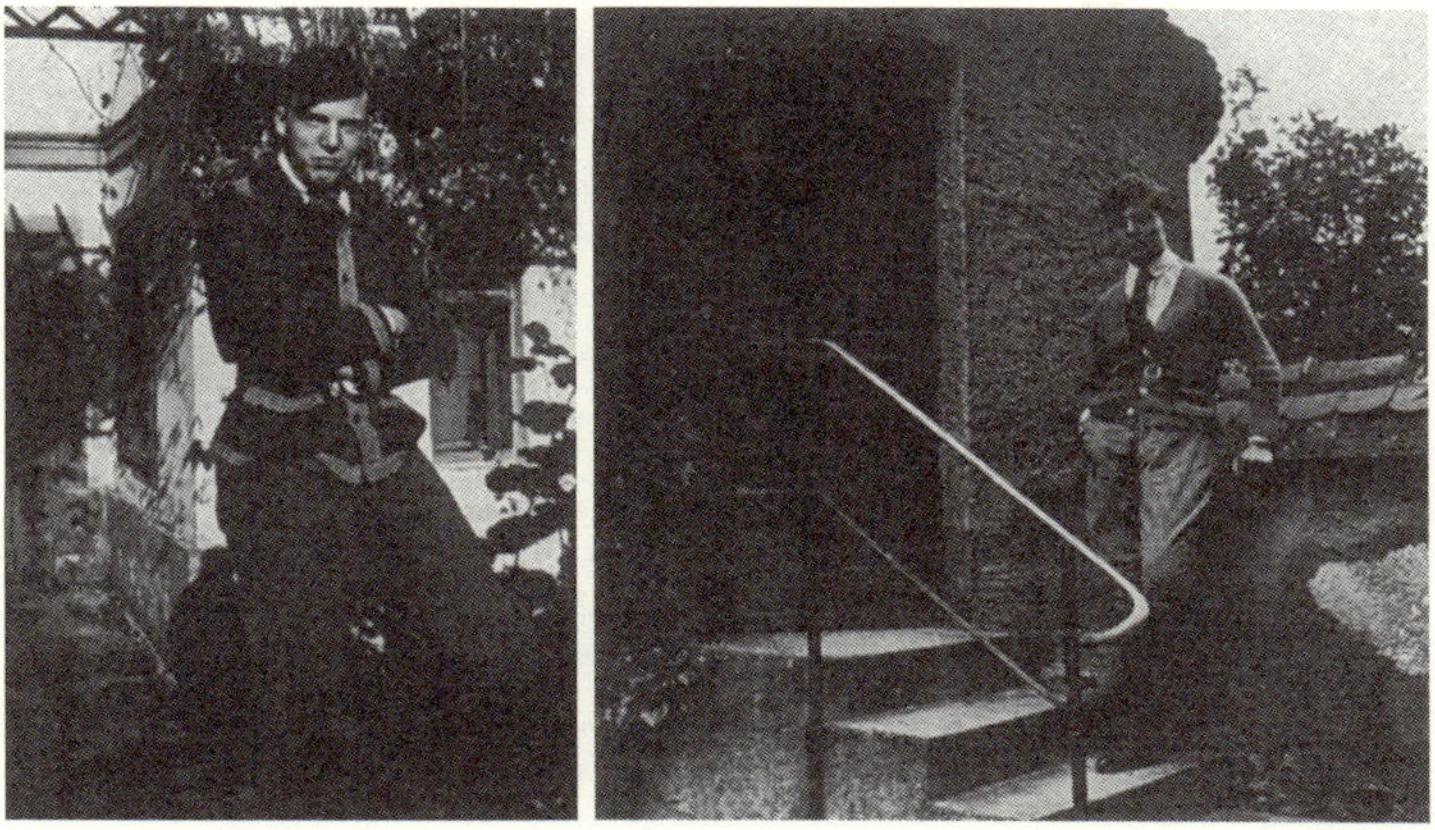

15. 左：ベルトルト、1928年頃　右：クラウス、ラウトリンゲンにて、1926年

兄が君と破滅をも分かち合うことを

クラウスは第一七騎兵連隊に配属された。ヴェルサイユ条約後に縮小された他の連隊と同じく、既存の連隊を合併させたものである。旧陸軍の栄えある戦いの歴史をもつ連隊もいくつか含まれており、ベルトルトおじが大佐を務めるバイエルン重騎兵隊もそのひとつだった。クラウスの虚弱体質や、連隊が退役軍人や現役軍人の親類を好むという事実を考えると、もうひとつの候補であるシュトゥットガルト＝カンシュタットの第一八騎兵連隊よりも、縁故によって第一七連隊にクラウスが受け入れられる可能性のほうが高かった。連隊本部、連隊の軍楽隊、第一騎兵大隊、第五騎兵大隊はバンベルクに、第二騎兵大隊と第三騎兵大隊はアンスバッハに、第四騎兵大隊と第六騎兵大隊はシュトラウビンクに駐屯していた。一九二六年の時点で連隊は第七（バイエルン）師団に所属していたが、二八年には第三騎兵師団に組み入れられた。

連隊に加わってから四週間後、クラウスは軍隊に入った動機について書いた手紙を父親に送っている。彼はすでに自分

16. ドレスデンの歩兵学校、1928年。左から士官候補生のハインツ・フッフマン、シュタウフェンベルク、ルドルフ・モルゲンシュテルン、ヘニンク・ヴィルケ

を歴史の登場人物と考えているかのようだった。ずっと以前から、軍隊が自分にとって大変な環境だということはわかっていた。「われわれのような人間には、少しの間でも、普通の人間を演じるのは簡単なことではない」し、概して知的生活と縁を切ることも容易ではないからだ。だが彼は、ほんの少しでも祖国に奉仕できるなら、若い時代の数年を犠牲にしても十分報いられると考えた。一九三四年、彼は別の親類に手紙を書き、二三年に書いた作文と同じ考えを繰り返している。「真に貴族的な観点に立つためには、これはわれわれが一番に考慮すべき事柄ですが、専門とする職業が何であれ、公務に就く必要があります」。その後も、彼はしばしば「貴族の信条」に言及し、四四年七月初頭に作成した自らの信条声明にも掲げている。

一九二六年六月九日～七月七日にかけての基礎訓練には、ニュルンベルク東部、チェコとの国境から約二九キロの距離にあるグラーフェンヴェーア演習場での、第一八騎兵連隊と機械化部隊との合同演習も含まれた。八月一六日、連隊はパーダーボルンとビーレフェルトの間にあるヴェストファリアのゼンネラーガー訓練エリアで、第三騎兵師団の一部としてさらなる大演習を開始している。二七年一〇月から翌年八月まで、シュタウフェンベルクはドレスデンの歩兵学校に在籍した。四人の士官候補生が、寝室ひとつと居間ひとつのアパートメントを共有する生活だ。毎日朝六時の体操に始まり、シャワー、朝食、その後に部屋での勉強、講義、兵器訓練（機関銃、迫撃砲の訓練や、工兵の武器を使った訓練）が続き、午後には歩兵戦法、馬術、自動車運転、スポーツといった訓練が行われた。

士官候補生は自由に外出できたが、軍服着用を義務づけられ、時間は夜の六〜一〇時までに限られた（土曜日はもう少し遅くまで許された）。そうでない場合には許可が必要だった。週末は土曜日の午後から始まり、日曜日の夜一二時に終わった。

シュタウフェンベルクは戦術で優秀な成績を収めた。教官で後に山岳部隊の中将となるディートル大尉は「状況評価、決定、説明」を重んじたが、「シュタウフ」は文章における技術と優れた才気をもって、要求された返答を系統だてて説明するので、ディートルには付け加えることが何もなかった。しかし、シュタウフェンベルクに対する評価は最初はまちまちだった。彼の作成した文書には、「不十分」「不完全」「時間をもっと有効利用すべし」「もっと読みやすく」といったコメントがしばしばつけられている。シュタウフェンベルクの少々くずれた着こなしと態度、非常に魅力的な笑い声から、彼が根源的とみなすものへの断固たる忠誠について、誤解した人々もいたかもしれない。

シュタウフェンベルクは自由時間にロシア語の勉強を始めた。夜になるとチェロを演奏することも多かった。『オデュッセイア』と『イリアス』をギリシャ語で読み、全滅した戦いや世界大戦についての本も読んだ。また、「ナポレオンとセギュールの回顧録も読み返している」。彼は誰にでも人当たりがよかったが、唯一の親友は連隊のやや年長の士官ユルゲン・シュミット中尉だった。シュミットはヨハン・アントンの友人で、ゲオルゲの友人である戦史家ヴァルター・エルツェの弟子だった。シュミットはその後ドレスデンで自作の詩を数編シュタウフェンベルクに送っている。その中で彼はクラウスを戦士および英雄と呼び、熱情と献身的な愛を述べている。シュミットはシュタウフェンベルクにフリードリヒ・ヴォルタースの『祖国についての四つの演説』も送ったらしい。クラウスはこの本の中でも、とくに「戦場に関する言語学的で学究的な論文」に不満を示している。その中でヴォルタースは「ドイツ的で」犠牲的な戦死を賞賛し、生き残った者は殺されるべきだ、あるいは自殺するべきだと提言している。そうすれば彼らもまた、オーディンの英雄の仲間入りを許されるというのだ。ヴォルタースは、キリスト教が支配していた中世には、戦いでの犠牲的な死に「究極の道徳的価値」は置かれなかったが、ルネサンスの人間主義者がそれを適切な地位に回復させたと述べている。つまり、われわれの時代の宗教は勝利か死かという祖国愛にあるというわけだ。シュタウフェンベルクは生と死のこの虚無的な方程式に、明らかに不快感を示した。彼の考えでは、そこに兵士たちの精神との接点は見出せなかった。シュタウフェンベルクはシュミットに礼をいい、一九二三年の自作の詩数編を送り、シュリーフェンの『カンナエ』とグレーナーの『シュリーフェン伯爵の遺言』を貸してほしいと頼んでいる。彼がシュミットに述べたところによれば、その本は仕事のために必要で、それも過去を振り返るためではなく、「イメージ」(考え)を当てはめ、事象を永遠に変わらぬ本質的なものにするためだということだった。

シュタウフェンベルクは、かつてザクセン王の教会だったドレスデンのカトリック教会で、少なくとも月に一度はミサに参列している。チューリンゲンの城に住むザクセン＝マイニンゲン公爵夫妻の客となることもあった。公爵夫妻はヴァルター・エルツェとユルゲン・シュミットも知っていた。頻繁に催されていた歩兵学校の同期生によるダンスや飲酒や狩猟のパーティーにシュタウフェンベルクが出かけた形跡はない。「シュタウフ」は「違う人間」として尊敬されていた。連隊の仲間のひとりは、彼を「燃える聖火」と呼んでいる。シュタウフェンベルクは時折、博物館を訪ねたが、未来の陸軍総司令官の甥である士官候補生マンフレート・フォン・ブラウヒッチュが同行することもあった。しかしシュタウフェンベルクがチェロの演奏をしようとしているとき、歩兵学校の庭でオートバイをよく乗りまわしていたブラウヒッチュには、芸術にこれほどひきつけられる人間がなぜ軍人という職業に就こうとするのか理解できなかった。シュタウフェンベルクが彼にその理由を話していなかったのは明らかだ。マックス・コンメレルへの手紙で、シュタウフェンベルクは自分と他の士官候補生、士官との違いを説明している。彼は「部下、農夫、兵士」とは完全にうまくやっていたが、自分たちのことを「同じ教育レベル」と考えている人々とはうまくやれなかった。彼らの鈍感なうぬぼれ、お粗末なエゴイズム、なれなれしさの中にある如才のなさ、自分たちが理解できないことをあざけ笑う点は傲慢以外の何ものでもなかったからだ。

シュタウフェンベルクは魅力的で率直かつ明敏だったので、会話で主導権をもつ傾向があった。話し好きで、すべての主張を吟味し、相手の考えにわざと反対の立場をとることもあった。一九三〇年に上官だった騎兵大隊長は、彼のイニシアティブ、判断力、平均以上の戦術的・技術的能力、部下の模範的な扱い、馬に対する愛情、社会的・歴史的・宗教的事柄への関心に賛辞を呈したが、「小さな欠点」についても書き留めている。「軍事的能力があること、知的に優れていることを自覚しており、ときに人を食ったような皮肉っぽい態度をとる傾向がある。しかし、それで相手が感情を害することはない」。彼の優秀さは議論の余地がない。それは必然的に賞賛だけでなくねたみも呼び起こす。しかしシュタウフェンベルクの感情が傷つけられるのは、おそらく職務怠慢や不忠に直面したときだったろう。

他の士官候補生たちはシュタウフェンベルクに「秘密のドイツ」という世界があることについて何も知らなかった。一九二七~二八年にかけての冬、彼はベルリンでゲオルゲとの詩の朗読会に出席している。ベルトルト、アレクサンダー、ブルメンタール、トーマエーレンもこの会に出席していた。二八年一一月、シュタウフェンベルク兄弟と数人の友人は、ゲオルゲの最後の詩集『新しき国』の朗読会に出席している。そして二九年二月、シュタウフェンベルクはコンメレルの新たな詩集『ドイツ再生のときの対話』の朗読会に出席し、大きな感銘を受けた。

この『対話』の中でゲーテとナポレオンは、ともに自分たちの努力によって、暴徒による支配や、アメリカの「国をもたぬ混血民族の商人」の優勢、ロシアの「野蛮な集団」「すべての貴族の滅亡」といった脅威を防ぐことができたと考えている。ナポレオンがヨーロッパを征服した際、ドイツ国民は「世界の支配者」から「魂の神」となったが、ドイツ国民は「世界の次なる支配者をつくり上げる」魂に形を与えた。こういった内容はすべて、もちろんゲオルゲが是認したことである。彼の考え（友人たちも共有していた考え）によれば、「秘密のドイツ」は国民のために明らかな名声を取り戻す準備をしなければならない。ゲオルゲによれば、ナポレオンは古代の英雄たちに比肩するほどの英雄だった。二九年、彼は戦史家の友人に、プロイセン人はナポレオンと共同戦線を張るべきだったと語っている。「そうすればプロイセン人はすべてを手に入れることができたのに」。

一方、シュタウフェンベルクは一九二八年に軍事史を専攻し、歩兵学校での最後の試験に備え、連隊とともにエルベ川を越え、第一四騎兵隊とともにアルテングラボウ演習場での肉体的に過酷な大演習に参加した。まもなく彼は扁桃腺炎で四週間寝たきりになり、その後、副鼻腔感染症でさらに四週間の治療が必要になった。彼はコンメレルのように「稀有な気高い人物」から手紙や詩を受け取って感謝したが、愛しいコンメレルを「ずっと抱きしめていられる一時間がほしい」、そして「あなたのキスを受け、あなたの言葉を聞く数分がほしい」という欲望に苦しんだ。彼は次のように書いている。

詩に存分に打ち込むことができる幸運に恵まれていない者、何の負担もなく、たんに存在するだけの満ち足りた一時間を経験できない者、駆り立てられ、疑問だらけの時間ばかりを過ごす者の人生があなたにわかるでしょうか。

一九二七年八月一八日、シュタウフェンベルクはまだ士官候補生だったが、階級は伍長から軍曹へと上がった。二八年八月一日には下級曹長に昇進し、一年後に曹長になっている。二八年の秋、ハノーファー騎兵学校に入学した。教官のひとりで、後にシュタウフェンベルクの師団長となるフォン・レーパーは、この生徒が幅広い本を読み、広範囲にわたる知識を有し、話し好きで、仲間の候補生に多大な影響を及ぼし、しばしば紛争の仲裁をもしていることに気づいた。シュタウフェンベルクの作成する文書は、ドレスデン時代よりもよい評価を受けた。複雑なタンネンベルクの戦い（一九一四年八月）の研究には、次のようなコメントが添えられている。「日付は？　それ以外は明解でよろしい。スケッチに数箇所誤りあり」

将校への任官試験で、シュタウフェンベルクは全体で六番、騎兵士官候補生のリストで一番に入った。これによって彼は殊勲賞の「名誉の剣」を一九二九年八月一七日に授与され、当時、帝国文書館から出版されていた世界大戦の歴史の最初の三巻を贈られた。その後何年もの間、彼の両親はずっと高価な残りの巻をクリスマスプレゼントとしてクラウスに贈っている。彼はバンベルクに戻り、三〇年一月一日付けで少尉に昇進した。

一九二九年一月、シュタウフェンベルクは「自分たちの心を占めてきた問題」、つまりタンネンベルクの戦いとカンナエの戦い（前二一六年）との類似性について、ユルゲン・シュミットに手紙を書いている。皮肉っぽい言いまわしで、以前から約束していた解説を披露したが、戦史家ヴァルター・エルツェの弟子であるシュミットとの個人的な関係が障害になっていると主張した。シュタウフェンベルクは友人に、とりあえず純粋に説明的な部分を除いて自分の考えがエルツェの考えとは異なるということを受け入れてほしいと頼んでいる。「私は奮闘した。奮闘しなければならなかった。エルツェの著書の論調に対抗するために。（中略）断固やり抜かねばならなかった。私には目標があるからだ」。シュタウフェンベルクは、現在広範な支持を得ている大規模戦略、つまり包囲作戦に対する評価が過大だと考えていた。エルツェは包囲支持派で、一八九一～一九〇六年まで参謀総長を務めたシュリーフェン伯爵は甚だしい考え違いをしたと非難している。シュリーフェンの過ちは、二正面作戦で戦争に勝つためには一方の敵を包囲し、全滅させねばならないと考えた点にある。そしてビスマルクが実証した外交的手腕の重要性を無視した点にある。そのせいでドイツは一九〇五年にロシアが日本に敗れた際に生じた、フランスへの先制攻撃のチャンスを逃した。つまり、同盟国は戦う以前に世界大戦で敗れていた、というのがエルツェの理論である。軍事に関し、独創的な意見をもつ重要性を理解していたシュタウフェンベルクには、この理論を受け入れることができなかった。三四年、

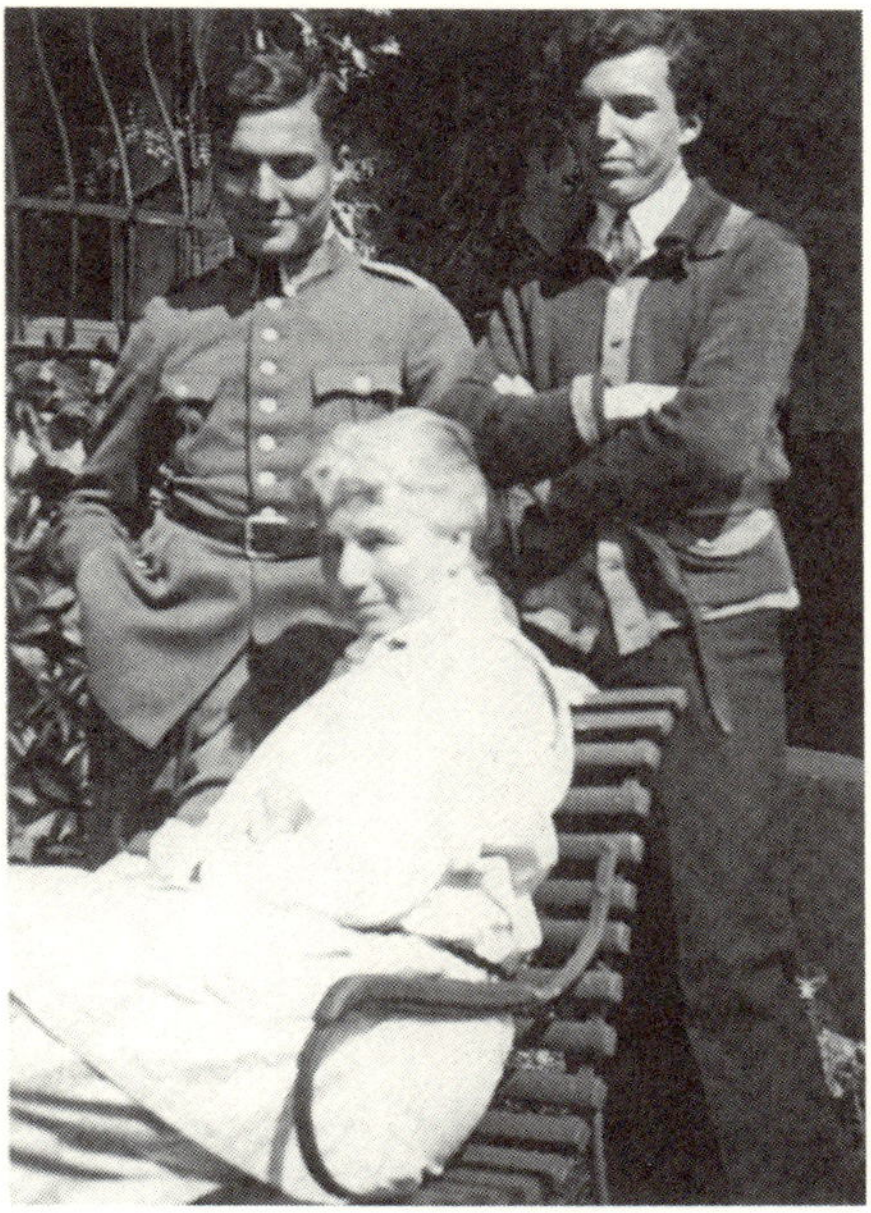

17. クラウスとベルトルト。母親とともにラウトリンゲンにて。1928年

彼はフランク・メーネルトに手紙を書いている。「ナポレオンの戦闘には、軍事的技術の面で明らかな誤りが散見されるものの、人的要因が数多く含まれており、はるかに大きな意味をもっている。普墺戦争、あるいは「ジャガイモ戦争」（訳注　バイエルン継承戦争）のもっとも美しい戦略よりも大きな意味をだ」。

一九三〇年一〇月、シュタウフェンベルクはイッソスの戦い（前三三三年）について小論文を書いている。この戦いではアレクサンダー大王がペルシャのダレイオス三世を破るために、「突破」作戦を敢行した。小論文は規定の構成に従って両軍の説明に始まり、それらの規模、素性、訓練、戦闘能力、戦略について紹介している。続いて政治的・戦略的背景について述べ、最後に戦いの経過について解説している。シュタウフェンベルクは主たる古典的情報源であるフラウィウス・アッリアノスの文献を利用した。彼はアレクサンダー大王側の政治家と軍司令官との団結、包括的な動機づけと勝利への堅い決意を賞賛し、勝利は定石の結果にすぎなかったという可能性については疑問視している。また、アレクサンダー大王の戦闘と、自分の時代の包囲支持派と突破支持派との論争を関連づけた。イッソスでは突破に代わる戦法はなかった。ダレイオスの六〇万の軍勢は常に側面からアレクサンダーの三万五〇〇〇の軍勢を包囲することができたし、ダレイオス軍の右側面は海岸に、左側面はアマノス山脈に達していたからだ。シュタウフェンベルクが論文の中で重視したのは、アレクサンダーがいかなる定石も踏まず、敵のもっとも脆弱な場所、強引に決着をつけられる場所を特定した点だ。これはダレイオスと彼の精鋭の護衛兵、つまりペルシャ軍のど真ん中に対する猛攻を意味する。シュタウフェンベルクの説明によれば、ナポレオンも自軍に直接敵の中心部を攻撃させる際には、同じ戦法に従った（領土が分散し、軍隊も要塞も小規模な当時、これは標準的な方法ではなかった）。同様にシュリーフェンも、二正面戦争の公算が強まった際、もっとも危険な敵を最初に破るため、軍勢の大部分をそちらに集中させることを決意したのである。したがって、アレクサンダーの突破作戦という選択は、両軍の数のバランスのみならず、両軍の内部の状況と相互関係、さらには司令官の意志が遂行できる効率性にも基づいたものだったといえよう。

一九三〇年五月、シュタウフェンベルクはミュンスターラーガーの大演習に参加した。九月にマイン川とザーレ川で演習があり、その間、「青」軍の第一七騎兵隊は設備なしで深いザーレ川を渡り、背後から「赤」軍の歩兵隊を攻撃することによって優位に立った。これらの大演習は、フォン・ヒンデンブルク大統領の前をギャロップで行進することで締めくくられた。

一九三〇年一一月一五日、シュタウフェンベルクは、バイエルン王室の侍従長兼帝国総領事で、時折バンベルクの家で第一七騎兵隊の将校たちをもてなしてくれたフォン・レルヒェンフェルト男爵の令嬢ニナと婚約した。彼女がシュタウフェンベルクに自分を選んだ理由を尋ねたところ、彼はニナが母親になるのにふさわしい女性だからだと答えた。クラウスは未来の義母に、将校の妻は必要悪だというフリードリヒ大王の言葉を紹介している。シュタウフェンベルクの婚約は公表されなかったが、それは国軍の規則（二七歳になるか、軍務に服して八年経過するまでは結婚できなかった）で結婚を三四年まで待たねばならなかったからだ。しかし足りない六ヵ月を免除され、三三年九月に結婚式が挙行された。

一九三〇年一一月一八日、シュタウフェンベルクはポツダムで迫撃砲の研修を受けた。これによって彼は土木工兵が使用する爆薬や、近代的な迫撃砲一八に慣れることができた。三一年二月にバンベルクに戻ると、ユルゲン・シュミットとクニグンデンダム三五番地のフラットで同居し、連隊の迫撃砲部隊を指揮することに熱中した。

一九三一年のイースターに、クラウスはアレクサンダーとフランクとともにベルリンでシュテファン・ゲオルゲに会った。八月にはコンスタンツ湖畔のヴァッサーブルクにある夏の別荘に彼を訪ねている。七月にクラウスはバート・コルベルクからゲオルゲに誕生日カードを送っていた。同じ手紙の中でクラウスは、ダルムシュタット国立銀行が七月一一日に支払不能に陥り、他の多くの銀行の連鎖倒産を引き起こしているという噂や、ドイツとオーストリアが二国間の自由貿易協定を進めるならば、フランスが介入すると脅しをかけているという噂に触れている。シュタウフェンベルクは秋には戦争になるようにも見えると述べているが、今では「多少の年月、多少の人命、個人の運命」は自分にとって重要ではないと考えていた。

世界大戦が終結して一三年経過しても、ドイツは協商国の監督下にあった。軍隊の中にいると、ヴェルサイユ条約で課された制限が強烈に感じられる。フランス、ポーランド、チェコスロヴァキアの大規模な軍隊に囲まれ、世界的な軍備縮小の約束が果たされないまま、ドイツはまだわずか一〇万の兵しか許されず、戦車や戦闘機も保有できなかった。しかし一九三一年と三二年、軍と政治の状況に明白な変化が訪れることに

18. シュタウフェンベルク。ルートヴィヒ・トーマエーレンとフランク・メーネルトのベルリンの工房で、1929年頃

なる。

一九三〇年三月から、大統領フォン・ヒンデンブルクは国会で過半数の支持を得ていない内閣を通じ、緊急令を行使することによって国を支配していた。首相のブリューニングは世界大戦の退役軍人で、かつて機関銃中隊長を務めていた。国防相および暫定的な内務相はグレーナー中将で、彼は主計総監としてルーデンドルフ中将の後を継いだ人物でもある。三一年一〇月一〇日、ヒトラーを毛嫌いしていたヒンデンブルクは、ついに彼を受け入れることに同意した。その際、ヒトラーは国防次官フォン・シュライヒャー少将とも話をしていた。同月、バート ハルツブルクで、ヒトラーはナチ党をドイツ国家人民党、鉄兜団、汎ドイツ連盟、農地連盟、さらには他の愛国的な団体と連合させて国民戦線を結成し、フォン・リュトヴィッツ中将（退役）とフォン・ゼークトの支援を得てブリューニング内閣を排除しようとした。SA（突撃隊）と左翼闘士間の流血沙汰の後、ヒトラーは一〇月二二日に再度シュライヒャーに面会している。このときヒトラーは政治には関与しないという国軍の立場を知り、シュライヒャーとグレーナーに、国家社会主義者は国軍の方針には介入しないと請合った。国防省と内務省

19. シュタウフェンベルク（左側）、1930年頃

は、右派からの転覆の脅威はなく脅威は左派だけだと結論づけ、共産主義者は許容できないがナチの突撃隊が国軍に服役するのに異論はないと明言することによって、彼らを政府に取り込もうとした。ヒンデンブルクとヒトラーの関係は、ヒトラーがヒンデンブルクの任期の一年延長を支援せず、三二年、自らの大統領選立候補を表明したために悪化した。三二年二月、ヒンデンブルクは「偏った極端な意見の代表者」が選ばれるのを阻止するために、再び選挙に立つと宣言した。これはもちろんヒトラーを指す。三二年七月二六日、国防相グレーナーの後任フォン・シュライヒャー少将は、ラジオ放送で、ドイツは防衛手段をもつべきだと宣言している。もし他国軍が武力を削減しないなら、そしてジュネーヴ軍縮会議がドイツの「完全なる安全と平等」を否定し続けるなら、ドイツは国軍の「質的な再編制」に着手することにな

20. 1931年４月９日、ベルリン＝ツェーレンドルフで挙行されたエリザベート・ユクスキュル伯爵令嬢とパウル・フォン・ハンデル男爵の結婚式。最前列左から二番目がアレクサンダー、四番目がベルトルト。左から七番目の軍服姿がニコラウス・ユクスキュル伯爵（ヌクスおじ）。前列右手にクラウスが見える。彼の右側にいるのはメリッタ・シラー

るだろう。同じ演説の中でシュライヒャーは、国家における国軍の立場に関するヒトラーの考えに同意している。この演説は国軍全体の中隊レベルにまで広まった。三二年八月八日にニューヨーク・タイムズに掲載されたインタビューでは、ドイツは一三年間、平等な権利を心待ちにしてきたがもう待ちきれない、と大臣が宣言している。一〇月一五日、シュライヒャーは外相ノイラート男爵に、陸軍を一四万五〇〇〇人に増大させ、九つの重砲兵部隊、二二の飛行隊、試験段階にある戦車大隊もそこに含めるつもりだと述べた。兵役期間を三年もしくはわずか二年に短縮し、それによって三〇万〜四〇万の予備役を五年後には利用可能にす

るつもりだとも述べた。こういった方法は公然と議論され、国軍省はプロパガンダを使って、軍と一般市民の両方に軍拡を覚悟させた。

一九二九年の株価大暴落とそれに続く大恐慌は、ドイツの社会と政治に深刻な事態を引き起こした。三二年には数百万人が失業し、絶望的な貧困に陥っている。二人の子どもをもつ労働者が生活保護で週に受け取れる金額は九ライヒスマルクだった。その中から最低でも四・五ライヒスマルクの家賃を払うと、食いつなぐために一日ひとり当たり使えるのは一六ペニヒにすぎない。選挙結果は増大する政治的急進化と両極化を反映していた。多くの人々は共産主義革命を恐れていた。共産主義政党の得票率が二四年の一二・六パーセントから、三二年一一月には投票率が八〇パーセントを超える中、一六・九パーセントに増加していたからだ。社会民主党の得票は二四年の二〇・五パーセントから二八年には二九・八パーセントに推移していたのが、三二年一一月には再び二〇・四パーセントに下落している。保守派の人間からすれば、左派政党全体で得票数の五〇パーセント近くを占めていることは現実的な脅威だった。実際は、社会民主党は共産党に忌み嫌われていた。共産党と異なり、社会民主党はヴァイマール共和国の存続を望んでいたからである。ナチはといえば、目下の懸案事項、すなわちヴェルサイユ条約に対する国家主義的な怒りを利用していた。富裕層の中には社会的大混乱への恐怖心があり、世間一般にはボルシェヴィズムに対する恐怖があった。二四年の選挙でナチ党の得票率はわずか六・五パーセントにすぎず、二八年にはほとんど忘れ去られた状態の二・六パーセントにまで落ち込んだものの、三〇年九月には一八・三パーセントまで躍進している。問題はもはやドイツが民主勢力に支配されるか非民主勢力に支配されるかではなく、非民主勢力の政治的右派と左派のどちらに支配されるかだった。

一九三二年五月、ヒンデンブルクは突然、首相をブリューニングからフランツ・フォン・パーペン少佐（退役）に交替させた。三二年七月、パーペンは社会民主党を中心とするプロイセン州政府を不当なやり方で解体して大統領を喜ばせた。しかし彼は失業者の高まる混乱と事実上の内乱を制御できず、一方、ヒトラーはパーペン政府に対抗する運動を街頭で繰り広げていた。パーペンは一一月の選挙で基盤を拡大することができず、ヒンデンブルクはフォン・シュライヒャー少将を首相に任命した。政権を安定させようとするシュライヒャーの試みは失敗し、一方パーペンは全精力をシュライヒャー打倒に注いだ。三三年一月三〇日、彼はヒンデンブルクを説得してヒトラーを首相に任命させ、ヒトラーにナチ党とドイツ国家人民党（DNVP）の連立内閣をつくらせた。国家人民党は多くの閣僚ポストを獲得したが、ナチ党は無任所相（ゲーリング）、首相（ヒトラー）、内相（フリック）、プロイセン州内相（ゲーリングが兼任）という重要なポストを占めた。これによって、彼らはドイツ警察をほとんど支配することができた。新しい国軍相ブロムベルクはナチの支援者で、このことは軍の支持をも受けていることを意味した。

シュタウフェンベルク少尉は、シュテファン・ゲオルゲへの手紙で政治的事件について第三者的な見方をとっているが、実際にはのめり込まずにいられなかった。他の多くの者たち同様、ヴェルサイユ条約も共和政府も国軍の国防能力を制限していると彼は考えていたが、他の者たち同様、どんな政府であれ、国を守るという義務に疑問を抱いたことは一度もなかった。実際、公正であることに対する意識の高いシュタウフェンベルクは、共和国の旗をあざける者がいれば断固異議を唱えた。しかし八月一一日の憲法記念日に第一七騎兵連隊が祝ったのは、バイエルン槍騎兵旅団の戦功記念日のほうだ。数年後、取り調べを受けたシュタウフェンベルクの仲間たちは、任務中であれ任務外であれ、政治について議論することはほとんどなかったと証言している。だがそれと同時に、多くの国軍の将校たちは、シュタウフェンベルクも含め、ナチ党綱領の第二二項に魅力を感じたと付け加えている。二二項には、大規模な国家軍の配備がうたわれていたのだ。これは、シュティーフ少尉、オスター少佐、フォン・トレスコウ大尉（参謀本部）、メルツ・フォン・クヴィルンハイム少尉、シュタウフェンベルクのいとこであるフォン・ホーファッカー少尉（予備役）といった、後に反ヒトラーの共謀者となる者たちにも同じくあてはまった。たとえばホーファッカーは、一八年一二月から二〇年三月までフランスの戦争捕虜収容所におり、それから大学で法律を専攻し、学生自治会に参加し、二二～二三年にかけては、ゲッティンゲン大学の最初の突撃隊グループの結成を手伝っている。彼は三〇年の国会選挙の二週間前に、自分は「党の政策の観点から、『民主主義』の断固たる反対者だと宣言し」、ドイツの東国境地域を「攻撃的な方法のみによって」支配すべきだと主張している。三三年三月五日の国会選挙前には、ホーファッカーはナチ党の選挙運動に参加している。彼は公衆の前で演説し、国民は「今回で選挙を廃止し、国会を独裁政権に置き換えるために」政府に権限を与えねばならない、と明言した。

ひとたびヒトラーが首相になると、「国軍と国民運動の親密な関係」は自然に発展した。国軍相フォン・ブロムベルク元帥みずから、ヒトラー政府の熱心な支持者となったからである。

4章　大転換

フォン・ヒンデンブルク大統領がヒトラーに組閣を指示した際、政府にさしたる変化は起こらなかった。多くの人々はこの動きを長く待ち望んだ国家の復活とみなしたが、専制政治という奈落への突入と考える者もいた。新たな支配者が権力を手放すまいと決断していることは、まもなく明らかになった。当局は急速に人々の日常生活への管理を強化し、ナチ党支持者によって引き起こされる暴力沙汰を、国家の敵を鎮圧するために必要な行動とみなした。

ヒトラーは国会で過半数の支持を得るためにカトリック中央党と交渉したが、あえて努力はしなかった。新たな国会選挙を行う承認をヒンデンブルクから得るためである。選挙は一九三三年三月五日に予定された。三三年二月二〇日、ヒトラーはこれが最後の選挙になるであろうことを、集まった有力な実業家やビジネスマンの前で話している。そしてもし求める結果を出せなければ、「別の方法」によって実現させる、とも述べた。

一九三三年一月三〇日午後五時に新内閣の最初の閣議が開かれ、ヒトラーは新政府に抗議するゼネストが懸念されるものの、ストライキを鎮圧するのに国軍を使うのは避けたいと語った。国軍相フォン・ブロムベルクは、兵士たちが敵として想定しているのは常に外国の軍隊だけだと答えた。二月三日、陸軍統帥部長（ヴェルサイユ条約によって、総司令官に強要された肩書き）フォン・ハマーシュタイン中将から軍務省の私室で昼食のもてなしを受けたヒトラーは、フランスに対する再軍備が優先事項だと明言している。国内では「粛清」が行われることになるが、これは軍の関与するところではない、とも述べた。翌日、ヒンデンブルクは政府の要求に応えて緊急命令にサインし、これによって政府はライバルの政治的集会や出版を禁じたり、当局が「国家の重大利益」への脅威とみなす公的発言をした者を事実上告訴したりできるようになった。

二月一七日、プロイセン州内相ゲーリングはプロイセン警察に、「国家的な組織」（SA、SS、鉄兜団、ナチ党、ドイツ国家人民党）を支援し、「国家に敵対する」組織のメンバーに対しては銃器を使用するよう命じた。彼はこの指示に従う警官を「結果のいかんにかかわらず」庇護し、「優柔不断な態度を示した」者には懲戒処分を下すと述べている。五日後、再度省令により、ゲーリングは四万のSA（突撃隊）とSS（親衛隊）兵士、一万の鉄兜団メンバーとドイツ国家人民党のドイツ国民戦闘団を補助警官に任命した。SAは強制収容所を設置し、選挙運動の間に数百人の死者が出て、殴打や殺人が日常茶飯事となった。

二月二七日にオランダ人の無政府主義者が国会議事堂に放火すると、政府はこれを「共産主義者」の仕業と非難し、非常権限を許可する古い動員令を引っ張り出し、いくらか修正を加えて大統領にサインさせた。この「国民および国家保護のための大統領緊急条令」と、「国家を危険にさらす共産党員の暴力行為に対する防衛措置」は、二月二八日に施行された。憲法上の基本的自由をすべて「無期限に」一時停止できるようになったのである。告訴や内部捜査なしで逮捕や押収が許され、財産の自由、言論の自由、出版の自由、集会・結社の自由、対話の自由が奪われた。反逆罪に適用される刑罰は、これまでは最高でも終身刑だったが、今では死刑に処することも可能だったし、そのような犯罪を計画しただけで、実行したのと同じ罰を受けた。国会による立法行為によって規定された刑法が、たったひとつの布告によって、人々の命を奪うことができるものに変えられたのである。

三月五日の選挙で、ヒトラー率いるナチ党は期待していた絶対過半数をとることができなかった。大多数の一般民衆が嫌がる不愉快な選挙運動を五週間にわたって繰り広げ、投票所で直接威嚇したにもかかわらず、ナチ党の得票率は四三・九パーセントにすぎなかった。ナチ党とドイツ国家人民党が連立すれば国会議席の過半数を制することはできたが、政府に無制限の立法権を与える待望の授権法を通過させるには不十分だった。このような改憲にあたる法律を通過させるには三分の二の賛成が必要だったからである。ゲーリングは欠席した議員まで出席者として数えることによって、手続きを操作した。当選した共産党の八一人は着席を阻止され、数に入れられなかった。ヒトラーは詐欺ともいうべき密約によってカトリック中央党を仲間に引き入れた。一九三三年三月二三日の最終投票の際、反対票を投じたのは社会民主党だけだったわけだ。この授権法は四年間の期限で、政府がすでに緊急命令で得ていた無制限の権力を追認し、拡大した。これで政府は、提出された法案あるいは条約案がたとえ憲法に違反するものであっても、議会を通さずに法を制定したり、外国との条約を締結したりすることができるようになった。続く数週間の間に、政府は政府に対する批判を取り締まる法を公布し、いかなる法によっても定義されず拘束もされない判決を言い渡すことができる、つまりほぼ無制限の権限をもつ「特別法廷」を設立した。こういった特別法廷の判決に対し、上訴は許されない。

七月六日、ヒトラーは自らの革命の成就を宣言した。三三年七月一四日には、ナチ党を除くすべての政党が解散、あるいは非合法化の憂き目にあった。

一九三三年一一月一二日、ヒトラーは自分の国内政策と外交政策を国民投票によって承認させた。有権者の九六・三パーセントが投票し、九五・一パーセントが承認した。一二月には、「党と国家の団結」が法によって公布された。エルンスト・レーム率いるSAの指導者たちが数十万のSA部隊とともに正規軍を圧倒し、支配権を得ようとした際、ヒトラーは彼らを国家に危険をもたらす反逆者だとして射殺させた。当然のことながら軍の指導者たちは、国家の唯一の武力である国軍の役割への脅威を取り除くことに賛成した。三四年八月にヒンデンブルクが亡くなると、ヒトラーは大統領職と首相職を一体化させた。

ヴェルサイユ体制へあからさまに異議を申し立てていたにもかかわらず、首相になってから最初の数ヵ月、ヒトラーはフランスの干渉を受けることもなく切り抜けた。これは彼の権力をさらに強固にするうえで上首尾だったといえよう。ヒトラーは本格的な再軍備をさしあたり延期したが、それも一九三三年秋までのことだった。西側列強がドイツの平等をあくまでも否認し続けると決めたからである。三三年七月には教皇庁と政教条約を締結した。これはヒトラー政権にある程度の国際的地位を授けた。彼は閣僚たちに、ヴァチカンがドイツ政府と協定を結んだという事実は、「言葉では言い表せない成功」だ、と語っている。さらに政教条約はカトリックの聖職者団が政治もしくは労働組合の活動にかかわることを禁止した。

一九三三年一〇月のジュネーヴ軍縮会議で、ヒトラーが首相になる前にほぼ認められていたドイツの軍備平等権の許可を、フランスおよびイギリス政府はあと四年遅らせるよう提案した。軍備についての交渉を再開する前にドイツはよい態度を見せなければならない、それも期限を指定せずに、とフランスは主張したのである。これが不公平な差別待遇であるのは一目瞭然だった。ヒトラーは一〇月一四日の国民へのラジオ放送で、ドイツに対する扱いが不当だと強く非難し、再軍備の権利を主張することなく、ドイツの平和的な意図を強調した。そして彼は、なぜドイツが軍縮会議のみならず国際連盟からも脱退したかについて説明している。一一月一二日の国民投票は上首尾に終わり、外交的クーデターをプロパガンダの勝利に変えた。

ナチは自分たちの国家を「第三帝国」と呼んだ。神聖ローマ帝国とビスマルクの第二帝国から妥当性を引き出すために、「国家」と「帝国」の意味を結びつけ、あいまいにした言葉である。ヒトラーにとって、これはより大きな目的への途中にすぎない。だが到達点が、シュテファン・ゲオルゲの最後の詩集にうたわれた「新しい国」でないことは明らかだった。

「秘密のドイツ」は新たな時代のできごとを懐疑的に、だが興味をもって観察していた。ゲオルゲ クライスでは一九三〇年九月の選挙でナチが勝利して以来、政治はそれほどタブー視されなくなっていたが、ゲオルゲの精神から生じる偉大な、場合によっては政治的な「行為」のようなものは常にあった。ゲオルゲ自身は、公に、あるいは多くの友人が認識しているよりもずっと政治に関心をもっていた。三二年三月、ロカルノに近いミヌシオの隠居所から、彼はドイツの大統領選挙を見守っていた。ゲオルゲはずっと以前に、候補者のひとりで英雄のヒンデンブルクと対立候補のヒトラーに興味を引かれると述べていた。三三年秋、死の床にあっても、彼はドイツの政治的進展を追い続けていた。

ゲオルゲの友人の中でナチに入党したのは、エルンスト・ベルトラム、ヴァルター・エルツェ、クルト・ヒルデブラント、ルートヴィヒ・トーマエーレン、ヴォルデマー・ユクスキュル伯爵、アルブレヒト・フォン・ブルメンタールである。ルドルフ・ファールナーは一九三三年二月五日にSAに入隊している。彼らは論文や講義でナチへの支援を表明し、それを手紙や会話で宣言した。文学史家のベルトラムは、シュテファン・ゲオルゲの「新しいドイツ」が一九三三年に現実になったと断言している。トーマエーレンは友人たちにナチへの入党を強く勧めた。ゲオルゲの友人ヒルデブラントは心理学者だったが、生きて共同体のために犠牲になることを「賞賛すべき」だと述べ、プラトンが「民主主義の原則」に対立するものとして「指導者原理」を好んだことに賛成すると明言した。ゲオルゲはヒルデブラントのナチ入党に反対せず、ただ、党には賛成も反対も表明しないように、そして国家社会主義の「建設的な」要素を見落とさないようにと助言している。ヒルデブラントはゲオルゲも自分と同じ反ユダヤ主義であることを知って安心した。

トーマエーレンの弟子フランク・メーネルトは、ゲオルゲの許しを得てヒトラーの胸像をつくった。これはミュンヘンの美術商ハンフシュテングルによって、かなりよい値がつけられた。一九三六年には新たな胸像製作と、ヒトラーの顔をレリーフした飾り板の製作にとりかかっている。フランク自身は、この情勢に「秘密のドイツ」が主導的役割を果たすことを望んでいたが、「われわれの人民」が新たなシステムにどのようにうまく溶け込めるかはわからなかった。ゲオルゲへの手紙で、彼はロクリスの都オプースのギリシャ人戦士のことを思い出している。彼らはトロイ戦争の英雄で、建国の父アイアクスの精神にふさわしい役割を密集軍の中で常に与えられていた。そのような役割は、まだ「われわれの人民」には与えられていなかった。

一九三三年七月にゲオルゲが六五歳の誕生日を祝った際、ヴォルデマー・ユクスキュル伯爵はチュービンゲン大学の学生たちに、「シュテファン・ゲオルゲの革命精神」と題する講義を行った。「個人主義による腐敗」を痛烈に批判し、ゲオルゲがずっと以前に確立していた英雄的な世界観と指導者原理について詳述し、新しい帝国はゲオルゲの思想を実現したものだと述べたのである。再びドイツが歴史の流れを変えるだろう。これまでも民族大移動、国家の犠牲、宗教改革、古典主義によって変えてきたように。そして大陸の中心が世界を救うことになる、と。しかしヴォルディの友人たちは、こういった奔流のごとき言葉にはあまり感心しなかった。ベルトルトはヴォルディが「ずいぶん饒舌だ。幸いなことに、彼も彼の言葉もあまり注目を集めていない」と述べている。カントロヴィッチは自分の著書『フリードリヒ二世』をヴォルディに進呈し、「こういった小さな山」に土を投げ、それらが匂うのをとめるためには、もっと意識のある人間が話さねばならないと示唆した。

ゲルマン主義者のルドルフ・ファールナーは、ゲオルゲの教義と党の教義の合致している点を進んで認めた。みなで互いに「誓い合った」ことのために戦いながら、彼はSAの褐色シャツに完全に引きつけられており、「彼らがゲオルゲの意志を実現させる者たちだと信じて疑わなかった」

一方、ゲオルゲの友人でユダヤ人のカール・ヴォルフスケールは、オランダ人の友人アルベルト・フェルウェーに手紙を書いて、ナチの主観的な差別意識は見過ごすこともできるが、自分の存在全体、自分の人間性が「『ユダヤ人』への見境ない無限の嫌悪、つまり血まみれのイメージに対する嫌悪」によって、息苦しい気持ちにさせられ、汚されているように感じると述べている。国家社会主義運動の機運と力は、この荒々しく「純粋に邪悪な」ドイツ的残酷さから生じたものだ、というのが彼の考えだった。ヴォルフスケールはゲオルゲ周辺のユダヤ人を厳しく非難している。彼らは大きな国家的運動から排斥されていることを嘆くばかりで、それが自分たちにとって何を意味するか、考えていなかったからだ。

一九三三年のイースターに、ゲオルゲはベルトルトとベルリンを出てミュンヘンに向かった。クラウス・シュタウフェンベルク少尉は連隊のカトリック兵士を連れて、ミサ、朝の聖体拝領に参列し、その後ゲオルゲとベルトルトと同じ汽車にバンベルクから乗って、休暇が終わる月曜日まで一緒にミュンヘンに滞在した。ゲオルゲのミュンヘン滞在中に、エルンスト・カントロヴィッチはゲオルゲに手紙の草稿を見せている。プロイセンと帝国の科学技術教育相に宛てた、ユダヤ人迫害に抗議する手紙だった。カントロヴィッチはユダヤ人であることを理由に、フランクフルト大学から三三年の夏学期に休職するよう求められていたのだ。ゲオルゲに異論はなかった。

それと同時に、カントロヴィッチはヴォルフスケールの非難を正しいと評価している。ゲオルゲへの手紙の中で、ユダヤ人である自分が「もっぱら民族という基盤の上になりたっている国家から必然的に排除された」ことへの深い悲しみについて物語っている。もっとも、ゲオルゲと友人たちはみなナチとは無関係だと今まで以上に信じている、とも付け加えている。カントロヴィッチは自分が攻撃を受けても「血」を否定するつもりはさらさらなかったが、ゲオルゲが一部の友人のために「自分の立場」を危険にさらすことができないのもわかっていた。カントロヴィッチ自身は、新国家に建設的な利点を見出すことはほとんどできなかった。少なくとも大学では、「いわゆる民族意識から生じる態度と不可解な『感情』が、今後は能力、知識、学識にとって代わるに違いなかった」。四週間後、カントロヴィッチはゲオルゲに誕生日カードを送り、「師が夢見たドイツになりますように」という言葉を添えている。だが一一月には、その見込みがないという結論をカントロヴィッチは下した。というのも、新たな兆しがすでに中産階級を堕落させ、変化させた結果、「古い戦線が復活し、真の運動は再びわれわれの手に委ねられた」からである。

一九三三年の夏学期、カントロヴィッチは自宅でセミナーを開いた。オックスフォード大学のニューカレッジから特別名誉研究員の誘いがきたが、三三〜三四年の冬学期は、フランクフルト大学に戻る決意をした。彼はゲオルゲに次のような手紙を書き送った。今は建設的で前向きなテーマも誤解を呼ぶだけかもしれない。だから自分は「中世の崩壊」、つまり一三世紀ドイツの「大空位時代」についての講義を計画している。シュタウフェン帝国の崩壊は、明らかに「秘密のドイツ」が必要であること、そして今こそ復活が必要であることを示している、と。実際、彼の第一回目の講義タイトルは「秘密のドイツ」だった。
カントロヴィッチは序論で、「秘密のドイツ」には、美、高潔、偉大さの三位一体があると述べている。しかし「秘密のドイツ」と現在のドイツは、いかなる点でも一致しない。真の「秘密のドイツ」は、この世界とこの世界でないもの両方の王国なのだ。最後の審判と同じくらい近くにあり、皇帝や知的な貴族に統治されている。その祖先はヘラスの神々、神の国の聖人、中世の皇帝たち、そしてダンテの「人間としての礼儀作法」だ。秘密のドイツは、もはや一般的なキリスト教世界の理想には賛成しない。シュテファン・ゲオルゲの「秘密の王国」の教えは、今ではドイツの地域に限定されており、「ドイツに根づき、形づくられねばならない」。ヘラス同様、ドイツは小さな領域の中で「太古の人間の形と力すべて」になる。底知れぬ奈落が現在のドイツのゆがめられた顔を、「秘密のドイツ」のもっとも偉大な天才と英雄――ホルバイン、フリードリヒ大王、ヘルダー、ゲーテ、ヘルダーリン、ニーチェ、シュテファン・ゲオルゲから引き離した。しかし、国家の最良の民は、自分の命を「秘密のドイツ」に委ねなければならない。目に見える領域と実際に一致させるために。最後にカントロヴィッチは挑戦的に『盟約の星』から引用している。

われわれを妨げよ！　消すことができないのは花咲ける言葉。
われわれの声を聞け！　受け入れよ！　好みにかかわらず。それは花開いている。
われわれを殺せ、そうすれば花はもっと豊かに咲き誇るだろう！

この講義の直後、一二月一一日に、ナチのボイコットによってカントロヴィッチの講義は強引に中止させられた。そこで彼はオックスフォードの職を引き受けることにした。おかげで少なくとも、冷淡な祖国に毅然として背を向けることができた。

ヨーロッパ　ユダヤ人の暗い運命を、ヴォルフスケールほどはっきりと予知している者はいなかった。彼の祖先であるラビは、皇帝オットー二世とともにイタリアからドイツにやってきた。彼の一族がマインツに住みついて一〇〇〇年になる。ヴォルフスケールはかつて、自分をドイツ人ではないと見なすナチの不合理な否定を無視して、自身がいる場所にドイツの精神もある、と書いた。一九三四年にベルリンで出版した『声は語る（The Voice Speaks）』という詩集の中で、彼は自分のユダヤ信仰を強く主張し、差し迫った危機について警告している。ゲオルゲの友人たちの反応はさまざまだった。ヴォルフスケールの詩がゲオルゲの友人たち、つまり「金髪であれ黒髪であれ、ひとつの子宮から生まれた、認められていない同胞」を危険にさらすと信じる者もいた。シオニズムも含め、「秘密のドイツ」には宗教やナショナリズムを一切持ち込まないと決心する者もいた。

ゲオルゲ自身は、一九三三年一月三〇日からのドイツにおける反ユダヤ主義の根本的変化には、鈍感な様子だった。三三年九月、彼は自分の生き方と友人関係を見れば、あらゆる宗教に寛容で中立であることが十分わかるはずだ、と述べている。現実には、反ユダヤ主義はゲオルゲ　クライスの精神と切り離せない存在であることが明らかだったので、ゲオルゲの出版した作品や文書の管理者は四五年以後、その痕跡をすべて覆い隠そうとした。

一九三三年二月、ナチはプロイセン芸術院から政敵とユダヤ人を排除し始めた。そこには、トーマス・マン、ルネ・シッケレ、ゲオルク・カイザー、フランツ・ヴェルフェルといった著名人も含まれていた。代わりに入会させたのが、ハンス・グリムやハンス・カロッサといった「国家的」作家である。五月五日、プロイセン科学芸術国民教育相ベルンハルト・ルストが、新生ドイツはシュテファン・ゲオルゲの芸術院入会を切望する、と知らせてきた。ルストはモーヴィッツを通して、ゲオルゲを公に新政府の父と呼びたいと伝え、アカデミーでの名誉ある地位と、望みどおりに使うことのできる大金を約束した。同意していただけるなら大統領もしくは首相から公式な自筆の手紙が届くだろう、とも添えられていた。

ゲオルゲは五月一〇日に「政府当該部門」宛ての手紙で返答している。彼は「いわゆる芸術院の」名誉ある地位を断り、金も断ったが、芸術院の「国家的」位置づけには賛同した。自分はいかなるアカデミーにも属さず半世紀ドイツ文学にかかわってきた、と彼は述べ、肯定的な面から見て、自分は新たな国民運動の「父」であることを少しも否定せず、知的協力を拒否するものではない」と続けている。さらに、「そのためにできることを私はしてきた。今日私の周囲に集う若者たちも、私と同じ考えである。全人生のいたるところで冷たい人間だといわれてきたが、見る目のない人間にそのように映るだけだ」。

ゲオルゲはすでに六五歳になっており、健康を害していた。公的な役割は自分から断ったものの、新政府を支持し、彼らの意見に賛同していた。批判的な見解はあちこちにあったにもかかわらず、ゲオルゲは新たな「国民運動」に十分満足しており、一九三三年三月に、初めてサークル外から自分の考えに共鳴する声を聞いたと述べている。実際、彼の詩はドイツの普遍的な使命をほのめかし、浅薄な平等主義を見下し、「指導者原理」を肯定するものだった。秩序、国家の旗、「真のシンボル」、新たな帝国に敬意を表していた。エルンスト・モーヴィッツは、ゲオルゲの詩がおおむね国家社会主義とは無関係であることを若い読者がなかなか理解できずにいるのを悲しんだ。しかしゲオルゲ自身はそのようなクレームはつけていない。彼がヒトラーをあまり評価していなかったのは事実である。彼はヒトラーにカエサルやナポレオンの偉大さを何ら見出してはいなかった。ヒトラーが首相になる前にゲオルゲは、もしナチが政権を握ったら、ドイツでは誰もが首のまわりに縄を巻いていなければならなくなる、ナチを拒否する者はすぐに吊るされるだろう、といったことがあった。彼はナチを絞首刑執行人扱いし、フランクが彼らの組織に加わることを望まなかった。そして三三年四月、一番年少の友人カール・ヨーゼフ・パルチュを介して、フランクに脱退を薦めている。ロベルト・ベーリンガーは後にゲオルゲの立場を、ナチの支持者も反対者も利用できない人物だったとしている。しかしゲオルゲが後々までナチに批判的な気持ちをもっていたかどうかは誰にもわからない、とベーリンガーは述べている。ベーリンガー自身の知るところでは、ゲオルゲは決してそうではなかった。したがって、ゲオルゲのナチに対する否定的なコメントをあまり重視する必要はないとベーリンガーは考えている。

七月の初めに、ゲオルゲは故郷のビンゲンでパスポートを更新し、六五歳の誕生日の四日前に出発した。彼がいかなる公的な名誉からも逃げようとしていたことの表れだろう。彼はベルリンのダーレムに行った。モーヴィッツも含め、親しい友人たちには知られていた住所である。モーヴィッツは一九三三年五月の政府との交渉で仲介役として動いていた。ゲオルゲは友人たちが政府と連絡を取り合うのを別段、止めはしなかった。それどころかルートヴィヒ・トーマエーレンは、七月一二日、ゲオルゲが自分の居場所を政府関係者から突き止められるのを待っているという印象を受けた。しかし政府は、国民啓蒙・宣伝相ゲッベルスから個人的な電報を送ってきた以外、何の努力もしていない。ゲオルゲが先般国民的栄誉を辞退したことで、政府の選択は決まったのだ。ナチ党の中には、彼らの思想とゲオルゲの思想との明らかな類似を疑い、彼をユダヤ人と非難する者さえいた。

七月二五日頃、ゲオルゲはコンスタンツ湖畔のヴァッサーブルクに旅し、そこで四週間を過ごした。入れ替わり立ち替わり（ときには一度に）フランク・メーネルト、ベルトルト・シュタウフェンベルク、クラウス・シュタウフェンベルクや、もっと若い友人たちがやってきて、ともに過ごした。八月二四日、ゲオルゲはスイスのハイデン湖を渡るフェリーに乗った。ロベルト・ベーリンガーによれば、詩人は湖の真ん中で、やっと楽に息ができるようになったといったそうだ。これは軽い政治的ユーモアともとれる。しかし実際にはゲオルゲが旅に出たのは、焼けつくように蒸し暑いヴァッサーブルクの湖岸の土地から、ハイデンのすがすがしい高地に移るためだった。フランクはゲオルゲの旅が「移住」だったという説には反対している。一九三一年と三二年の最後の数ヵ月と、三二年と三三年の最初の数ヵ月をティチーノのミヌシオで過ごし、ゲオルゲは三三年の秋、同じ順序で旅を始めていた。三三年一二月四日に亡くなるまで、「移住」という言葉を彼が口にすることはなかった。

シュタウフェンベルク兄弟には、ナチの非常に多くのスローガンがゲオルゲによって生まれたかのように聞こえた。一九四四年七月にゲシュタポの尋問を受けた際、ベルトルトは自分と弟のクラウスのために、「指導者原理」「階級の健全なシステムと国民共同体の概念」と結びついた「責任ある有能なリーダーシップ」の考え、公共の福利は個人の利益に優る、といったナチの国内政策の多くに自分たちは賛成していたと述べている。彼らは堕落に反対し、農業支援に賛成し、民族的原理と新たなドイツを中心とした法体制を認め、大都市文化には不賛成だった。しかしベルトルトは次のような意見で結んでいる。「国家社会主義の基本的な考えは、実際はすべて歪曲された」。

シュタウフェンベルク兄弟は、もちろん自分たちの「指導者シュテファン・ゲオルゲ」に傾倒しており、

21. クラウス・シュタウフェンベルク、バンベルクにて、1932年

容易にはナチの魅力に目をくらませられなかった。それでもアレクサンダーは国家の復活に「心をかき乱され」、ベルトルトはそれまで婚約者への手紙で決して話題にすることのなかった政治について、一九三三年一月三〇日以後、頻繁に語るようになった。

ドイツ政府がジュネーヴ軍縮会議と国際連盟を脱退した一九三三年一〇月の国際的危機の結果、ハーグの常設国際司法裁判所で働いていたほとんどのドイツ人は離任した。ベルトルト・シュタウフェンベルクも、外務省から遺留されないのであれば、退職するつもりでいた。いずれにせよ彼には自分の仕事が無用なものに思われた。彼は裁判所全体がしだいにばかげてきて、判事がどんどん愚かになってきたと断言している。しかし実のところ、ドイツには裁判所の決定にこれ以上従う意志はなかった。それでベルトルトも自分の職業について考えねばならなかった。まだ外交官になることをあきらめていなかったのである。

シュタウフェンベルク家の親類の中には新政府を拒絶する者もいたし、見返りを期待してナチ党に加わる者もいた。ユクスキュル伯爵（ヌクスおじ）は五月一日に入党した。彼の姉妹で赤十字の幹部職にあるアレクサンドリーネも、ほぼ同じ時期に入党した。フランツ・フォン・シュタウフェンベルク男爵は一九三七年に入党した。一方、ベルトルト・シュタウフェンベルクおじはヒトラーに対し、陰気な脅しを口にしていた。地元の党指導者が一族の旗の代わりにスワスチカの旗を掲げるよう説得にかかると、彼は高いモミの木を切り倒させ、そのてっぺんにぎりぎり見えるくらいの小さなスワスチカ（卐）をつけて、ブタの飼育場に立てさせた。三三年二月二〇日、彼はミュンヘンでの未遂に終わった君主制主義者の一揆に、兄弟であるエノッホとカール・ルートヴィヒ・ウント・ツー・グッテンベルク男爵とともにかかわった。

ニナ・シュタウフェンベルクの家族であるレルヒェンフェルト家は、新政府に型どおりの寛容、もしくは承認を示した。一九三八年、ニナのいとこのひとりが、子どもたちをバイロイトのレルヒェンフェルト家に連れていったところ、屋敷の向かい側にあるヴァーグナーの「ハウス ヴァーンフリート」（訳注 ヴァーグナーが妻コジマと住んでいた家）をちょうどヒトラーが訪ねてきた。子どもたちは庭の塀の前の舗道に並んで、被写体となるべくヒトラーと握手した。彼らはその後、何日も手を洗わなかったという。娘のひとりはヒトラーの車のナンバーをスカートの裾に書き入れた。

クラウス・シュタウフェンベルクは投票できなかった。法律で軍人には投票権が与えられていなかったからだ。しかし彼は連隊やゲオルゲ クライス内で、社会のできごとに対する自分の考えを述べるのに躊躇することはなかった。一九三二年四月、彼はヒトラーの大統領選立候補を支持している。彼はヒンデンブルクを世間に疎い中産階級に好まれる「反動主義者」と考えていた。三三年、シュタウフェンベルクはヒトラーが首相に指名されたことを喜んだ。当時の彼の反応を「熱狂的」だったと思い返す者もいる。

一九三三年一月三〇日の夜、シュタウフェンベルクはバンベルクの社交の催しに行く途中で、ヒトラーの首相就任を祝う熱狂的な松明行列に巻き込まれた。シュタウフェンベルクは軍服姿だったため、すぐにバンベルク連隊の将校と見分けがついた。避けようとするでもなく、彼は行列の先頭を歩いた。目的地に遅れて到着し、主人や他の客人にそのできごとについて話すと、年長者たちは彼を強く非難した。「そんな状況で」、もし軍服姿の将校が行列を避けたら、熱狂的な市民たちは納得しないでしょう、と彼は説明した。解放戦争の偉大な兵士たちなら、明らかにあなたたちよりも、この真の国家の復活をもっと理解していたでしょうに、と彼はいった。

しかしこの事件だけで、ナチに対するシュタウフェンベルクの考えを判断することはできない。仲間の将校はシュタウフェンベルクを他の将校たち同様、「国家主義者」で政治的右派だと考えていた。彼は新たな「国家的」運動の支援には熱狂的だった。彼は「国家の炎」であり「聖なる炎」だった。シュタウフェンベルクは再軍備、軍の拡大、重火器の獲得（国軍の誰もがそう思っていたのはいうまでもない）を支持するだけでなく、帝国領内のドイツ全国民の統一といった非軍事的な目標も支持していた。シュタウフェンベルクの妻ニナの親類は、一九四四年七月の彼のクーデター事件に家族がどれほど驚いたかを覚えている。一族の多くは、彼を一族で唯一の紛れもない国家社会主義者だと考えていたからである。

ハノーファーの騎兵学校でシュタウフェンベルクを指導したフォン・レーパー男爵は、ポーランドでの軍事行動では彼の師団長でもあったが、シュタウフェンベルクを「高い教養と生まれながらのリーダーシップを備えた、快活で魅力的な人物」だったと述べている。彼の性格は実に立派で、非常に明瞭だったという。紛れもない国家主義者で、「大勢の若手将校団と同様、ブラウナウのオーストリア人笛吹き（訳注 ヒトラーのこと）の犠牲者となるほかなかったのだ」。というのも共和制のもとでは、政府も内閣も新聞も、ドイツの国家的利益のためにほとんど立ち上がらなかったからだ。しかし、とレーパーはつけ加える。社会的問題を国家的利益と結びつけ階級間闘争を終わらせようとする「純粋な国家主義」と、「まったく異なる独裁的で権力欲の強い、犯罪的な道」に続くヒトラー主義とは区別しなければならない。レーパーによれば、当時シュタウフェンベルクはその差を認識していなかったという。

一九三三年五月一日、シュタウフェンベルクは中尉に昇進した。同じキャリアの道にある多くの者たちより数ヵ月早い出世である。この時期、彼は司令官および自動車部隊の訓練将校として多忙を極めた。何年もの間、彼は連隊の将校クラブの商務も管理しており、入手可能な軍事雑誌はすべて読んでいた。

22. ニナとクラウス。結婚式を終えてバンベルクの聖ヤコブ教会から出てきたところ。
1933年９月26日

軍備拡大は一九三三年よりずっと以前から計画されていたが、ヒトラーが首相に就任すると、さらに精力的に進められた。しかし三三年の終わりまでは、実際の拡大は控えめなままだった。旧協商国がヴェルサイユ条約をあくまでも押し通すつもりかどうか、見極める必要があったからである。また、エルンスト・レームが自らの率いるSAを新国軍に変える、あるいはその大部分を正規軍に組み入れるという大望を抱いており、それによって問題が複雑化しているせいもあった。一方、国軍の合理化と拡大を進めるためにさまざまな方法がとられた。補充兵の訓練組織が軍管区、領域、師団司令部とともに再編制され、予備役将校団がつくられた。一九三三年の末になってようやく、兵力を三〇万人に増強せよという明解な指示が出された。その間にも、軍は駐屯地レベルで、物騒なライバルであるSAと協力して訓練を助け、同時にヴェルサイユ条約が施行される際に隠しておいた武器や銃弾を取り戻した。

一九三三年六月、シュタウフェンベルクは師に手紙を書いて、（いくぶんまわりくどい）疑念を口にした。またもや狭量なブルジョワジーが改革に順応できないことが明らかになった、と彼は述べている。政権は総合的な管理を求め、国民皆兵への努力を進めているが、こういったことは結局、「われわれにとって目新しいものではない」（シュタウフェンベルクのいう「われわれ」は明らかに軍を指している）。他方で、改革を実行しているのが党ではなく指導者たちだということもはっきりした。確固たる基盤に立って支配する者は、その利口さを賞賛されることになる。これは「知的基盤」にとらわれて自分の道を見失う傾向のある者が肝に銘じるべき考えだ。

一九三三年九月二六日、シュタウフェンベルクはルター派のニナ・フォン・レルヒェンフェルト男爵令嬢とバンベルクの聖ヤコブ教会で結婚した。彼女はバイエルン貴族とバルト地方のフォン・シュタッケルベルク男爵令嬢との娘だった。彼は軍服に鉄兜といういでたちで式をあげた。「結婚も一種の服務だから」と花嫁に説明している。バンベルガーホフ ホテルでの披露宴を終えると、新婚夫婦は「手頃な値段の汽車を活用して」ローマに旅立った。ムッソリーニの権力掌握一〇周年を祝うローマの博覧会ツアーを予約し、旅行中にヴェローナ、オスティア、フィレンツェの教会や博物館も訪ねている。ベルトルトはミヌシオにいるゲオルゲを訪ねるために、ベリンツォーナまで一緒に旅した。

ゲオルゲは九月二三日にミヌシオに到着していた。九月二七日、ベルトルトは師の具合が悪く、弱っていて食欲もないのに気づいた。二ヵ月後にはフランクが友人数人に、ゲオルゲの体調が心配だと知らせている。ロベルト・ベーリンガー、フランク、医師のヴァルター・ケンプナー、クロチルデ・シュライヤーが交替でミヌシオでの病室に付き添った。カール・ヨーゼフ・パルチュ、ベルトルト、アレクサンダー、アルブレヒト・フォン・ブルメンタール、クラウス、ヴァルター・アントン、ルートヴィヒ・トーマエーレンも見舞いに訪れた。彼らはゲオルゲの暗い病室で少しだけ会うことを許されたが、師にはもう彼らの来訪がわからなかった。ベーリンガー、フランク、ベルトルト、ヴァルター・ケンプナーは、エルンスト・カントロヴィッチとヴィルヘルム・シュタイン、つまりユダヤ人の友人たちはミヌシオにこさせないほうがよいと考えた。もっと年長のユダヤ系友人のエルンスト・モーヴィッツとカール・ヴォルフスケールは、ゲオルゲが死ぬまで病状さえ知らされなかった。

シュテファン・ゲオルゲは一九三三年一二月四日に亡くなった。ゲオルゲの継承者として、ロベルト・ベーリンガーが葬儀の手配をした。詩人の遺言は、ベーリンガーの後にベルトルト・シュタウフェンベルクが継承者になることを定めていた。ベルトルトは自分の継承者にフランクを指名した。こうしてベルトルトとフランクはこれ以後、シュテファン・ゲオルゲの作品と財産にかかわるすべての処理に関与することになる。トーマエーレン、ブルメンタール、ベルトルト、ヴァルター・アントンその他の者たちは、ゲオルゲの亡骸をドイツまで運んで埋葬したいと考えていた。しかしベーリンガーは、人は死んだ場所で葬られるべきだという師の意見を引き合いに出した。最終的に、ゲオルゲはミヌシオに埋葬されるべきだということで全員の意見が一致した。クラウスはティチーノでは慣例となっている通夜の準備をした。友人たちは一二月四日の夜から六日の朝まで、墓地の礼拝堂で代わる代わる寝ずの番を続けた。

フランクとベルトルトはヒンデンブルク大統領に知らせるべきだと主張した。一二月五日、ルガノのドイツ領事がミヌシオの市当局に、葬儀の日時を問い合わせてきた。友人たちは一二月六日午後三時だと知らせ、関係者以外の会葬は辞退すると付け加えた。彼らは当局へは何の連絡もせずに、六日の朝八時一五分に葬儀を行うよう、予定を変更した。しかしフランクとベルトルトはベルン公使フォン・ヴァイツゼッカー男爵をだますのは失礼だと考えた。彼は外務省から、政府に代わって花輪を捧げるよう指示されていたのだ。ベーリンガーはヴァイツゼッカーの友人だったので、彼には変更を伝え、花輪を置くのが葬儀の翌日になってもかまわないだろうと述べた。

葬儀には二五人の友人が出席した。その中にはモーヴィッツとヴォルフスケールもいた（最後に彼らにも知らされたのだ）。ドイツ政府から送られた大きな月桂樹の輪には黒・白・赤のリボン、そして白地にスワスチカのついた赤いリボンがかけられていた。クロチルデ・シュライヤーがスワスチカの上にバラの花を置いたが、フランクが取り除いた。しばらくの後、誰かがスワスチカのついた白い布を取り去った。フランクとカール・ヨーゼフ・パルチュが白い亜麻布と黒いリボンを買ってきて、ゲオルゲの料理人を説得して代用品をつくらせようとしたが、彼女は拒否した。それで彼らは自分たちで切ったり縫ったりしてでき上がったものを墓に置いた。葬儀の後、友人の大部分が鉄道でロカルノを去る際、若い友人たちの中には互いに右手をあげて「ヒトラー流の敬礼」をする者もいた。

5章　第三帝国にて

ゲオルゲの友人たちにとって、彼の死は国家の復活に暗いかげりを投げかけるものだった。ゲオルゲの「内なる国家」と俗悪な外の世界との間に、誇り高き距離を置く者もいたが、師の教えで使われていた神秘的な荘厳さをもつ用語と、ナチの教義に利用された用語が似ているために生じるぎくしゃくした感じは消えなかった。これをよく表しているのが、マクデブルクに建てることになったフランク・メーネルトの工兵像の一件だ。

一九二九年、フランクは法律の勉強をやめて彫刻家になり、シュテファン・ゲオルゲの一番の話し相手、ならびに個人秘書を務めた。三三年、フランクは師の同意を得て、プロイセン中央ＳＡ（突撃隊）指導部とプロイセン科学相が発注したＳＡの記念碑のコンペに参加している。その年のイースター前から、フランクはＳＡの制服をどう彫刻するか決めるために昔の彫像を見本に研究していた。マクデブルク大聖堂の前には二九年にエルンスト・バルラハによる戦没者記念碑が建てられていたが、これを三三年に撤去して、その跡地に新しい記念碑を建てることになったのだ。バルラハの彫刻を批評家は敗北の象徴と述べた。これが社会民主主義のプロイセン政府からの贈り物だったことも撤去される原因のひとつとなった。ＳＡの記念碑は、「国家の復活を表現し、そのために倒れたＳＡ兵士を讃える」ことを目的としていた。コンペの参加者には一〇〇〇マルクが支払われることになっていた。ところが三四年六月三〇日と七月一日にSAの指導者たちが射殺される事件が起きたため、フランクはこの話が立ち消えになるものと思った。しかし三四年六月三〇日に参加者の金は支払われ、記念碑の計画も続行した。

フランクはクラウスをモデルに選んだ。一九三四年三月一日、フランクはバンベルクにやってきて、閉鎖した醸造所のホップ置き場で昼休みに作業を進めた。しかしクラウスはSAの制服の着用を拒否した。彼はベルトルトに手紙でこういっている。「僕はまだ自分がSAの人間として彫刻にされることを完全に受け入れたわけではないが、ナチにしてみればSAを嫌う人間がモデルになるほうがひどい話だろう。そう考えて自分を慰めた」。二週間後、フランクの作品を見たクラウスは、モデルが「どう見てもナチらしくない」と評価し、わざといっているんだよ、と付け加えている。その後、フランクの作品は落選した。

友人たちの尽力により、フランクはマクデブルク市と他のスポンサーから工兵像の作製を依頼された。像は町と工兵兵舎の間のエルベ川にかかる橋の東詰に建てられるという。

クラウスが再びモデルを務めた。ごく普通の兵士像にしてほしいというのがスポンサーたちの注文である。フランクの支援者でスポンサーたちとの仲介役を果たしてくれたトーマエーレンは、像の顔立ちは平凡であるべきで、ゲオルゲの「国家（クライス）」の人間の顔は使わないほうがよいと信じていた。トーマエーレンもクラウスもフランクも、像が知性の低さを思わせる「地味な」顔をしていてはならないという点では一致していた。そんな顔では像の上品な姿とつり合わないし、滑稽に見えるからだ。しかしそれではクラウスの特徴を備えた像ができることになる。最終的にトーマエーレンとスポンサー側が折れた。

貝殻質の石灰石でつくられた像は、一九三九年一二月二日に除幕された。しかし四二年三月二七日から

23. 右：彫像のモデルを務めるシュタウフェンベルク。左：エルベ川の橋に建ったメーネルトの工兵像、マクデブルク、1939年

二八日にかけての夜間に何者かが像を倒し、かけらを川に投げ込んだ。橋の保護柱は当時なぜか使われておらず、工兵の兵舎前に立つ歩哨からは橋がよく見えるはずだったが、何も気づかなかった。もっとも四トンの像を台座から引き倒すには、馬か車に鎖か鋼鉄ケーブルをつけなければ無理だ。かけらは回収されたが、右手だけは見つからなかった。その頃、ロシア戦線で二度負傷していたフランクは、復讐を誓っていた。「倒された像の代わりに、もう一ダース像を建ててやる。前のよりもっと大きくてもっと美しい像を。そして奴らがどこにいようとも、奴らの卑屈な良心に、自分たちがどれほど卑怯で下劣かを毎日思い出させてやる」。四三年二月二六日にスターラヤルッサの近くでフランクが戦死すると、ベルトルトとクラウスは像の修復に努めたが、戦争の進展でそれどころではなくなった。

24. 工兵像の頭部（マクデブルク、1982年）

クラウスはナチの低俗な政策表明に対し、何度も否定的な意見を口にしていた。一九三四年三月、彼は宣伝省に手紙を書いている。「ひとりのドイツ人として、そして軍人として」、ニュルンベルクのガウライター（大管区指導者）ユリウス・シュトライヒャーが編集した反ユダヤ主義の新聞シュテュルマーに書かれた主張に激しく抗議する内容だった。そこにはシュテファン・ゲオルゲの詩が「ユダヤ人的ダダイズム」に類するもので、彼の本名はハインリヒ・アベレス（ユダヤ人だったことをにおわせる）だと書かれていたのである。クラウスは兄ベルトルトに手紙を書いて、この手紙を送ることに同意してほしいと懇願した。「下等なナチの誤りと逸脱が、容易に国の法律ほど威厳あるレベルにまでもち上げられたり、威厳があるものとみなされたりするからです」。クラウスの手紙によれば、連隊長フォン・ペルファル大佐からも承諾を得なければならなかったが、ペルファルはクラウスがゲオルゲの「国家」に属していることを知っていた。もちろんクラウスの抗議を政権に対する攻撃とみなすことはできない。陸軍総司令官は三八年になってようやく、軍で読むのにふさわしい出版物のリストからシュテュルマーを排除した。同様に、三四年六月三〇日と七月一日のＳＡ指導者射殺事件が「最終的に事態を解決した」というクラウスの見解は、政権に対する攻撃ではなく、粛清に賛成しただけだと考えられる。軍の仲間の多くがＳＡとの接触を避けていたのに対し、クラウスがＳＡ主催のハイリゲンハウスでの馬術競技会に参加したのは、彼の主体性を物語っているといえよう。

国軍の騎兵連隊はすべて順次、機械化部隊や装甲部隊に代えられていった。一九三四年七月には、第一七騎兵連隊のほとんどが機械化されている。第四騎兵大隊は、対戦車大隊になり、第三および第五騎兵大隊は馬を手放し、アイゼナハで自動車大隊に再編制された。

一九三四年一〇月一日から、シュタウフェンベルクは訓練将校の職務に就き、三五年からはハノーファーの陸軍騎兵学校で助手を務めた。家族はリスターキルヒヴェーク二一番地に住んでいた。シュタウフェンベルクは毎日四頭の馬の訓練をしなければならず、競技会では自分の馬に乗った。三四年には未来(三六年)のオリンピックチャンピオンの数人を軍で負かしている。彼は英語のレッスンを受け、デイリー・テレグラフ紙を読み、ハノーファー技術研究所で地政学についての講義を受けた。

一九三六年、シュタウフェンベルクは陸軍大学校へ入学する軍管区試験を受験できる年齢になっていた。志願者は帝国文書保管所から出版された世界大戦についての歴史全巻に精通していなければならず、ヒトラーの『わが闘争』を読むことも求められる。三六年二月、シュタウフェンベルクは後ろ脚で立つ癖のある馬からひどい落ち方をした。しかし彼は六月の軍管区試験に合格した。そのかたわら、ドイツ装甲部隊創設に伴い、騎兵学校をベルリン郊外のクランプニッツに移転させるプロジェクトに協力した。

一九三六年六月の最終週、騎兵学校指導者の修了旅行でホーエントヴィール城址(一〇世紀にシュヴァーベン公の主城だった)を訪ねたシュタウフェンベルクは、シュタウフェン時代の神聖ローマ帝国について講演をした。同年一一月、彼は友人に手紙を書いている。「ドイツ人にとって最高の成就は帝国、それも普遍的帝国の建設だ。神聖なる帝国、ヒューマニズム、(ドイツ文学の)古典派の時代だ」。四〇年四月、フランスで

25.　シュタウフェンベルクと従兵のハンス・クレラー。ハイリゲンハウスの馬術競技会にて。1935年５月

の軍事行動の準備のさなかに、シュタウフェンベルクは師団スタッフへの講演を計画している。テーマはフリードリヒ二世の公文書に基づく中世帝国の概念についてだった。

英語解釈の修了試験で優秀な成績を修めたために、シュタウフェンベルクは五〇〇マルクの賞金を授与され、イギリスに二週間滞在することができた。彼は一九三六年八月三一日にイギリスに到着し、ロンドン塔、セントポール大聖堂、ウェストミンスター寺院、ウエストミンスター ホール、バッキンガム宮殿、大英博物館、ウィンザー城、イートン校を訪ね、九月七日にはサンドハーストの英国陸軍士官学校を見学した。また、ドイツの大使館つき武官の准将でシュタウフェンベルク家の友人でもあるフォン・シュヴェッペンブルク男爵に会った。九月半ばにはキツネ狩りのために二度目の訪英を果たしている。

一九三六年一〇月六日、シュタウフェンベルクはベルリンの郊外工業地のひとつ、ベルリン、モアビト地区のクルップ通り三〜四番地にある陸軍大学校に入学した。ベルトルトとハイメラン（それぞれ三四年と三六年に生まれた）という二人の息子も含め、家族はベルリン、ヴァンゼー地区のヴァルタリ通り二〇番地に引っ越した。ベルトルト夫妻は、近くのベルリン、ヴィルマースドルフ地区のコンスタンツァ通り一四番地に住んでいた。いとこのツェーザル・フォン・ホーファッカーは、ベルリン、シュテグリッツ地区のカイザー＝ヴィルヘルム通り八番地に住んでいた。シュタウフェンベルク兄弟とホーファッカーの友人、フリッツ＝ディートロフ・シューレンブルク伯爵は当時ベルリン警察の副署長で、近くのベルリン、ツェーレンドルフ地区のイースヴェーク一五番地に住んでいた。シューレンブルクの父で中将のフリードリヒ・シューレンブルク伯爵は、世界大戦時、皇太子が司令官を務める軍集団の参謀長だった。彼は二四年から二八年にかけてドイツ国家人民党の代議士を務め、三三年からはナチの党員となり、SS（親衛隊）の名誉中将となった。三九年に亡くなった際には、ヒトラー臨席のもと国葬が営まれている。息子のシューレンブルクは友人ホーファッカーを通じて、シュタウフェンベルク兄弟のおじ、ニコラウス・フォン・ユクスキュル伯爵を知っていた。彼はベルリン、ツェーレンドルフ地区のホーフバウアー小路二五番地に住んでいた。この家でクラウスは軍事問題について、シューレンブルクと熱い議論を戦わせている。シュタウフェンベルク兄弟はいとこのペーター・ヨルク・フォン・ヴァルテンブルク伯爵の家で、頻繁にヌクスおじ、ツェーザル・フォン・ホーファッカー、シューレンブルク、若手外交官のアルブレヒト・フォン・ケッセルとアーダム・フォン・トロット・ツー・ゾルツ、地主で農場主のウルリヒ・フォン・シュヴェリーン、文官のオットー・エーレンズベルガーに会った。ペーター・ヨルクも文官で、ベルリン、ダーレム地区ホルテンジーン通り五〇番地に住んでおり、そこで後に彼らはヘルムート・イェムス・フォン・モルトケ伯爵（国際法の専門家）に会うことになる。

当時、所定の年に陸軍大学校の入学試験を受けた一〇〇〇人のうち、合格者は一〇〇人で、それが二〇人から二五人のクラスに分けられた。この一〇〇人のうちの二〇人が、約一年間、試験的に参謀本部に配属され、最終的にほとんどが参謀本部に任命される。一九三三年に陸軍大学の課程は三年から二年に短縮された。三五年に一般の徴兵制が導入されると、陸軍大学校の卒業生はほとんどが参謀本部に配属されるようになった。その後卒業した将校の数が増大したため、三八年には三年コースが復活した。戦争中、軍が多大な犠牲者を出したときも、この課程はわずか数ヵ月しか短縮されていない。

参謀候補生がさまざまな師団参謀について行う演習は日課だった。シュタウフェンベルクは戦術学で「良」「合格」「実に簡潔」という評価を受けたが、ときには「楽観的すぎる」「小手先だけ」と評されることもあった。アメリカのアルバート・ウェデマイヤー大尉は、毎年陸軍大学校に受け入れられる十数名の留学生のひとりだったが、自分が卒業したフォート レヴンウォースにあるアメリカの参謀大学で確立していた理論的なアプローチよりも、この学校のシステムのほうが好ましいと考えた。陸軍大学校の学生たちの訓練はほとんどが包囲に関係するもので、突破や防御についての訓練はまれだったと彼は述べている。彼らはマケドニア王フィリッポス、アレクサンダー大王、カエサル、フリードリヒ大王、ナポレオンの戦い、そして世界大戦で決定的要因となったアメリカの工業的優位性について詳しく学んだが、アメリカ南北戦争については何も学んでいない。ウェデマイヤーは空挺師団や装甲師団、対戦車部隊といった新たな戦術教育に感銘を受けた。これらはアメリカ軍にはまだ存在すらしていなかったからである。大学校での二年間で学生たちは軍いて学んだ。

団や軍の指揮を教わり、戦略、地理学、人口統計学、気象学と、さらには他の国々の文化、政治、経済につ

シュタウフェンベルクの書類の中に、約一七ページの覚書と三ページの軍事経済学の参考文献が残されており、彼が政治にも経済にもかなり関心をもっていたことがうかがえる。アメリカの鉄鋼生産に関する統計データを見て、ドイツの四倍にあたると驚いたようだ。ウェデマイヤーとの会話では、ジョン・メイナード・ケインズの『平和の経済的帰結』や、「一九一九年のドイツに対する扱いは、無分別かつ不当だった」というケインズの考えになじんでいるところを見せた。シュタウフェンベルクは三七年一月一日付で騎兵大尉に昇進していたが、一八〜一九世紀のイギリスやアメリカの外交にも、アメリカの建国の父たちについても詳しかった。シュタウフェンベルクもウェデマイヤーもドイツの政治について議論するのは避けていたが、ウェデマイヤーはシュタウフェンベルクがナチ政権に対して根本的に疑念を抱いていること、嫌悪すら感じていることに気づいていた。

しかしときどき、他の人々がいる場で、シュタウフェンベルクが国家社会主義について延々と話し続けることもあった。すると陸軍大学校の仲間の将校たちは、同じテーブルで食事をしたいなら政治的な話題は避けてくれと頼むのだった。

当時ですら、アメリカとドイツがまもなく戦うことになる予兆はあった。ローズヴェルト大統領は一九三七年一〇月五日の「隔離演説」で、自由世界はそれを崩壊させようとする一部の国々に対して防戦せねばならない、そして隣人の自由と領域とを脅かす者は、「隔離されねば」ならない、と述べている。アメリカに帰国後、ウェデマイヤーはシュタウフェンベルクに手紙を書いて、常に友情を大切にするつもりだが、

戦争になれば可能な限りの方法で祖国のために戦うことになるだろう、と述べた。シュタウフェンベルクも友情について再確認し、アメリカが平和を守るために影響力を行使してくれることを望む、という返信を寄せている。

シュタウフェンベルクも、陸軍大学校の級友であるアルブレヒト・メルツ・フォン・クヴィルンハイムも、国家社会主義に「冷淡」だと他の陸軍大学校の生徒からいわれていたが、どちらもあからさまに反論したことはない。二人ともおおむね一九三八年までは政権政治に満足していた。彼らがユダヤ人の公職制限に賛同したと主張する元同級生もいるが、これは他の証拠と矛盾するし裏づけもない。シュタウフェンベルクもメルツも、常に迫害に対して遺憾に思っていた。三三年四月、メルツは反ユダヤの「ボイコット」を恥ずべき行為だと非難している。

辛辣で型破りで風刺や皮肉を好んだメルツは、ポツダムの帝国公文書館総裁で中将のヘルマン・メルツ・フォン・クヴィルンハイムの息子だった。第一九（バイエルン）歩兵連隊に所属し、少尉に任ぜられ、一九二九年に第八（プロイセン）歩兵連隊に配属され、三一年に中尉となり、連隊の訓練大隊とともにリーグニッツで勤務した。三三年にSAが将来の軍だと考えて入隊を希望。彼自身はシュレジェンの国境守備隊に転属になったので、現地のSA指導者、とくにSA中将ハイネスと接触を保った。メルツの父は彼をシュテッティンの第五（プロイセン）歩兵連隊に転属させるよう手配し、この連隊のマックス・フォン・フィーバーン大佐が、メルツを軍人という職業の基本へと立ち返らせた。フィーバーンはまた、連隊の少尉たちを集めてメルツの転属の理由を説明した。メルツはまだ幾分荒れていたが、訓練を重視するようになり、勤勉に軍管区試験の準備をした。彼は国家社会主義にしだいに疑念を抱くようになったが、三五年五月二一日の

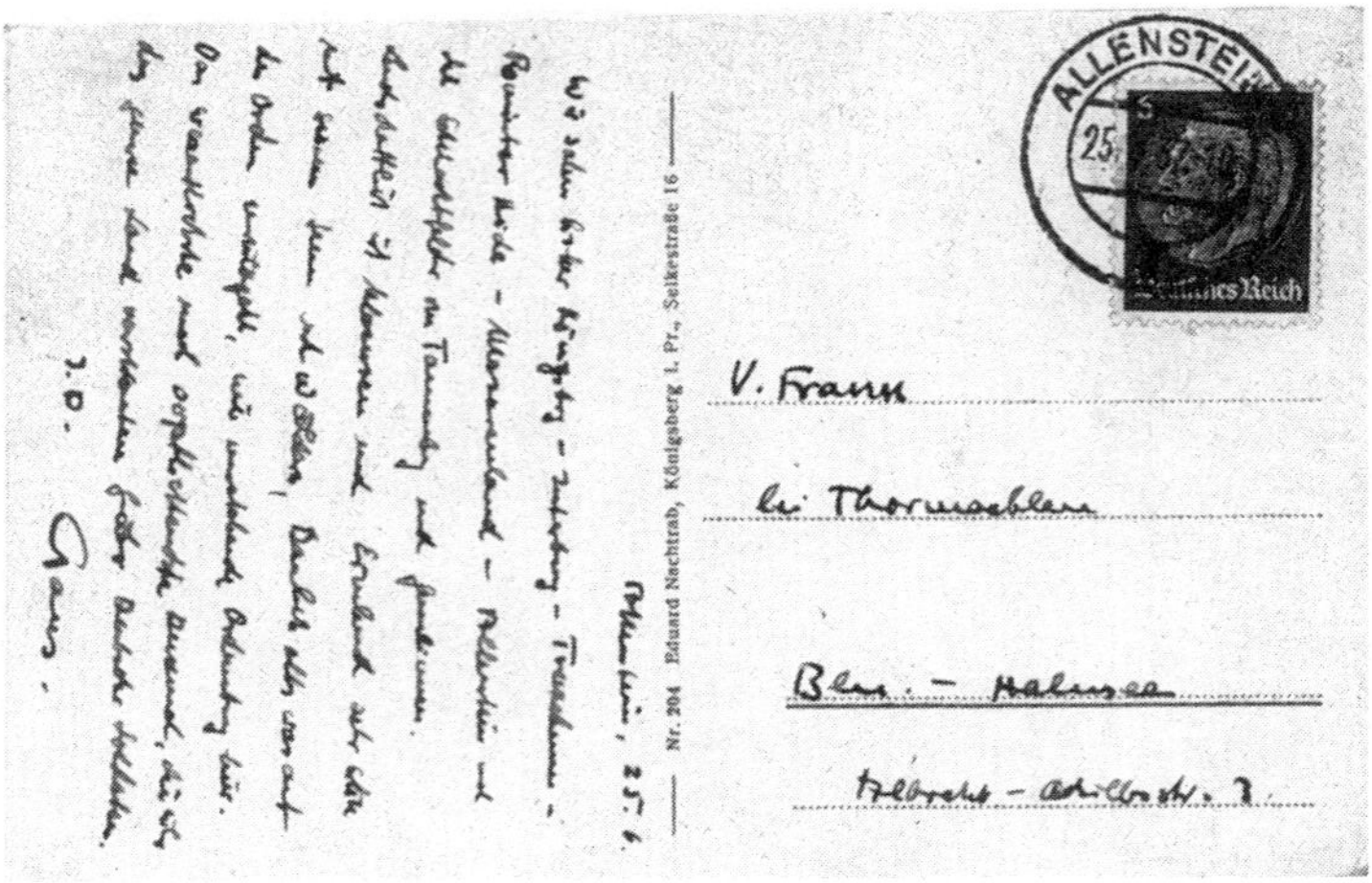

26. シュタウフェンベルク（上）がフランク・メーネルトに出した葉書。1914年の東プロイセンの古戦場、タンネンベルクとグムビンネンを訪れた際のもの。1937年

脅迫的なヒトラーの「平和演説」の明快さは賞賛している。その中で独裁者は五月二日の仏露同盟に応えて軍についての新たな法を布告し、ドイツ再軍備計画を再確認したのである。

一九三七年六月、陸軍大学校一年目の終わりに、シュタウフェンベルクのクラスは一九一四～一五年にかけて戦闘の舞台となった東プロイセンの古戦場に出かけた。シュタウフェンベルクはフランクに葉書を二通送り、訪ねた場所を知らせている。ケーニヒスベルク、インステルブルク、ロミンテンの荒地、マスリア、アレンシュタイン、タンネンベルクの戦場、グムビンネン。彼はドイツの王たちの命令で建てられた中世の城や大聖堂を賞賛している。しかし「もっとも重要で恩義に感じなければならない記念碑は、この地域のあらゆるところにあるドイツ兵士の墓だ」とも述べている。

七月一日から秋までの大演習で、陸軍大学校の学生たちは自分の兵科以外の兵器を使用する部隊に加わった。シュタウフェンベルクはミュンジンゲンの砲兵連隊に参加して、陸軍大学校に比べると「レクリエーション」並みだと感じたが、陸軍が成長痛に苦しんでいることにも気づいた。将校団の教育も成果も、とても満足のいくものとはいえなかったからである。七月末から八月末にかけての配属の間に彼は休暇をとり、ラウトリンゲンで妻子とともに過ごした。その後の二週間、彼はカールスルーエで第三五砲兵連隊の大隊を指揮した。大演習で彼はコッハー川とヤクスト川、ハイデンハイム、エルヴァンゲン、アーレン、シュヴァービッシュ・グミュントあたりにまで行っている。その後の一週間は第二五砲兵連隊とミュンジンゲンに駐留した。短い休息の後、メクレンブルクで大演習が行われた。陸軍大学校の学生は、作戦行動を指揮する参謀内で働くか、あるいはその審判を務めた。

一九三七年の終わりに、モスクワ駐在大使フリードリヒ・ヴェルナー・シューレンブルク伯爵が「独ソの政治的関係」についての講義を陸軍大学校で行った。そのなかで彼は明快に、ソ連の力と弱点、拡大政策の傾向、莫大な天然資源、人口と産業について詳述した。公開裁判やある種の将軍の処刑を弱さの証拠と考えることに彼は警鐘を鳴らし、ロシアをヨーロッパの基準では測れないと主張している。ソ連はあえて侵略的な戦いを仕掛けてくることはないかもしれない。実際、西側勢力が互いに消耗させ合っている間、ソ連は気配を伺っている可能性が高い。だが、防衛戦となれば、これまでにもロシアを大いに助けてきた利点を駆使できるだろう。巨大な領土、莫大な人口、物資不足に不平をいわず耐久能力のある人々。シューレンブルクの予測は、これ以上はないというほど的確だった。ひとつにはこれらの予測が、三六年八月にフォン・ブロムベルク陸軍元帥とゲーリング中将に指示された四ヵ年計画の覚書にある、ヒトラーの意図に関する情報に基づいていたからに違いない。三九年にスターリンがヒトラーと不可侵条約を締結した結果、ポーランドは分割され、バルト諸国をソ連が支配することになったが、スターリンはヒトラーがポーランドを攻撃すればドイツは西側諸国と戦争になり、その結果ソ連が領土を広げることができると計算していたに違いない。三九年一一月のソ連によるフィンランド攻撃は、この解釈を裏づけている。

クラスの学生二三人の中で、シュタウフェンベルクは他の誰よりも際立っていた。貴族として、敬虔なカトリック教徒として、そして知的関心にあふれた雄弁なヒューマニストとして。もっとも、公式な場で意見を述べる際には用心深かった。しだいに周囲の人間は非常な尊敬と感嘆をこめて彼のことを語るようになった。

一九三七年、シュタウフェンベルクはドイツ防衛政策・防衛科学協会が主催する懸賞コンテストに論文を提出した。タイトルは「敵のパラシュート部隊に対する防戦」である。論文は第一席に輝き、航空省は内

27. 陸軍大学校の参謀訓練、東プロイセン、1937年。奥左からシュタウフェンベルク、ヴォルフ・フォン・ツァヴァツキー大尉、ゲオルク・ガルトマイヤー大尉、メルツ・フォン・クヴィルンハイム大尉。ゲルトマイヤーとメルツの間にいるのがハインリヒ・ヴォルギツキー

部回覧のためにこれを印刷させた。三八年四月二八日、シュタウフェンベルクは同じ演題で講演するために、リリエンタール航空研究会に招かれた。三八年七月、この講演録はヴィッセンウント ヴェーア社から出版された。

この論文でシュタウフェンベルクは、実体験はなかったものの、事態のあらゆる側面について考察している。パラシュート部隊の展開を、敵の第一線後方の他の軍事行動と関連づけて考え、到達可能な目標、必要な手段、配備の方法に注意を払った。また、パラシュート部隊を騎兵隊と比較している。パラシュート任務には大きく分けて二つのタイプ、つまり小規模な破壊行為と諜報任務、そしてもっと大規模な戦闘指揮の役割がある点にも注目した。破壊行為と諜報任務は常に予測しておく必要があり、それを探知および無力化するためには、対空配置、目標となりそうな場所の警戒、頻繁な身元確認と

いった不断の警戒が必要となる。パラシュート戦闘部隊に対する防衛はさらに難しい。考えうるあらゆる標的に対し、防衛側が常に十分な反撃を配備することはできないからだ。それでも、戦時にきわめて重要となる潜在的標的、あるいは第一線の軍事行動と関連づけて攻撃されそうな標的には慎重な配慮が必要だ。敵はそのような標的を破壊、あるいは無力化するために、小規模だが高度な訓練を受けた軍隊を、犠牲を覚悟で送り込んでくるだろう。ただしパラシュート戦闘部隊は最初は不意打ちによって優勢に立つが、いったん着陸すれば動きは遅く人目につきやすい。補給路から孤立する場合が多く、かといって撤退はできない。

シュタウフェンベルクの研究は、パラシュート部隊に対する防衛技術を現実的な細部にまで網羅し、ドイツ陸軍でこの種の初めての研究となり、広い認識を得た。

シュタウフェンベルクは騎兵に関する論文も発表している。これも陸軍大学校での課題や会話から生まれたものだった。幾度か修正を重ね、フランク・メーネルトからの助言も取り入れて、シュタウフェンベルクは論文を一般軍務局の騎兵総監フォン・ヴィッツレーベン大佐に送った。大佐はそれをミリテアヴィッセンシャフトリーヒェ ルントシャウ誌で発表させるつもりで、参謀本部第七課の戦争研究課に渡したが、この論文は掲載には至らなかった。編集者がシュタウフェンベルクを時代遅れの騎兵支持者だと誤解したのではないかと推測する者もいる。彼は騎兵の歴史的基盤と世界大戦での失敗理由を検証するよう提案し、騎兵が適切に戦えばマルヌの戦いに勝利できたし、戦争全体でも勝利できたと示唆しているからだ。この主張は、前線での経験のない騎兵大尉のシュタウフェンベルクが、世界大戦の将軍たちに説教をしているような印象さえ与えかねない。また、編集者は戦車戦術がまもなく実現するという点に注目を集める論文を発表するのは賢明ではないと考えたのかもしれない。というのも、シュタウフェンベルクは最終草稿で装甲偵察車両の騎兵的長所を強調し、戦術的で有効な突破のためには、大量の戦車を集中させることが必須と主張していたからだ。奇妙なことに、彼は騎兵に似た配置をとる飛行機やパラシュート部隊の利用の可能性については述べていない。

一九三七年八月、シュタウフェンベルクのおじニコラウス・ユクスキュル伯爵は、帝国物価調整委員の軍務省との渉外担当責任者に任命された。長官はかつてブレスラウのシュレジェン総督ならびにナチの上・下シュレジェン大管区指導者を務めたヨーゼフ・ヴァーグナーである。ペーター・ヨルク伯爵は三六年から帝国物価調整委員のベルリン事務所で働いていた。ユクスキュル伯爵が引き受けたこのポストを、シュタウフェンベルクは「四ヵ年計画の中心」にあると評し、おじを理想的な人材だと考えた。彼は軍にも財界にもバックグラウンドをもつ独立心旺盛な人柄だったからだ。

二週間後、シュタウフェンベルクは陸軍大学校の級友で父親を亡くしたばかりのテスケに手紙を書き、人生を捧げる目標についての考えを述べている。現在幅を利かせている「情勢や傾向」、つまり兵士たちが十分に訓練を受けていない点や、新兵も士官候補生もナチの青年組織出身者であるため政治的に染まっている点を、彼は遺憾に思っていた。また、大いなる楽観主義と結びついた「大義への燃え上がるような悩みと愛」に感動し、その正当性が立証されるのが「新たな大混乱と変化後の将来の世代」であってもかまわないと考えていた。シュタウフェンベルクは「大義」について次のように述べている。「自分の祖国、自分の軍」を愛していると断言できるのは、自己の全存在をかけて難問に対処し、自分の私生活、家族、子どもたちにも責任をもてる人間だけだ。当面の課題の困難さを誇張する必要はないが、それについて考察することは目標に到達するための基本である。つまり個々のバックグラウンドや利益を超えた共通の目的のために、軍を一致団結させることが必要なのだ。

一九三七年一二月三〇日、ラウトリンゲンで兄ベルトルトの息子の洗礼が行われた際にも、シュタウフェンベルクは高尚な考えを述べている。父アルフレート（甥はこの名をもらった）の家族への忠誠、国家への忠誠、君主への忠誠、神への忠誠、自分自身への忠誠についても触れた。そして父の言葉を引用している。「何をするかは重要ではない。きちんと行ったか、自分の名に恥じないことをやったかが大事なだけだ」。

一九三八年一月、シュタウフェンベルクはバンベルク連隊の同僚であるフォン・ペーツォルト大尉（彼はベルリン警察の副署長シューレンブルク伯爵からの情報をもっていた）から、そしてシューレンブルク伯爵自身からも、軍務相フォン・ブロムベルク陸軍元帥と軍総司令官フォン・フリッチュ大将が職を追われた陰謀の詳細を聞いた。ともに三七年一一月五日にヒトラーが発表したチェコスロヴァキア攻撃とオーストリア併合に反対していた人物である。シュタウフェンベルクは陸軍大学校の講義室で立ち上がり、総司令官解任の理由を説明してほしいと要求した。彼はショックと落胆をヴィルフリンゲンにいるいとこと、後にシュタウフェンベルクの師団長となるフォン・レーパー准将に漏らしている。そしてブロムベルクとフリッチュが受けた扱いに異議を唱えなかった将軍たちを内輪で批判した。しかし、他の多くのドイツ人同様、三八年三月のオーストリア併合は歓迎していた。

軍団レベルでの最後の参謀実習はライン河畔で行われた。卒業する学生たちは連隊長、師団長、人事係、補給係、作戦将校を交代で務めた。ドイツ陸上部隊の主力が、東方で敗走する敵を追撃するという想定である。陸軍大学校の学生たちは、ライン川沿いで防衛を指揮しなければならなかった。これはドイツの戦略においておなじみの問題である。二方の側面にいる潜在的な敵とどう戦うか、という問題だ。その変形のひとつを、三八年春に参謀長のベック中将が参謀の訓練に使用している。陸軍大学校の訓練の場合には、フランス軍に対するライン川の防衛は、ほとんどのドイツ軍がチェコスロヴァキア戦に従事している間は不可能だと判明した。西側にいるドイツ軍はライン川を越えて、ネッカー川の位置まで整然たる撤退を試みるしかなかった。

最後の実習の合間に、六月二二日、シュタウフェンベルクは級友を中世の大聖堂に案内して神聖ローマ帝国の建築と歴史を説明し、さらに時間を見つけてシュテファン・ゲオルゲの家についての交渉をビンゲンの町会議員と行った。詩人の名を学校につけるための式典と、肖像写真の寄贈を手配するためである。そしてゲオルゲがなぜドイツに埋葬されることを望まなかったかというゲシュタポの疑念について、議員を安心させる目的もあった。この点についてシュタウフェンベルクはフランクに、自分は将校だったので誰からも疑問をもたれない証言をすることができたと述べている。

陸軍大学校の送別晩餐会は六月二三日にビンゲンで開かれた。シュタウフェンベルク、メルツ、テスケは「勝利の学校」と題する少々皮肉をこめた雑誌をつくった。これには卒業生たちの人物評や思い出が収められている。シュタウフェンベルクについては、騎兵の重要性に関心をもっていた点が述べられ、彼の多弁さを示唆するためにゲーテの一節が引用されていた。「才能は静かにつくられていく」。シュタウフェンベルクはこの機会を利用して、また、人前で話をするのが好きだったので、準備万端整え、ライン河畔のバッハラッハにあるシュターレック城近くの屋外で演説を行った。ヨーロッパ支配を求めて奮闘した時代の中心であったライン川に言及し、兵士を果てしない川にたとえ、自分の歴史的概観をナポレオンの遠征で締めくくり、国家の独立への義務について述べたのである。

住処を失った永遠の征服者である皇帝の勝利の経過について、私が話す必要はない。そんなことはずっと昔から理解され、ドイツ兵士の手本となってきたからだ。おそらく今日われわれは、皇帝を呪いののしるべきではなく、彼に感謝すべきなのだ。国があまりに小さかったことに、空虚な古い形式を破壊したことに、小さくなった世界に帝国の進路を与えたことに、そしてドイツ国民にわが道、解放という道標を教えてくれたことに。

シュタウフェンベルクはまた、ヨーロッパで戦いが続けば国家の倫理と宗教の弱化につながるのではないかという懸念も述べた。これは一九一八年の時点では回避された。「ライン川での最後の戦い」が行われなかったからである。しかしもし新たな紛争によって、東方の非ヨーロッパ勢力がヨーロッパ諸国間の奮闘に介入してきたらどうだろう。

陸軍大学校の課程は六月二五日、ベルリンで正式に終了した。シュタウフェンベルクはクラスで一位の成績を収めた。一九三九年一一月、彼は最終的に参謀本部に配属されたが、その時期に書かれた参謀リストに、彼についての適性報告がある。「戦術についての能力は高く、疲れを知らず勤勉、組織に関する才能は大。平均以上」。比較の基準は参謀将校たちだったので、これらの一見控え目な言葉は激賞といってよい。四三年、参謀総長も陸軍総司令部人事局も、シュタウフェンベルクを軍団や軍司令部の参謀の地位にふさわしく、「陸軍最高の地位」に到達する可能性もあると考えていた。最高の地位とは、参謀総長や陸軍総司令官、国防軍最高司令官を指す。

一九三八年八月一日、シュタウフェンベルクはヴッパータールの第一軽装師団に補給係将校として配属された。数日のうちに、彼は自分のこれまでの訓練を、戦争が急速に接近しつつある状況下で実地に活かさねばならなくなった。チェコスロヴァキアに対する侵攻をヒトラーが計画していたからである。シュタウフェンベルクには、そのような事態になるとは信じられなかった。戦争の恐ろしさを知っているヒトラーが戦争をしたがっているとは思えなかったし、全世界を相手どって戦うようにも思えなかったからである。

一九三四年、ベルトルト・シュタウフェンベルク伯爵は、今後の人生をベルリン旧宮殿にあるカイザー＝ヴィルヘルム外国一般法および国際法研究所の研究者として過ごすのはやめようと決意した。研究所の主な役割は、政府の政策に法律専門家として助言することである。政府の政策を擁護する書類を準備したり、研究所が発行する雑誌『Zeitschrift fur auslandisches offentliches Recht und Volkerrecht』に論文を発表したりする。研究所の仕事は重要だったが、外務省の仕事の補助であって、創造的な仕事に直接かかわれるわけではなかった。

一九三五年四月、ベルトルトは婚約者のミカに手紙を書き、三三年一二月（詩人が亡くなった頃）で人生最良の時期は終わった、と述べている。彼は仕事にまるで関心がないといった様子で、「片手間」のように研究所で働いていた。そんな状態でこれから先もずっと仕事を続けていくのかと思うと、たしかに我慢できなかった。彼はまだ「ほかに責任を負うべきこと」、つまりゲオルゲの遺産管理があることを喜んだ。しかし「本当の意味で何かをなす」のでなければ、憂鬱から抜け出せはしなかっただろう。弟のクラウスの大望は参謀本部への配慮だったが、ベルトルトの大望は外務省への入省だった。

ベルトルトの生活に、変化や関心事がまったくなかったわけではない。一九三四年九月にバンベルクで軍事訓練を受け、一一月の終わりにはグラーフェンヴェーアでの予備役の訓練で重機関銃を手に「泥の中ではいつくばっていた」。三四年一〇月の数週間、そして三五年一〇月には研究所の仕事でハーグで過ごしている。クリスマスにはラウトリンゲンの両親を訪ね、ビンゲンにいるゲオルゲの妹を訪ね、それからクラウス、ヴァルター・アントン、ブルメンタール、フランクとベルリンで会った。三五年三月にバンベルクでさらに三週間の軍事訓練を受け、予備役将校の訓練を三五年九〜一〇月と三六年五月にバンベルクで受けている。この訓練中に彼は馬とともに倒れて脚を骨折し、おじの城があるグライフェンシュタインに脚が治るまで滞在した。一一月の終わりにイェティンゲンでクラウスも含めた家族と再会した後、ゲオルゲの命日にミヌシオでフランクとロベルト・ベーリンガーに会った。

外務省に入りたいという希望に加えて、ベルトルトには学究的な仕事を始める機会もあった。彼は一九三四年二月一六日にミュンヘン大学で、試験的に常設国際司法裁判所についての講義をしている。そして国際法の教師に任命されることを期待していた。ベルリンを離れることができたらうれしいと考えていた。そこでは「何もかもがまったく違っていたからだ」。しかし三五年初頭に研究所の上級研究員および研究所の季刊誌の副編集長に任命された後、ベルトルトは大学教師にはならないと決めた。彼は友人に、自分で徹底的に調べていないことについて多くを語らねばならないのは恐ろしい、とも語っている。ベルリンにフランクがいることもひとつの要因だったかもしれない。ベルトルトは七時から八時半までタッターソール・ベーアマンで乗馬をし、一一時から六時まで研究所で働くという日課に慣れていた。彼は仕事を「完全に余分なもの」と考えていた。

当時、ベルトルトは市民権取得の無効や、市民権の取り消しに関する論文を書くことを余儀なくされていた。これは一九三三年七月一四日の法を支持する法律専門家の意見とされた。この法は一九一八年一一月九日から三三年一月三〇日までに与えられた市民権を取り消すために規定されたものである。この法が想定する判定基準は、国籍、民族、文化だった。特にその標的となったのが「(a)世界大戦の際、ドイツ側について前線で戦ったり、ドイツ軍内で特別な手柄をたてたりしていない東方ユダヤ人、(b)犯罪者、あるいは国家と国民の幸福に有害な行為をした者」である。外国に居住している者もドイツの市民権を奪われる恐れがあった。

ベルトルトは新たなドイツの法律に批判的な『Revue critique de droit international』の記事に言及することから始めた。彼にいわせれば、倫理的な主張をする必要はなかった。法的な議論の代用にはならないからだ。市民権の取り消しは、一九三三年七月一四日以前のドイツにはなじみがなかったが、フランスは世界大戦の間に市民権取り消しを規定する法を導入していたし、他の列強もそれに続いていた。その一番の目的は帰化市民の財産を没収することにある。イギリスの法が定める対象はもっとも幅広かった。敵と商取引した人物、悪い噂のある人物、もしくは有罪判決を受けた人物、あるいは、市民であることが「公共の利益に悪影響を与える」と政府が判断した人物の市民権を、取り消すことができたのである。

ドイツの法における民族の基準は、イギリス、フランス、エジプトで類似の法律が規定しているのと同じ願望に基づいていた。すなわち、好ましからざる侵入者の排除である。民族の基準はアメリカの国籍法にも見られる。「白人の自由民」「アフリカ生まれの外国人」と「アフリカ系の人々」は認めるが、中国人、日本人、あるいはその系統の人間はもちろん（一九二三年の最高裁の判決によると）インド人もすべて市民権の対象から除外されていた。市民権の取り消しを規定するそういった国々の法律に、国際法を根拠にして反対する国はまだなかった。要するに、ドイツの法律を批判しようにも前例がなかったのである。

ベルトルト・シュタウフェンベルクのこの仕事は、彼の置かれていた状況と、国家の業務に人生を捧げようという彼の決意によってもたらされた、「人に好まれない」専門家の職務をよく表している。当時の出版物から得られたであろう見識の限界をも明らかにしている。ベルトルトは自分が本当だと信じていないことをそう簡単に書く気にはなれなかった。実際、一九四四年七月二〇日の後、ゲシュタポから尋問を受けた際、ベルトルトは自分と弟のクラウスがナチの国内政策、つまり「民族的原理」を最初は大筋で承認したと認めているものの、国家社会主義の基本的な考えが現実にはすべて悪用されたと結論づけている。しかし倫理的な議論は、ベルトルトが仕事として進めなければならない法的考察とは無関係なので、新法の倫理的長所について彼がどのように考えていたかは論文からは何もうかがうことができない。彼の次の仕事も、それを明らかにしている。

一九三四年一月二六日に締結されたドイツとポーランドの不可侵条約は、ドイツ東部と国境を接する親仏的でドイツに敵意を抱く「緩衝地帯」の国々を無力化した。三五年五月、フランスとソ連はヨーロッパの国に攻撃を仕掛けられた場合に備え、相互援助条約を締結した。これは一八九四年の仏露軍事協定と一九一四年への道を思い起こさせる不吉な前兆だった。フランス国民議会が三六年二月二八日に条約を批准すると、ヒトラーはこの条約はドイツ・ラインラントの非軍事化を規定した二五年のロカルノ条約（ライン条約）を事実上取り消すものだと国会で宣言した。ベルトルトはすぐに法的な立場を説明する論文を作成せざるをえなかった。この論文は直ちに発表され、三六年の研究所の定期刊行誌の第二号に掲載された。

ベルトルト・シュタウフェンベルクはこう説明している。国際連盟憲章の規定によれば、加盟国はどの国が「侵略国」かを自由に決めることができる。軍事行動を起こしたいと考えている相手の国家を「侵略国」

とすることも可能なわけだ。そのような結果を導きうる条約は連盟の仲裁手続きを無力化するため、憲章に準拠しているものとみなすことはできない。ライン条約は自ら「国際連盟に準拠する条約」であることを明らかにしており、特定の国家に対して向けられるものではない。仏ソ条約が国際連盟憲章に従っているとは考えられない。それはひとつの国家に対して向けられたもので、戦争につながる可能性があるからだ。

さらに、仏ソ条約は、一九一九年以来軍事同盟で全ヨーロッパをカバーしようとするフランスの政策の一部だった。イギリス、イタリア、ソ連は一九二二年以来、そうした相互援助条約が国際連盟憲章の精神を無視するという立場を維持してきた。ヨーロッパが敵対する陣営に分かれてしまう可能性があるからだ。イギリス政府は、条約の参加国がすべて平等な権利をもち、軍事行動が自己防衛に限られるなら、局地的な条約は平和を確保するのに役立つという立場も維持していた。

しかしライン条約の場合は話が異なる。フランスはヴェルサイユ条約によって規定された非軍事化の保障を、この条約の中に含めたかったし、自国の同盟国であるポーランドとチェコスロヴァキアを援助する権利を確認させたかったからだ。当時、ラインラントはまだフランスの軍事占領下にあったので、ドイツは軍事的圧力を直接受けており、一九二三年のルール占領のような侵略から自国を守るために、不公平な条項や国際連盟憲章の精神に反する条項を受け入れざるをえなかった。しかしライン条約では、とベルトルトは続けている。ドイツは特定の例外、つまりポーランドとチェコスロヴァキアだけを受け入れた。ゆえに、引き続き拡大してさらなる同盟関係を含めるとなれば、ロカルノ条約の法的・政治的基本を壊すことになる。

一九三五年からベルトルトは戦時国際法に関する問題を研究する委員会にも所属していた。この「ＫＲ研究委員会」は戦争になることを見越して結成された、軍務省（一九三八年一月以後は国防軍最高司令部）の関係機関である。その仕事にベルトルトの時間はかなりとられた。委員会は高等捕獲審検所帝国委員のグラディッシュ海軍大将が議長を務め、国会のツェッペリンの間で開かれた。メンバーは軍務省、海軍、空軍、外務省、司法省、ドイツ防衛政策・防衛科学協会、そしてベルトルトの研究所の面々である。彼は三九年八月二八日に船内臨検令を起草した。この法令は戦争の間ずっと効力をもち続けた。以後、海上戦に関する法は彼の専門となった。開戦時、彼はティルピッツウーファー七六〜七八番地にある海軍総司令部の第一部にある国際法部門の代理人に任命された。一九四〇年にフランスに勝利した後、ベルトルトの委員会はドイツ優位の局面下で、陸・海・空での戦闘に関する法の改訂を任された。

一九三六年一〇月から、ベルトルトは国際法に関するドイツ法律委員会のための学会にも加入した。これを機に彼は、政府に密かに反対し、政府の犯罪的行為に対抗して国際法を守る活動をしている数名の法律家と知り合うことになった。そのひとりがヘルムート・イェムス・フォン・モルトケ伯爵である。彼は二つの委員会でベルトルトと顔を合わせていた。もうひとりはペーター・ヨルク・フォン・ヴァルテンブルクである。彼はベルトルトやモルトケと同じく、ハンブルクの捕獲審検所のメンバーだった。ベルトルトはその高潔な人柄で、多くの不正を妨げてきた仲間から信頼されていた。もの静かだが毅然とした態度で、彼は何度も海軍総司令部が公正な海上戦から逸脱するのを防いだ。そういった仕事柄、ベルトルトは戦争中政府に徹底的に反対した。四三年の時点で、ドイツ当局によって遂行されたユダヤ人の大量虐殺ほど大きな犠牲はないと明言している。これはドイツの必然的敗北後に連合国が同様の宣言をするはるか前の話だった。

ベルトルトの研究所の所長、ヴィクトル・ブルンズ教授が一九四三年九月に亡くなると、海軍大将で国防軍最高司令部情報部本部長のカナリスや、情報部の国際法課で働いていたモルトケ、そしてモルトケの同僚のオクセは、ベルトルト・シュタウフェンベルクを暫定の所長に任命させようとした。しかしカイザー＝ヴィルヘルム協会の代表責任者でナチのテルショウがそれを妨害した。

ベルトルトは法律関係の仕事の他に、フランク、トーマエーレン、ブルメンタールとともに、シュテファン・ゲオルゲの作品や文書関係の仕事にも相変わらず打ち込んでおり、さまざまな友人（エルッエ、ファールナー、ヴォルタースの娘）からの原稿の回収、完全版作品集の最終巻の編集、重版される版の改訂に忙しかった。政府がユダヤ人迫害を開始して以来、彼のドイツへの入国は拒否されたからである。筆頭相続者のロベルト・ベーリンガーは多くの仕事をベルトルトに任せなければならなかった。

ベルトルトは師の遺産関連の仕事に打ち込んでいたため、何年もの間、恋人のマリア（ミカ）・クラッセンとは結婚できないと思い込んでいた。一九三二年にゲオルゲが「この結婚には反対だ」と述べ、フランクをベルトルトが住んでいたスヘフェニンゲンに寄越し、干渉したからである。恋愛関係を一〇年間続けていながら、一緒に普通の生活を送る見込みもなく、ベルトルトとミカはほとんど離れて暮らしていたが、その頃ベルトルトの父親は重い病気にかかっていて、三六年一月二〇日に息を引き取る前に、息子にシュタウフェンベルク一族の名誉と偉大さを維持するよう約束させた。父もまた結婚に反対していたのだ。ミカはすべての希望を失い、ロシアに帰ろうとした。ヌクスおじがまさに土壇場で彼女を思いとどまらせ、ベルトルトも覚悟を決めてとうとうミカと結婚した。家族はしだいに彼の判断を受け入れていった。ベルトルトはこの件についてフランクとブルメンタールと話し合い、弟のクラウスには手紙を書いて、シュテファン・ゲオルゲの「国家への」責任を考えれば、自分は結婚を単なる私事とみなすことはできない、と述べている。しかしその一方で、熟慮の末に得た重要な結論は、友人たちの反対、さらには本来なら服喪すべき期間にも優先すると主張した。結婚式は三六年六月二〇日、ベルリン＝ツェーレンドルフで、ヌクスおじとイーダおばの手配によって挙行された。ベルトルトの母と弟クラウスがともに出席している。ヴェネチアとダルマチアへの新婚旅行から帰ると、夫婦はベルリン、ヴィルマースドルフ地区のコンスタンツァ通り一四番地に移った。

ゲオルゲに無条件で忠実だったフランクには、ベルトルトがなぜ師の意に背くのかわからなかった。彼とベルトルトがフラットで一緒に住む計画を立てていたのは、ほんの二年前のことなのに。フランクは、結婚式をあげるなら二度とベルトルトには会わないと宣言した。一九三九年まで、フランクからベルトルトに送る手紙はそっけないものばかりとなった。ロベルト・ベーリンガーはベルトルトに祝福の手紙を寄越し、別離を辛く思うのはベルトルトよりもフランクのほうだろうと述べている。彼はひとりぼっちで取り残されたからだ。フランクはおそらく誰か他の人間に部屋を貸すだろう。しかしベルトルトかフランクのどちらかが、ミヌシオでの再会の集いに欠席するなんて理解できない、とベーリンガーはいった。

アレクサンダー・シュタウフェンベルクは、一九三一年からヴュルツブルクとベルリンの大学で古代史の講師を務めていた。また、三五〜三六年にかけての冬、ギーゼンでも講義を担当している。三六年の夏学期からはヴュルツブルク大学の臨時教授に任命された。ナチが権力を掌握する以前、彼は鉄兜団の団員で、その後SA第七九部隊の隊員となった。三六年の軍での階級は予備役伍長である。三八年の夏のように時折、軍事訓練に参加した。彼は懸命に働いてキャリアを積み上げ、前途有望だった。もっとも、早い段階からナチの率直な反対者だった。他方、ブルメンタールはナチ支持派だったが、仕事はなかなか順調にいかなかった。ブルメンタールはアレクサンダーを悪くいい、明らかな嫉妬心を見せている。アレクサンダーは「アルボ（訳

注　アルブレヒトの愛称）の」ナチへの傾倒を率直に非難した。彼はブルメンタールや自分の学生たちや「民族主義的な助手たち」に、「驚くほど当世風の偏狭な姿勢」が見られることに気づいていた。ブルメンタールはしばしばゲオルゲの作品の校訂について意見を求められたが、アレクサンダーは違った。彼は師が残した文書を集めることにも関心がなかった。そんなわけで、彼はゲオルゲの「国家」の友人たちとほとんど接触していない。

アレクサンダーはシラクーザの王ヒエロン二世に関する二編目の学位論文に取り組んでいた。一九三〇年代には、ゲルマン諸国とローマ帝国の交戦についてさまざまな側面から取り組んだ。そして四〇年代には、再び古代ギリシャ、とくにトリナクリア（シチリア）の歴史に取り組んでいる。

一九三七年七月五日にエルフルトで、ドイツ歴史協会の第一九回目の会合が開かれ、アレクサンダー・シュタウフェンベルクは「テオドリック大王とローマ帝国における彼の任務」と題する論文を発表した。彼はゲルマン民族に対するナチの英雄視を軽んじ、平然と反抗した。テオドリックをローマの忠実な協力者だと評したのである。テオドリックはローマ帝国を破壊したい、あるいはゲルマン化したい、あるいは独立したゲルマン国家の一部にしたいなどと考えたわけでは決してなく、ローマ帝国の回復に手を貸し、ローマ帝国の抜群の結束を不変のものにしたのだと述べた。アレクサンダーは、ゲルマン諸国とローマ帝国（キリスト教地域はその不可欠な部分だった）との生産的なかかわりは早い時期から行われており、そのおかげでゲルマン民族は中世の「キリスト教帝国」に生命と継続性を与えるという歴史的使命を果たすことができたのだと結論づけている。七月八日付けのドイチュ　アルゲマイネ　ツァイトゥンク紙は、テオドリックをローマの総督とするシュタウフェンベルクの説に、会議の出席者二名が反論したと報じている。カッシオドルスの信頼できない証言を論拠にしているというのが彼らの言い分だった。シュタウフェンベルクは、カッシオドルスの証言以外に証拠はないし、テオドリックの高官であるカッシオドルスが、王と異なる考えを表明することはできなかったはずだ、と反論している。フランクフルター ツァイトゥンク紙は、シュタウフェンベルクの論文をめぐる議論は異例の展開を見せ、例会が開かれた三日間、ずっと続いたと報じている。

クラウス・シュタウフェンベルク大尉は、兄の論文とそれにまつわる報道を、七月一一日に休暇で訪れていたラウトリンゲンで読んだ。四日後、ミュンジンゲンの訓練場からフランクに、「オッファ（アレクサンダーの愛称）」がわくわくするようなことをやらかしたのは三日も議論が続いたことでわかる、と書き送り、兄の勇気に対する驚きを語っている。しかしクラウスはアレクサンダーの主題の扱いがあまりに法的な点に集中していて、「本質」にほとんど触れていないと考えた。「国家の法や憲法は、せいぜい一般的で基本的な考えを表現したものにすぎない。日々の政治のための意味しかもたない場合が多いのだ。そのせいで論文には若干力強さが欠けている。だがいずれにせよ、長い間読んできた彼の論文の中で、これはもっとも優れたものだ」。

一九三七年八月一一日、アレクサンダーはベルリンのヴィルマースドルフ地区でメリッタ・シラーと結婚した。彼女の父親は社会的地位を得たユダヤ人で、祖父の代にオデッサからライプツィヒに移り住んだ。一八歳でルター派に改宗し、ライプツィヒで学問を修めた後、プロイセン軍で服役し、クロトシンでプロイセンの公共工事委員会のアドバイザーを務めていた。一九一八年以後ポーゼンがポーランド領になった際、彼はドイツに住むこともドイツの市民権も選ばなかった。クロトシンに家を所有していたからである。彼と妻はポーランド市民権を取得した。退職してもドイツに移住することはできなかったが、ダンツィヒでの年金受給を認められたため、そこに落ち着いた。

メリッタがドイツにきたのは世界大戦の終結前である。そのため、両親のポーランド市民権は彼女には関係なかった。メリッタは数学と物理学を学び、一九二七年にミュンヘン技術研究所で土木工学の学位を取り、また、いくつかのパイロット免許も取得した。二七年からは航空力学に取り組み、急降下飛行を制御する機器のチェックのためにテスト飛行を行っている。最初はベルリン、アドラースホーフ地区にあるドイツ航空試験協会で、それからベルリン、フリーデナウ地区にあるアスカニア社で、三七年一〇月からはベルリン、ガトウ地区にある航空大学校で。最初の二つの雇用主は見たところ民間組織のようだが、あてにはならない。ドイツ政府が公式に空軍を設立したのは、やっと三五年三月になってからのことである。戦前および戦中、メリッタ・シラーは二〇〇〇回をはるかに上回る飛行任務を「ユンカース八七」と「ユンカース八八」急降下爆撃機で果たした。これを超える偉業を達成したドイツ人パイロットはただひとり、それも男性である。彼女は三七年に空軍の大尉に任じられ、四三年には二級鉄十字勲章とダイヤモンド付パイロット金バッジを授けられた。四四年には一級鉄十字勲章の候補者にもなっている。

メリッタと両親、兄弟のオットー、姉妹たちは、ナチ当局が一九四一年にドイツからユダヤ人を強制移送し始めた際、危機に陥った。彼らが助かったのは、メリッタの評判と彼女の軍役の重要性に負うところが大きい。彼らは父親の家系に関するいかなる書類も入手することはできなかったと主張している。あるのは両親の結婚証明書だけで、そこには彼らがルター派だと書かれていた。両親が強制移送されなかったのは、ダンツィヒの隣人や友人が十分な影響力をもつ職に就いていたからだった。姉妹たちも、外務省の農業専門家だったオットーも、四四年の書類には「アーリア人と同等」と記されている。メリッタの姉妹のクララは結婚していなかったが、SSのメンバーと結婚してはならないといわれていた。

ゲオルゲが亡くなり、ヴォルフスケールとモーヴィッツとカントロヴィッチが移住すると、師の「国家」にはほぼユダヤ人がいない状態になった。例外は二人の若手の友人、ヴィリ・デッテとカール・ヨーゼフ・パルチュである。彼らは国防軍に安全な避難所を見つけていた。パルチュの場合はたしかにかなり難しかった。彼は一九三五年に軍務に就ける年齢に達したが、正式な願書を出したにもかかわらず、祖父がユダヤ人であるために入隊を許可されなかったのである。誰かに口添えをしてもらうことは許されていたので、彼はクラウスに頼んだ。クラウスはパルチュのために手紙を書き、この一件は党幹部、「人種科学者」、軍の高官による審査に持ち込まれた。「人種科学者」は彼の頭骨を計測し「北欧系」だと述べたが、それにもかかわらず、パルチュは戦中まで入隊することはできなかった。

ゲオルゲの「国家」にかかわる活動は、「秘密のドイツ」の遺産を不朽のものにしようと友人たちが決意した証拠である。もっとも熱心に活動したのがフランクとルドルフ・ファールナーで、それが内部のバランスを変える一因となった。完全版への改訂で言葉、綴り、句読点に疑問点が生じると、師をよく知っていた者が時折「公式見解」を引き合いに出して、意見を述べたり、反対したりした。クラウスはブルメンタールとともに、『新しい国』第二版の編集作業に集中的に参加した。

文献学者であるブルメンタールはこういった作業に非常に適任だったが、学者としては一流とは言い難かった。ゲオルゲの「国家」における彼の地位は、主にシュタウフェンベルク兄弟を紹介したという功績によるものだった。彼は何年にもわたり、アレクサンダーとクラウスの指導者の役割を果たし続けた。国家社会主義を信奉し、ゲオルゲが承諾したことを盾に、他の者たちも説得して引き入れようとした。一九三七年、ナチ党への入党禁止が一時的に解除された際、ブルメンタールは国家社会主義のために十分に活動していないという理由で、入党を拒否されている。彼は苦情を申し立て、二年後に入党を許された。二二年にイエナで講師を始め、二八年に終身在職権のない臨時教授になり、三八年からはギーゼンで同様の職に就き、最終的に四〇年にギーゼンの正教授になった。四〇年以降は、友人たちのグループに関する限り、彼はあまり影響力を及ぼさなくなっていた。

オーストリア人のルドルフ・ファールナーはヴォルタースの教え子で、ヴォルタースが最後に病に臥した際、ゲオルゲに会っていた。六年後の一九三四年、彼はハイデルベルクの臨時教授になったが、三六年に体調を崩し、一時的に休職を願い出なければならなかった。さらに、ハイデルベルクには強力な敵がいて、その人物は彼が大学の国家社会主義の方針に従っていないばかりか、ゲオルゲの秘儀的な教えを授ける秘密結社を組織しようとしている、と非難した。

ファールナーは一九三三年二月二八日に師を訪ねる途中でフランクに会った。その後フランクを通じて三五年にベルトルト、三六年にクラウス、四一年にアレクサンダーに会っている。アレクサンダーはファールナーに、ブルメンタールの破壊的な攻撃と批判について話した。戦争中、ファールナーはしだいにアレクサンダーと親密になっていったが、クラウスやベルトルトと接する機会はほとんどなく、限られた話題や目的にとどまった。四六年、ベルトルトの未亡人ミカはファールナーに、ベルトルトの思い出を子どもたちのために書いてほしいと頼んだが、二年後に再び彼女が依頼した際、ミカだけが知っているベルトルトについての情報がもっと必要だと彼は答えている。

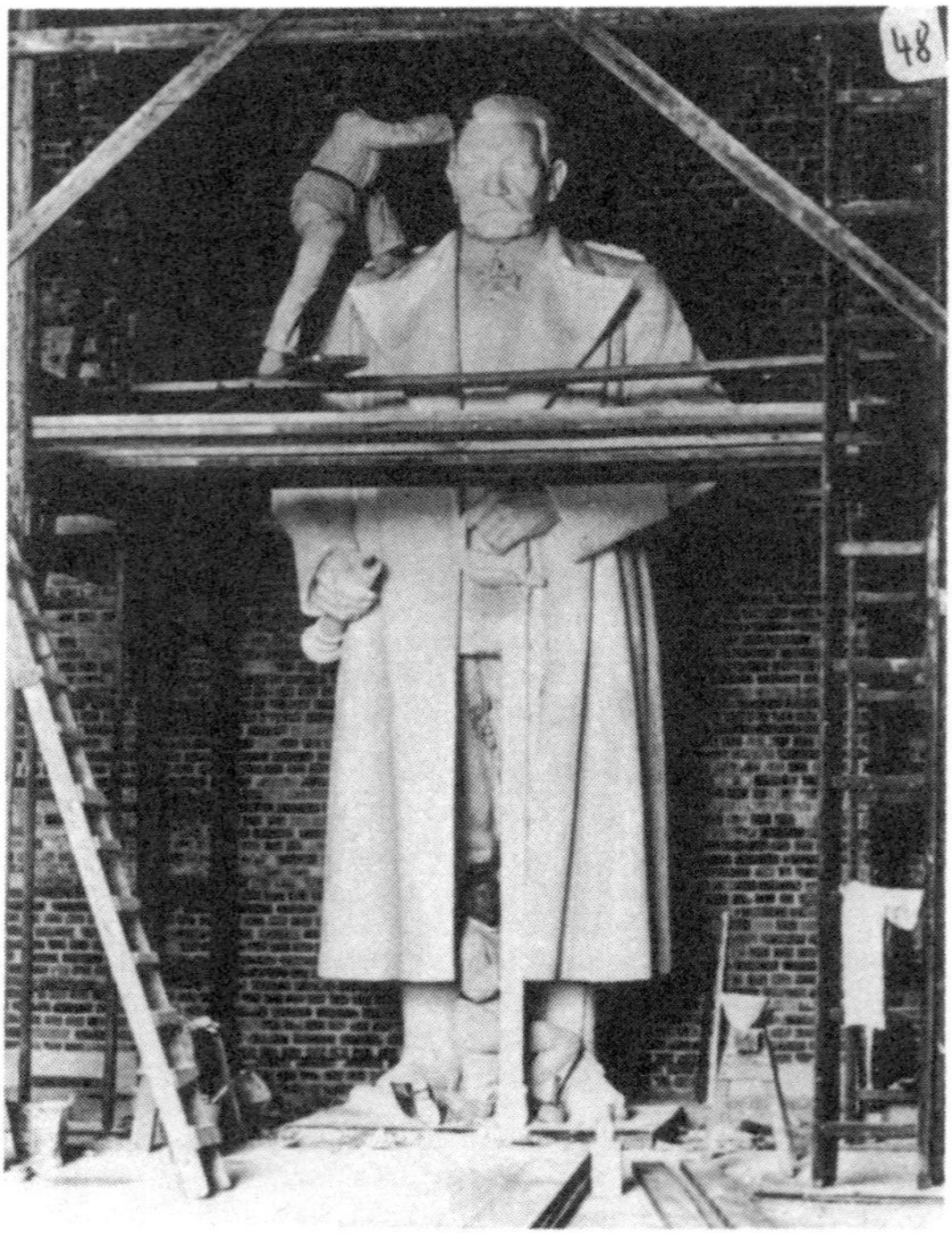

28. フランク・メーネルトとルドルフ・ファールナー。マクデブルクのヒンデンブルク像と、1937年頃

一九三五年、ファールナーの助力を得て、フランクは実物の三倍の大きさのヒンデンブルク像を製作した。ゲオルゲはヒンデンブルクを「英雄」と考えていた。二八年の六〇歳の誕生日に大統領が送ってくれた祝賀メッセージに、ゲオルゲはヒンデンブルクを世界大戦から現れた唯一の「象徴的な人物」、現代世界の混乱の上に今なお君臨する人物と考える、と返事を送っていたのだ。ヴォルタースはとくに、このヒンデンブルク崇拝を奨励し、教え子のファールナーにもそれを伝えたのだが、オーストリア人であるファールナーは、最初は気が進まなかった。

軍務大臣フォン・ブロムベルクはマクデブルクの兵舎の敷地内に像を安置するための「記念ホール」を建て、当時マクデブルク大聖堂にあった旧陸軍の戦闘名誉章をそこに移す許可を与えた。ヒンデンブルクの息子は、陸軍元帥の軍服と厚地のオーバーを資料として利用できるようにしてくれた。「記念ホール」はアルベルト・シュペーアの師であるハインリヒ・テセノーによって設計された。三九年八月末には、ホールとその中に収める像の石膏模型ができ上がり、寄贈者たちの視察を受けた。ブロンズ像は四〇年初頭に鋳造されたが、その後軍需物資として徴発された。

「秘密のドイツ」では、兵士を非常に重んじた。クラウスの職、兄たちの予備役将校の訓練、工兵像とヒンデンブルク像、ホメロスとプルタルコスの翻訳は、すべてその現れである。一九三七年にギリシャを訪ねたファールナーは、フランクがマラトンの戦いや戦いの経過を思い浮かべることができるように、アッティカの参謀地図を送っている。しかしシュタウフェンベルク兄弟は、軍人精神の基盤を欠いた好戦的な態度には批判的だった。彼らはブルメンタールが英雄的行為や戦場での武勇をソフォクレスの悲劇の本質として扱ったり、すべてを「ナチのやり方であまりに単純化」しすぎたりするのを批判した。人間の根源的な姿を組み立てるほうが重要だと考えていたのだ。

一九世紀初頭のドイツに大きな影響を与えた作家で国民の団結を訴えたエルンスト・モリッツ・アルントに関する本の中で、ルドルフ・ファールナーはドイツの再生は農業生活を基盤にすべきだと述べている。アルントのみならず、当時の他の改革推進派、すなわちシュタイン、シャルンホルスト、グナイゼナウらの考えも、これに即したものだった。国家の基本要素は「英雄と庶民、指導者と追随者」で、それらを再び目に見える形にしたのがナポレオンである、と。

29. ベルトルト・シュタウフェンベルクとフランク・メーネルト

フランクとベルトルトはアルントに関する原稿を読んで、シュテファン・ゲオルゲの出版者ボンディには推薦できないと判断した。しかしフランクはファールナーが書いたグナイゼナウの人物像に非常に感銘を受けた。彼はファールナーにそれを膨らませた本を別に書くよう強く勧め、その計画にクラウスも引き込んだ。

クラウスはファールナーのグナイゼナウについての原稿を注意深く読み、一九三七年の夏の初めに、それをカール・ヨーゼフ・パルチュに読んで聞かせた。クラウスはいくつかの言葉に説明を補足したり文体を変更したりするよう助言したが、その内容と趣旨には賛同し、実際に「プルタルコスのようだ」と口に出している。ラ ベル アリアンスの戦い（訳注　ワーテルローの戦い）の描写は、「控えめにいっても最上だ」と評している。ファールナーによれば、クラウスはこのグナイゼナウに関する小論には最後までずっとかかわったという。パルチュもまた、「グナイゼナウ」を見事な作品だと考えた。

グナイゼナウ研究は内部で回覧され、「国家」のための半ば秘密のマニフェストとなった。この文章や他の取り組みを印刷し、個人的に広めるために、ルドルフ・ファールナーとフランク・メーネルトはミュンヘンにデルフィン出版を創設した。その使命は、「国家」の教えを記録し、若い信奉者たちに伝えることだった。『グナイゼナウ』は一九四二年五月に「出版された」。手刷りで一〇〇部が印刷された。筆者の名は載っていない。共通の精神の産物とみなされたからだ。実はフランクは序文を担当している。そこには次のように書かれている。偉大なる敵ナポレオンに対する勝利をもってしても、当時もその後も、ドイツの再生する力は本領を発揮できていない。当時はゲーテ、現代にはゲオルゲという偉大な詩人がいた。当時は外国からの挑戦があったため、国民の力が目覚めた。しかし旧式なやり方にしがみつく者、そして人間の精神よりも実用性や物質的な関係を重視する者が、鈍感で怠惰なままでありながら、優位に立っている。西側諸国はフランスの啓蒙主義からは再生できない。啓蒙主義を引き起こす根源となった力、つまりギリシャ・ローマ時代、キリスト教信仰、ゲルマン民族からのみ再生することができるのだ。

ファールナーによれば、グナイゼナウはフランス革命の解放力を見ていた。そのおかげで勇敢な人々は行動できたのだ。グナイゼナウの「国家のための計画」は、いずれの場においても「気高く有能な人間に権威を与えること」だった。模範的な国民が訓練されて軍隊を構成する。軍隊は国家であり、国民の心臓となる。ファールナーによれば、グナイゼナウは「新憲法のための果てしない準備にかまけて再生計画をすべてうやむやにしようとする」保守的な人間に、自分なら一晩で憲法を一〇条にまとめることができると述べたという。国家の成功は、むしろそれを支える階級をつくり出すことにかかっている。その階級は、賢明で断固たるリーダーシップを発揮できるほど強大でなければならない。グナイゼナウは国民の中に眠っている未熟だが無限の力について述べている。ファールナーによれば、改革論者は産業化とプロレタリア化の致命的な結果を見越していた。無産階級の不健全な集まり、国家の構造の崩壊、金銭による果てしない支配。その結果、彼らは家屋、布、食物といった基本的な必需品を供給するのは職人だけでよいと信じていた。

一八〇八年八月と一一年に書かれた覚書の中で、グナイゼナウは王に国家の反乱を宣言するよう促している。彼は共謀についての概略を述べ、政治と軍の全権委任は行政区で行われるべきだと主張した。クラウスは、こういったグナイゼナウの「国家が反乱を起こすための準備計画の構成」に関する詳細を、ファールナーの小論から削除するべきだと主張した。クラウスの説明によれば、グナイゼナウの時代には社会の中に十分な倫理的力が働いていたため、放埓や混沌を防ぎ、他の優先権をもった勢力による搾取を防ぐことができたが、現代のドイツ社会にはそのような倫理的抑制は存在しない。クラウスは、もしグナイゼナウの方法に従えば、ドイツの将来の敵、そしてドイツ国内外にいる無政府主義の支持者が状況を悪用する危険があると考えたのである。

二つの覚書によれば、一八〇八年の夏にグナイゼナウは、偏りのない憲法と、選出された人民の代表に責任をもつ政府と行政、すべての階級の平等を国民に与え、富への平等な課税を行うべきだと王に進言している。しかしファールナーはこういった点に言及すらしていない。クラウスにそれらを無視する傾向があったにせよ、実は気づかないままだったにせよ、シュタウフェンベルク兄弟の尊敬すべき先祖についてのファールナーの描写は、深刻な歪曲だった。

カール・ヨーゼフ・パルチュは、プルタルコスの『英雄伝』のアギスとクレオメネスの物語をリライトすることで「国家」に貢献した。フランクとクラウスも、とくにセッラシアの戦いの描写に手を貸した。パルチュとフランクは、パルチュの名前をデルフィン版のタイトルページに載せることで同意したが、それはパルチュにユダヤ人の血が混じっていることで生じる障害を取り除いてからのことだった。障害は実際に克服できたのだが、一九四三年にフランクが前線で戦死すると、ファールナーはその短い作品をフランクの名で出版させた。手刷りの私家版は、四四年一〇月、ミュンヘンからジュネーヴのロベルト・ベーリンガーに送られた。

ヘルダーリンはアギスの悲劇を書こうと計画しており、ヒュペリオンにアギスとクレオメネスを、有名な神話の人物よりも偉大な英雄だといわせている。「彼らの才能は、ギリシャ時代の日没の輝きだった。テーセウスとホメロスがギリシャ時代のオーロラだったように」。

物語はこうだ。スパルタを共同統治していた二人の王のひとりアギスは、人民に愛国心、強固な禁欲主義、平等、公益のための自己犠牲の精神を取り戻させようとした。彼は貧窮化したスパルタ人に財政的な援助を与え、ペリオイコイにスパルタの市民権を与えた。しかし彼の共同統治者は私腹を肥やすことを好んでいたため、アギスの母と祖母を裁判にかけて殺した。アギスの後継者クレオメネスは平等と美徳を回復したが、エジプトの支配下に落ち、反乱が失敗したのち自殺した。エジプト人は彼の母親と子どもたちを処刑した。この残酷な物語は、国家のための自己犠牲、英雄的なスパルタの理想にむけた自己犠牲の精神を謳っている。それは過去の栄光への回顧的なあこがれの具現であり、ゲオルゲ クライスの精神構造に欠かせない要素であった。

ゲオルゲの死から五年が経過したが、少なくとも「秘密のドイツ」はまだ健在だった。ベルトルト・シュタウフェンベルクはドイツ一流の法学者となった。アレクサンダー・シュタウフェンベルクはもっとも恐れを知らぬ、有名な歴史学者のひとりとなった。クラウス・シュタウフェンベルクは軍事研究で名を上げ、「ライン川」について断固たる演説をした。ルドルフ・ファールナー、フランク・メーネルト、カール・ヨーゼフ・パルチュは、ゲオルゲの精神にのっとった芸術的・文学的研究に従事していた。

6章　危機と戦争

一九三八年夏、ヒトラーはチェコスロヴァキアに攻撃の脅威を与えた。「ズデーテン ドイツ人」、つまりかつてオーストリア帝国領だったボヘミアに住むドイツ語を話す人々が虐待されている、というのがその理由だ。国際交渉がもたれ、イギリス首相ネヴィル・チェンバレンがヒトラーを説得し、ズデーテンラントをドイツ国家に段階的に併合するという条件を飲ませようとした。危機がピークに達すると、イギリスは海軍を動員し、フランスは予備役を召集し、イタリアはドイツの戦争政策への支援を拒否した。結局、ヒトラーは国際的な協定によってズデーテンラントを併合せざるをえなくなった。

一九三八年七月、シュタウフェンベルク大尉はゲッピンゲンで一〇日間勤務し、それから一週間ギーゼンの飛行連隊で過ごした。このようにあちこちで任務に就いた後、通常は参謀本部要員に任命され、一年の試用期間を経て本採用となる。しかし今は戦争になりかねない状況下にあるため、軍のさまざまな兵科での短期勤務は七月の終わりには打ち切られた。こうしてシュタウフェンベルクは三八年八月一日付で、ヴッパータールの第一軽装師団の第二席参謀将校（補給係将校）として参謀本部要員に任ぜられた。この師団は新しく組織された装甲師団四個のうちのひとつだった。シュタウフェンベルクの仕事には、補給（燃料、武器、銃弾、車、食糧、医薬品、運搬）、装備、宿舎準備、動員、後送、国内の行政や報道との接触、対諜報が含まれた。

近代の師団では作戦参謀（Ｉａもしくは上級参謀将校）の仕事に次いで重要なポジションである。陸軍大学校での兵站《へいたん》の教官は、将来の戦争は補給係将校によって決まるだろう、とよくいっていた。師団参謀で第一特別任務参謀将校（伝令将校、Ｏ一）だったヴェルナー・レーリンク中尉によると、シュタウフェンベルクは師団の戦闘力を高めることに他の誰よりも貢献していたという。

シュタウフェンベルクが師団に着任するまで、補給係将校はいなかった。それで彼は班をつくらねばならなかった。参謀の同じような地位にいる将校たちは、秘書を通してのアポイントなしで誰かに会うことは拒否するのが普通だったが、シュタウフェンベルクのドアは常に開いており、形式ばらずに誰とでも普段どおりの快活な印象で会っていた。そんなとき、彼は黒いブラジル葉巻を吸っていることも多かった。立っているときには、リラックスした態度で少し前かがみになっていたという。彼はすでに参謀本部の若手将校の中でもっとも優秀なひとりに数えられていた。

ヴッパータールに着任した際、シュタウフェンベルクにはこの町が「想像を絶するほどプロレタリアばかりで、こんなところでは生きていけない」と思われた。しかし仕事に専念し、実際、仕事はおもしろかった。彼は九月九日に始まる秋の大演習が「長引く」予感がする、とフランクに書き送っている。フランクには彼のいわんとすることがわかった。シュタウフェンベルクは戦争が近づいていると考えていたのだ。ミュンヘン協定によって状況は鎮静化していたものの、ヒトラーは自分が軍事的圧力に負けて妥協したという印象を与えたくなかった。そしてまだチェコスロヴァキアからドイツに割譲されたズデーテンラントの軍事占領を主張していた。もっとも民事および軍事当局の移転は専門委員会に任せられていたに違いないのだが。

第一軽装師団は九月九日、カッセル＝ハノーフェアシュ、ミュンデン＝ブラーケル＝ヴァールブルクの

「大演習」エリアに、騎兵ライフル連隊、オートバイ歩兵大隊、装甲大隊、偵察大隊、砲兵連隊、対戦車大隊、信号大隊、工兵大隊、補給および衛生隊とともに移動した。初日に彼らは二五五キロ進軍した。車両の多くは道路を進み、戦車は鉄道によって運ばれた。さらに二〇七キロ前進した後、師団はルドルシュタット＝イエナ＝エアフルト＝アルンシュタットのエリアに到着した。一日休息して、さらに二二〇キロ進み、ボルナ＝ゲラ＝プラウエン＝ケムニッツの領域に、九月一二日に到着した。

九月一五日にイギリス首相チェンバレンがベルヒテスガーデンでヒトラーと会談し、シュタウフェンベルクや他の参謀は「全面的な戦争の可能性が幾分和らいだ」と考えた。しかし準備は続けられた。九月二七日には第一一装甲連隊、さらには第二五歩兵連隊、第二砲兵連隊の大隊、第三八砲兵連隊の砲兵隊、第三二工兵大隊、いくつかの国境守備部隊が師団に加わった。

九月二九日、師団はチェコスロヴァキア国境を越える攻撃の準備に入った。しかし同日ミュンヘン協定が締結されたことによって、国境を守り、チェコスロヴァキア軍から動員解除されたズデーテン兵士や避難民を誘導する占領部隊としての師団の役割は軽減された。シュタウフェンベルクは住民の石炭、運搬、パン屋の酵母といった必需品を確保するために地元当局と打ち合わせをした。馬は不足していた。ほとんどがチェコスロヴァキア軍によって徴発されていたからだ。師団の日誌には、「逃亡したり逮捕されたりしたユダヤ人の馬」がミエスの公共サービスに使うために徴発されたとある。シュタウフェンベルクは師団の兵士たちが服地や衣類を買うのはみっともないと述べた。兵士たちがドイツ通貨で地元の品物を買いあされば、地元住民の生活がどん底に陥ると考えられたからだ。兵士が購入したことを知ると、シュタウフェンベルクは商品を戻すよう取り計らった。彼はまた、補給係から中隊を送ってローヴェンシュタイン家の農場のジャガイモ収穫を手伝わせている。師団長へプナー少将とその参謀は一〇月四日にローヴェンシュタイン公のハイド城に招かれ、第七六砲兵連隊の参謀はそこに一週間宿泊した。

一〇月一七日、師団参謀はヴッパータールに戻った。一〇月一九日には師団の他の部隊も帰還し、予備役召集は解除された。師団の兵士七名が道路事故で亡くなり、ひとりが夜勤で将校に撃たれ、ひとりが自殺し、師団の車に轢かれて子どもがひとり亡くなった。

軍事行動の間には燃料供給にまつわるトラブルが幾度か生じた。そのため、シュタウフェンベルクと他の二人の将校は、引き続き行われた補給係の訓練中に、仲間内で作戦を考案している。まずウラル地方に戦車攻撃を仕掛け、ウクライナで燃料を使い果たしたら、補助的な襲撃でバクーを占領し、ウクライナへのパイプラインを引く、というものだ。

連絡をほしがる妻ニナのために、クラウスは日記をつけた。一九四三年の終わりに彼がクーデター指導者の役割を引き継ぐと、この日記は安全を図り、友人たちに渡された。四四年七月二〇日の暗殺未遂事件を受けてゲシュタポが捜索したものの、友人たちが焼き捨てたために日記は発見されなかった。ニナは日記の中で夫がドイツの行動の傲慢さに言及していたのを覚えている。彼はズデーテンラントの併合に反対してはいなかったが、「軍事的にでたらめな」やり方で戦争を起こすことを懸念しており、それは決してドイツの再軍備がまだ不完全だからという理由ではなかった。ズデーテン危機の後、剣をさやに戻すためだけに抜くのはおかしな話だと妻に語っている。母親には、所詮こけおどしなのだから、ドイツが危機をうまく乗り切ったからといって手放しで喜ぶことはできない、と語った。

ズデーテン危機の後、シュタウフェンベルクはベルリン警察副署長シューレンブルクから、もしヒトラーがチェコスロヴァキア攻撃を命じたら彼を倒す計画があり、実は自分もその計画にからんでいるのだと聞かされた。チェコを攻撃すればフランスと戦争になり、最終的にはイギリス、アメリカも参戦するはずだと、ほとんどの陸軍上級将校が信じていたからだ。賛成も支持も表明せず、シュタウフェンベルクはその後数ヵ月、シューレンブルクとの付き合いを避けている。将校団の政治的責任は任命された指導者によって従来の機構の中で実行されるべきもので、私的な謀略はすべきではないと彼は考えていたのだ。

一九三八年の夏、ヒトラーがドイツを戦争へと駆り立てている間、参謀総長ベック大将は陸軍総司令官フォン・ブラウヒッチュと軍団司令官たちを説得して、ヒトラーが戦争を始めるのを阻止するクーデターに参加させようとしていた。三八年八月四日の最終打ち合わせの後、ブラウヒッチュは彼を支援せず、ベックは辞任した。後任のフランツ・ハルダー中将は気乗りがしないながらベックの計画を続行しようとしたが、ミュンヘン協定が締結されたため、計画は消滅した。

危機の間、シュタウフェンベルクは水面下でこういった動きがあることを知らなかった。また、軍がベルリンでクーデターを起こしている間、SS（親衛隊）警護部隊「アドルフ・ヒトラー」を阻止するために、第一軽装師団がミュンヘンからベルリンに続く道を封鎖する計画も知らなかった。

一一月九日、SA（突撃隊）の愚連隊がヴッパータールで多くのユダヤ人商店の窓を叩き壊し、二つのシナゴーグを焼いた。芸術や出版の分野におけるユダヤ人支配を制御する、あるいはドイツ人以外のユダヤ人を追放するという政策にたとえ賛成していたとしても、シュタウフェンベルクは法と良識の侵害には反対だった。彼は三八年一一月のポグロム（訳注　ユダヤ人に対する集団的な虐殺や破壊行為）に愕然としている。

シュテファン・ゲオルゲの友人たちは、カール・ヴォルフスケール、エルンスト・モーヴィッツ、エルンスト・カントロヴィッチの運命から、ユダヤ人迫害をもっと早い段階で身近に感じていた。ベルトルトの場合は個人的に影響を受けていた。一九三三年、ドイツ政府が常設国際司法裁判所の判事に、ユダヤ人の血を引くヴァルター・シュッキングを辞職させるよう圧力をかけてきたからである。三五年の「ニュルンベルク法」は、ユダヤ人の血統をもつすべての人間からドイツ市民権を剥奪し、ユダヤ人と非ユダヤ人のあらゆる親密な関係に厳しい罰則を科した。三八年にはユダヤ人は公立学校、公園その他の施設から締め出された。アレクサンダー・シュタウフェンベルクの妻は市民権と仕事を失うのではないかと、そして強制移送され、殺されるのではないかとおびえながら暮らした。カール・ヨーゼフ・パルチュも、戦争中、ユダヤ人の集団虐殺に巻き込まれそうになった。

一九三八年の春、ベルトルトとロベルト・ベーリンガーは、シュテファン・ゲオルゲとフーゴ・フォン・ホフマンスタールの往復書簡のうち、どれを出版すべきかで意見が分かれた。ベーリンガーは三八年七月一二日の、師の生誕七〇周年に間に合うように発刊すべく、出版者と交渉していた。ベルトルトとフランクは、ゲオルゲがホフマンスタールに友情を懇願した恥ずかしくなるような手紙は暴露してほしくなかった。ホフマンスタールはゲオルゲの願いを拒絶したのだからなおさらだったが、ベルトルトは自分とロベルトとフランクに、師の継承物への共通の責任を思い出させた。ホフマンスタールがユダヤ人だということをフランクとベルトルトは気にしていなかったが、ベーリンガーは反ユダヤ主義をほんのわずかでも連想させるものには非常に敏感だった。彼の妻がユダヤ系だったことも関係していたかもしれない。彼の友人たちはドイツの外交政策に関与していなかったものの、そのことでベーリンガーの苛立ちはかえって増大した。ベルトルトとフランクはその頃には政権の政策を概ね承認していたので、ベーリンガーは政策に関する自分の判断を彼らに知らせなければならないと考えたに違いない。「僕は褐色の奴らに賛同する人間とは付き合わない」と述べている。

シュテファン・ゲオルゲの継承者同士のこのエピソードは、カール・ヴォルフスケールのエピソードにもつながっているかもしれない。一九三七年、ヴォルフスケールは何人かの友人に『命の歌』と題する詩を送っている。マインツのオットー二世の宮廷にヴォルフスケールの祖先が加わってからのドイツでの一〇〇〇年に及ぶ家族の歴史を訴え、師の友人たちに囲まれての人生について述べ、自称「主人たる人間」の実利主義と彼らの人種に対する狂気に冷笑的な毒舌を浴びせて結びの言葉とした。ロベルト・ベーリンガーは三七年一二月の師の命日に、ミヌシオで開かれた年次会合の席でフランクにこの詩を読んで聞かせた。フランクは非常に心を動かされ、写しをほしがったが、当時ベーリンガーにはそれを自由に渡していいとは思えなかった。三八年一一月、フランクはもう一度ミヌシオに詩を持ってきてくれるよう、ベーリンガーに頼んだ。ポグロムから一ヵ月後のこの時点で、ベーリンガーは数日間、フランクにこの写しを貸した。ミヌシオでの会合の後、ベーリンガーはいつになく誠意に満ちた態度でフランクに手紙を書き、こう結んだ。「私は君を抱きしめよう」。新たな結束を示す言葉、そして政権を非難する注意深い暗示（手紙は検閲されることになっていた）が、この頃からシュタウフェンベルク兄弟とフランク、ロベルト・ベーリンガー、カール・ヨーゼフ・パルチュとの手紙に徐々に現れるようになった。

フランクが国家社会主義への情熱を失ったことは、ベーリンガーとファールナーの言葉から明らかだ。ベーリンガーはあっさりこう述べている。「フランクは勉強し直した」。ファールナーは、一九三八年一一月一〇日にベルリン、アルブレヒト＝アキレス通りのスタジオで、フランクがつくったヒトラーの石膏の胸像をフランクとともに斧を振り上げて壊した様子について述べている。ヒンデンブルク像の除幕式でヒトラーがマクデブルクにきたら殺そうという話すら出たが、除幕式は行われなかった。フランクはユダヤ人の友人すべてに断固忠実であり続けた。

一九三八年一二月、クラウス・シュタウフェンベルクの家族はヴッパータール、バルメン二五番地のフラットに移った。師団長の副官で前軍務相の息子フォン・ブロムベルク大佐も同じ建物に住んでおり、家族同士は親しくなった。シュタウフェンベルクの子どもたち、つまり三四年生まれのベルトルト、三六年生まれのハイメラン、三八年生まれのフランツ・ルートヴィヒは、まもなくフォン・ブロムベルク夫人を「おばちゃん」と呼ぶようになった。夫人によるとシュタウフェンベルクは、親切で寛大で教養ある友人で、仲間の将校たちにクリスマス休暇を優先してとらせる人物だった。がさつな兵士たちの間で暮らすのは彼にとって容易ではなかったに違いないと彼女はいう。

シュタウフェンベルクの師団の上級参謀将校であるシェーネ少佐（参謀本部）も近くに住んでいたので、三人の将校はよく朝一緒に車で仕事に出かけた。シュタウフェンベルクの提案で、彼らは下士官兵と同じ値段の昼食をとった。これは普通、一皿に盛られた料理である。一五分の昼休みが終わるまで、シュタウフェンベルクは最近の軍事・政治関係のニュースについて生き生きと話した。夜になると一緒に車で帰宅した。

一九三九年一月、シェーネ、ブロムベルクと第一特別任務将校レーリンクを含めた師団の二〇数名の将校がシュタウフェンベルクのフラットに集まり、ルドルフ・ファールナーのグナイゼナウについての講義を聞いた。シュタウフェンベルクは自ら講義のテーマについて紹介し、現在の状況との関連性を強調した。

ファールナーはグナイゼナウの出生や、瀕死のフリードリヒ大王が血気盛んな若者を受け入れることを繰り返し拒否した理由について述べた。その後、グナイゼナウは辺境の駐屯地で身分も低いまま二〇年間惨めに暮らした。一八〇七年のコルベルクにおけるすばらしい防戦では、グナイゼナウは教会の屋根をはずさせ、身廊に瓦礫を詰め込ませ、てっぺんに二門の大砲を置いた。また、子どもたちに紙幣をつくらせ、スウェーデンから砲弾を手に入れ、包囲軍に大水を浴びせ、彼らに対抗する構想をしきりに練り、敵が新たな要塞として攻撃せざるをえない外塁を一夜のうちに建造し、敵の砲火を受けながら城壁の上で白馬に乗って命令を出し、前哨部隊の後方に憩いのための森をつくり上げた。

ファールナーはフランス人に対抗する国民の反乱を推進するグナイゼナウの覚書、フランスに対抗する結束を強めるためのイギリスへの旅、一八一二年のフランスに対するロシアのための作戦計画の図面、彼の激励の言葉について話した。辛抱しろ、五回目の戦いで負けたら六回目の戦いをせよ、夜ごとの襲撃で敵を徐々に疲れさせろ、侵略者には国をあげて立ち上がれ、などなど。また、軍隊と国民の反乱によって国家をつくり変えるというグナイゼナウの「国家計画」について話した。最後にファールナーは、改革がどのように抑圧されるか、グナイゼナウとその他の改革者たちが秘密警察からどのように監視されたか、彼らの通信文がどのように押収されたか、フィヒテの『ドイツ国民に告ぐ』がどのように抑圧されたか、グナイゼナウがどのように辞職し、晩年の一五年間、クラウゼヴィッツの『戦争論』執筆をどのように助けたかについて語った。ファールナーは自分の講義が現政権に対する敵意を意味していることをそれとなくにおわせている。だが講義を聴いた者たちはそのような印象は受けなかった。

ファールナーは一九三九年一月のある寒い日、シュタウフェンベルクと森を散歩しているときに、軍は一一月のポグロムを容認できるのかと尋ねたという。するとシュタウフェンベルクはクーデターの件に触れ、ベック大将が軍の反対派の中心人物だと述べ、ヘプナー少将は「当てにできる」といった。他の軍高官を信用するには注意が必要だし、まして大きく膨れ上がった軍全体ではなおさらだ、とも述べたという。ヒトラーへの決起をすでに二度やりそこなっている腰抜け（三四年のレーム事件、三八年のブロムベルクとフリッチュ事件）が将来立派にやってのけるとは思えない。三九年二月と三月にシュタウフェンベルクが書いた二通の手紙は、ファールナーの記憶を大いに裏づけている。

三七年の年末から新年にかけて、フランクフルト アム マインの第二軍集団参謀長ゲオルク・フォン・ゾーデンシュテルン准将は「軍人であることの本質」についての論文を書いていた。彼は軍の大規模な拡大による道徳的規範の矮小化、数百万の若者の全面的な入隊前訓練、浅薄な国家防衛のプロパガンダを懸念していた。ゾーデンシュテルンは自分の論文をミリテアヴィッセンシャフトリーヒェ ルントシャウ誌に投稿した。陸軍参謀本部第七課が編集していた雑誌である。当時参謀長だったベック大将は三八年七月、ゾーデンシュテルンに宛てて、自分は貴君の考えに賛成だが、現在の危機的状況での「誤解」は避けたい、と書き送った。第七課の課長エドゥアルト・ミュラー大佐はゾーデンシュテルンに、党がベックを解任しようとしていること、彼は目下さらなる問題を回避しなければならないことを手紙で伝えた。三八年八月にベックは解任され、三九年一月に論文が最終的に出版された際、党からの反発はとくになかった。しかしフランスの辛口の雑誌シラノは、軍に対するナチの思想的侵略にゾーデンシュテルンがあからさまに反対する態度を表明した、と述べている。

ゾーデンシュテルンは論文の中で、自分は国家社会主義と国家防衛との結合、「兵士」アドルフ・ヒトラーの形での国家と軍部の文化の結合を支持すると宣言している。彼は党との対立も、陸軍の特別な地位も求めてはいなかった。彼の懸念は、戦って死ぬ覚悟でいる者たちからなる団体への兵士たちの献身に向けられていた。彼らはその覚悟によって、他のすべての共同体から引き離される。兵士も将校も、すべての個人的な利害は捨てねばならない。将校は生き様においても死に様においても兵士の手本でなければならない。総司令官への献身と戦闘での死は、兵士の人生の成就とみなさなければならない。司令官の意志を自分の意志とするために、将校には不屈の精神が必要である。命令と自分の考えとが一致していないと、納得して従うことができなくなり、当然のことながら闘争心が急速に低下することになる。それゆえ、将校と兵士には、リーダーへの暗黙の信頼が欠かせない。

ゾーデンシュテルンはこういった要点を説明するのに、キールの近くで歩兵連隊が行った作戦演習を例にあげている。四平方キロの戦場で、兵隊ひとりひとりの前進も後退も、軍団の指揮所にいる将軍の意志を反映していた。青軍のある少尉がヴェステンゼーの村の外で撃たれて致命傷を負い、指揮は下士官に引き継がれた。予備役の鍛冶屋である。彼は突然叫んだ。「ガスだ!」部下たちは向きを変え、畑を横切って退却し、赤軍の機関銃に追いかけられた。激怒で顔がゆがんだ青軍の伍長は、逃げる兵士から軽機関銃を奪うと、赤軍の追手を攻撃し、その結果、無意識のうちに将軍の意志を遂行し、死にかけた。一方、予備役の小隊長は部下たちを率いて反撃し、青軍の正面を安定させた。翌日の戦闘のための隊形は闇にまぎれて配備され、将軍は地図机に全エネルギーを集中させ、恐ろしい数の死傷者が出るのではないかという恐怖を頭から払いのけ、自分の命令を翌日死ぬ覚悟でいる数千の兵たちに伝えた。

ゾーデンシュテルンは軍人の精神が国家のもっとも気高い財産だと結論づけている。ゆえに、それが毎日の平凡な話題になるなどもってのほかだ。秘密として保持されねばならない。戦争は、国家の意思の他のどんな表現とも比べることのできない活動だ。戦争は容赦ない顔をもっている。戦闘の恐怖は兵士たちを寡黙にする。

シュタウフェンベルクは論文を読み、二月六日にゾーデンシュテルンに手紙を書き、彼がこれほどまでに情熱的かつ明確に、兵士の存在にかかわる献身の原理を表現し、「武装した国家」についての通俗なプロパガンダを拒否したことに感謝の意を表した。彼は「尊敬に値する人物に指揮されたい」という決意を新たにすることができた。

ゾーデンシュテルンは三月六日に返事を寄越し、兵士になることが国民の生き方だとして軍職を俗化させる現在の傾向に抵抗すべきだと繰り返した。そのようなことをすれば、闘争心を高めるどころか、戦争に伴う真の犠牲について国民が理解するのを妨げるだけだ。そういった犠牲について理解している人々が団結して、「兵たちの献身の内なる価値を保護しなければならない」。オブラートに包んだ言葉で、ゾーデンシュテルンは戦争になった場合のドイツの破滅を予言し、ナチのリーダーシップに対抗して将校団が結束を固めるよう呼びかけた。

シュタウフェンベルクは三月一三日に再びゾーデンシュテルンに手紙を書き、平易な言葉では語れない内容を注意深く述べている。彼はゾーデンシュテルンや世界大戦の経験者に、彼らを模範として尊敬する大勢の若手将校から離れないでほしいと懇願した。年配の将校たちがなぜ邪神、つまり「大衆」を嫌悪するのか、彼にはわかっていた。しかし指導者として最上の資質をもつ者たちが、「貴族的な基本法規、国家と生命についての軍事的な考え方」という恒久的真実への信頼を失ったら、危機は危険に発展するだろう。青年層の将校がすでに「大半」を占めているのだ。多くの（非常に少ない数であっても）将校が「偽りのない重大な物を正しく見極めることができるようになり、将校であるとともに紳士らしい不変の姿勢を強めること」に成功したなら、戦闘は半分勝ったも同じになるだろう。自分（シュタウフェンベルク）が「重視しているのは、階級、教育、職業に基づく対立ではなく、祖国だけだ」。多くの者たちは、軍が再建されたのはひとえに「われわれとは階層を異にする（国家社会主義者の）強大な力の効果」のおかげだと信じており、そのせいで軍人は狭量な専門家気質に閉じこもったのかもしれない。しかしそれは間違っている。「兵士、とくに軍事指導者、将校になるということは、国家の僕《しもべ》になり、国家の一部となることを意味する。これには全面的な責任が含まれる」。戦闘は概して国民と国家のために行われるべきものだ。将校団はまさに国民そのものであり、もっとも基本的な国家の柱である。ゆえに「われわれは軍として戦う方法だけを知っているのではいけない。軍務とその柱である将校団が国家を支える一番の基本で国民そのものであることを知ったうえで、国民のために、国家のために戦うのだ」。「大きな戦い、つまり国家の存亡を決める国民的戦いとなれば」、いずれにせよ責任は軍の肩にかかる。いかなる政治組織も、軍から責任を取り除くことはできない。ゆえに軍はその狭く定義された領分に閉じこもることはできないのだ。

シュタウフェンベルクは現在の特定の問題に注意を向けて、将校団がよそよそしさを示しミュンヘン協定以前のヒトラーの政策を支援しなかったのは、明らかに「政治的に不適当」だったが、それは「まさに本能に合致するものだった」と述べている。政治と軍のリーダーシップがいかに不調和であるかが如実に表れているが、それは政治的指導者が将校団を信頼しておらず、将校団に共同責任を負わせないからだ。「戦時には武装した国民の指導者の肩にかかることになるこの責任を、はずすことはできない」。今や、ほとんど有無をいわせないほど「異なる事態」となったにもかかわらず、シュタウフェンベルクは「一部の利害のためではなく全体の利害のために働く」決意を宣言した。

同じ頃、シュタウフェンベルクはヴッパータールの書籍商に、非常に簡略化しているがほぼ同じ考えを述べ、自分を傲慢だと思わないでほしいと頼んでいる。自分はあの「プチ ブルジョワ」のヒトラーの家来にはなれない。一族の伝統がそれを許さない、と。しかしゾーデンシュテルンへの手紙の中では、シュタウフェンベルクはさらに踏み込んだ発言をしている。彼は「国民のために、いや国家のためにも戦う」と誓った際、将校団が国民の運命を管理しなければならないと示唆している。

つまり、軍はヒトラー抜きで、ナチ抜きで国民の指揮をとるべきだといっているのだ。シュタウフェンベルクは「政治的指導者」が将校団を大きな政治的決定、たとえば一九三八年のズデーテン危機などに参加させなかったことを厳しく非難し、ベック大将の見解の本質的部分と同じ考えを表明している。ベックは地政学的な必要性から陸軍はドイツの右腕であり、それゆえに陸軍参謀長は軍に影響を与える主要な内政・外交の政治的決定すべてについて相談を受けねばならないと主張した。ベックは一九三七年三月、ミリテアヴィッセンシャフトリーヒェ ミタイルンゲン誌の特別号でクラウゼヴィッツの手紙を発表している。シュタウフェンベルクがこれを読んでいたのは間違いない。この手紙は一八二七年一二月二二日にベルリン大参謀のカール・フェルディナント・ハインリヒ・フォン・レーダー少佐に宛てたもので、「政策が戦争の性質に反する結果を求めるのを防ぎ、知識の欠如に基づく政策がその手段を悪用するのを防ぐ権利と任務は軍にある」と述べている。

シュタウフェンベルクの見解はその後三～四年は変わることなく、それから政権を打倒する決意を固めた。

当時、彼は軍の指導者の責任について話していた仲間の将校に次のように述べている。「われわれは実際に軍の指導者であるとともに国民の指導者なのだから、われわれがリーダーシップを統御することになるだろう」

一九三八年九月二六日、ヒトラーはベルリンのスポルトパラストで大衆に向けて演説し、ズデーテン問題の解決は「ヨーロッパにおける最後の領土的要求だ」と宣言している。しかし彼がスロヴァキア人の国家主義者を使ってチェコスロヴァキア国家の崩壊に着手したのは、三九年二月にズデーテンドイツ人が住むズデーテンラントを併合してまもなくのことだった。三月九日、チェコスロヴァキア大統領エミール・ハーハはスロヴァキアを戒厳令下に置き、スロヴァキアの自治政府を解散させた。ドイツの報道機関はチェコが「ドイツ人」とスロヴァキア人を虐待していると報じ、好戦的なヒステリーをかきたてるのに全力を尽くした。ドイツはスロヴァキアの自治政府に圧力をかけ、三月一四日、スロヴァキアの独立を宣言させた。三九年三月一五日、ヒトラーはドイツ軍部隊を派遣してプラハとチェコの残った地域を占領した。三月二二日には、リトアニアのメーメル一帯をも占領している。三月三一日、イギリス首相ネヴィル・チェンバレンが庶民院で、もしポーランドの独立が脅かされ、ポーランド政府が抵抗するためにわれわれの協力が不可欠だと考えるなら、イギリス政府は「即刻ポーランド政府に最大限の援助をする」と宣言した。四月一日、ナチの機関紙フェルキッシャー ベオバハターは、「戦争挑発者」で「徒党を組んだ」イギリスとフランス、さらにはアメリカと裏で糸を引いているユダヤ人を非難する、という宣伝相ゲッベルスのすさまじい社説を掲載している。しかしその後の号では対決姿勢は抑えられた。西側列強との戦いをヒトラーは望んでいなかったからである。

シュタウフェンベルクはヒトラーが約束を破って国民の原理に背いたと断言した。フランクも同じ理由でヒトラーを非難している。

「プラハ」危機から一九三九年五月の終わりまでに、シュタウフェンベルクはベルリンでルドルフ・ファールナーと会い、演習中の戦車にまる一日乗って、さりげなく、しかしまじめにいった。「あの愚か者は戦争を始めるぞ」。彼は前の世界大戦での損失について述べ、一世代で二度もあのような損失を国民に課すことがどれほど危険かについて話し続けたという。

シュタウフェンベルクは六月にヴッパータールでパルチュに会った。彼はテミストクレスに関する作品の一部を読んで聞かせてくれた。パルチュは軍に反政府レジスタンス集団をつくるときだと示唆した。シュタウフェンベルクは、それは労働者たちの間でなら実現可能かもしれないと答えている。年配の労働者たちは決まって国家社会主義を拒否していたからだ。しかし軍の将校たちの目はまだ開いていない。彼らが気にしているのは、昇進の見込みだけだった。目的が合致していないのに集団をつくることはできない。それは危険であるとともに絶望的だった。

六月二七日から七月一三日まで、シュタウフェンベルクはラウトリンゲンで家族とともに休暇を過ごした。彼は小さな車を借りて、コンスタンツ湖周辺や黒い森を妻とドライブした。またマウルブロンのロマネスク建築の教会や、ヴィンプフェンのシュタウフェン朝の城跡やフライブルク イム ブライスガウも訪ねた。ラウトリンゲンからフランクに手紙を書いて、フランクとルドルフ・ファールナーのホメロスの翻訳がまだ耳から離れず、次回を楽しみにしていると伝えた。「七月一四日からヴッパータールに戻り、自分の能力の許す限り、不透明な秋のために準備を続けます」。

四月に第一一装甲連隊と第六五装甲大隊が二五〇両を超える新しい戦車を、チェコのシュコダの工場から没収した。その結果、第一軽装師団は他の装甲師団よりも大きな砲撃能力をもつことになった。五月に、師団参謀部は秋の大演習がシュレジェンで行われると知らされた。八月一八日、師団は警戒態勢に入り、一九日にシュレジェンのノイハンマーに向けて出発した。そこで師団はヘルマン・ホト中将率いる第一五軍団の下についた。

師団がヴッパータールを発つ前日、シュタウフェンベルクは一族の長、グライフェンシュタインのベルトルトおじに手紙を書いて暇乞いをし、「真の紳士、貴族、軍人の模範」として尊敬していると伝えた。このヴッパータールでの最後の日、シュタウフェンベルクは多くの哲学書を買い、書店に紙幣で支払いをすることを詫びた。彼はそれを医師の手にお金を握らせるのと同じくらいきまりの悪いことだと考えていたのだ。別れを告げて、こう付け加えた。「何にせよ」師団と移動するのはほっとする。結局、先祖代々戦うのが仕事なのだから、と。

八月二〇日、師団長フォン・レーパー准将は八月二六日にポーランドを攻撃すると伝えた。八月二三日、独ソ不可侵条約が締結されると、ポーランドは戦略的に孤立した。ミカはベルトルトへの手紙で、これで戦争はなくなるに違いないと述べている。八月二二日にはフランクの母親が、息子に書き送っている。条約の話を聞いたところだが、これで平和が保障されたし「ポーランドはまもなく罰を受けるだろう」と。アレクサンダーはアンスバッハの予備役砲兵隊の下士官として軍務につき、すぐに前線に送られることを希望した。ベルトルトは海軍総司令部の海軍作戦局第一課に召集された。ヌクスおじの息子アレクサンダー・ユクスキュル伯爵は、スウェーデンから帰国して連隊に出頭したものの、彼の年齢層はまだ動員されていなかったた

30. ポーランド国境のノイドルフの第一軽装師団指令所にて、1939年９月１日。左から、空軍連絡将校、師団長フォン・レーパー准将、シュタウフェンベルク、レーナート少佐（師団の工兵大隊長)、レーリンク中尉

め、宣伝省で働いて時間をつぶさねばならなかった。

八月二四日の午後、シュタウフェンベルクの師団は集合地に移動し、参謀部はコンシュタットのホテルに宿泊した。八月二六日の攻撃命令は二五日午後になってから延期された。第一一装甲連隊と師団の他の構成人員はまだ国境に向かって前進していた。夜になり、相互支援の合意がイギリスとポーランドの間で締結された三時間後、ヒトラーはすべての配備を停止させた。八月二六日、師団は集合地に戻り、ポーランドを横切っていた偵察グループは呼び戻された。当初は歩兵が最初に攻撃を開始して装甲師団が追随できるようポーランドでの陣地を広げる予定だったが、この計画は攻撃の数日前に覆された。

九月一日のポーランド攻撃初日に、シュタウフェンベルクの師団のうち国境を越えたのは、第六砲兵大隊とライフル隊のみだった。残りはドイ

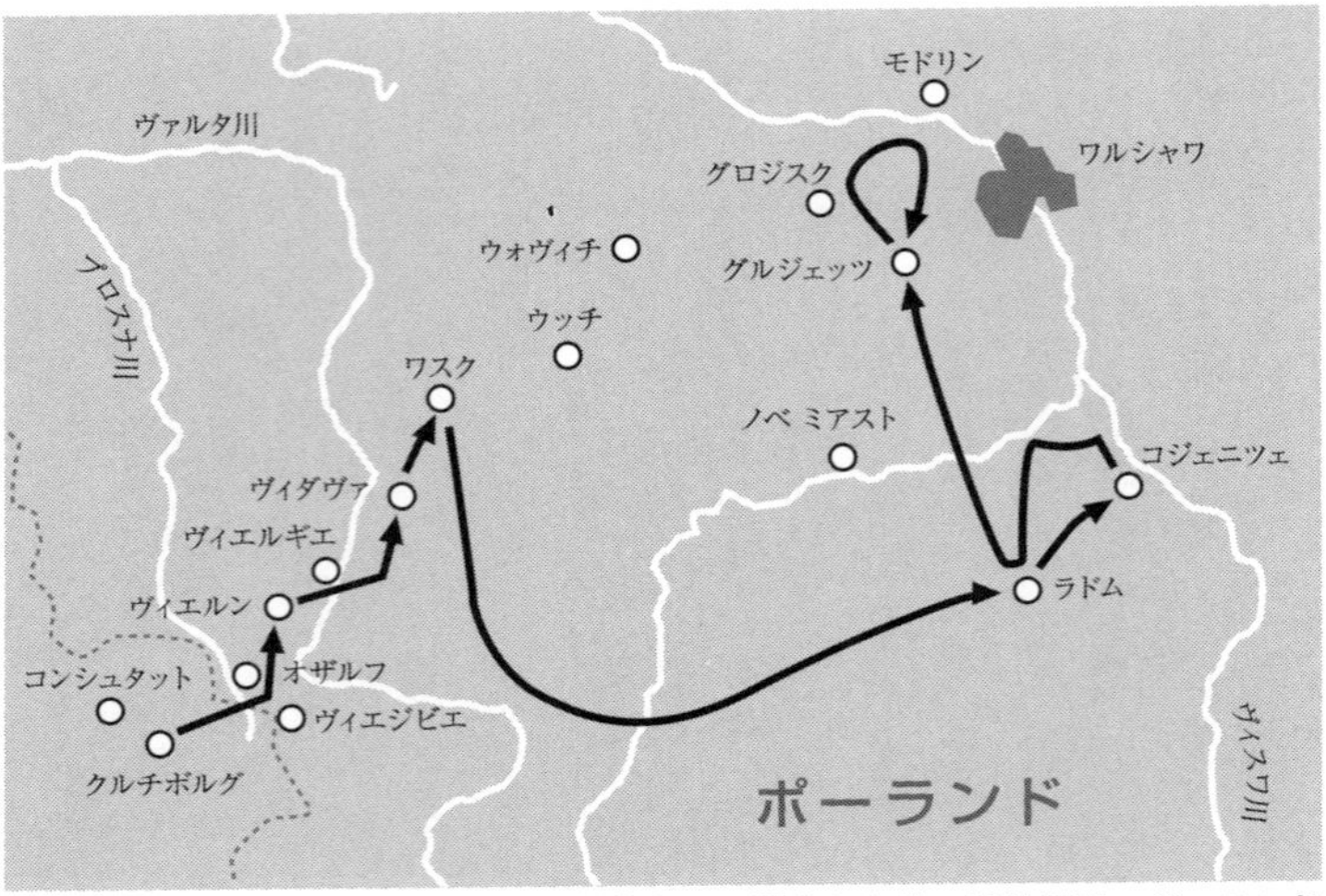

31. シュタウフェンベルクが補給係将校として服務した第一軽装師団のポーランドにおける進路。1939年９月１日から10月２日

ツ領内に陸軍第一〇補充軍としてとどまった。午後、師団は国境にあるプロスナ川を越えるよう命じられた。橋は破壊されており、沼地のような土地と工兵部隊の不足のせいで渡河は困難を極めたため、午後五時四〇分までに攻撃準備が整ったのは第六オートバイ大隊、第三・第四騎兵ライフル連隊と砲兵大隊だけだった。九月二日午前五時、師団はヴィエルンへの攻撃を開始した。第一〇軍総司令官フォン・ライヒェナウ中将は、抵抗にほとんど遭わないにもかかわらず部隊の前進が遅すぎるし、整然としすぎているといって叱責した。その後師団の戦闘部隊は時折性急に進んだり不必要な負傷者を出したりした。フォン・ラーヴェンシュタイン中佐は（命令なしで）自分の部隊とともにヴァルタ川を渡り、ポーランド軍の正確な砲火を浴びて引き返している。九月三日の夜には、師団はヴァルタ川の渡河に成功した。しかし川の東にあるポーランドの要塞陣地のせいで、九月五日になっても彼らは立ち往生していた。

九月四日に、師団のある将校が何の取り調べもしないまま、二人のポーランド女性を即座に射殺した。ポーランドの砲兵隊に信号を送ったという嫌疑をかけたのである。シュタウフェンベルクはその将校と親しい間柄だったため、彼が軍法会議にかけられ処分されるまで落ち着かなかった。後にその男は大赦の恩恵を受けた。

九月六日、師団はポーランド軍を東に追撃したが、ラドムで非常に強い抵抗にあったため、八日の早朝まで市を攻略することはできなかった。シュタウフェンベルクは雨合羽と小さな荷物を、それを載せた車がポーランド部隊に捕らえられたために失ったが、師団は迅速に前進し、その部隊を攻撃した。次に師団はドイツ第一四軍団のエリア、すなわちヴィスワ川の西にとどまっているポーランド部隊を撃破しなければならなかった。九月一四日、彼らはコジェニツェ近くの宿舎に移動した。休息のため、そして砂でダメージを受けた戦車と機関銃の修理のためである。

シュタウフェンベルクは九月一〇日に家に手紙を書いている。

われわれは大きな戦いに勝ったようだ。ポーランド内部深くまで進んできたため、二日間経った今、どちらを見てもポーランド人がいる。おそらく何個かの師団がいることだろう。この状況はむしろ妙だ。今のところポーランド軍はまだ突破を試みており、間違いなくわれわれの中にも死傷者が出るだろう。しかしもはや彼らの主軍に有利に進むとは思えない。タンネンベルクに進路を向けるという可能性もある。

九月一三、一四日、彼は再び家に次のような手紙を書いている。軍事作戦はおおよそ成功した。ポーランド軍は側面にまわり込まれたり包囲されたりして、そろそろ終わりが近いと思われる。一部の将校の未熟さ、ポーランドの道路網についての情報不足、ポーランド将校の死に物狂いの勇敢さのせいで、必要以上の負傷者が出た。信じられないほどの速さで前進したため、師団の補給を維持するのが困難だ。

シュタウフェンベルクはこの国を荒涼とした砂とほこりだらけの場所だと描写している。ここで作物が育つというのは驚きだった。

住民は信じられないほど無秩序で、非常に多くのユダヤ人およびユダヤ系の人々がいる。鞭打たれていないと落ち着かないような国民だ。数千の戦争捕虜はわれわれの農業労働者として最適と思われる。彼らは間違いなく勤勉で従順でつつましく、ドイツの役に立つことだろう。

師団が進むにつれ、シュタウフェンベルクは当たり前のように見られる「計り知れない貧しさ、乱雑さ、みすぼらしさ」に加えて、崩壊した城や、美しいアンピール様式やビーダーマイヤー様式の家具を備えた田舎の邸宅についても記している。

九月三日にイギリスとフランスの宣戦布告を知って、師団参謀の将校たちは落胆した。シュタウフェンベルクは、もし勝ちたいのなら持久力の問題になるだろうし、戦争は間違いなく一〇年は続くだろうといった。しかしポーランドの戦略的敗北の後、手紙の中でこう述べている。「私には英仏の『戦争』が何よりもまず、交渉の基盤をつくる試みだったように思われる。他に何が考えられるだろう」。これは後にヒトラーとソヴィエト外相モロトフが表明する考えと同じである。今やドイツとロシアがポーランド領土をすべて所有しているのだから、ポーランドの復活が現実的な戦争目的にはなりえない、という宣言だ。

師団は事実上休息もとらず、九月一五日、ワルシャワ包囲軍に合流するために出撃した。翌日からは二五キロ以上も連なって、ワルシャワ防衛軍と三正面で戦った。さらにワルシャワの前線に加わろうとしたポーランド軍を、側面から包囲する戦いもあった。「死に物狂いで戦う優秀なメンバーをもつポーランド軍は、幾度かわれわれを厄介な状況に陥れた」。

九月一七日、ポーランド東部にソ連の七個軍が侵入したと聞いて、シュタウフェンベルクはドイツ軍と赤軍がポーランドで親しくするのを見るとは何と奇妙なことかと感慨にふけった。しかし一〇日後には、ポーランドの新たな占領地域で、ソ連軍による大量処刑や国外追放が行われていることについて言及している。

私はわれらの友人ボルシェヴィキが上品すぎるとは思っていない。実際、この戦争はポーランド上流階級全体に神が下した罰だった。彼らは東に逃げた。われわれは民族ドイツ人以外は何人《なんぴと》もヴィスワ川を越えて西へは行かせない。ロシア人は彼らをさっさと片づけてしまうらしい。今ではよく知られているように、本当の危険は国家主義的なポーランド上流階級にあるからだ。彼らは生まれつきロシア人よりも優れていると思っている。彼らの多くがシベリアに送られるだろう。

同じ頃、陸軍総司令部は師団長に、指揮領域内のユダヤ人三七名が地下室で射殺されたと伝えている。フォン・レーパー准将が調査したところ、射殺はＳＳ警護部隊「アドルフ・ヒトラー」が占拠している領域の近くで行われたことがわかった。シュタウフェンベルクがこの事件について知らなかったのは明らかだ。

師団は九月二一日に前線から撤収した。ワルシャワ＝モドリン間で行われた激しい五日間の戦闘の後のことである。ドイツ軍はグルエツの南に宿泊し、参謀はリカーリに移った。自分たちが占領した領域から、できるだけ多くの略奪品を持ち去ろうと気を配った。しかし九月二九日に発効する独ソの国境協定を尊重するために撤退しなければならない。シュタウフェンベルクは「前代未聞の略奪品」、ドイツの戦争経済に計り知れないほど価値のある軍需物資、大変すばらしいことに「そのほとんどがイギリス製品で当然無償なのだ」などと述べている。

境界線はヴィスワ川の一〇〇キロ以上東に引かれた。シュタウフェンベルクは、川は国境に必ずしも適していないので、喜んだ。それに、使用可能な農地がドイツの経済的状況を大いに向上させてくれるだろう。「ポーランドを計画的に植民地化するのは絶対不可欠だ。必ずや実現することだろう」。もし西方の敵が戦争を計画した根拠にドイツの経済的圧迫があったなら、これは彼らにとって「背後からの一突き」だった。彼らは明らかに万策尽きている。フランス兵がドイツ領土に攻撃を仕掛けて善戦することはありそうにない。「ではわれわれが攻撃することになるのだろうか……?」

一〇月一二日から一六日の間に師団は基地に戻った。戦死者は三〇〇人。一〇月一八日、師団は第六装甲師団と名前を改め、第一一装甲連隊は師団の常設部隊となった。

フォン・レーパー准将はシュタウフェンベルクが上級参謀将校としてシェーネの後を継ぐべきだと主張していたが、レーパーは一〇月二五日に第八一歩兵師団の師団長となり、彼の後任は一〇月一日からヴェルナー・ケンプフ准将が務め、一〇月二五日にウルリヒ・ビュルケル（参謀本部）が上級参謀将校になった。

シュタウフェンベルクは軍事機密が正しく機能して成功したことに気をよくし、ポーランドの軍事作戦から意気揚揚と帰還した。彼はフリッツ＝ディートロフ・シュタウフェンベルク伯爵と夫人のシャルロッテに夢中で説明をした。クラウスにはドイツの真の状況への見識が悲しいほど欠けている、と二人は考えた。

シュタウフェンベルクは一九三九年一一月一日付で、野戦軍参謀に正式に任命された。参謀将校が目立つエリートだったのはおそらく間違いない。正式任用の日から、彼らのズボンの縫い目には幅広の赤線がつくのだ。この頃、シュタウフェンベルクは師団とともに西方に出撃することを日々期待しながら過ごしていた。一一月五日以降、いくつかの進軍命令が出されては、間際になって取り消された。一度など、部隊が出発するほんの数時間前に取り消されたこともあった。

ヌクスおじとシューレンブルクは戦争が長引けばドイツにとって致命的だと信じていた。ヌクスおじはテオドール・プフィーツァーに、ヒトラーは逮捕され裁判にかけられるに違いないと語った。ペーター・ヨルク伯爵とウルリヒ・シュヴェリン伯爵はドイツがポーランドで犯した罪について知っていたし、おそらくシューレンブルクとユクスキュルにも伝えていた。彼らはクラウスに近づき、陸軍総司令官の副官となってクーデターに参加すべきだと示唆した。クラウスは明らかに、まだそんな地位にはつけないと答えたと思われる。陸軍総司令官の二人の現副官は中佐（参謀本部）と少佐（参謀本部）だったからだ。単なる大尉（参謀本部）が任命されることはありそうにない。しかしクラウスは妻に、自分は大逆罪も同然の活動について知ってしまったので報告の義務があるが、そうする気はないと語っている。また、ヒトラーが成功している間は彼に逆らうのは不可能だ、とも述べている。

シュタウフェンベルクが辞退した理由から、彼が政権交代には原則として反対しないが、時期が不適切だと考えていた様子がうかがわれる。シュタウフェンベルクの人物像に関する情報を総合すると、彼が政権の転覆を必要だと考えていたのに実行までほぼ三年待ったというのはありそうにない。さらなる疑問は、なぜ政治的な戦争推進を非難していながら、戦場での軍事行動は熱狂的に遂行したかだ。これは一見矛盾しているように思われる。答えは彼の軍事的精神と軍事的リーダーシップへの信頼にある。そしてまた、第一次世界大戦（とくにヴェルサイユ条約）とそのいきさつに端を発する不満、イギリス、イギリス連邦の自治領、フランスがドイツに宣戦布告したという事実、そしてごくわずかかもしれないが、プロパガンダの効果にある。プロパガンダがすべて虚偽というわけではないが、その目的はとがめられるべきだった。シュタウフェンベルクは戦争の目的が、「自己保存という高尚な目標のため」と信じていた。それは「かなり長い戦いを経なければ」得られないと信じていたのである。

一九三九年一一月一五日付の非常に長い報告書に、シュタウフェンベルクはポーランドでの軍事行動に関する教訓を記している。主たる批判は、指令と報告システムに向けられていた。参謀同士の距離が短く容易に連絡がとれる固定的な塹壕戦向けのシステムだったからだ。他方、輸送と補給は、平時の大演習のときのように二本もしくはそれ以上の道路を使うことができないどころか、別の師団や軍団直轄部隊と一本の道を分け合わねばならないことも多かったため、難しかった。補給と必需品についての報告が高位の補給係将校に届く頃には、すでに手遅れの状態である場合が多かった。師団の戦闘行動が迅速に行われたためである。

ポーランド戦役の間、師団が必要なときに銃弾、食糧、燃料を受け取れたことは一度もなかった。予備の部品、武器、機械化された装備も、まったく使用できない。師団は使用不能になった他の車から部品や構成材を取りはずしたり、他の隊から車を盗んだりするしかなかった。非常に緊張した戦闘状況下で迅速に前進しながら、師団ははるか離れた軍の補給所から補給品を運んでこなければならない。何がどこに貯蔵してあるかは、どのレベルの誰も知らなかった。師団の補給係将校は燃料を守るために軍の補給基地ではそれぞれピストルを携行していた。燃料供給の割り当ては、よくて消費量の半分だった。燃料補給なしでは、ヴィスワ川での追撃中に師団は停止しなければならなかっただろう。師団の補給用運搬車は、ほとんどがオフロード車ではない。急ごしらえの橋を戦車が渡った後に、荷物を積んだ運搬車が通行不能になることもしばしばだった。補給係の技術部隊には、まだ役に立たない醸造者や庭師がいる。工兵部隊として再編制する必要があった。シュタウフェンベルクは補給係将校として手順の徹底的な合理化、自動車生産の標準化、より強力な輸送機関、シンプルで丈夫な戦車、大砲や機関銃の性能の向上、後方での兵務のためのよりよい軍備を求めた。

一九四〇年一月二四日、クラウスは時間を見つけて、カール・ヨーゼフ・パルチュとともに、シュテファン・ゲオルゲのビンゲンの家を市当局に移譲しに行った。鍵を渡す前に、クラウスは細かい部分まで目録にすべて目を通した、とパルチュがフランクに書き送っている。暖房を入れていない家の温度は零下だったが、クラウスは動じなかった。凍える足を踏み鳴らしている二人の市会議員とは対照的だった。市会議員はビンゲンが偉大な贈り物をもらう価値のある市だということを証明してみせると約束し、酒場での打ち上げに誘ったが、シュタウフェンベルクは「如才なく断った」。代わりに彼とパルチュは厚い雪に覆われた師の先祖と妹の墓を訪ねた。

師団の将校たちの間では、これから西方で行われるであろう軍事行動がどれほど厳しいものになるかについて取り沙汰されていたので、司令官は彼らに一九四〇年一月二五日の「攻撃の本質」と題する秘密の覚書を突きつけた。そのような話は危険で、攻撃の本質に反するというわけだ。決定的な攻撃の目的は突破ある

32. ムーズ川沿い、モントルメ手前にあった第六装甲師団指令所にて。1940年5月13日。左からシュタウフェンベルク、シュテッケ大尉、フォン・ブロムベルク大尉、ケンプフ准将

いは包囲にあり、敵を追いかけて全滅させることにある。西方の敵は一様に可動性に富んでいるので、「絶え間なく、それも最大のスピードと威力で、敵の領域のふところ深くで攻撃してくるに違いない」。

シュタウフェンベルクは当時、シュリーフェンの「周囲を囲まれたドイツのために不屈かつ高潔に勝利を追い求める」という見解がほとんど忘れ去られていることを残念に思っていた。そして、今日のドイツの兵士は絵空事のために戦うのではなくパンと生存圏のために戦っているのだから、昔の十字軍の騎士よりずっと勇敢に戦うだろう、というゲッベルスの演説に激怒していた。

シュタウフェンベルクは組織化を得意としていた。参謀本部編制課は陸軍大学校を卒業したときから彼に目をつけていた。もっとも、参謀として仕事に就く前に、補給係将校（Ｉｂ）あるいは情報将校（Ｉｃ）への任命が必要と考えられた。

装甲師団では、補給係将校は上級参謀将校（作戦将校）と同じくらい重要な役割を果たす。作戦のスピードと成功は燃料と砲弾の補給にかかっていたからである。一九三九年一一月に正式に参謀に任命された際、シュタウフェンベルクは「すばらしい組織化の才能がある」「根気強く勤勉」と評された。戦略に関する能力は「良」とされている。四〇年一月五日、師団長ケンプフ准将は、自分の師団には期待どおり「決してわれわれを見捨てない補給係将校がいる」と演説の中で述べた。ケンプフは後に、「シュタウフェンベルクの下で補給係が見事に働いていた」ので補給について心配したことは一度もなかった、と語っている。

ビュルケル少佐（参謀本部）は一九四〇年二月一日付で第一六軍団に上級参謀将校として配属された。後任は第四装甲師団の補給係将校だったヘルムート・シュテッケ大尉（参謀本部）である。シュテッケは第六装甲師団で難しいスタートを切った。将校のほとんどはシュタウフェンベルクが後任だと期待していたからだ。しかしシュテッケは初日からシュタウフェンベルクの完全な支援を得て、彼らは非常に友好的にやっていった。

陸軍総司令部が練り上げ、ヒトラーが承認した作戦行動計画は、シュリーフェン プランの修正版だった。ベルギーとオランダを通って西部列強の軍を包囲するという案だ。一九四〇年二月一日までA軍集団の参謀長で、その後第三八軍団長となったフォン・マンシュタイン少将は、この計画が見当違いだと考えていた。敵はドイツのベルギー攻撃に対し、十中八九主力を投入すると思われたからである。彼は総司令官フォン・ルントシュテット大将に、フランス・ルクセンブルク国境で、マジノ線の延長線上のムーズ川沿いにある要塞群を突破すべきだと主張した。ルントシュテットはこの計画をヒトラーに提案しようとしたが、陸軍総司令部に阻止された。その後ヘニング・フォン・トレスコウ少佐（参謀本部）が介入に成功した。マンシュタ

ケルン
アーヘン
リエージュ
ドイツ帝国
ナミュール
ムーズ川
ハーヘンブルク
ディーアドルフ
ノイヴィート
コブレンツ
アルデンヌ
ダウン
ヴィルジン
ヴィアンダン
アイフェル
ライン川
モーゼル川
ルクセンブルク
ザールブリュッケン
メス
ナンシー

33．シュタウフェンベルクが補給係将校を務めていた第六装甲師団の進路。1940年５月10～31日

インは一九三九年一〇月、トレスコウをA軍集団作戦課に連れていった。四七年にマンシュタインはウェールズのブリッジエンドにある戦争捕虜収容所で次のように書いている。「私が司令官（第三八軍団）として出席すると、トレスコウは友人のシュムントを通じて、西方攻撃についての私の考えを聞くべきだとヒトラーに取り計らってくれた。実際、攻撃はA軍集団の提案に従って実施された」。マンシュタインは四〇年二月一七日に自分の考えをヒトラーに述べている。二月二四日、「大鎌作戦」は正式に採用された。

最終計画に従い、B軍集団はオランダとベルギーを攻撃し、敵の戦力を可能な限りそれらの国々に投入させることになった。南ではC軍集団がスイスと南フランスに進攻するふりをしなければならない。A軍集団の機械化部隊は二つの軍集団の間を進み、ムーズ川を数ヵ所で一斉に渡り、イギリス海峡を目指す。装甲師団七個がA軍集団に、三個がB軍集団に割り当てられ、C軍集団には装甲師団は配備されなかった。フランス、イギリス、ベルギー、オランダの軍は北フランスとベルギーでドイツの主力攻撃に遭うものと信じて、包囲され完敗することになる。

第六装甲師団はゲオルク＝ハンス・ラインハルト少将率いる第四一軍団に所属していた。三月九日〜五月九日まで師団はハーヘンブルクに参謀部を置いてリンブルクに宿泊し、ヴェスターヴァルトで訓練を受けた。川を渡ってラーン川の険しい斜面の遮蔽壕を突破する訓練だ。師団将校がアルデンヌの狭くて少ない道路や、対戦車障害物や、ムーズ川の西にあるフランス軍の要塞陣地の戦力について質問すると、ケンプフ准将は彼らに自分の覚書「攻撃の本質」を勧めた。

この訓練の間にシュタウフェンベルクはアテネにいるフランクから長い手紙と、『オデュッセイア』の三巻本を受け取った。ゲオルゲから教わったドイツ様式でフランクが翻訳したものである。そのおかげてシュタウフェンベルクは、「若き戦争の英雄にとくにふさわしいと昔から言われている文学を堪能できた」。訳文はベルトルトがヤギ革の紙ばさみに入れて、外務省の定期便で届けた。シュタウフェンベルクはフランクに手紙を書いて、四月九日のデンマークとノルウェー攻撃には参加していなかったことを知らせている。フランクはこの手紙から、シュタウフェンベルクが戦闘を待ち遠しく思っていることを知った。

五月八日、シュタウフェンベルクは師団がライン川に移動するための燃料補給を予約している。五月九日、師団参謀は攻撃が五月一〇日に予定されていることを第一一装甲連隊から非公式に聞いたが、師団にその秘匿名が届いたのはようやく五月一〇日の午前二時になってからのことだった。

五月一〇日、第六装甲師団はコブレンツの東に待機した。その前には、第二装甲師団と歩兵二個師団がクライスト装甲集団に属する第四一軍団の配下として控えている。そしてこれに第四軍、第一二軍、第一六軍が加わって、フォン・ルントシュテット大将のもと、A軍集団を形成していた。

師団はノイヴィートでライン川を渡った。攻撃部隊は三つの戦闘部隊で組織され、構成は必要に応じて修正された。うち二つはそれぞれ自動車化歩兵、戦車、砲兵の大隊と対戦車および工兵部隊の中隊からなっていた。三つ目の戦闘部隊は当初オートバイ歩兵と自動車化歩兵の大隊からなっていた。この構成は数日後、戦車、歩兵、砲兵の大隊に変更された。

初日に第二装甲師団の一部が考え違いをしていたために遅れが出た。この師団は第六装甲師団が移動する時間にまだダウン付近のエリアにいた。その結果、第六師団は目標の手前で足止めを食らい、アイフェル山地の狭い道に一二〇キロ以上連なることとなった。歩兵師団の一部は第六装甲師団の戦闘部隊とごちゃ混ぜになり、自動車の車列は指示を守らずに通過し、多くの車両が偽装もしないまま開けた場所で停止しているのに、司令官は対応策をとれない。フォン・クライスト中将は五月一一日午前〇時一三分の指令で師団を鋭く叱責している。第六装甲師団はルクセンブルク、それからムーズ川沿いのモンテルメの北東、ベルギーとフランスの国境に到着した。計画より一日遅れの五月一二日のことである。

予想通り、モンテルメの橋は爆破されていた。空軍の支援を受けてムーズ川を渡る試みは失敗した。実のところドイツの急降下爆撃機は師団の装甲偵察車二両と大砲を破壊し、兵士二〇人以上を死なせている。五月一三日、Ⅳ号戦車およびⅢ号戦車を擁するエーゼベックの戦闘部隊が川から五キロ以内に接近し、工兵が膨張式の浮橋といかだを装甲運搬車で川の土手に吊り上げ、敵が砲火を浴びせる中、戦車が渡れる仮設橋を架けた。一方、他の戦車はモンテルメの東と北の高台に陣取って、砲撃によって敵の行動を封じた。背後から戦車が師団を攻撃しているという警告が届いたため、上級参謀将校は高射砲隊に至近距離から敵の戦車を砲撃するよう直ちに要請したが、「敵の戦車」はドイツの装甲偵察車両だということが判明した。深夜には小さな橋頭堡がムーズ川南西の土手に確保された。

五月一四日の早朝、午前三時半を回った頃、敵の砲兵射撃が仮設橋を破壊した。そこで追加の戦車がいかだの上を渡り、とうとう軍用橋が午後には完成した。師団の重砲は、道が混雑しているためにまだ使用できない。エルヴィン・トプフ少佐指揮下の補給部隊もまだ到着していなかった。シュタウフェンベルクはトプフの部隊を探すために師団長の偵察用軽飛行機フィーゼラー「シュトルヒ」（コウノトリ）を使って、歩兵で混雑している道から彼らを解放し、ムーズ川まで誘導した。一方、橋頭堡にいる師団の二個大隊は、モンテルメの高台の掩蓋陣地にいる第四二植民地連隊（黒人部隊）の機関銃大隊三個に激しい攻撃を仕掛けられていた。

第六装甲師団は五月一五日午前四時半に、砲兵隊の砲撃、歩兵の前進、戦車による砲撃、工兵の火炎放射器とともに、フランスの掩蓋陣地への猛攻撃を開始した。彼らは五つの掩蓋陣地を攻撃し、最初の一時間で要塞のラインを突破した。防御側は十分な兵力も銃弾も対戦車兵器も食糧も、もっていなかった。絶望的状況だったため、彼らの連隊長は将校を解任して降伏した。午前一一時には、第六装甲師団の指揮所はムーズ川の数キロ南と西に移動した。師団の戦闘部隊はフランスに五〇キロ侵入していた。フランスの準備は「あまりにお粗末で、われわれの軍事行動を効果的に遅滞させることができなかった」。ドイツ軍による突破は寝耳に水で、防御側は完全に不意をつかれ、狭い道や険しい丘を有効利用できなかったのである。

攻撃開始から四日間が過ぎて、ヒトラーはフランスの将軍たちがドイツの戦略を理解していないと結論づけた。装甲師団六個がムーズ川を渡ったが、フランスはA軍集団の正面の領域を放置し、B軍集団に対抗すべくナミュール＝アントワープ線を補強し続け、包囲する予定のエリアに部隊を多数送り込んでいたからである。そこでヒトラーは増援可能な装甲師団と機械化師団をすべてA軍集団に投入した。

ケンプフ准将は五月一五日、「追撃日の指令」を出した。「師団はムーズ川の陣地を突破することによって決定的な成功を収めた。私は最高の賞賛を、諸君のずば抜けた功績と勇敢さゆえに、すべての部隊に贈りたい。（中略）師団はモンテルメからアルー、レンヴェッツ、クロン、ソルモン、ルヴロワ、リアール、ルフレティ、マンブレシー、ロゾワ、モンコメを通って、敵の追撃を開始する」。同日夜、師団の戦闘部隊はほとんど敵に遭遇しないままロゾワに到着し、かなりの抵抗勢力を制圧した後モンコメを占領した。第六装甲師団は、ムーズ川を越えた装甲師団六個の先頭にいた。真夜中すぎに第四一軍団からその日の目標はリアールだという命令が通信で届いた。第六装甲師団は午後六時にリアールを通過した。その指令所はレイモンにあった。もう目立った敵はいない。孤立して組織も崩れたフランス軍部隊ばかりで、数名の元気なドイツ兵士が彼らを捕虜にしたが、結局のところその場に置き去りにしていくしかなかった。師団の目標はただひとつ、フォン・ラーフェンシュタイン大佐が質問されて答えたように、「海岸へ到達すること」だったからである。

五月一六日、フランスの爆撃機がモンコメ、ロゾワ、レイモンを攻撃した。しかし不意をつかれた様子や大混乱から考えて、敵が巨大な罠を仕掛けたという疑いは事実無根と思われた。午後にエーゼベックとラーフェンシュタインの戦闘部隊はオアーズ川に前進した。ギーズではフランス軍戦車が、第六装甲師団の北にいた第八装甲師団からの圧力に屈し、南へ突破しようとした。第六装甲師団がフランスの三二トン戦車に遭遇したのはこれが初めてである。この戦車の装甲は頑丈なため、対戦車砲では歯が立たない。五月一七日、ネッケナウアー中尉がフランス軍戦車に向かって対戦車砲を発射したところ、二六発目が戦車の履帯（キャタピラ）に命中して、ようやく戦車を止めることができた。しかしフランス軍は彼らの重戦車の優位性を活用できずにいた。ラインハルト少将は頑丈な装甲板を貫通できる八八ミリの対空砲を送ると約束したが、それが届く前に、オアーズ川の西に集結していたフランスの重戦車は、夜闇に乗じて南西方向に消えた。

ラーフェンシュタインの戦闘部隊は、五月一八日にル　カテレで再びフランスの重戦車に遭遇した。ラーフェンシュタインの軍は敵を圧倒し、町を占領してフランス第九軍の参謀とフランス第一一軍団砲兵隊長を捕らえ、多くの軍事文書を手に入れた。エーゼベックの戦闘部隊は午後一〇時にカンブレーの南のサンカンタン運河に橋頭堡を設置した。同日夜、二つの戦闘部隊はそれぞれ八八ミリ対空砲を受け取った。

その日、シュタウフェンベルクはオアーズ川の指令所から妻に手紙を書き、彼の師団がアイフェル山地とアルデンヌ山地を越えてムーズ川、オアーズ川を渡り、今日はソンムにいると伝えた。フランス人は今のところ戦闘意欲を見せていない。降伏した数千人の兵は警護もつけられないまま東へと流れていく。攻撃を中止してまで彼らを警護することはできないからだ。シュタウフェンベルクは「軍事的な意味のみならず、何よりも精神的に大国が崩壊していく初期の様子」に深く心を動かされていた。イギリス人はまだ姿を現していない。イギリス海峡の橋頭堡を守るために何か考えをめぐらせているのは明らかだ。自分はほとんど眠っていないが、健康だしワインはおいしい。ニナは親類に手紙の写しを送り、他の夫人たちもほとんど同じ状況を記した手紙を受け取っていると付け加えた。師団は数回進軍の先頭に立ち、師団長は二万人の捕虜を捕らえたと報告書に記載されている。フランス人よりはポーランド人のほうがまだ懸命に戦ったという意見は多かったが、最高のフランス部隊が北で包囲されていたことを忘れてはならない。

トプフ少佐はこの軍事行動中、補給係の打ち合わせでのシュタウフェンベルクの様子を記している。背が高く細身で機敏な彼は、師団将校や連絡係将校を「燦然たる礼儀正しさ」で迎え、ワインや葉巻やタバコがみなに行き渡るよう気を配り、とりとめのない質問をして逸話を披露していたかと思うと、同じくらい気軽に指示を出していたという。左手をズボンのポケットに入れ、右手にワイングラスを持って、部屋を歩きまわりながら。

五月一九日、フランスは歩兵隊ともっとも頑丈な戦車を投入して、以前よりも強硬に反撃を開始した。フランスの戦車攻撃によって、エーゼベックとラーフェンシュタインの戦闘部隊が師団から切り離される恐れが生じたため、リヒャルト・コール中佐率いる第三の戦闘部隊が、南に猛攻撃を仕掛けるフランス軍の左側面を攻撃するために派遣された。二〇分後、ケンプフ准将は上級参謀将校に無線で次のように連絡している。「敵の攻撃は弱まった。数百人が降伏している」。多くの戦車と大量の軍需物資がドイツ軍の手に落ちた。

エーゼベックとラーフェンシュタインの戦闘部隊は西へ進軍し、人影のない北運河に橋頭堡を設置した。師団の指令所はグゾクルに移動した。この日の前進はわずか一五キロ。しかし第六装甲師団は激しい戦闘を経験したにもかかわらず、まだ十分戦闘に即応できる状態だった。成功が疲れと負傷を埋め合わせていたのである。

五月二〇日、ラーフェンシュタインの戦闘部隊はモンディクールで初めてイギリス部隊に遭遇している。そこはフランス第一軍とイギリス海外派遣軍との合流点にあたっていた。「イギリス部隊はフランス軍と対照的な粘り強い戦闘法でわれわれを驚かせたが、わずか一時間の戦いの結果敗れた」。五〇人のイギリス兵が捕虜となった。燃料補給で停止した後、戦闘部隊はアラスの一五キロ南西のドゥーロンに到着し、再び激しい戦いを挑むイギリス部隊に遭遇している。一方、敵の爆撃機はラーフェンシュタインの後衛を攻撃した。しらみつぶしの戦闘で、ドゥーロンを午後八時には占領した。同日夜、第五七戦車偵察大隊はアブビル＝モントルイユ間の海岸にほぼ到着した。第六装甲師団は五〇キロ以上前進していた。戦略的突破に成功したのである。五月二一日を休息日とすると発表された。

一方、連合軍は、アラスとヴァランシエンヌの間でA軍集団の南北側面を同時に攻撃し、第二、第六、第八の先頭師団を切り離そうと考えていた。五月二一日午後一時四〇分、第四一軍団は西への移動を前面的に中止し、強力な予備軍を構成するよう命じた。一時間後、軍団は無線で次のように連絡した。「警告、警告、警告。東へ移動せよ」。イギリスの二個大隊が北側面に侵入したのである。

軍団司令部に戻ったシュタウフェンベルクとシュテッケは、北側面を守るためにコールの戦闘部隊をアヴエーヌに送るよう命じられた。師団はその正面をサン　ポール＝サヴィ線の北に向けねばならない。一部は東への退却を余儀無くされた。しかしその後目立った戦闘はなかった。というのも、英仏軍は戦力および燃料不足に陥っていたからである。クライスト装甲集団の北にいたフランス軍は補給経路を断たれ、イギリス軍は五月一七日から大陸を離れる準備をしていた。

五月二二日正午、第六装甲師団はカレーへの攻撃命令を受けた。エーゼベックの戦闘部隊はカレーの東四〇キロのランブレに午後八時半には到着した。第五七戦車偵察大隊はカレーの四〇キロ東のリケ北側の高台に到着し、一時間後にエーゼベックの部隊も到着した。師団の戦争日誌によると、そのとき師団の指令所にたまたまいたラインハルト少将が「クライスト装甲集団から、師団の全兵士の心を占めていた大目標カレーの街がすぐ手の届く場所にあるのに前進を停止させられた、という無線連絡を受けた」。

五月二三日、ハルダーは「アラスの危機」が四八時間以内に終わると確信しており、英仏軍がダンケルク経由で撤退するのを防ぐため、A軍集団に攻撃を続けてほしいと考えていた。同じ日、第一九軍団司令官グデーリアン中将は敵軍を包囲し壊滅させるために、ダンケルクへの早急な前進を要求している。しかしルントシュテットは先頭師団が孤立するのを恐れた。五月二二日、彼はクライストのブローニュとカレーへの前進を中止させて、翌日に命令を確認し、ヒトラーが司令部を訪れた五月二四日に承認を得た。

ハルダーは日記にこう書いている。「前方に敵がおらず左翼が迅速に動けるというのに、総統の明確な希望によって止められた」。ヒトラーはブラウヒッチュとハルダーに軍事行動計画の破棄を命じた。A軍集団は「金床」に、B軍集団は「ハンマー」になって、集中した敵軍に猛攻撃を仕掛けなければならない、というのだ。ハルダーはまた、ヒトラーがフランドルを最後の戦地にしたくなかったとも記している。ナチの教義では、フランドルの住民をフランク人の子孫と考えていたからだ。この政治的配慮を隠すために、ヒトラーはフラマン人（訳注　フランドル地方に住む人々）の領土は運河が多く、装甲車の作戦には向かないと主張した。五月二三日、第六装甲師団は東に進路を変えた。エーゼベックの戦闘部隊はサントメールを攻略し、夕暮れには師団の戦闘部隊はサントメールの一〇キロ東、カッセルの手前に到達した。師団の戦争日誌には、カッセルに向かって前進せよという五月二四日の命令に「みなが沸きかえり」、ラーフェンシュタインの戦闘部隊はすぐに町に大砲を据えた、と記されている。しかし攻撃命令が下ってからわずか二時間後、軍団長は「総統と総司令官の指示により」命令を撤回し、カレー＝サントメール運河の橋頭堡だけが保持されることになった。

同日午後、SS師団「トーテンコプフ」の司令官に付き添われた外相フォン・リッベントロップが、第六装甲師団のヴィゼルヌの指令所を訪れ、二時間滞在した。シュタウフェンベルクは妻への手紙に、リッベントロップとコーヒーを飲んだが、外相の「印象は悪くないものの、明らかに偉大なライオンとはいえない」と書いている。リッベントロップはSS連隊「ドイチェラント」も訪問した。この連隊はSS師団「トーテンコプフ」に属し、第六装甲師団の下でその北側面を守っていた。リッベントロップの息子ルドルフはこのSS連隊に所属していた。

師団に休みはなかった。五月二五日には防衛の準備をしなければならず、二六日にランブレに戻れという命令が下ったが、到着したとたん、再び向きを変えねばならなかった。ヒトラーが今度はダンケルクを全方向から攻撃せよと命じたからだ。移動に二日間を費やして（戦争日誌に不機嫌そうに記されている）、第五七装甲偵察大隊と、エーゼベックとラーフェンシュタインの戦闘部隊は、五月二七日、サントメールの東の陣地からカッセルに向かった。軍団長はカッセルの東八キロにあるステンヴォルドが次の目標だと告げた。しかし、イギリス軍が町の周囲や内部に無数の大砲や機関銃の陣地を敷いてカッセルを防衛していた。勇敢な（残酷な、という意味）猛攻撃はまったく進展せず、師団は夜の間に撤退を命じられ、地雷を敷設して接近を防ぎ、翌日さらに東へ攻撃するために中隊を数個残した。

五月二八日、進展はまたもや遅かった。しかしフォン・クライスト中将は、英仏部隊が頑強に守っていたフランスとベルギーの国境にある三六の陣地を占領したとして、「とくに第六装甲師団を」褒めた。五月二九日、師団はさらにベルギーへ進軍した。五月三〇日にコールとエーゼベックの戦闘部隊は、イギリスの三個連隊の機械化大隊と対決しなければならなかった。彼らはカッセルを脱出してコールの陣地に突進しようとしたのである。退却しようと懸命に戦ったが、コールの戦闘部隊によって全滅した。敵はここで七〇〇人の死者と三五〇〇人の捕虜を出した。カッセルの守備隊のうち、ダンケルクにたどりついたのはごくわずかだった。ケンプフ准将は第四一軍団司令部に次のように報告している。「敵は状況に望みなしと判明しても、最後まで防御を続けた。イギリス旅団の死傷者はきわめて多数。砲撃で破壊された戦車約五〇両が戦場に散らばっている」。しかし第六装甲師団も損害を被っていた。午後になって前線から回収された死傷者がサントメールに運ばれた。戦闘部隊は五月三一日に休息をとったが、他の者たちはすべて修理にかからねばならなかった。

五月二七日、シュタウフェンベルクはこの軍事作戦で二度目の手紙を書いている。陸軍参謀本部第二課（編制課）への異動という「悲しい知らせ」を伝える内容だ。彼はグループⅡ（平時組織と命令系統）の仕事を引き継がねばならなかった。師団が「戦争の真っ只中のもっとも栄誉ある作戦」に参加しているのに、「お役所仕事」をするために去らねばならないのは、彼にとってとても辛いことだった。しかしもちろん、この配属はシュタウフェンベルクの能力と実績を高く評価してのことである。彼の師団は西方で決め手となる、しかも成功した作戦に参加しており、彼は任務において「幸運だった」。つまり、「想像を絶するほどのスピードで前進していたにもかかわらず、師団の補給は常にすばらしく順調だった」のである。地元の多くの店が十分な食糧を供給してくれたし、貨物機も必要な燃料を搬入していた。傷病兵はきちんと世話をされ、大きな修理場がナミュールとシャルルヴィルに設けられ、二〇〇〇人の専門の技術者や整備工が配備されていた。しかし支援部隊は頻繁に攻撃を撃退しなければならなかった。師団が迅速に前進する際、側面が無防備になる場合が多かったからだ。補充係将校の部隊は五月一六日にルヴロワとレシェルで、一九日にはオヌクールで大きな戦闘に参加し、二一日にはイギリスの装甲偵察車両とその乗組員を捕らえた。彼らは頻繁な空襲をも切り抜けなければならなかった。

戦闘後のシュタウフェンベルクの報告は、師団への補給で大切なのは輸送よりも部隊の軍人魂だと述べているが、まだ合理化の余地はあった。三〇〇から五〇〇両の大型輸送車の補給部隊では、あまりに大きすぎて扱いにくい。「組織的な理由でも軍事的な理由でも運営しづらく」、削減すべきだった。補給部隊の司令官には小さな貨物自動車の隊列五個を与えるほうがよいと思われた。しかし補給を要請する方法は、ポーランドでの軍事行動以来、大きく改善されていた。西方での全軍事行動において、師団は四四六名の死者と一一九一名の負傷者、二〇名の行方不明者、四三八名の病人を出していた。

五月二七日の手紙でシュタウフェンベルクは「偉大なイギリスの悲劇」にも触れている。彼は「フランドルにいた軍の全滅」は当然と考えていたが、これでイギリス軍が敗れたとは思っていなかった。「旧世界の顔を変える、もっとも遠大な決定」は準備中だった。フランドルでの勝利後が為政者の出番である。イギリス人は大きな決定に直面していた。「もし彼らが降伏しないなら、もっと大変な戦いになるだろう。われわれはイギリス軍を全滅させる戦いの準備をしなければならないからだ」。

五月三一日、シュタウフェンベルクは一級鉄十字勲章を授与された。同日夜、彼は師団に別れを告げている。戦争日誌の記載はこうだ。

「師団の第二席参謀将校フォン・シュタウフェンベルク大尉は、設立時からわが師団に所属し、その精力的な働きは師団と密接に結びついていたが、陸軍参謀本部第二課に異動となった。後任は前特別任務将校のコルスマン大尉である」。

7章　参謀本部

フランス滞在中、シュタウフェンベルクは友人とともに戦い勝利した軍事行動ほどすばらしいものはないと述べている。転任から二週間後、彼はまだ「いまだかつてない、もっとも効果的な機動作戦」から引き抜かれたことを残念に思っていた。軍事行動の成功に舞い上がっており、熱を帯び活力に満ちた様子は参謀本部の冷静な雰囲気にそぐわなかった。前任者のベルント・フォン・ペーツォルト大尉（参謀本部）はバンベルク時代からの親友で、彼に新しい職務について説明してくれた。ペーツォルトはドイツはこの戦争に勝てないと考えていた。シュタウフェンベルクは勝てると考えており、友情に少々緊張状態が生じた。しかしシュタウフェンベルクのエネルギーは抑えられなかった。彼は妻に手紙を書き、戦後は「今ある組織すべて」を吟味することになるだろうから、自分の活動分野はきわめて重要になる、と述べている。編制における彼の経験、つまり近代的な装甲師団を指揮し、提供することは非常に役立つ。だからこそ自分は新しい椅子に座ったのだ、と続けている。彼は前線で要求してかなわなかった多くの改革をやり遂げたいと願っていた。

同じ手紙でシュタウフェンベルクは、いささか軽率ながら、仕事を合理的に進める上で立ちはだかる壁について触れている。参謀本部は大きく、多くの軍事関係部門や政府関係部門と足並みを揃えて仕事のお膳立てをしなければならない。そして「自分の考えに絶大な自信をもつ絶対権力者の総統」に振り回される。その結果、「政治的、個人的、戦術的に」実にばらばらな意見が採用された。シュタウフェンベルクは自分の努力が突然の「総統の決定」によって破棄されたり、あるいはお粗末な妥協案によって曲げられたりするのに慣れねばならないのは覚悟していた。軍の命令系統が混沌としているのは、最初からわかっていたからだ。シュタウフェンベルクは上官のヴァルター・ブーレ大佐（参謀本部）を、「精力的だが、とくに洗練されてもいないシュヴァーベン人」と形容している。ブーレの副官ヘルムート・ラインハルト少佐（参謀本部）もヴュルテンベルクの出身だった。シュタウフェンベルクとラインハルトはもう何年も前から知り合いだった。ラインハルトはエーベルハルト＝ルートヴィヒ＝ギムナジウムでシュタウフェンベルクの先輩だったからである。シュタウフェンベルクの同僚でグループI（戦時編制）の長は、ヴァルター・シュミット大尉（参謀本部）で、彼もシュヴァーベン人だった。シュタウフェンベルクは冗談めかして「民族的に純粋」といっている。エーベルハルト・フィンク少佐（参謀本部）も陸軍大学校時代からの知り合いだった。彼は運悪く主計総監オイゲン・ミュラー准将のもとに配属されていた。

34．シュタウフェンベルクと息子のフランツ・ルートヴィヒとハイメラン。ヴッパータールにて、1940年

ミュラーはシュタウフェンベルクを所望していたのだが、シュタウフェンベルクはミュラーを不愉快な人間と考えていたので、逃れることができて幸運だった。グループⅢ（工学技術）の長はハンス・クライスト中佐（参謀本部）が務めていた。一九四〇年七月、アルブレヒト・メルツ・フォン・クヴィルンハイム大尉（参謀本部）がグループⅣ（戦闘後書類作成）の長となった。彼はフランスでの軍事行動の際、第二九〇歩兵師団で上級参謀将校を務めており、その勇敢さによって一級鉄十字勲章を授けられていた。一二月、彼はシュミット大尉（参謀本部）の後任としてグループⅠの長となった。

シュタウフェンベルクが着任した頃、参謀本部はまだバート・ゴーデスベルクにあり、そこで三日間服務した後、参謀本部はシメイに移った。六月の間ずっとそこにいて、七月二日にフォンテンブローに移った。シュタウフェンベルクはパリを頻繁に訪ねる機会があり、ほとんどは公用でだったが、ときにはオペラを観にいくこともあった。一〇月二八日、参謀本部はベルリンの南、ツォセン近くに移った。

六月一六日、フランスは休戦を求めた。三日後、シュタウフェンベルクは妻に手紙を書いている。「フランス軍は完全に打ち負かされ、壊滅状態だ。フランス国民がこの打撃から立ち直るのは容易ではないだろう」。二日後の手紙で、彼はヴェルサイユ条約に触れ、条約が締結されてからの社会の大混乱について触れている。

勝利したとはいえ、永遠に続くものなどほとんどないということを、そしてほんの数年で突然の変化によって逆転することさえあるということを、人は忘れてはならない。僕たちが子どもたちに、たゆまぬ奮闘と再生への絶え間ない努力によってのみ衰退から救われるのだと教え（今回の偉大な成就を見るとますますそう思えるのだが）、そして永遠と維持と死がまったく同じものだと教えることができたら、教育という国民の義務のもっとも大切な部分を成し遂げたことになるだろう。
シュタウフェンベルクの悲観主義には十分な根拠があった。イギリスに対する戦争は続いていたし、アメリカはすでに連合国側を支援し始めていたからだ。

この頃、ラインハルトとの会話で、シュタウフェンベルクは作戦計画をマンシュタインの功績と考え、ダンケルクに関するヒトラーの介入を非難している。ヒトラーの誤った命令のせいで、敗走するイギリス軍を逃がしてしまったからだ。シュタウフェンベルクは敵に海峡を渡らせてしまったヒトラーの失敗について軽蔑をこめて語ったという。

専門家であるシュタウフェンベルクは、ヒトラーを決して専門家とは考えなかった。しかし「軍事的才能」は認めていた。ヒトラーのノルウェー攻撃決定は正しかったし、将軍たちの多くと異なり、マジノ線を突破できることを見抜いていた。シュタウフェンベルクは妻にこう話している。「ヒトラーはダンケルク包囲ではミスしたが、間違いを繰り返すことはないだろう」。フランスから戻って数ヵ月後に訪ねた書店では、ヒトラーについて当初抱いていた否定的な見方が、参謀本部にいってから変わったと述べている。ヒトラーの近くにいると、創造的思考が促されるというのだ。ヒトラーは物事の全体像を見る能力に長けていて、ドイツの未来のために奮闘している。彼が戦争に勝つのを手伝わねばならない。過去にヒトラーについて彼が何をいったにしても、「この男の父はプチブルではなかった。この男の父は戦争なのだ」。

当然のことながら、シュタウフェンベルクは自分の個人的な考えを誰にでも打ち明けたわけではない。さらに彼は話し相手の考えにわざと反対して楽しむようなところがあった。ヒトラーの中にいる戦争の悪魔に気づいていたが、敗走する敵を追撃しそこなう素人っぽい部分も知っていた。いずれにせよ、その当時、ヒトラーを排除せねばならないという考えは彼にはなかった。

ポーランドの知識人、ユダヤ人、精神障害者、後には赤軍のコミッサール（政治委員）を集団殺戮せよとのヒトラーの命令は、陸軍総司令部の上層部ではかなりよく知られていた。シュタウフェンベルクはおそらく一九三九年と四〇年の残虐行為について何らかの情報を得ていたと思われる。現在入手可能な証拠によると、彼は当初軍事作戦に懸念を抱いていたようだ。四一年三月三一日にヒトラーが発した、共産主義者のインテリゲンチアとソ連のユダヤ人を絶滅させろという命令をシュタウフェンベルクが知っていたかどうかはわからないが、参謀本部での彼の職務を考えれば、知っていたとしてもおかしくない。

同僚たちは、彼が次第にナチズムのさまざまな残虐行為に激怒するようになっていったと証言している。シュタウフェンベルクの年上のいとこ、ツェーザル・フォン・ホーファッカーはフランスの軍事政権で働いており、フランスとの信頼関係があらゆる方法でつぶされていると、しょっちゅう不平を漏らしていた。たとえば、あるドイツ人将校に逆らうたびに一〇〇人の捕虜が射殺される、ユダヤ人が強制移送される、略奪が行われる、といったことだ。ユダヤ人その他の系統だった集団殺戮について、シュタウフェンベルクが四二年の春以前に知っていたことを示す証拠はないが、ロシア侵攻の最初の数ヵ月に、SS（親衛隊）と前線後方にいる警察部隊の犯罪に彼が関心を寄せていたのは明らかだ。四一年の夏、シュタウフェンベルクは主計総監の戦時管理課で働いていたヴァルター・ブッスマン少尉（予備役）に「SSに関するあらゆる情報を集めてほしい」と頼んでいる。ブッスマンはシュタウフェンベルクに、SSと特別行動隊（アインザッツグルッペン）が前線後方で集団銃殺を指揮していること、犠牲者が報告されているだけで数百万にのぼることを知らせた。

　ブッスマンによると、シュタウフェンベルクと参謀本部作戦課長のアドルフ・ホイジンガー大佐（参謀本部）は、捕虜になった赤軍のコミッサールをただちに射殺せよという命令の撤回を要求したという。その頃、秘密警察による集団虐殺の情報は広がり始めていたが、ほとんどが根拠のない噂の域を出ていなかった。四一年一一月にフリッツ＝ディートロフ・シューレンブルク伯爵は、アウシュヴィッツという収容所でユダヤ人が炉の中で焼かれているという話を妻にしている。ヘルムート・イェムス・モルトケ伯爵は、国防軍最高司令部外国課の国際法部門に務めていたが、四二年三月二〇日までアウシュヴィッツのことを知らず、たまたま義兄弟ハンス・ダイヒマンがＩＧファルベン社に勤めていて、アウシュヴィッツの工場によく用事で出かけていたために知ったのだった。ダイヒマンはモルトケに、アウシュヴィッツ近郊の収容所では、ガス室で数千人のユダヤ人が殺されていると話した。モルトケはさらなる情報を求め、四二年一月二〇日に、「ユダヤ人問題の最終的解決」を調整するためにヴァンゼーの別荘で会議が開かれたという事実にたどりついている。

　しかし彼は四二年一〇月九日までは、集団殺戮の存在を信じることを拒否していた。この日彼は信憑性が高いと思われる第二の報告書を受け取った。それによると、「ＳＳの高炉」では毎日六〇〇〇の死体が焼かれているという。モルトケはさらなる情報を得ようと努力し、外国課の自分の地位を駆使して情報を入手したものの、彼の知識はまだあいまいだった。四三年三月二五日、（シグツーナにある北欧超教派キリスト教研究所の友人ハリー・ヨハンソン博士を通じて）モルトケはイギリス人の友人ライオネル・カーティスに手紙を書き、自分の考えを述べている。

少なくとも国民の九割は、われわれが数十万のユダヤ人を殺したという事実を知らない。（中略）北シュレジェンに大きな強制収容所が建てられ、そこに四万から五万の人間が収容できるということを知った。うち三〇〇〇～四〇〇〇人が毎月殺されることになる。しかしこういった情報はすべて、事実を求めている者に、むしろあいまいで不明瞭で不正確な形で届く。

個人に何ができただろう。一九四二年以前に、この問いに完全に答えられるのはひとりしかいなかった。ゲオルク・エルザーである。一九三九年一一月にミュンヘンで、彼はあとひと息でヒトラーを爆死させることができた。もちろんそれ以来、警備体制は非常に強化された。しかし、たとえば国防軍防諜部にいたハンス・オスター大佐やディートリヒ・ボンヘッファー、あるいはヘルムート・イェムス・フォン・モルトケ伯爵やフリッツ＝ディートロフ・シューレンブルク伯爵といったヒトラーの他の敵たちは、固い意志をもった人々だったが、自分でヒトラーを殺さねばならないとまでは思わなかった。三九年、西方への攻撃が近づき、破滅的状況に陥るに違いないと思われた際、外務省のエーリヒ・コルトとハッソ・フォン・エッツドルフは暗殺者となることに同意したが、瀬戸際で手を引いた。他の仲間たちに見捨てられたように感じたため、そして警備体制が厳重化されたためである。

シュタウフェンベルクの卓越した参謀将校としての評判は高まり続けた。誰もが彼と知り合いになりたがり、年上の将校や前線から立ち寄った将軍たち、参謀長自身までもが、彼の助言を求めた。夜の仕事を中断してシュテファン・ゲオルゲの詩を朗読する習慣も、シュタウフェンベルクの独自性と知性のオーラを感じ

35. ラウトリンゲンにて、1940年。左からアルフレート・シュタウフェンベルク、「デュリ」、アレクサンダー・シュタウフェンベルク、ベルトルト・シュタウフェンベルク、ニナ・シュタウフェンベルク、ハイメラン・シュタウフェンベルク、クラウス・シュタウフェンベルク、オルガ・ユクスキュル

させる一因となった。しかし、ゲオルゲに対する彼の献身的愛情を不快に思う者や、どうかすると、彼が同性愛者ではないかと疑う者もいた。

シュタウフェンベルクに最初に与えられた仕事は、一六五個師団を一二〇個師団へと再編制する補助だった。装甲師団は七個から二〇個、機械化歩兵師団は八個から一〇個に増やされた。「命令系統」に関する彼の職務には、戦場にいる軍集団、軍、軍団の参謀と、国内予備軍、補給品、志願兵の構成との調整や、軍と警察、国境警備隊、SSとSA（突撃隊）、内務省、SS最高司令部、国防軍最高司令部との連絡も含まれた。こういったすべての組織間で権限と機能をどのように分けるかを提案するのも彼の仕事だった。

シュタウフェンベルクはまもなく軍の「平時組織」についての仕事とは逆の作業をしなければならなくなる。東方で戦争が始まるという話題は、少なくとも六月の終わりから参謀本部内でもち上がっていた。

36. 海軍の軍服姿のベルトルト・シュタウフェンベルク、1940年頃

八月の初めにラウトリンゲンで八日間の夏休みを過ごして戻ってくると、シュタウフェンベルクはボルコ・フォン・デル・ハイデ大尉（参謀本部。彼は机の向かい側に座っていた）とともに、今度は野戦軍を一八〇個師団に増やす作業に取り組むことになった。またソ連に対して計画されていた戦争、つまり「バルバロッサ作戦」のための補給の仕事にも取り組んでいた。北アフリカに敵が上陸した場合に備えて、フランスの非占領地域（ペタン元帥のヴィシー政権が支配していた）を占領する計画にも携わっていた。

九月にベルトルト・シュタウフェンベルクは、今では誰もイギリスへの侵攻があるとは思っておらず、戦争は別の方向に進むだろう、と妻に書き送っている。さらに一〇月には、「東方への侵攻が」行われるだろう、とはっきり述べている。フランクは召集され、熱意に燃えることなく、一二月三日、ベルリンに近いリュッベンで第三〇九補充訓練大隊に加わった。クラウスは一二月二六日の聖シュテファンの日に彼を訪ねている。ゲオルゲに対する共通の愛情を心に留めていたからだ。クラウスはメルツにクリスマス休暇の優先権を与えていたため、大晦日まで家族と過ごすことはできなかった。

一九四一年二月半ばから、ロンメル少将率いるドイツ軍はリビアでイギリス軍および自治領軍と戦っていた。四月六日には、ギリシャでイギリスに対する軍事行動が始まった。五月二〇日にはクレタ島のイギリス陣地への空爆が開始された。

ギリシャがイタリア・ドイツ軍に占領された五月と六月、シュタウフェンベルクはテッサロニキ、アテネ、クレタ島に出張し、一方、メルツは編制課の同様の任務でリビアに出かけた。

ベルリンに戻る途中、テッサロニキを通過する際、シュタウフェンベルクはいとこのアルフレート・シュタウフェンベルク伯爵と昼食をともにしている。彼は二週間後に空挺突撃連隊とともにクレタ島に上陸することになっていた。

アテネでシュタウフェンベルクはルドルフ・ファールナーと会い、アッティカの北海岸コロニスまで小旅行に出かけた。

ギリシャのイギリス軍は地元の店に徴発を命じ、利用していた。徴発分の代償としてオーストラリアから輸送される四万七〇〇〇トンの穀物が返還されるはずだったが、イギリス軍はギリシャから撤退後、その輸送船と、さらにはギリシャ政府が購入した三五万トンの穀物を、封鎖によってドイツとイタリアの占領地域から締め出した。ギリシャの主要な穀物生産地帯はブルガリアに占領されている。占領軍はほとんどがイタリア軍だったが、彼らは住民への義務を果たすどころか、補給品を買占め、国外へ食糧を運び出すことさえした。ドイツ軍当局はギリシャからある程度の油と干しブドウを持ち出していたが、一九四一年九月からはギリシャのために他のバルカン諸国から穀物を入手している。イタリアとドイツが占領した頃、すでにギリシャでは食糧不足が深刻化していた。ギリシャを救援するべく努力したのは、主に四一年八月以後だが、ギリシャのドイツ占領軍とメッサンブリア司教のアンジェロ・ロンカリだった。ファールナーはアテネの飢えた住民のために占領軍にとりなしてほしいとシュタウフェンベルクに頼んだ。ファールナーはこれを「情熱的だが危険な取り組み」と呼んでいる。シュタウフェンベルクは、バルカン諸国のドイツ軍総司令官ヴィルヘルム・リスト元帥の参謀にファールナーが面会できるよう手配した。ファールナーはクレタ島産のオリーブ油をアテネの住民のために放出してもらおうとしたが、この提案にリストからの支援は得られなかった。

一九四一年六月二二日、ドイツ軍はソ連に侵攻した（バルバロッサ作戦）。翌日、参謀本部は東プロイセンのアンガーブルクに近い新たな本部、「フリッツ基地」（後に「マウアーヴァルト」と呼ばれることになる）に移った。六月二二日の朝、一般軍務局長フリードリヒ・オルブリヒト中将は次のように述べている。「わが軍は広大なロシアの草原に吹く一陣の風にすぎない」。彼はドイツとソ連双方の軍備能力についての専門的知識をもっていた。しかし陸軍総司令部に蔓延しているのは別の見方だった。敵が領土の広さから引き出せる利点を理解していなかったし、自信過剰にも陥っていたのである。迅速な前進というドイツの戦略は、距離、悪路、そしてロシアの幅広の線路によって失敗した。線路の幅が違うために互換性がなく、積荷も乗客もそのたびに乗り換えねばならなかった。スターリンはロシア国民がロシアの祖国を防衛するという状況から、心理的な優位性をも引き出した。

しかしヒトラーは無謀にも電撃戦法に固執した。攻撃の一一日前、彼は第三二号命令を発して軍備生産を海軍と空軍の要求を満たすものに変え、一九四一年末に陸軍の再編制を予定した。七月一四日には、陸軍を縮小するが、装甲師団は三六個に増やすと発表している（もっとも、それぞれに二個大隊しか含まれなかった）。新たな配備のために、彼は「東方の野戦軍への車両関係の補給をすべて一時停止」するよう命じた。ところがそれはちょうど軍が甚大な損失を被った時期だった。

一九四二年、ヒトラーは地中海と「リビアからエジプトを経由する地域、ブルガリアからトルコ、そしてできればトランスコーカシアからイラン」までの中近東のイギリス軍を攻撃するよう軍に命じた。同時に海軍と空軍は「イギリスの包囲攻撃」を進めることになった。

七月三日、参謀長ハルダー中将は次のように記している。「ロシアに対する軍事行動において、二週間で勝利できたと私がいうのは誇張ではないと思う。もちろん、それで終わりというわけではないが」。七月一三日、第四一装甲軍団長、ゲオルク＝ハンス・ラインハルト中将は、第六装甲師団を訪問中にこう述べている。「師団が今日ルガの領域に到着したら、特別なニュース速報が出て、戦争に勝ったということになるだろう」

一九四一年七月半ば、シュタウフェンベルクはオルシャとスモレンスクの間にいる中央軍集団のグデーリアン大将の第二装甲集団を訪ねた。また、ガイル・フォン・シュヴェッペンブルクも訪ねた。シュタウフェンベルクはルートヴィヒスブルクとロンドンを訪ねた頃から彼を知っていたのだが、第二四装甲軍団長として前線指揮所にいるところを訪ね、補給が行き渡っているかどうかを尋ねた。シュタウフェンベルクは前線で識別票をなくしたが、その後見つかって、フリッツ基地の彼のもとに送り返された。フォン・レーパー少将は第二装甲集団、第一〇歩兵師団も指揮していた。シュタウフェンベルクは軍事作戦について彼と話し合い、ともに成功裏に終わることを期待したが、ヒトラーがモスクワへの進軍を南に向け直し、電撃勝利のチャンスをふいにしたのはミスだったという点で意見が一致した。

前線から戻ったシュタウフェンベルクは、突破戦の迅速な継続が機械化隊形に及ぼす負担について、ハルダーに個人的に報告している。戦闘力は落ちているのに、自分たちの優秀さへの自信は危険なほど増大していたのだ。

実際、軍事行動は最初の四週間で大失敗に転じた。七月二五日、レーパーの上級参謀将校ゲオルク・フォン・ウーノルト少佐（参謀本部）は、師団が極度の疲労に陥っているとシュタウフェンベルクに書き送っている。休息もとらず、銃弾は不足し、兵士たちは意気阻喪寸前だった。師団は戦闘部隊や旅団というよりも単なる大隊のような戦い方をしており、「兵力もなし、予備軍もなし、戦車もなしで戦いから戦いへと突進している」状態だった。指揮は一貫性に欠けていたが、この状況での責任は軍団より高いレベルにあった。世界最強の空軍力をもちながら、数機の急降下爆撃機を送ることもできない。軍団は「東へ深く猛攻せよ」と命じられていたが、それを遂行する代わりに、かつてないほど強大化している敵に対し一週間もちこたえるのがやっとだった。

ウーノルトはシュタウフェンベルクにこう訴えて締めくくっている。「手遅れになる前に助けてくれ」。レーパーは追伸を書き加えていた。「シュタウフ、われわれの装甲軍団はすべて死に向かって追撃されている。一八一二年にすばらしい騎兵隊を率いていながら追い詰められたミュラのようだ。ロシア軍の兵站線は短く、再編制して勢いづいている。彼らにとっては赤子の手をひねるようなものだ」。

一〇月にソ連のT三四戦車が第四装甲軍の前に姿を現した。師団の砲兵隊は彼らの前に無力で、戦車の正面板を損傷させることができるのは一〇センチ砲だけだった。兵器の製造は兵力を維持できるレベルの五〇～六〇パーセントにも及ばず、装甲連隊の編制は三個大隊から二個大隊に縮小しなければならなかった。その結果、装甲軍は迫力を欠くことになった。対ソ戦が四二年までずれ込むことを想定した軍需品製造の増産計画はない。もし軍事行動が実際に続いたら、軍需品の製造が回復したとしても、需要を十分満たせるようになるには少なくとも四二年いっぱいかかるだろう。

ハルダーは楽観的な考えを改めた。八月一一日、彼は次のように記している。「われわれは最後の手段を使い果たしてしまった。（中略）総じて状況を眺めると、われわれが巨人ロシアを見くびっていたことはかつてないほど明らかだ。ロシアは全体主義国家らしく、戦争のための準備を思う存分、悠々と進めていたのだ」。ハルダーによれば、軍事行動が開始された頃、ドイツの情報部はロシアが保有する師団を二〇〇個と見積もっていた。今は三六〇個はあると考えられている。一二個師団が全滅しても、ロシアは代わりの一二個を補充できる。攻撃しているドイツ軍の前線は厚みがなく、非常に長く伸びている。それに対してロシア軍は補充基地が近い。

ハルダーはまた、冬の装備が可能なのは占領軍のうち五八個師団だけだと知っていた。一九四一年一二月にロシアにいるであろう一五〇個師団には冬の装備がない。ほぼ同じ時期の八月一六日、カイテル元帥は軍備・補充担当部門の長たちに、ヒトラーが両戦争の三〇万人の古参兵を含む五〇個師団の解体を計画していると告げた。

一九四一年七月の前線への出張で、おそらくシュタウフェンベルクはボリソフにある中央軍集団司令部を訪ね、司令官の上級参謀将校ヘニング・フォン・トレスコウ中佐（参謀本部）と、彼の特別任務将校ファビアン・フォン・シュラーブレンドルフ少尉（予備役）に会ったと思われる。二人の将校は訪問者に感銘を受け、「彼が非ナチで、ヒトラーと国家社会主義を本当に危険視している」ことを理解した。

八月の終わりにシュタウフェンベルクは北方軍集団に出張した。彼はラインハルト中将の第四一軍団とフォン・マンシュタイン中将の第五六軍団を訪問して気づいた点をハルダーに報告している。どちらも補給は十分に行われていたが、第四一軍団は人員の交代が必要だった。現在の軍事行動、つまりレニングラード包囲戦が終了して三日から四日の休息をとれれば、二軍団は再び攻撃できるようになるだろう。第四装甲集団を指揮するヘプナー大将と、北方軍集団の総司令官フォン・レープ元帥も、八月三一日に同じ判断を下している。

シュタウフェンベルクは第二装甲集団を訪ねた後の九月二〇日、再びハルダーに自分の考えを述べている。第二装甲集団はキエフ戦で深刻な損害を被っており、モスクワ攻撃（タイフーン作戦）を命じられたところだが、戦車は六〇両ほどしか残っていなかった。装甲師団に必要な戦車の半分にも満たない数だ。ヘプナー大将率いる第四装甲集団も、モスクワ攻撃に加わるよう命じられていた。

戦争の詳細な計画について何も知らない傍観者にさえ、運勢が変化していることが一〇月には明らかになった。一〇月初め、ベルトルトは妻に「東方の戦況は非常に好調だ」と書き送っているが、すでに吹雪が始まっていることにも触れている。その月の終わりにクラウスと電話で話した後には、道が底なしのぬかるみになったため東方の進軍は不可能になったが、これはとくにありがたくないことだ、と書いている。ロシア軍は予備軍をあまり残していないので、天候さえよければ迅速な前進が可能だからだ。クラウスはその間に再び前線に赴いたに違いない。一〇月二五日、彼はその勇敢な活動のために、第四種ロイヤルブルガリアメダル一級を授与された。

参謀本部は寒くなって道が固くなるのを期待していたが、ベルトルトがミカに書き送ったように、寒気が訪れるとあまりの厳寒でエンジンがかからず、車はわだちにはまり込んだまま凍りついてアクセルが壊れた。海軍総司令部の雰囲気は悪い、とベルトルトは述べている。「海上戦にしだいに介入するようになってきた」アメリカ軍に対し行動を起こせという命令がないからだ。その結果、ドイツがイギリスを破るチャンスは減少していた。日本が参戦すれば、おそらくドイツとアメリカも戦争になるだろう。そして全世界が戦争に突入したとき、結末は予測できないが、法律家の仕事は減少するだろう。

九月の初めにモルトケは、クラウス・シュタウフェンベルクのいとこ、ハンス・クリストフ・フォン・シュタウフェンベルク男爵に会っている。彼はカナリス提督の国防軍最高司令部防諜課で働いていた。モルトケはドイツが戦争に負けた後すばやく行動にかかれるように、陰の政権の協力者を密かに探していた。モルトケはドイツの敗戦を確実視していたのである。彼は男爵に尋ねた。「総統の司令部に君のいとこがいるのではないかね。彼を何とかできないものだろうか」。男爵はこれをベルトルトに伝え、数週間後、モルトケにベルトルトの答えを伝えた。「クラウスと話してみたところ、彼は戦争に勝つのが先決だといっています。戦争中にそういったことはできない、とくにボルシェヴィキと戦っている間はなおさらだ、と。だがその後で帰国したら褐色の疫病を片づけよう、ということです」。クラウス・シュタウフェンベルクはペーツォルトに示唆したように、陸軍が勝利から勝利へと邁進して支配権を掌握することを望んでいた。

一一月一九日、ヒトラーはハルダーに、どちらの陣営も相手を負かすことを期待できないといって、和平交渉の問題に触れた。彼は事実上敗北を認めていた。

一一月九日、フォン・ブラウヒッチュ元帥は深刻な心臓発作に襲われた。数日で職務に復帰したものの、決して回復したわけではなかった。ヒトラーは一二月一九日に彼を解任し、自ら軍の指揮をとることにした。一二月二三日の声明の中で、彼は自分が正しいことは成功によって証明されると主張し、「帝国が最終的に救出されるまでの」服従を要求した。彼は実際は軍を悲劇的な敗北に導いていたので、軍司令官たちが従わないことを恐れるのも当然だったのだ。ヒトラーは東部の前線の兵士たちのために冬の服を集めてほしいと国民に直接アピールしたが、指導者が状況を制御できなくなっているという印象を強めるだけだった。

ヒトラーはよくブラウヒッチュの発言を封じていたが、今度はハルダーがヒトラーと「激論を交わし」「怒声をあげる」番だった。ヒトラーは前線を維持したがったが、将軍たちはもっと攻撃に耐えられる地点に退却したいと考えていた。補給の問題も未解決のままだった。参謀本部編制課が新たな一〇個師団のための装備を蓄えておいても、ヒトラーと近い関係にあるSSもしくは空軍の最高司令官が、横取りしてしまうかもしれない。シュタウフェンベルクはSS長官のヒムラーを陸軍総司令官にしてはどうかと皮肉っている。そうすれば、彼も少しは気を配るようになるだろうというわけだ。しかし第六装甲師団の旧友に毎年送るクリスマスの手紙で、シュタウフェンベルクは、たとえ状況が絶望的に思えても希望をもって未来を目指すよう彼らを励ましている。日本の参戦はドイツとアメリカの戦況を埋め合わせていたからだ。また、シュタウフェンベルクがこの時期、ロシアでの戦争にまだ勝てると信じていた有力な証拠がある。

ブロムベルクの娘婿で、シュタウフェンベルクと第六装甲師団で一緒だったウルリヒ・ビュルケル少佐（参謀本部）は、一九四〇～四一年にかけて参謀本部教育訓練課に所属し、今では第四装甲集団、第一〇装甲師団の上級参謀将校になっていた。ビュルケルは一一月九日、一五日、三〇日付で第四〇軍団司令部に師団の状況を報告している。また、彼は同じ情報を直接シュタウフェンベルクにも送っている。一〇月半ばから軍団司令部に報告しているのに、何の効果もなかったからだ。一二月二日と四日にビュルケルは師団長の命令で、軍団司令部とシュタウフェンベルクの双方に次のような報告書を送っている。兵たちは一〇月二日から中断することなく、一一月一九日からは昼夜ぶっ通しで戦っており、神経が麻痺している。砲兵隊は発砲する際、数メートル前進したところで疲れきってへたりこんでしまうほどだ。目標（モスクワ）にここまで接近してあきらめねばならないのはつらいが、師団はもうこれ以上攻撃できない。第八六自動車化歩兵連隊の戦闘力は、将校七名、下士官四四名と兵士一八六名、機関銃一八丁、対戦車砲三門、軽歩兵用大砲三門、重迫撃砲二門である。第六九騎馬歩兵連隊の戦闘力は、将校五名、下士官五五名、兵士三一三名に機関銃四一丁、対戦車砲三門、軽歩兵用大砲七門、重歩兵用大砲一門、重迫撃砲四門である。一〇月二日、第七装甲連隊は一八〇両の戦車で出撃したが、今、連隊を率いているのは唯一残った大尉だ。Ⅱ号戦車七両、Ⅲ号戦車一四両、Ⅳ号戦車七両が残っている。赤軍の頑丈な戦車に対する効果的な防御方法はない。軍団長はこの報告書を第四装甲集団に渡し、その結果師団の撤退が開始された。ビュルケルは師団の残りが、他の師団や軍団に配分されたとも付け加えている。

師団の将校はグシャーツクで交通整理をしていた。師団をすっかり分解して、戦い慣れた（しかし戦車のない）戦車兵、熟練した（しかし銃はない）自走砲兵、保守軍曹と歩兵隊長を、新たな師団の幹部として使えば都合がよいと思われた。しかしヒトラーはそのようなアイデアに「政治的・プロパガンダ的な理由で」反対し、ドイツの部隊が全滅させられたということを公式に認めるのを拒否した。

一九四一年八月から第二〇装甲師団で上級参謀将校を務めていたシュテッケ少佐（参謀本部）は、四二年一月五日にロシアからシュタウフェンベルクに手紙を書いて、程度の差こそあれ、同じ状況について述べている。彼はシュタウフェンベルクの課と、さらには「指導者」全体を、もっとあからさまに非難している。対ロシア作戦のために補給される軍需品の決め方がいいかげんだ、ドイツ軍の兵力と敵の兵力が不当に評価されている、冬用の装備は一月に一般市民から集めた毛皮と毛織物ではとても間に合わない、と彼は不満を述べている。

ビュルケルが参謀本部教育訓練課のゲーリング少佐（参謀本部）に宛てた別の報告書には、厳寒が到来した際の判断ミスと警告無視に対する憤慨が記されている。師団はあまりに衰弱したためにモスクワへの猛攻を続けることができず、あと二〇キロの地点まで迫っていながら、近くの師団がついてこられずに遅れたため、側面はがら空きだった。「一〇月二八日に最初の警告の手紙を、貴君とトレスコウ、シュタウフェンベルク、ベルヌートに送っている。一一月九日、一五日、三〇日には戦力についての詳細な報告書を軍団司令部に引き続き送った。その控えはシュタウフェンベルクにも送っている。すべて、戦力が急速に衰えているために目標を限定することが必要だと結論づけたものだ」。そして再度こう述べている。「私はシュタウフェンベルクにずっと伝えていた」。残念ながら、彼の警告はすべて正しいことが証明された。報告書がゴミ箱行きになったのは間違いないので、参謀本部の将校が師団を視察にくるべきだとビュルケルは付け加えている。それが夏の間に実行されたのだった。

フォン・レルヒェンフェルト男爵夫人は、参謀本部にいる娘婿に手紙を書いて、夫が最近いくつかのできごとに不信感を抱いている、と述べた。シュタウフェンベルクは一九四二年一月一一日に次のような返事を出した。今年の始まりが幸先よくなかったのは事実だし、今年中に平和が訪れることも期待できない。しかしブラウヒッチュの離脱をめぐる噂はどれも本当ではない。毛織物回収が関係しているように思えたかもしれないが、それは違う。東方の部隊のための冬用衣料は準備が整い、あとは輸送の問題だけだ。目下の毛織物の回収は、損失を補ったり、「補充部隊と病気上がりの兵に支給したり、標準装備を向上させたりする」ために行われている。もっと早く準備したほうがよかった、とシュタウフェンベルクは書いて、予備品が不足しているのに、陸軍総司令部からの提案が無視されていたことをしぶしぶ認めている。

シュタウフェンベルクは担当領域での手続きに対する不満を綴っている。しかし一九四一年一〇月一五日から一一月四日にかけて、二〇両の汽車がドイツの都市やプラハからウーチまでユダヤ人を運ぶのに使われたことを彼が知っていたという直接の証拠はない。

シュタウフェンベルクは手紙にこう続けている。前線での状況は、間違いなく「困難を極めており」、あらゆる最終手段を講じて、それに打ち勝たねばならない。痛手を負わぬ戦争はない。この場合、非難されるべき個人はいない。戦況が困難になった大きな理由のひとつに、ソ連の物資力を見誤っていた点がある。「誰もが見くびっていました。だがソ連がキエフ、ブリャンスク、ビャジマの戦い後、軍事的崩壊寸前だったのは確かだと、私は今でも思っています」。ぬかるみのせいで成功を生かすことができず、ぬかるみがおさまる頃には、ソ連は新たに組織した部隊を前線に送りこんできた。しかし敵に打ち勝とうとする試みを続けたのは正しかった。「完全なる勝利は目前にあるので、すべてを一枚のカードに賭けねばなりません。リスクはもちろんずっと大きくなりましたが」。

一九四二年四月、シュタウフェンベルクはヴッパータールでフォン・レーパー准将に会った。レーパーは自分が率いる第一〇歩兵師団が一二月にモスクワ郊外に到達した際、車両がわずか一〇分の一しか残っていないのに、ゴルキまでのあと六〇〇キロ、東に向かって突撃を続けるようハルダーに命じられたと述べている。シュタウフェンベルクは、敵の首都のような重大目標を攻略するためには「一枚のカードにすべてを賭けなければならない」とまだ主張していた。ドイツ軍の物理的限界について専門的な知識をもっていたにもかかわらず、シュタウフェンベルクは明らかにヒトラーの悪魔のごとき意志がこの状況にはふさわしいと考えていた。彼の先祖グナイゼナウも、ナポレオンの圧倒的に優勢な軍勢に立ち向かう際、合理的な計算を無視している。しかしおそらく彼も、ロシアが自らの土地で敗れるというシュタウフェンベルクの考えには同意しなかっただろう。四二年四月の段階で、シュタウフェンベルクはまだ東方戦線の状況は有利に展開できる、少なくとも安定させることができると信じていた。参謀本部の仲間の将校の多くに比べ、彼はソ連をどうしたら負かすことができるかについて長く考え続けていた。しかし彼がもはや戦争に勝てると信じていなかったのは明らかだ。同時に、彼はヒトラーについては批判的なままだった。ヒトラーが（四月二六日に）自分自身を最高の裁判官ですべての法を超越していると宣言した際、ヒトラーが法の原則を無効にしたというレーパーの意見にシュタウフェンベルクは同意している。

義母への手紙の中では、ブラウヒッチュの解任が見かけほど深刻なことではないと繰り返している。総統は戦争の指揮についてほとんどの決定に自分の意志を押し通していたからだ。これは「上層部の強い意志をもつ人間にありがち」なことである。陸軍総司令官は総統と参謀本部の間に割り込んで、とくに軍事作戦が「計画どおりに進まない際に」摩擦が生まれていた。それにブラウヒッチュはこのところ深刻な心臓発作に襲われており、自ら合意のもとに辞職したのだ。今では参謀本部は前よりもうまく機能しており、「新たな解決法」（ヒトラーが最高司令官の役割を果たすこと）のおかげで、陸軍の決定的な戦いのためにすべての国家資源を結集させることが可能になった。

ブラウヒッチュが解任された数日後、シュタウフェンベルクは兄のアレクサンダー、いとこのクレメンス・シュタウフェンベルク伯爵、参謀本部西方外国軍課のヴィルヘルム・ビュルクリン大尉（参謀本部）、ペーター・ザウアーブルッフとの激しい議論でも、同じ意見を貫いた。陸軍がヒトラーの直接の指揮下にいれば、ヒトラーを論破できるという考えだ。シュタウフェンベルクはヒトラー自らの指揮は軍に好都合だとまでいっている。これは明らかに参謀長自身の気持ちを反映していた。参謀長はブラウヒッチュの退任後活力を取り戻し、ヒトラーの直接の指揮を「有益」と考えていたからである。シュタウフェンベルクの意見が心からのものではなかったと考える理由はない。

シュタウフェンベルクの考えは特別なわけでも、とくに楽天的なわけでもなかった。彼の年上のいとこツェーザル・フォン・ホーファッカーは、政権の政策については強く非難していたが、ドイツ軍の状況が絶望的だとは考えていない。犠牲者が出ることに心を痛め、前線に出ていないことで自分は憂鬱になると妻に手紙を書いている。しかし完敗したと考える理由はなかった。危機は過ぎ去っていなかったが、「東部前線を維持するのは間違いない」し、その前線が一〇〇キロ東にあろうが西にあろうが問題ではなかった。「敗北だが、決定的な敗北ではない」。もし上層部が中庸を学んだなら、おそらく「われわれは再び世界のできごとを統御できるようになり、最後にはよい結末に導くことができるだろう」。シュタウフェンベルク同様ホーファッカーも、国の重大利益とそのあいまいな指導力とは別物だと考えていた。

ビュルケル少佐（参謀本部）は二月初旬に「マウアーヴァルト」の参謀本部に出向き、師団についての報告書を直接作戦課に提出した。また、シュタウフェンベルクを訪問した。ビュルケルと師団長ヴォルフガング・フィッシャーによる査定が編制課で理解され同意されていると確信させる長い手紙を、彼からもらっていたからだ。ビュルケルは前線に戻ると二月二五日に再び手紙を書き、愚行が今では頂点に達していると述べている。「徒歩の歩兵大隊」が馬に引かせた野外炊事場とそりに乗せた重火器とともに師団に配属された。それもドイツ軍で最大の攻撃力をもち最速の隊形を誇る装甲師団にだ。その一方で基幹人員はすべて送られた。四月の後半に師団は撤退し、再編制のためにフランスに送ら怠けているか、他の隊形に分散している、と。

れた。シュタウフェンベルクがこれに加担していたのは間違いない。一九四二年一二月、師団はチュニジアに配備された。

ビュルケルの体験は前兆だった。一九四二年三月末の時点で、ソ連にいるドイツ師団一六二個のうち戦闘準備が整っているのは八個にすぎず、休息をとることでやっとあと三個の準備が整った。装甲師団一六個で計一四〇両の戦車の出撃準備が整ったが、これは装甲師団一個の通常の総数にも満たない数である。四二年四月の終わりには、東部戦線におけるドイツ軍の死傷者は四一年六月二二日時点の全兵力の三分の一にのぼっていた。将校、兵士合わせて一一六万七八三五名である。

一九四二年の春、シュタウフェンベルクはまだ、ヒトラーの周囲にもっと有能な助言者がいれば事態を好転させることができると信じていた。当時主計総監部所属でやはり戦争に負けると考えていたリヒャルト・フォン・ヴァイツゼッカー男爵に、シュタウフェンベルクは、南ロシアを抜ける軍とイラクとイランからカスピ海に抜ける軍による大がかりな挟み撃ち作戦なら成功するのではないかと提案している。しかし彼はこういった考えとまったく異なる意見も口にしていた。

彼の職務の中には、指揮命令系統についての講義も含まれており、モアビトの陸軍大学校、後にはシュレジェンのヒルシュベルクでも毎年授業を行っていた。一九四一年初めの数ヵ月間、彼は論題に入る際、ドイツの指揮命令系統が非常にばかげており、有能な参謀将校に命じて一番だめな指揮命令系統を考案させたとしても、これほど愚かな命令系統はつくれないだろうと述べることが多くなっていた。四四年にいたるまで、彼は講義の中で自分自身理解できない何かを説明しようとしていた。黒板に司令本部の名前と、出口の見えない迷路のような縦横に交差する線を書いて、そのできばえを眺めると、聴衆に尋ねた。この「指揮命令系統」で戦争に勝てると思うかね。

一九四二年初頭、主計総監補給部のフィンク中佐（参謀本部）の部下で、シュタウフェンベルクと多くの仕事でかかわりのあったユリウス・シュペーア中尉は、シュタウフェンベルクの机の後ろにヒトラーの大きな写真がかかっているのを見て驚いた。シュタウフェンベルクは、この男の頭はおかしいと訪問者にわからせるために写真をかけたのだといった。それから彼とシュペーアはヒトラーの無謀さを阻止するにはどうすればよいかについて話し合った。シュタウフェンベルクは最後にこういった。「ひとつだけ解決法がある。奴を殺すんだ」。二人の意見は、党機関を完全に締め出して、国家と軍の全権を掌握できる優れた人物がお膳立てをしなければならないという点で一致した。

「指揮命令系統の変更」や軍事作戦におけるヒトラーの不適切な介入は、参謀将校の中でかなり話題にのぼっていた。しかしシュタウフェンベルクの場合、単なる憤慨ではなかった。彼は取るに足らない批判を軽蔑していたからだ。コルスマンがこう表現している。

「シュタウフェンベルクはヒトラーを好敵手と考えていました」。

8章　ヒトラーに背いて

一九四二年六月二日、シュタウフェンベルクは第六軍総司令官フリードリヒ・パウルス中将と師団を訪ねた折、参謀長ハルダー大将のもとに立ち寄った。シュタウフェンベルクはドイツの攻撃成功に感銘を受けたこと、前線が安定すると信じていることを伝えた。しかし彼は軍事的に戦争に勝てるとは信じていなかった。

訪問後、シュタウフェンベルクはパウルスに手紙を書き、自分の軍人としての考えを述べた。彼はパウルスのもてなしに礼をいい、こう続けている。「ハリコフ周辺で訪問したすべての師団との日々は、大きな喜びを与えてくれるとともに、『大きな刺激になりました』」。この師団訪問によって彼は、人が戦場ではなく、あらゆる活動の限度が常にすぐに明らかになり、「必ずしも現実を熟慮した結果に基づいているわけではない」環境にいると、忘れてしまうものを思い出した。「リーダーや模範となるべき人物が威信をめぐって口論したり、勇気がないばかりに何千という命に影響を及ぼす考えや決定に反対できずにいたりするのに対し、このうえなく危険な賭けが躊躇なく行われ、不平もこぼさず生命を捧げている」前線を訪ねたことで、「活力を与えられた」。シュタウフェンベルクは、ヒトラーに明白な真実を告げるために前線から参謀本部にきたといいながら、決してそんなことはしない上級司令官たちの一貫性のなさに、しだいに辛辣になっていった。

七月半ばにヒトラーは総統本営をウクライナのヴィニツァ近くの基地「ヴェーアヴォルフ」に移し、参謀

37.「マウアーヴァルト」の参謀本部からウクライナのヴィニツァへの旅、1942年夏。シュタウフェンベルク、コエレスティン・フォン・ツィツェヴィッツ中佐（参謀本部、中央）とラインハルト・ゲーレン大佐（参謀本部、カメラに背を向けている）

本部も近くの施設に移した。両本部は一〇月の終わりまでそこにとどまることになる。

シュタウフェンベルクの編制課は兵器製造の指令に取り組んでいた。これは陸軍兵器局長のオフィスを通して行わねばならない。彼らは戦車の履帯、弾丸の貫通力、予備部品の製造、部隊の再装備、人事交替、除雪装置などを担当した。一九四二年八月（シュタウフェンベルクが交戦後の報告書を提出した三年後）、軍参謀、主計総監と編制課が合同で、修理や予備部品全般について調整する中央部門の設立を要求している。しかし国防軍最高司令部は国防軍最高司令部編制課のように、常に参謀本部と同等の機関を組織して拡大しており、

38. シュタウフェンベルクとメルツ・フォン・クヴィルンハイム。ヴィニツァの本部にて、1942年

指揮命令系統の統一を徒労に終わらせていた。一〇月八日、シュタウフェンベルクは「基本指令第一号」(戦闘力向上のために)と題する指令の草稿に署名した。明らかに皮肉な意図が感じられる。タイトルの最初の部分は、必要でない限りどんな秘密事項についても誰も知ることのできない、そして必要な場合でさえ、必要以上には知ることのできない、ヒトラーの指令と同じだったからである。シュタウフェンベルクは陸軍総司令部と軍集団、軍、軍団司令部の人員を一〇パーセント削減すること、管理人員と補給人員と砲手を「ロシア軍がずっと以前からそうしているように」削減することを命じた。また、戦場から高度な司令本部や管理センターへの転属を禁じた。「前線から後方への転属は禁じられ、その代わりに後方から前線への配属が行われるようになるだろう」

一方ヒトラーは、第一軽装師団の将校たちが一九三九年五月に演習で行っていた作戦を試みる準備をしていた。東方での軍事作戦に必要な石油をカスピ海沿岸のバクーから確保しようというのである。しかし、ヒトラーは利用可能な戦力を拡大しすぎて計画を台無しにした。夏季の対ソ連攻撃用の資源が十分にないことがわかっていたのに、西側同盟国の大きな戦力を釘づけにするために、人員と物資を東方の前線から引き上げて、北アフリカでの作戦に投入したのである。さらに、四二年七月、ヒトラーは破滅的な決定をしている。陸軍総司令部はヴォルガ川下流のスターリングラードへの攻撃を計画していた（青作戦）。七月一七日にヒトラーはこの攻撃を二手に分けている。一方はスターリングラードへ、そしてもう一方はロストフへ。七月二三日、彼はスターリングラード攻撃と同時にコーカサスをドイツの支配下に置き、バクーを手中に収めるよう命じた。ヴォルガ川下流にあるスターリングラードの支配は、コーカサス攻撃のための戦略的前提条件だった。さもなければソ連の反撃によって補給ラインを断たれてしまうかもしれないからだ。しかし今やドイツ軍は、同時に両作戦を遂行しなければならなかった。ソ連軍はドイツ軍が人員、燃料、その他の補給品を使い切るまで、戦略的撤退を行った。戦車はコーカサスの山道を進むことができず、冬の間、ドイツ軍はテレク川からハリコフまで前進した二〇〇〇キロの距離を、死んだ仲間の数千の墓を越えて引き返さねばならなかった。スターリングラードを手に入れることは軍事的に必要なわけではなく、両独裁者の威信を賭けた戦いにすぎなかった。しかし、ヒトラーが「青作戦」を二手に分けるという過ちを犯したからには、コーカサスから第一装甲軍が確実に撤退できるまで、ヴォルガ川の西の陣地を維持しなければならない。ヒトラーが破滅的な決定をした際、ハルダー大将は自分が解任されるよう仕向けることを固く決心した（ヒトラーは辞任を許さなかった）。ヒトラーと何度か深刻な衝突をした後、四二年九月二四日、ハルダーは解任された。後任はクルト・ツァイツラー中将で、彼はD軍集団の前参謀長だった。

こういったことはすべて予測可能だったし、現に予測されていた。東部戦線でのドイツ軍は一九四二年一一月一日の時点で八〇万人、四三年春には一二〇万人不足していた。参謀本部編制課の日誌には四二年九月半ばの時点で、「北アフリカでの攻撃を再び成功させることはもはや期待できないし、強力な中近東の英米軍を釘づけにすることを目的とした北コーカサスの作戦も、今年は効果を上げられないだろう」と記されている。四二年一〇月半ば、東部の軍集団は「今後、言及するに値するいかなる数であれ、補充兵をあてにすることはできないと伝えられた」。大挟み撃ち作戦はその初期段階で崩壊してしまったのである。

一九四二年の終わりに、総統本営と国防軍作戦部はヒトラーとともに、ヒトラーの別荘「ベルクホーフ」のあるベルヒテスガーデンに移った。しかし参謀本部は東プロイセンの「マウアーヴァルト」に戻り、その結果、二つの重要な軍事司令センターが一〇〇〇キロ離れてしまうことになった。シュタウフェンベルクが担当している参謀本部編制課の日誌には次のように記されている。「総統本営と陸軍総司令部の分離（アフリカの危機的状態の始まりから一一月終わりまで）は、指揮命令系統における摩擦と困難さを示している。指揮命令の交差する線は編制課による報告に記されている」。このことから、陸軍の指揮命令系統を懸念する編制課が覚書を作製することになった。その内容はシュタウフェンベルク、シュムント准将、ブーレ中将、フリードリヒ・ホフマン准将が出席した会議で承認された。

ソ連の国民がスターリン支配に対抗してドイツ軍を支援するかもしれないという考えは、ドイツ軍に大いに受けた。陸軍第三最高司令部はレーニンの助けを得て一九一七年のロシア革命を引き起こし、ロシアを第一次世界大戦から離脱させるブレスト＝リトフスク条約に導いたが、今度はその逆というわけだ。外務省、参謀本部、そして東方占領地域担当省の専門家たちは、ソ連国民の助けを得ることさえできれば、ドイツがソ連を破る可能性もあるという見方に同意した。

一九四二年二月、外務省から参謀本部への連絡将校であるハッソ・フォン・エッドルフ大尉は、主計総監Ⅱグループ（戦時管理）長ハンス＝ゲオルク・シュミット・フォン・アルテンシュタット少佐（参謀本部）と彼の助手オットー・ハインリヒ・ブライケン大尉（参謀本部）による、「ソ連のレジスタンス破壊（東方プロパガンダ）」のための提案の草稿を作成した。

一．土地問題を解決できれば、一九一七年以後にボルシェヴィキが行ったように、ロシア人民を味方に引き入れることができる。

二．非ロシア人の国民的野心を利用する。

三．ロシア人民は何も疑わず政府に従うことに慣れているので、ウクライナとコーカサスに別々の傀儡政権を樹立することによって、ソヴィエト国家を分裂させることができる。ボルシェヴィズムに対する究極の戦いは、ロシア軍によってアジア領域の深部で行われねばならない。

四．住民の宗教上の欲求を利用する。

一九四一年一〇月、二人のトルコの将軍が陸軍総司令部に現れ、（ソヴィエト）ムスリムの戦争捕虜の中にいるトルコ人ムスリムの志願兵を集め、赤軍に対抗してドイツ側で戦う部隊を組織してはどうかと提案した。その結果、アルメニア、アゼルバイジャン、グルジア、トルキスタン、ヴォルガ＝タタールの軍団が四一年一一月にポーランドで組織された。ヒトラーは四一年一二月と四二年一月の絶望的な状態を考慮して、最初はこれらの編制を許可したが、四二年二月には、それ以上の組織を禁じている。しかし気まぐれな政策が実とすらあった。

施される末期的状況の中で、実際にはドイツ前線の後方で働くために多くの部隊が組織され、前線で戦うこ

一九四二年の春からシュタウフェンベルクは、ドイツが単独で、しかも従来の軍事作戦でソ連を破ることは不可能であり、住民の支援が不可欠だと確信した。他の者たちは彼より先にこれに気づいていた。ブラウヒッチュは辞任前からそう認識していたし、中央軍集団司令部の上級参謀将校フォン・トレスコウ大佐（参謀本部）、情報将校のフォン・ゲルスドルフ少佐（参謀本部）もそうだった。参謀本部東方外国軍課のラインハルト・ゲーレン中佐（参謀本部）やその同僚たちも同じ考えだった。ソ連支配下の住民の多くはドイツ軍を解放者として歓迎していた。状況が変化したのは、ソ連の戦争捕虜数十万人が餓死したときである。戦争中ドイツに拘留された五七〇万人の捕虜のうち、二〇〇万人が四二年二月二八日以前に死に、終戦までに三三〇万人が死んだ。処刑、搾取、残忍な虐待は、ドイツが占領したソ連領土の多くの場所で、当時当り前のように行われていた。ドイツ前線後方の広大な占領されていない森林地帯では、ゲリラ（パルチザン）が師団や軍レベルの兵力にまで成長していた。赤軍が善戦したのに対し、ドイツ側に味方したウクライナ人や他の志願兵の戦いぶりはお粗末で、まったく戦わないことさえあった。

シュタウフェンベルクは主計総監のエドゥアルト・ヴァーグナー少将、シュミット・フォン・アルテンシュタット、ゲルハルト・フォン・メンデ教授、東方占領地域担当省のオットー・ブラウティガムの助けを得て、志願兵が軍服、管理、報酬、兵舎、配置について等しい扱いを受けられるよう、編制課の指令を作成した。シュタウフェンベルクと他の関係参謀将校たちは、志願兵たちを反スラブ意識の強いＳＳ（親衛隊）ではなく、おおむね国防軍の管理下に置くことに成功した。シュタウフェンベルクはまた、国防軍最高司令部が許可す

る以上の志願兵の補助部隊を組織するために、モスクワ駐在武官だったエルンスト・ケストリング中将をコーカサス問題担当将軍に任命させることに成功した。この地域を陸軍の支配下に置いて、黒シャツの殺し屋や、ナチを牛耳る「褐色の厄介者」を締め出すためである。

一九四二年四月、ゲーレンの補佐であるハインツ・ダンコ・ヘッレ少佐（参謀本部）との会話の中で、シュタウフェンベルクはソ連のドイツ占領地区における一般市民への残忍な扱いや、「民族的に劣った」人々、とくにユダヤ人の集団殺戮や、ソ連の戦争捕虜の集団餓死に対する怒りを述べている。

一九四二年五月、シュタウフェンベルクは、かつてモスクワのドイツ大使館に勤務していたハンス・ヘルヴァルト・フォン・ビッテンフェルト中尉（予備役）からユダヤ人が集団殺戮されている話を聞いた。彼はポーランドとロシアで軍事行動に参加し、四二年三月からは元大使のフリードリヒ・ヴェルナー・シューレンブルク伯爵のもと、外務省八課（USSR占領地域・非占領地域担当）で働いていた。四二年五月に、シュタウフェンベルクとヘルヴァルトはある将校からも目撃情報を得ている。それによると、何人かのSSがウクライナの町でユダヤ人を集め、野原に連れていって自分たちで墓穴を掘らせ、射殺したというのだ。この報告を聞いたシュタウフェンベルクは、ヒトラーを排除しなければならないと述べている。彼は上級将校にはそれを実行に移す義務があると信じていた。

一九四二年六月の終わりに、今は参謀本部東方外国軍課と仕事をしているフォン・ペーツォルト少佐（参謀本部）が、六月二二日にベルリン ブリストルホテルでフリッツ＝ディートロフ・シューレンブルク伯爵から聞いた話をシュタウフェンベルクに教えてくれた。「ヴィッツレーベンを味方に引き入れた」というのだ。それに対しペーツォルトは、内部抗争があれば前線が崩壊するのだからクーデターは無責任だ、と答えた。

だがペーツォルトはこう続けた。シューレンブルクは急進的だから本当に実行するかもしれない。シュタウフェンベルクは答えた。「ああ、爆弾を投げる奴らのことなど気にするな」。しかし四二年の夏以降、シュタウフェンベルクは「愚かで犯罪的な総統」は倒されるべきだ、と頻繁に口にするようになっていった。

バンベルク時代からの友人ディーツ・フォン・チュンゲン少佐（予備役）が一九四二年から四三年にかけて参謀本部に勤務していた際、シュタウフェンベルクの電話での会話を聞いて感想を述べたところ、シュタウフェンベルクは自らこの話題を切り出した。「君は僕が陰謀に加担していると信じているみたいだね」。それから彼はものごとがずっとそのままで進み続けることはできない、きたるべき変化は「新しく」なくてはならない、「修復」ではだめなのだ、歴史を戻すことはできない、と述べた。彼は一度ヴィニツァの司令本部でも、政権に言及したことがあった。「あの連中は排除しなければならない」。

一九四二年八月、シュタウフェンベルクは親友のヨアヒム・クーン少佐に、ユダヤ人や他の一般市民に対する扱いを見れば、ヒトラーの戦争が醜悪であること、ヒトラーが戦争の原因について嘘をついていたこと、したがってヒトラーは排除されるべきだということがわかる、と語っている。また、四二年八月、編制課グループⅣの長をメルツから引き継いだオスカー＝アルフレート・ベルガー少佐（参謀本部）と乗馬に出かけた際には、突然「奴らはユダヤ人を集団で撃ち殺しているんだ。こんな罪が許され続けてはならない」と述べている。その直後、シュタウフェンベルクはベルガーに、ミュンヘン協定によって挫折した三八年のハルダーのクーデター計画について話した。やがてシュタウフェンベルクは出かけるたびに暴君殺害について話すようになる。彼は暴君殺害が場合によっては許されると明言した聖トマス・アクィナスを引き合いに出した。ベルガーはそれでも殺人に変わりはない、と反論したという。

当時、シュタウフェンベルクはブルクハルト・ミューラー＝ヒレブラント中佐（参謀本部）とも乗馬に出かけていた。四二年四〜一〇月まで編制課長だった人物である。話題が将校団に対するヒトラーの頻繁な中傷に及ぶと、シュタウフェンベルクは、将校がピストルを持っていって汚らしい奴をそろそろ撃ち殺すときだといった。

ヒトラーを攻撃するシュタウフェンベルクにベルガーや他の人々が示す反応を見れば、総統に対する思い切った行動に参加したいと思う参謀がいそうにないのは明らかだった。ヒトラーを説得して軍の指揮をやめさせ、「指揮命令系統の変更」を行ってはどうか、という議論は何度かなされた。ベルガー、ホイジンガー、シュタウフェンベルクと、四二年一〇月からミューラー＝ヒレブラントの後任となったヘルムート・シュティーフ大佐（参謀本部）は、共同で覚書を作成することまで考えたが、実行はしなかった。

一九四二年九月一一〜二〇日の間、シュタウフェンベルクは第一六二歩兵師団を訪ねた。トルコ人大隊の編制について、情報を直接得るためである。彼のおじユクスキュル中佐の言葉を借りれば、「組織全体がクラウスの子ども」だった。

ユクスキュル伯爵は以前から野戦司令部での勤務を希望していた。彼は六六歳という高齢だったし、基礎訓練や戦闘訓練を受けたのは前世紀の終わりで、参謀側にいて戦争中も戦地勤務はしていなかったので、これは難しい相談だった。だがシュタウフェンベルクの尽力で一九四二年九月一〇日、「東方部隊」とともに配属され、一〇月に第一六二歩兵師団のアゼルバイジャン部隊の司令官となることができた。新たな職務に就く途中の九月二三、二四日、ユクスキュル伯爵はヴィニツァの陸軍総司令部に甥を訪ねた。その後二人は師団司令部に車で向かい、シュタウフェンベルクは九月二八日にヴィニツァに戻った。

シュタウフェンベルクはスタロビエルスクにあるB軍集団司令部（司令官はフォン・ヴァイクス）の参謀長フォン・ゾーデンシュテルン中将も訪ねた。二人は二時間語り合った。ゾーデンシュテルンによると、直接前線にかかわっていない軍指導者の間に、ヒトラーの不合理で犯罪的な戦争の指揮をやめさせ、西側連合国と交渉を開始したいと考える人々がいるらしかった。シュタウフェンベルクは「共通の基本的な理念」について述べ、ゾーデンシュテルンの支援と参加を得ようとした。ゾーデンシュテルンは辞退した。軍人として、敵の面前で兵士が反乱を起こすことを許してはならないと考えていたからである。彼はシュタウフェンベルクに、新たな政権をもたらすためにどんな方法を用いるのであれ、軍集団は前線での義務を果たし続けると断言したものの、自分に国内での指揮権があれば、もっと支援できるのだが、と述べた。

九月二三日よりも前に、シュタウフェンベルクは黒海、カスピ海間のテレク川沿いにある第四〇装甲軍団司令部を訪ねている。軍団はA軍集団の第一装甲軍に属しており、六月から九月二七日までガイル・フォン・シュヴェッペンブルクが司令官を務めていた。進軍は燃料不足のために失速していた。シュタウフェンベルクと第一特別任務参謀将校ヨハン・ディートリヒ・フォン・ハッセル大尉は、ヒトラーがスターリングラードとバクーへの攻撃を二手に分けたことがどれほど深刻な誤りだったかについて意見が一致した。大尉の父親は元ローマ大使で、後に反ヒトラーのクーデター主導者のひとりとなる。その後ガイルに自室に呼ばれたが、シュタウフェンベルクはゾーデンシュテルンといたほどには長く一緒にいなかった。彼はジェレズノヴォツクにいる第一装甲軍のフォン・クライスト大将のもとに飛んだ。

ハルダー解任（一九四二年九月二四日）後、編制課長ミューラー・ヒレブラント中佐（参謀本部）は、シュタウフェンベルク、シュミット・フォン・アルテンシュタット中佐（参謀本部）、主計総監戦時管理課のブライケン大尉（参謀本部）を執務室に呼んで会議を開いた。シュタウフェンベルクが議題を提示し、野戦軍の人員の深刻な状況について説明した。ヒトラーは一〇個の空軍自動車化歩兵「野戦師団」の編制を命じており、ゲーリングが介入したために、これらの師団を東部前線での人員交代に利用することはできなくなった。陸軍は四ないし五個の装甲師団の必要数に相当する車両を新たな師団のために用意しなければならない。人員交代が大至急必要なのにできないのは誰の責任なのかとブライケンは尋ね、ヒトラーに「真実」を教えてやってほしいといった。このときシュタウフェンベルクが突然立ち上がり、叫んだ。「責任はヒトラーにある。奴が排除されなければ抜本的改革は無理だ。私にはその準備がある」

陸軍の中でさえ、そのような意見を口にする人間を報告しないのは非常に危険だったし、もちろん、そんなことを口にするのはもっと危険だった。一九四二年だけで一〇〇〇人を超えるドイツ兵が、軍法会議で死刑に処せられていた。アメリカ、イギリス、フランスの軍法会議で死刑になったのは、第二次世界大戦全体でも約三〇〇人だ。シュタウフェンベルクの上官ミューラー＝ヒレブラントは、シュタウフェンベルクという危険な存在の目撃者だった。ブライケンはすぐに彼の特別任務参謀将校ヴァルター・ブッスマン少尉（予備役）に議事録を渡して「それについては後で話す」といっている。ブッスマンも同様に、自分の大学の教師に顛末を話している。ミューラー＝ヒレブラントがこの一件をツァイツラー中将に報告したかどうか、あるいはブライケンがそれを上官に報告したかどうかは定かではない。いずれにせよ、ブライケンとブッスマンの証言から両者がシュタウフェンベルクの脅しを深刻にとらえていたことがわかる。

「けちな爆弾犯人」についての取るに足りない話をシュタウフェンベルクは軽視していたが、ひとたび行動を決意すると、総統に反対する他の人々よりもずっと断固たる行動をとった。反乱を先導したり実行したりする者が見つからないなら、自らやる覚悟ができていると宣言し、機会をうかがった。ハルダー、ミューラー＝ヒレブラント、ホイジンガーは、ヒトラーとの打ち合わせに彼を連れていくことができただろうが、やらなかった。もしシュタウフェンベルクが彼らに同席させてくれるよう頼まなかったとしたら、それは支援を受けられないとわかっていたからだ。もし彼が頼んでいたのだとしたら、彼らが戦後それについて沈黙していたのには、そうするだけの理由があるということになる。ハルダーは自分の「親友」とくに「情熱的な若者」が一九四二年九月の彼の解任後に目指した方向について、知っていたとしかいわなかった。すなわち、彼らは「しだいに暗殺の道へと足を踏み入れていったのだ」。戦後、ヒトラーの犯罪の過程でハルダーがヒトラーを支持したという告発に対し、ホイジンガーはハルダーを弁護して、ヒトラーの「排除」は、参謀本部にいる人々の心に「当然何度も浮かんでいた」と証言している。しかし同時に、自分たちが国民や国防軍に理解してもらえないこと、大逆罪に問われることも彼らは自覚していた。

一九四二年一〇月、シュミット・フォン・アルテンシュタット中佐（参謀本部）は、四〇名ほどの参謀将校の会合で司会をしている。彼らは東方でのドイツの農業政策についての報告を聞いた。アレクサンダー・シュタウフェンベルクの義兄弟で、かつてモスクワのドイツ大使館で農業担当官を務め、現在は外務省東方経済部門の農業顧問であるオットー・シラーが、将校たちに政策がいかに破壊的であるかについて述べている。続く議論の中で、シュタウフェンベルクはドイツが憎しみの種を蒔いていること、ドイツの犯罪は次の世代で報復されるであろうことを述べた。ドイツ側で人的・物的資源が不足していることを考えると、東方での戦いが住民の助けなしに勝利できないのははっきりしている。数百万の兵士が日々自分の命を危険にさらしているのに、たとえ自分の命を賭けなければならないとしても、誰も勇気を出して総統に進言しないのは恥ずべきことだ、と。

一九四二年一二月初頭、ドン軍集団司令部の情報将校ヴェッセル・フォン・フライターク＝ローリングホーフェン大佐が、土着の志願兵の専門家カール・ミヒェル中尉（予備役）をハリコフの参謀本部から「マウアーヴァルト」のシュタウフェンベルクのもとに、支援を求めに寄越した。集めた五〇〇〇人のカルムイク人が単なる砲弾の餌食として使い捨てにされないよう保証してほしいというのがミヒェルの要望である。シュタウフェンベルクはミヒェルを東方外国軍課のフォン・レンネ中佐（参謀本部）のもとに連れていき、志願兵がボルシェヴィキ打倒に力を貸してくれているのを見れば、解放されたドイツがボルシェヴィキの独裁政権の餌食にはならないという大きな希望がもてる、と明言した。シュタウフェンベルクはそれによって、政府の公式の政策に逆らった。ミヒェルはシュタウフェンベルクが、運命は犠牲ではなく行動を讃える、といったことを覚えている。行動しなければ、ドイツを破滅から救うことはできないのだ。

東方占領地域担当相ローゼンベルクは自らの部下一八名と軍部の代表一五名で、一九四二年一二月一八日にベルリンで会議を開いた。この会議に赴く途中、ヘルヴァルトは「マウアーヴァルト」に立ち寄り、シュタウフェンベルクを訪ねた。彼も出席する予定だったのだ。ヘルヴァルトは彼がすっかり変わったのに気づいた。それまで、シュタウフェンベルクとヘルヴァルトは政権に対する組織だった抵抗について議論したことはなかった。ヘルヴァルトにはシュタウフェンベルクが、もはや排除されるべきはヒトラーの側近ではなく、ヒトラー自身が諸悪の根源だと考えているのがわかった。しかしヘルヴァルトによれば、シュタウフェンベルクはまだ上級司令官の先導を希望していた。それにシュタウフェンベルク自身は、前線に配属される予定だった。

会議は一二月一八日午前一〇時半、ウンター デン リンデン六三番地の旧ソ連大使館にある東方占領地域担当省の小会議室で開かれた。シュタウフェンベルクは参謀本部の代表二名のうちのひとりとして出席していた。ケストリング中将がD軍集団を代表することになっていたが、代わりにフォン・ヘルヴァルト中尉（予備役）が出席した。ローゼンベルクは開会の辞で、占領地域はドイツの経済的要求に従うことになり、非独立地域の組織が独立運動を阻止してくれることを期待していると述べた。また、住民間の雰囲気が「戦争捕虜や強制労働の扱いによって緊張している」ことを認め、こういった「所見」について総統に報告するつもりなので、出席者に「忌憚のない意見を出してほしい」と述べた。

フランツ・フォン・ロクエス中将は北方軍集団を代表して、ドイツの後方地域の概して無能な関係局が住民を搾取する様子は目にあまると述べた。たとえば、エストニアの二万七〇〇〇人の農民が供出割当を満たすことができなくて訴えられているが、うち二万四〇〇〇人は牛一頭しか所有していない。また、軍集団は六〇〇〇人の労働者を要請したが、志願したのは六人で、強制的に集めることができたのもわずか三〇〇〇人にすぎない。こんなことではパルチザンの集団が増えるだけだ。中央軍集団のマックス・フォン・シェンケンドルフ中将も同様の話をしている。住民を味方に引き入れ、ボルシェビキのくびきから逃れる手助けを要請する絶好の機会が失われているのは、残虐行為を野放しにしてきたせいだ。教育を受けたい、ドイツ語を習いたいという人々の希望を支援することもせず、略奪者の一団に対抗して戦うよう協力を求めもせず、彼らをむごたらしく殺すばかりだ。赤軍の上級将校と熟練したパラシュート部隊は、パルチザンにすばらしいリーダーシップを提供している。ドイツが求める労働力を得ようとしても無理だ。B軍集団（ウクライナ）代表のグスタフ・ギルハウゼン大佐（参謀本部）は、ドイツ軍のためにソ連に反抗して殺される危険を負ってくれる者には、それなりの対価、つまり土地、政府あるいは商業上の地位、地方自治などを提供する必要がある、と述べている。フォン・ヘルヴァルト中尉（予備役）はケストリングからのテレタイプによるメッセージを代読した。ロシア人の助けを借りなければ、ロシアを破ることはできない、という内容である。シュミット・フォン・アルテンシュタットもこういったメッセージを支持した。つまり、住民は「死ぬ価値があるほどの目標」を与えられれば、ドイツの大義を支援するだろう、ということだ。総統は今なお東方では思いもよらぬほど尊敬されており、適切な政治的声明を出せば趨勢を逆転させることができるのだから。

シュタウフェンベルクは沈黙を守った。彼には有効な手立てを企てる幻想は残っていなかったし、ヒトラーと子分たちが行うどんな政策にも期待していなかった。一九四二年一二月初旬、バルト諸国の補助警察隊の状況について警察およびSS当局とベルリンで討議した後、彼は編制課の日誌に次のように記している。「正規の警察本部は陸軍総司令部からの提案に従う準備ができているものの、これが帝国SS指導者の決定次第だということを指摘している。陸軍総司令部が求める取り決めを達成できないような目標を、SS指導者が推し進めるに違いないと示唆しているのだ」

いずれにせよ、シュタウフェンベルクはもう別の道を歩み始めていた。一月に義母への手紙に書いていたように、ここには参謀長の考えが反映されているように見える。彼は自分が必要と信じたことを達成できなかったので、ハルダーが解任された際、自分も参謀本部から離れようとしていたのだ。シュタウフェンベルクは前線の装甲師団への転任を希望していた。戦地に配属されるために彼が積極的な根回しをしていたのは明らかだ。七月一八日にフランクがベルトルトに次のような手紙を書いている。「クラウスが本当にくつろげる場所にいられないのは、つらいことだろう」。七月二三日、シュタウフェンベルクはカール・ヨーゼフ・

パルチュに、おそらくベルトルトから聞いて知っているだろうが、自分の戦場への配属希望はまだ叶えられていない、と手紙で述べている。「中央で働くことの緊張に長期間耐えるのは容易ではない。ただしそれは仕事が忙しいからではなく、別の理由によるものだ」

一九四二年一一月、ユクスキュル伯爵は妻への手紙で、クラウスが上級参謀将校として装甲師団に配属を希望しているが、上官からの許可が出そうにないと述べている。しかしこの頃のシュタウフェンベルクはヒトラーを排除すべきだときわめて頻繁に口にしていたので、彼が参謀本部にいることは彼自身だけでなく、彼の同僚たちにとっても危険だった。シュタウフェンベルクは妻に、「自分は窮地に陥っており」、当分前線に退いていなければならない、と話している。また、四三年二月半ばに新たなポストに着任した際には、自分は総司令部で苦境に陥っていたので遠く離れたアフリカにこられてうれしい、と師団長に話している。

ツァイツラー大将はシュタウフェンベルクの戦地配属を、一九四二年秋に命じた。一〇月もしくは一一月に、シュタウフェンベルクはベルトルトと、自分の家族や友人たちやシュテファン・ゲオルゲの遺産の潜在的重要性について議論し、さらに対ヒトラーの同志を陸軍上層部でなかなか見つけることができないむなしさについても話している。

一九四二年一一月二二日、第一九〇装甲大隊長ヘニング・フォン・ブロムベルク中佐がチュニジアのマトールの近くで戦死した。彼はブロムベルクの唯一の後継ぎだった。彼の兄弟、アクセル・フォン・ブロムベルク少佐はバグダッド上空で撃墜されていたからだ。慣例に従って、ブロムベルクの娘婿でチュニジアの第一〇装甲師団の上級参謀将校だったビュルケル大佐（参謀本部）が一二月一五日、前線から帰還し、四三年一月五日に離職した。後任はヴィルヘルム・ビュルクリン少佐（参謀本部）である。しかしビュルクリンは四三年二月一日に重傷を負ったため、二月三日か四日にシュタウフェンベルクが第一〇装甲師団の上級参謀将校を引き継ぐ命令を受けた。このポストは元々シュタウフェンベルクが配属されるはずだったのが延期され、代わりにビュルクリンが配属されたように思われる。というのも、一二月二七日に「マウアーヴァルト」で、シュタウフェンベルクは装甲師団の上級参謀将校に就任するとヘルヴァルトに話しており、ベルトルトもフランクに（おそらく目安として一月二〇日よりはかなり前）装甲師団を率いたいというクラウスの望みが叶うことになったと書き送っているからだ。この時期、たぶん一月に、オスター准将とオルブリヒト中将はクーデター仲間でチューリッヒのドイツ領事館で軍の防諜員だったハンス・ベルント・ギセヴィウスに、「シュタウフェンベルクは今ではわれわれの見解を受け入れ、関与している」と話していた。

39. フランク・メーネルト、ロシアの前線にて、1943年２月

ハルダーの退役の数週間後、つまり九月の終わりから一九四二年の終わりまでの間に、シュタウフェンベルクは元参謀長をベルリンの自宅に訪ねた。ハルダーはこれに驚いたと後に回想している。彼はゲシュタポに監視されていたので、考えを同じくする者たちとは連絡を取り合わないということで話がついていたからだ。独裁政権では、失脚したかつての強者と接触すれば、嫌疑がかかるのは当然だった。ハルダーはシュタウフェンベルク

の身を「案じた」とも述べている。

シュタウフェンベルクはハルダーに、自分はいくつかの重大な個人的決断を迫られているため、ベルリンで兄のベルトルトに相談している、と語った。自分はもはや陸軍総司令部に我慢がならない。ハルダーは去り、ヒトラーに反対するすべての奮闘は無駄に終わり、もはやおおっぴらに話すこともできず、ドイツが崩壊していくのを傍観しているしかないからだ。自分はもう精神的緊張に耐えられないので、戦場への配属を願い出ようと考えている。シュタウフェンベルクはヒトラーに対するクーデターに、ハルダーの協力を求めようとしていたのかもしれない。

一九四三年一月のシュタウフェンベルクの活動は、既存の反ヒトラー活動と明らかにつながっていた。ユクスキュル伯爵が妻に宛てた手紙に見られる不可解な言葉は、その方向を指している。ユクスキュル伯爵が休暇をもらえるかどうかは、「クラウスの考え方」次第で、「それについてはいつか説明しよう」というのだ。さまざまな年齢層のレジスタンスたちが、ペーター・ヨルク伯爵のリヒテルフェルデの家で、一月八日に調整のための会合を開いた。出席者はベック、ゲルデラー、ハッセル、ポーピッツ、イェッセン、モルトケ、ヨルク、トロット、シュタウフェンベルク、ゲルステンマイヤー。さらにゲルデラー、オルブリヒト、トレスコウは一月二五日にベルリンで会い、クーデター計画を調整した。こういった会合が開かれている一方で、レーリンク中佐（参謀本部）は一月一四日に「マウアーヴァルト」にシュタウフェンベルクを訪ねている。シュタウフェンベルクはレーリンクに、参謀本部がどれほどの努力を払ってヒトラーに第六軍の撤退を命じさせたかを語った。二人は第六軍の悲劇と、空軍による支援をゲーリングがどれほど保証したかについても話し合った。同じ頃、シュタウフェンベルクは友人のフォン・チュンゲン少佐（予備役）に、軍の指導者であるということは国民の指導者であるということであって、「その統率はわれわれが執る」と語っている。

一九四二年一一月、ベック大将はフォン・マンシュタイン元帥に手紙を書き、より広い戦略的ポジションは望み薄だとして、結論を急がせている。マンシュタインは、状況の評価についてはベックに賛成だが、あきらめれば戦争に負けるのは必定で、自分はまだ引き分けになる可能性もありと考えている、と答えた。

トレスコウは一九四二年一一月一六日、ヴィテブスクの第一一軍司令部にマンシュタインを訪ね、二時間語り合った。シュタウフェンベルクは航空野戦師団のスキャンダルについてトレスコウに話したに違いない。というのも、トレスコウはマンシュタインに、ゲーリングが一七万の兵を前線から引き上げた件を知らせているからだ。マンシュタインはトレスコウに、特別任務参謀将校にふさわしい人材を知らないかと尋ねた。トレスコウはアレクサンダー・シュタールベルクを推薦している。彼はシュラーブレンドルフの姻戚で、トレスコウの遠い親戚でもあった。シュタールベルクはマンシュタインの部下として着任する直前の一一月一七日に、トレスコウからシュタウフェンベルクとフェルギーベルの名前を覚えておくようにいわれたのを覚えている。このことから、トレスコウがシュタウフェンベルクをマンシュタインと接触させるのに一役買っていたことがうかがえる。

紛れもなく、背景にあるのは指揮命令系統と補充兵の問題だった。スターリングラードの第六軍が破滅寸前であるため、話題はどうしてもそれに関連したものになった。第一四装甲軍団長ハンス＝ヴァレンティーン・フーベ中将は当時頻繁にマンシュタインに会っていたが、一二月と一月に、これほどの損失が出れば首脳の威信が脅かされるということをヒトラーとツァイツラーに示唆しようとしたし、一月一九日には電話でツァイツラーに、陸軍の直接の指揮を総統は他の人間に任せるべきだと述べている。一九四二年一一月二〇日からドン軍集団の最高司令官を務めていたマンシュタインは、一月二二日にツァイツラーに手紙を書いて、ヒトラーは政治的指導者も軍務長官も野戦司令官も一手に引き受けるのはあきらめ、将軍たちを信頼して、前線でひとりの顧問（参謀長）が指揮をとるのを認めるべきだと主張した。

一九四三年一月二六日、マンシュタインは総統の筆頭副官で陸軍人事局長でもあるシュムント准将、国防軍と陸軍通信部隊の責任者エーリヒ・フェルギーベル中将、参謀本部編制課のシュタウフェンベルク少佐をスターリノにある彼の司令部に招いた。戦争日誌によると、シュムントは二時間二〇分、フェルギーベルは一〇分、シュタウフェンベルクは四五分、マンシュタインとともに過ごした。公式の日誌には慣例に反して、話された内容の手がかりすら書かれていない。しかしマンシュタインは自分の私的な日記に次のように記している。

一月二六日、シュムントがフェルギーベル、シュタウフェンベルクとともにやってきた。長い会談の中で、私は国防軍統一司令部をつくる必要性について伝えようとしたが、その場合、総統は心底信頼できる参謀長を選ばねばならなくなる。総統が陸軍の司令部を見捨てるかもしれないなどと考えるのはまったく不適切だと私は力説した。総統がそんなことをするとは思えないし、すべての信頼は彼個人に集中しているからだ。フーベからの電話を受けた直後に私がホイジンガーに電話して、私は完全にこの件から距離を置くといったこと、そして私自身の考えはここに記録されているとおり、つまり反対だということを、私はとくにシュムントに伝えた。

マンシュタインはシュムントやフェルギーベルに対するのと同じ親しみのある言葉でシュタウフェンベルクに言及している。翌日、マンシュタインは再びシュムントと話し、明らかにフェルギーベルとも話して、日記に次のように書いている。

昨日と同じ件についてシュムントと話した。私はこれまでの決定がいつもどれほど遅すぎたかを彼に述べ、総統は自分の助言者を信頼し、無責任な人間を無視するべきだと主張した。私はブロムベルクに始まり、将校団の姿勢について総統がどれだけ誤った概念を植えつけられてきたかについて明確にしようとした。誤った概念のために、そしてブラウヒッチュとハルダーを選んだために、そして西方の攻撃をめぐる対立があったにもかかわらず彼らを使い続けたがために、総統は将軍たちにも能力があるとは思えなくなってしまった。これは変えねばならない。フェルギーベルは私が参謀長を引き受け、総統に意見することを望んでいる。それは問題外だ。参謀長になるのは、求められてでなければ意味がない。私に全幅の信頼が寄せられるなら別だが、そうでなければ作戦に対する私の助言は受け入れられないだろう。こういった問題について相談する約束を求めるだけでは、自分の意見を述べようにも、かえって私に対する総統の信頼を失わせるだけだと思う。信頼されぬまま、総統にも大義にも仕えることはできない。

日記には拒絶したと書いているにもかかわらず、戦後マンシュタインは、ヒトラーへの進言を三度試みたと明言している。最初はスターリングラードでの第六軍の降伏直後にひとりで。二度目は一九四三年の夏、てクルスク攻撃（シタデル作戦）が失敗した際にフォン・クルーゲ元帥と。そして最後は四三～四四年にかけての冬に、再度ひとりで。実際、マンシュタインは四三年の二月六日にヒトラーに概要を伝え、「指揮構造」を変える提案をしようとしたが、ヒトラーはすぐにスターリングラードについての全責任は自分が負うと宣言し、マンシュタインをさえぎった。他の二回についても、ヒトラーはマンシュタインの提案を拒否し、自分、つまり総統のみが国民と軍の信頼を享受するのだと主張している。マンシュタインはさらに踏み込むことを常に拒否していたが、それはヒトラーを強制的に排除すれば部隊の闘争心が急速に萎えると信じていたからだった。

戦後マンシュタインは、シュタウフェンベルクが編制課を代表して、ドン軍集団の人員交代に関する概要を伝えにきたと述べている。その後シュタウフェンベルクは彼と「個人的に」話すことを希望し、ヒトラーの指揮能力についての懸念を打ち明けた。マンシュタインは同意するしかなかった。すなわち、軍の指揮系統は至急変更することが望ましかったし、彼は実際に全般的な指揮を執る、責任ある国防軍参謀長の選任について考えていた。少なくとも、東方総司令官を任命すべきだと考えていた。マンシュタインは明らかにシュタウフェンベルクとの会話を一月二六日の日記に記しており、彼の戦後の答弁はそれを詳述しているにすぎない。彼はシュタウフェンベルクに、自分がヒトラーを説得して変更に同意させると述べている。マンシュタインはまた、シュタウフェンベルクが陸軍総司令部で目撃せざるをえなかったすべての事態に絶望しているように見えたため、総統司令部の不愉快な環境から脱出するために戦場の参謀ポストへの異動を助言したことを覚えていた。

しかしシュタウフェンベルクは個人的にであれ、元帥や上級司令官によるものであれ、個別にであれ、一緒にであれ、ヒトラーに嘆願することには興味なかった。彼が求めていたのは、力によるヒトラーの排除だけである。マンシュタインは後に一度これを否定し、別の機会には是認する姿勢を見せた。しかしシュタウフェンベルクが彼に「個人的に」話をした際には、その話をやめなければ君を逮捕させる、と脅している（これはシュタウフェンベルクのチュニジアの師団長フォン・ブルーフの談話によるもので、シュタウフェンベルクが彼に語った内容については、もちろん疑う余地はない）。マンシュタインは後にこれについても否定しているが、シュタウフェンベルクに「警告した」ことは認めている。シュタウフェンベルクは前線への転属を忠告してもらうために来たわけではなかった。あるとき、元帥は軽蔑した様子で、自分は「身分の低い少佐」に従うことはできないと弁明したことがあった。しかしシュタウフェンベルクはマンシュタインに誰かに従ってほしいと頼んだわけではないし、知らない人間との陰謀にも加わらなかった。つまり、シュタウフェンベルクは自分がそういった人々の代表になるつもりはなかったのである。シュタウフェンベルクは専制政治と戦争を終わらせるために、陸軍と国民を率いてほしいとマンシュタインに主張したのだった。

　シュタウフェンベルクは大将や元帥に働きかけた結果に非常に落胆していた。マンシュタインの答えは元帥から聞きたい答えではなかった、と彼は述べている。彼はそれについて、ディーツ・フォン・チュンゲンに冗談めかしていってみせた。「奴さんたちは怖がっているのか、それとも頭の中にわらが詰まっているのか、とにかく何もしたくないのさ」

9章　前線で

一九四二年一一月八日、ドワイト・D・アイゼンハワー大将が指揮するアメリカ部隊はカサブランカ、オラン、アルジェに上陸した。彼らはヨーロッパ侵攻のための中継基地を確立し、ドイツ＝イタリアのアフリカ軍団の背後を速やかに攻撃し、独伊軍がまだイギリス第八軍に立ち向かっている間に、チュニスを経由する補給ラインを遮断するつもりだと予想された。ヒトラーはすぐさま反応し、これを阻止して北アフリカの両連合国軍を封じる手段を講じた。一一月一一日、パラシュート部隊、爆撃機、ランチ、装甲大隊の一部、軽砲大隊、対戦車中隊を先遣隊とするドイツ軍がチュニジアに到着した。第一〇装甲師団はチュニジアに移送された三個師団のうちのひとつで、鉄道でナポリに到着し、それから船で海を渡った。しかし車両のうち二〇〇〇両がイタリアを出発できなかったため、最初から脆弱な状態にあった。一二月の初めには、チュニジアのドイツ軍は、実際よりも大きく見せることを意図して、ハンス＝ユルゲン・フォン・アルニム率いる第五装甲軍として組織された。

マンシュタインを訪問した後、シュタウフェンベルクは数日間「マウアーヴァルト」に戻った。彼は一九四三年二月三日にベルリンを訪れているが、その日は「総統本営」が「スターリングラード戦の終結」を宣言した日だった。シュタウフェンベルクは短期休暇をとる予定で、その間に次の配属の辞令が下りるはずだった。しかし彼はその日かその翌日、自分が第一〇装甲師団の上級参謀将校（Ｉａ）ヴィルヘルム・ビュルクリン少佐（参謀本部）と交代してチュニスに行くことになったのを知った。ビュルクリンは師団長ヴォルフガング・フィッシャー少将とともに二月一日に車で地雷を踏み、重傷を負ったのだ（フィッシャーは死亡）。シュタウフェンベルクはアフリカ用の軍服を受け取りに行った。

その頃、反ヒトラーのレジスタンスたちは急遽クーデターに着手しようとしていた。指導者がいないことについて多くの議論がなされた。ゲルデラーはマンシュタインを重視していなかったし、ベックをずるずる先延ばしにする人物だと見ていた。彼は国内予備軍最高司令官フリードリヒ・フロム大将を説得してイニシアチブをとってほしいと考えていた。オルブリヒト中将がイニシアチブをとることはほとんど期待されていなかった。フロムの参謀の証言によれば、オルブリヒトが命令されればヒトラーに対して「行動したい」と述べていたのに対し、フロムは「行動」が起こったら命令を出したいと考えていた。シュタウフェンベルクがクーデターのリーダー候補に推されたかどうかは定かでない。ただ、前線への配属がさらに延期されることに承服できないと彼が考えていたのは重要な手がかりになるだろう。当時、クーデターに必要な国内予備軍の重要ポストを彼が手に入れることができたという証拠も、彼を国内予備軍に送り込むために何らかの工作がなされたという証拠もない。

他にとり得る道がないのは明らかだったので、ベックは今ではヒトラーの暗殺に同意していた。レジスタンスたちの努力により、三月に二度、暗殺が試みられることになる。

一九四三年二月初頭の数日、ベルリンに短期滞在した間に、シュタウフェンベルクは友人のペーター・ザウアーブルッフを訪ねた。彼は黄疸で入院していた。ザウアーブルッフは第六軍第一四装甲師団の補給係将校を務めている間に罹患したが、四二年一二月に野戦病院を出て、師団がドン川にかかる最後の通行可能な橋を越えて西に向かうのを指揮した。第六軍の救出作戦を可能にするためである。シュタウフェンベルクは参謀本部の耐えがたい雰囲気について語り、自分の新たな配属についての見解を述べ、落胆したような声でいった。「私は前線に逃げ出すんだよ」

二月四日にベルリンを去る前に、シュタウフェンベルクと妻は、ケムピンスキーホテルでビュルケル大佐（一般将校）に会った。ビュルケルは新たな師団での彼の同僚について手短に説明した。ビュルケルは一月二七日に、ドイツのボーヌ＝トズル線への橋頭堡を拡大しテベサに突撃することによって、チュニジアにおける米英軍の現在の弱点に付け込むよう国防軍司令部に助言したということをシュタウフェンベルクに話したに違いない。シュタウフェンベルクと妻はそれからバンベルクで二日、ラウトリンゲンで三日過ごした。これが彼にもともと与えられていた三週間の休暇の代わりだった。ヴィルフリンゲン近くの親戚の家を訪問した際、シュタウフェンベルクは次のように語っている。第六軍が包囲されたような戦い方を、もし陸軍大学校の一年生が訓練でやったとしたら退学ものだ。だが第六軍が包囲されて突破できない場合、降伏しても悲劇的結末が訪れることに変わりはない。大勢の捕虜を食べさせたり収容したりすることなど、ソ連にはできないだろうから。

二月一〇日、シュタウフェンベルクはミュンヘンに移動し、そこから空路、ナポリ＝バグノリにある第一〇装甲師団の連絡司令部に向かい、二月一一日にチュニスに移動した。彼は負傷した前任者、ビュルクリン少佐（参謀本部）を陸軍病院に見舞い、師団についてさらなる知識を得た。二月一四日、彼は師団の指令所に着任した。

二月三日から、師団はフリードリヒ・フォン・ブルーフ准将の指揮下にあった。ビュルクリンの後任は当面第五装甲軍司令部参謀の情報将校ヨーゼフ・モール少佐（参謀本部）が務めていた。シュタウフェンベルクは到着後すぐに上級参謀将校として彼の仕事を引き継いだ。前日に開始された「春風作戦」と呼ばれる攻撃のさなかのことである。ベテラン兵士は彼が見違えるほど風を起こすのに役立ったと証言している。モールはシディ ブ ジドの戦いの後、二月一八日までとどまった。シュタウフェンベルクの助手は第一特別任務将校ヴィルヘルム・ライレ中尉（三月二〇日にホルスト・フォン・オッペンフェルト中尉と交代した）、第四特別任務将校クラウス・ブルク少尉、師団事務職のベーゼンベルク曹長である。

シュタウフェンベルクの軍服はアフリカの太陽でまだ色あせしておらず、新参者だということがひと目でわかったが、その印象は軍服の色よりもずっと早く薄れた。彼は陸軍には珍しく、自分というものをしっかりもった人物で、上官に意見を率直にいうことを恐れず（当然敬意は払って）、いつも公正だったが、そこに問題がないわけではなかった。軍事的な事柄の他に、歴史、地理、文学、政治について議論するのを彼は好んだ。師団の第四特別任務将校ブルク少尉は戦後、銀行員になったが、シュタウフェンベルクの宗教的な考えが自分の「職務規範」の一部になったと述べている。シュタウフェンベルクは何よりも戦闘師団に復帰できたのが幸せで、自分の力量、信頼性、活力、勇気、誠実で率直な態度に対する同僚の尊敬と愛情を勝ち取った。ブルクは三月の終わりに兄弟に手紙を書いている。「師団長と上級参謀将校はすばらしい人物だ」。

シュタウフェンベルクは部隊（迅速な撤退をしている部隊にも）への指令を、注意深く適時に明確な言葉で作成したので、部隊は自分たちが完全に統率されていると常に実感できた。彼の精力的で徹底的な仕事ぶりは、他の者たちのやる気も引き出した。彼は一日に一二時間から一四時間働き、司令車や鹵獲《ろかく》した英軍のバス、ジープに乗って上下の指令所に出向き、中隊長にいたるすべての将校たちに連絡し、できるだけ多くの兵士や下士官と話す努力をした。指令所を訪れた者をコーヒー、タバコ、ワインでもてなした。三月六日の戦闘前夜は豪雨で、司令バスは将校たちですし詰めになったが、伝令が到着すると、シュタウフェンベルクはバスに彼らのための場所を空けてやり、食事を与えるよう命じた。

フォン・ブルーフ准将は、まもなくシュタウフェンベルクを友人とみなすようになった。彼は上級将校として「清廉潔白で反ナチで、非常に有能な参謀将校」がきたことを喜んでいた。二人は司令をすべて出し終えた夜遅く、よく司令バスに座ってチュニジアワインを飲みながら、ヒトラー政権の排除や哲学や文学について話し合った。シュタウフェンベルクはシュテファン・ゲオルゲの詩を暗誦するのが好きだった。シュタウフェンベルクは、ドイツではむしろ不愉快なことが多かったので、アフリカにこられてどんなにうれしいかを師団長に語った。ここ北アフリカでは、陸軍大学校で学んだあらゆること、すなわち攻撃、防御、撤退、遅滞行動を実践できた（上級参謀将校は、もちろん師団長が戦場にいる際には司令所から師団の管理を行った）。

シュタウフェンベルクはブルーフにも他の師団将校にも、ヒトラーを力で排除しなければならないという考えを隠さなかった。ブルーフは後にこれについて詳述しているし、第二特別任務将校のアルブレヒト・フォン・ハーゲン中尉（予備役）も、彼が反ヒトラーの陰謀に関与したとする一九四四年八月七日の「民族法廷」の審理でそう述べている。師団副官のハインツ・フォン・シェーンフェルト少佐は、かつて状況報告会の終わりに、シュタウフェンベルクが明らかにヒトラーのことを指して、はっきりと「誰かがあいつを殺すべきなんだ」といったのを聞いたことがあった。

アフリカのドイツ軍は、イタリア軍最高司令部と、ドイツの南方総司令部司令官アルベルト・ケッセルリンク元帥の戦術司令下にあった。しかし、差し迫った危険がある場合には、ケッセルリンクはヒトラーからの直接の命令で動くことができた。「春風作戦」は第五装甲軍最高司令官の常任副官、ハインツ・ツィーグラー少将が指揮した。彼は二月一三日にラ フォコネリーの指令所で最初の打ち合わせ会を開いた。出席者はツィーグラー、第五装甲軍最高司令官フォン・アルニム大将、ドイツ＝イタリア装甲軍「アフリカ軍団」司令官エルヴィン・ロンメル、チュニス航空軍団の司令官ハンス・ザイデマン准将、そして第一〇および第二一装甲師団長である。これは第五装甲軍に属しており、フォン・ブルーフ准将とハンス＝ゲオルク・ヒルデブラント大佐が出席した。

「春風作戦」はシディ ブ ジド、スベイトラに対する猛攻で、概して地中海のアルジェリアの港の方角に向けられた。第五装甲軍の部隊は西に、ロンメル率いるアフリカ軍団はガフサとフェリアナを経由し、北に向かって進撃する予定だった。米軍の司令官たちはドイツ＝イタリア軍の攻撃を予想していたが、主要目標がどこに計画されているかを見抜くことができなかった。アルニムとロンメルがこれまでとは傾向を変え続け、それに加えて構造や司令用語も変更し、編制の規模や配置について敵が混乱するよう仕向けたからである。ドイツとイタリアの部隊は砂漠での戦闘に慣れたベテランだったが、それに対しアメリカ軍はまだ戦闘に参加したことすらなかった。

二月一四日午前四時、第一〇装甲師団の一一〇両の戦車が二列に並行し、ファイドを経由してシディ ブジドに向かって進撃した。この攻撃のための師団の兵力は主に第七装甲連隊、第六九装甲擲弾兵連隊（Ⅱ／六九）の第二（装甲）大隊、第八六装甲擲弾兵連隊（Ⅱ／八六）の第二大隊で構成されていた。この中には三七ミリ砲と機関銃を備えたハーフトラックと、第五〇一重装甲大隊に属する約一二両のⅣ号「ティーガー」

40. シュタウフェンベルクが上級参謀将校を務めたチュニジアの第10装甲師団の進路。1943年２月14日から４月７日

41．ファイド峠。ファイド方向を臨む。1943年

戦車も含まれていた。第二一装甲師団（全兵力の約三分の一に、自動車化歩兵大隊二個のみ）はマクナシーからシディ ブ ジドへ二本の道を前進していった。攻撃軍の全兵力は一個師団に等しかった。急降下爆撃機と他の爆撃機が攻撃を支援した。

二月一四日午前六時、第一〇装甲師団の最初の戦車がファイドの八キロ西の地雷原に到着した。進軍中、強い砂嵐で視界も音もかき消され、地雷を除去する様子も覆い隠されたため、アメリカ軍は不意をつかれる結果となった。第七装甲連隊は歩兵の側面にまわり、北のジャバル レスーダと呼ばれる山に向かった。Ⅲ号戦車とⅣ号戦車を備えたルドルフ・ゲルハルト大佐の戦闘部隊は、一列になって偽装もせずに停止しているアメリカのシャーマン戦車一四両に遭遇したため、一両ずつ戦闘不能にしていった。その後、午前中にさらに一五両のアメリカの戦車が戦闘力を失った。敵はスベイトラに向かって撤退した。午後一時少し前に、第七装甲連隊の最初の戦車がシディ ブ ジドに入った。

長さ五〇〇メートルに及ぶアメリカの戦車隊が西からシディ ブ ジドに接近すると、Ⅳ号戦車とⅡ／六九の装甲部隊が道路とそちら側の領域を封鎖し、ティーガー戦車を含む主力の装甲軍は南側のアメリカ軍戦車の側面を突き、北西方向に向けて攻撃し、第二一装甲師団の装甲部隊が後方から攻撃した。ティーガー戦車の八八ミリ砲はシャーマン戦車の装甲を簡単に貫通し、Ⅳ号戦車も決定的な損害を十分与えられる距離にまで接近することができた。アメリカ軍は長距離七五ミリ砲を使い慣れていなかったからである。まもなく、戦場のあちこちに焼け焦げた戦車が残った。煙と塵があまりに厚いため、戦車司令官たちはハッチを開けて立ったまま戦った。

シディ ブ ジドの戦車戦は日暮れには終わった。町は第一〇および第二一装甲師団に占領され、残ったアメリカ軍は西へ退却した。アメリカ第一機甲師団のA戦闘団は四四両の戦車を失い、対戦車砲と一五五ミリ榴弾砲すべてを失った。ドイツ軍の損失はそれに比べると非常に軽かった。

ロンメルは、テベサとさらに北へ迅速な追撃をして、テベサ＝ルケフ線の東にいる敵軍をすべて切り離すべきだと主張し、残存部隊をボーヌの港に向かって撤退させることまで望んだ。今度こそ、ダンケルクの二の舞はごめんだった。アイゼンハワーの当時の不安に満ちた報告書が、ロンメルの考えを裏づけている。しかしアルニムはドイツ＝イタリア軍の軍事行動を、使用可能な兵力に相応なレベルに保った。まもなくイギリス第八軍がマレスの陣地に到着する。古いフランスの国境の要塞のほかには何もない場所だ。ロンメルはチュニジアの橋頭堡を防御するために急ぎ戻らねばならなくなるだろう。テベサへの前進にはただでも一週間かかるが、主要な補給所であるテベサの防御が固ければ、北への進軍はさらに一週間かかる。ロンメルが五〇〇キロ南東のマレスの陣地を防御するために戻るには三週間かかってしまうだろう。モントゴメリーが

42. カセリーン峠、1943年。下は東からカセリーン方面を臨んだところ

43. 1943年２月19日に第10装甲師団に指令所を訪れたロンメル元帥（中央）。ロンメルの左はバイエルライン大佐（地図を手にしている）、オットー・メッツ中尉（第10装甲師団第３特別任務将校）、ハイノ・ブエス（第10装甲師団の戦闘補給部隊司令官）。ロンメルの右はフォン・ブルーフ准将（カメラに背を向けている）、シュタウフェンベルク。シュタウフェンベルクの後方で写真の隅に見えるのはブルク少尉

彼を待っていてくれるはずもない。さらに、アメリカ軍は増援部隊を順調に受け入れている。ドイツ＝イタリア軍は援軍が到着せず、戦力は衰えていた。

しかし最終的に、ドイツ＝イタリア司令部は北のスベイトラへの進軍を決めた。ロンメルが後に指摘したように、決定がそれほど遅れていなければ、もっと小さな犠牲で済んだだろう。ドイツの躊躇がアメリカ軍に二月一五日の反撃の機会を与えた。アメリカ軍第一機甲師団C戦闘団のシャーマン戦車四〇両が正午少し前に攻撃を開始した。ドイツは即座に反撃した。数メートルの距離で戦車同士の派手な戦いが繰り広げられ、ドイツ軍はアメリカの戦車三三両を戦闘不能にし、戦車六両と大砲、機関銃、車一〇〇両を捕獲した。

師団の損失はⅣ号戦車一三両、八八ミリ砲五門、大砲数門だった。

ロンメルは第一〇および第二一装甲師団の指揮を願い出ていたが、二月一八～一九日にかけての夜、ローマの最高司令部がこれを許可した。しかしそれはル ケフに進撃する間のみで、テベサまでの許可は下りなかった。そしてロンメルが願い出ていたティーガー戦車は保留にされた（疲弊した履帯の交換品が空輸されるのを待っていた）。ドイツアフリカ軍団戦闘部隊による数度のカセリーン峠攻撃と第二一装甲師団によるシビバ峠攻撃は、二月一九日に失敗に終わった。その夜、ロンメルと彼の参謀長フリッツ・バイエルライン大佐（参謀本部）はスベイトラを通って東の第一〇装甲師団の指令所に車でやってきた。彼らはブルーフとシュタウフェンベルクに面会した。ブルーフはその夜八時にはロンメルがくることを予期していた。ロンメルは第一〇装甲師団が第二一装甲師団を支援する布陣を敷くよう、ブルーフに指示した。彼は午後七時少し前にフェリアナの指令所に戻った。

二月二〇日午前七時半、ロンメルはカセリーンに車で向かい、そこでブルーフに出会った。第一〇装甲師団の第一〇オートバイ歩兵大隊（K一〇）は、カセリーンに向かう途中だった。ロンメルはカセリーンの南西にいるイタリア部隊を訪ねた。彼らは山中にいるアメリカ軍を攻撃することになっていた。午前一〇時半、彼はハタブ川にかかるカセリーンとハイドラを結ぶ鉄橋で再びブルーフに会った。ブルーフは指令所をカセリーンの鉄道駅に移していた。ロンメルはブルーフに、メントン大佐が指揮する装甲連隊「アフリカ」の一部と第七ベルサリエーリ連隊の後ろにいるブルーフの最前列の大隊を展開させるよう命じた。ロンメルは後で日誌に次のように書きとらせている。「午前一一時半にはまだK一〇の気配なし。ブルーフからⅡ／八六は出撃予定だがまだ到着せず（もうすぐ着く）という連絡あり。彼はK一〇を支援作戦のためにとどめておくことを希望した」。第七装甲連隊が遅れたのは、一晩中ケロアンから悪路を走り続けたために戦車の整備が必要だったからだ。ロンメルは自分の命令を厳しくブルーフに繰り返し、司令官は必ず先頭に立って部隊を率いねばならないと付け加えた。しかしロンメルの非情で無礼な司令スタイルが、足りない軍需品の代わりになるわけではない。昼頃になって、ケッセルリンク元帥がカセリーンの第一〇装甲師団の指令所に現れ、ロンメルと会い、ブルーフと、アフリカ軍集団参謀長アルフレート・ガウゼと昼食をとった。ケッセルリンクは第一〇装甲師団に第六九および第八六装甲擲弾兵連隊の第一大隊を戻すことを約束したが、これは三月下旬まで果たされなかった。

午後五時少し前にロンメルは、ドイツアフリカ軍団と第一〇装甲師団の共同臨時指令所であるカセリーンの鉄道駅に戻り、カセリーン峠の占領を命じた。夕暮れの中でロンメルが監視していた様子は、日誌にこう記されている。「峠の北で戦車による興奮するような戦闘シーンが展開されている」。彼は第七ベルサリエーリ連隊をとくに賞賛している。彼らは猛烈に攻撃し、連隊長は攻撃中に戦死したが、米・英・仏軍をⅡ／八六とK一〇との共同攻撃で峠から一掃した。

二月二〇〜二一日にかけての夜、第一〇装甲師団の分隊はタラへの追撃を開始し、それは日中も続いた。午後一二時半少し前、ロンメルは装甲無線車に乗って、「グループ ロンメル」と暫定的に呼ばれている戦闘部隊の先導戦車にやってきた。彼は先導戦車の左側を車で進みながら指揮を執り、一方、ブルーフはジープで右側を走った。シュタウフェンベルクも攻撃の間、Ⅱ／八六の前に進み出た。

ロンメルに促され、先導戦車はイギリスの防衛陣地を抜けてイギリス第二六機甲旅団の旅団長A・L・チャールズ・ダンフィーの司令車の後ろの砂埃に急追した。イギリス軍がドイツ軍の後方に射撃を始めてすぐ

44. フォン・ブルーフ准将とシュタウフェンベルク。カセリーン駅の第10装甲師団指令所にて、1943年２月20日

のことである。先導戦車は方向転換し、イギリス軍の陣地を粉砕した。道路の東側では敵の戦車六両を戦闘不能にした。その日使用不能にしたり捕獲したりした戦車は全部で三二両にのぼる。それに加えて多くの火器とほぼ一個大隊分の捕虜を得た。対戦車砲のそばで死んだイギリス兵は、発砲が止む前にアラブ人に服を奪われた。第一〇装甲師団は夜にはタラに到着し、今度はアメリカの予備軍への攻撃に突入したが行き詰まり、戦車一〇両と装甲兵員輸送車数両を失った。ブルーフは二月二二日午後一時に再度攻撃することを希望し、空軍支援を要請した。しかしロンメルでさえ、今回は危ぶんだ。十分な歩兵部隊も師団のI／六九とI／八六もなしでさらに前進しても、師団を孤立させるだけだという点で両者の意見は一致した。二月二二日から二三日にかけての晩、第一〇装甲師団とドイツアフリカ軍団の戦闘部隊は撤退し、カセリーン峠にまで後退した。いつもどおりフォン・ブルーフ准将は最後の車両が通過し、地雷原に工兵が地雷を設置し終えるのを待った。それから彼は指令所に車で戻った。敵は追撃してこなかった。午前中に工兵はカセリーン峠付近の鉄橋を破壊し、残していかざるをえない銃や戦車も破壊した。二月二三日から二六日にかけて、師団はファイドとブセディを経由し、ガベスの北にあるラエスキーラまで東に向けて撤退し、そこで補給陣地を利用し

た。

二月二三日、ドイツ＝イタリア軍は軍集団アフリカと改名し、ロンメルが三月九日にアフリカを去るまで（名目上の）最高司令官を務めた。二月二八日、ロンメル、ブルーフ、ツィーグラー少将（二月二三日からクラーマー少将が引き継ぐ三月五日まで、ドイツアフリカ軍団司令官の副官を務めた）と他のドイツとイタリアの将校は、メドニンを攻撃する「カプリ作戦」について議論した。これはマレスの陣地を攻撃するために集結したイギリス部隊の撹乱を目的としていた。三月二日、ロンメルは作戦の概要をブルーフとシュタウフェンベルクに説明した。開始は三月四日。しかしブルーフとシュタウフェンベルクが調査したところ、道路が戦車に不向きであることがわかった。準備のため、三月六日まで作戦の延期を余儀なくされた。

第一〇装甲師団が通らねばならない道は狭く、カーブや傾斜が多かった。高い崖の間にはまり込むことも多かった。道があまりにも危険なせいで、部隊は昼の光の中、空から丸見えの状態であるにもかかわらず、ゆっくりと移動せざるをえなかった。しかし峡谷や岩は戦闘機に対する盾の役割も果たしてくれた。それでも、うまく落とされた爆弾の火が軍需品や燃料のトラックに燃え移り、道をふさいだ。シュタウフェンベルクは師団の進軍を見事に組織したが、多大な努力を要するとともに危険な任務でもあった。山道は追い越し禁止だったが、追い越しを試みる運転手もいて、事故が起きた。三月五日に、師団はクサール エル ハルッフに入った。そこで師団はマレス陣地の南翼を形成した。

イギリス軍の準備は万端だった。彼らはメドニン周辺にうまく偽装した対戦車砲五〇〇丁を半円形に配備し、さらに三五〇丁の小火器と三〇〇両の戦車を用意していた。第一〇、第一五、第二一装甲師団、第九〇アフリカ軽師団、イタリアのスペツィア師団からなるドイツアフリカ軍団は、クラーマー少将に率いられたが、彼らには一六〇両の戦車と二〇〇〇丁の小火器しかなかった。

ブルーフとシュタウフェンベルクはドイツ軍とイタリア軍のチュニジアでの状況が望み薄なのを知っていた。彼らは援軍も補給も受けておらず、一方、敵は日増しに強くなっていた。しかし彼らは「カプリ作戦」をメドニンのイギリス陣地に対する限定的な作戦とみていた。三個師団の一六〇両の戦車がイギリス第八軍の左側面と後方に集中攻撃を仕掛ければ、作戦は成功する。彼らはロンメルにそう提案したが、ロンメルはそれを却下し、三つの装甲集団が三箇所に分かれてイギリス軍陣地を攻撃すべきだと主張した。ブルーフとシュタウフェンベルクはそれでは無意味だと考えたが、シュタウフェンベルクは命令どおりに編制を組まざるをえなかった。「X日、ドイツアフリカ軍団は全軍の兵力を率いてメドニンとマレス陣地の間で敵軍を攻撃し、全滅させるものとする」。

雨の晩の後、師団は三月六日午前六時に攻撃を開始した。第二一装甲師団は第一〇装甲師団の左側で、第一五装甲師団は第二一装甲師団の左側で、ドイツアフリカ軍団の装甲偵察大隊は第一〇装甲師団の右側で攻撃した。第一〇装甲師団の役割は、イギリスの陣地を南北に二分し、包囲を開始することだった。ドイツ＝イタリア軍の接近は監視されていたので、驚きはなかった。クサール　エル　ハルッフ周囲の山麓にあるイギリスの地雷原で地雷除去が不可能だと判明したため、戦車は全速力で地雷原から抜け出すことはできず、前進しながら前にある地雷を爆発させていくしかなかった。第七装甲連隊の戦車はハルッフ谷の狭い山道を闇に紛れて脱出するのに成功したが、迅速に配備につくことはできなかった。ハルッフ谷から広い平野に出るには、一列縦隊にならざるをえない。それは戦車がイギリスの砲兵隊から集中砲火を浴びることを意味した。それでも装甲連隊三個は攻撃を続け、埃と煙の熱い雲の中、鎖が音をたて、エンジンはブンブンうなり、重砲は火を噴き、歩兵は走った。イギリスの対戦車砲の破壊的な集中砲火に飛び込む形となった連隊は大損害を受け、早朝の霧を通して日の光が差し込む前にすでに行き詰まった。ロンメルはドイツ＝イタリアの大砲が午前六時の定刻に攻撃を開始したと記している。しかし航空偵察が不可能な状態にあったため、大きな効果は期待できなかった。装甲師団の大砲は敵軍を射程圏内にとどめるために攻撃の前進に伴って位置を変えねばならず、砲弾も十分にはなかった。敵は制空権を握っていた。戦車と他の車両は涸れ川に逃げ込もうと向きを変えたが、イギリス軍は予測済みで、すぐに涸れ川に向けて発砲を開始した。

ブルーフ准将は兵員輸送車を借りて前進し、戦車を探した。燃えている戦車が三両。何両かのⅣ号戦車は川床で敵に向かって七五ミリ砲を撃っていたが、身動きできなくなっており、それはⅡ／六九とⅡ／八六の歩兵隊も同じことだった。ブルーフは彼らを新たな攻撃のために再編制した。

クラーマー少将はジェベル テバガの指令所から戦場を観察していたが、煙霧と塵と煙しか見えないため、車で師団指令所までやってきた。第二一装甲師団の指令所では、厳しい顔つきのヒルデブラント准将が装甲予備兵力のそばに立っていた。第一〇装甲師団ではシュタウフェンベルクが「模範的な冷静さで」指示を出していた。第一〇装甲師団は再度攻撃したが、第九〇装甲砲兵連隊の援護射撃があまりに弱く、イギリス軍の対戦車砲数百門から繰り出されるすばやい砲撃を遮断できなかった。Ⅱ／六九はわずか五〇〇メートル前進したところで身動きがとれなくなった。シュタウフェンベルクは師団の煙弾迫撃砲三基に敵の砲台めがけて攻撃するよう命じたが、一斉射撃を三度行った後で戦闘機に爆撃された。戦闘経験豊富なＫ一〇も突破を強行することはできなかった。

午後四時一五分、一六機の急降下戦闘機が第一〇装甲師団の突撃部隊を支援するためにようやくメタムールに到着し、敵の大砲と攻撃に空と陸から対抗するラインを保持した。ロンメルは第一〇装甲師団がその攻撃を首尾よく再開した唯一の師団だったと記している。ブルーフとシュタウフェンベルクは夜間も攻撃を継続したかったが、クラーマーの助言でロンメルは成果の不十分な戦いを打ち切り、日没後に山中への退却を命じた。

シュタウフェンベルクの撤退命令は、明快さとスタイルという点で、もっとも彼らしさを印象づけるものだった。同僚がのちに回想したところによると、狭い山道の危険な撤退が成功したのは、イギリス軍が追撃できなかったせいもあるが、シュタウフェンベルクの優れた組織技術に負うところが大きかった。シュタウフェンベルクは司令バスをハッルーフ谷の入り口に停め、イギリス軍部隊の追撃の有無を観察した。ブルーフは第七装甲連隊の戦車に同行し、開けた領域のさらに東の撤退を保護した。いつもどおり、彼は撤退が完了し、戦車が山中に戻り工兵が入り口に地雷を設置するまで待っていた。

三月一〇日、第一〇装甲師団の大部分はスースの西、ムサーキンの南にある予備陣地に移動した。シュタウフェンベルクはワディアカリットにあるチョット＝アカリット陣地を包括的に評価し、使用可能な重砲が不足していることを明らかにした。彼は陣地への敵の攻撃を、さらに北のアンフィダヴィルの狭い道で止めるしかないと結論づけた。

三月二〇日、師団はマハレスの西のエリアに移動し、すぐさま戦闘に備えて待機するよう命じられた。シュタウフェンベルクは道路についての情報を集めようとした。同じ日、モントゴメリー元帥がマレス陣地への大がかりな攻撃を開始したが撃退され、大損害を受けた。モントゴメリーは三月二三日に作戦を中止した。

三月二二日、第一〇装甲師団はチュニジアのドイツ＝イタリア軍の西側面を守るよう命じられた。師団は三月二二日から二三日にかけての夜間、ガベスとガフサを結ぶ道路に沿ってアメリカ第一歩兵師団を攻撃しなければならず、アメリカ軍の後方に夜明け前に到着しようとした。師団は午前三時に攻撃を開始した。戦車はアメリカ歩兵陣地を進み、その後方の砲兵隊にもう少しで到達するところだったが、地雷原によって足止めを食らわされた。これによってドイツ軍の戦車八両が使用不能になり、アメリカの砲撃によってさらに三〇両が無力化された。師団の砲弾は不足し、戦車もほとんど残っていなかった。午後に再び出撃したものの、敵を陣地から一掃できず、エルゲタールあるいはガフサに到達することはできなかった。増強され航空支援を受けたアメリカの歩兵師団は、戦いに慣れているものの衰弱した第一〇装甲師団を行き詰まらせた。しかし反撃を受けたアメリカ軍は成功を有効に生かせず、その結果、第一〇装甲師団はさしあたり敵がガベスに向かって突破するのを防ぎ、ドイツ＝イタリアの部隊がマレス陣地からアカリット陣地へ撤退するのを守ることができた。

今後、第一〇装甲師団はエルゲタールの東の領域をできるだけ防衛し、保持しなければならない。ライマン戦闘部隊はエルハフライ峠を通って北に向かい、それから師団の右側面を守るために西の並行する谷に入って北へ向かった。ハンス・ライマン大佐にはⅡ／八六と砲兵大隊一個、八八ミリ砲中隊、七六・二ミリ対戦車砲を搭載したシュコダ戦車の中隊のみしかなかった。シュタウフェンベルクは三月二四日の後、数日間彼らの陣地を訪ねている。さらに北ではルドルフ・ラング大佐率いる戦闘部隊がマクナシー峠を三月二三日～四月七日まで、ジョージ・スミス・パットン少将が命じた突破から見事に守っていた。ラングのグループには騎馬歩兵隊Ⅰ／六九とⅠ／八六、イタリアの歩兵隊、第九〇装甲砲兵連隊の第九砲兵隊、八八ミリ砲数門、射程距離二七キロの一七〇ミリ砲一門、ティガー戦車の大隊が含まれた。彼らは歩兵大隊三個、砲兵大隊四個、七五ミリ戦車駆逐車数両を含む装甲中隊二個からなるアメリカ軍から、メズーナに通じる峠を守っていた。

三月三〇日～四月六日まで、師団は戦車による支援を受けたアメリカ歩兵隊の攻撃を毎日撃退しなければならなかった。また、いくつかの丘の陣地を放棄せざるをえなかった。師団陣地へのアメリカの砲撃は二万五〇〇〇回に及んだ。敵は制空権も確保していた。

四月四日、第九〇装甲砲兵連隊戦闘部隊の司令官アウグスト・モンターダ少佐が負傷し、エドウィン・ショット少尉が代わりに指揮を執った。彼らは攻撃してくる連隊に対し陣地を保持しなければならなかった。ショットは四月五日にシュタウフェンベルクが二門の「突撃砲」を送ってくれたときの様子について述べている。この砲は戦車の車体にボルトで固定されているため、車両全体をうまく動かすことによって、おおよその狙いを定めることができる。二両のうちの一両は鎖の調子が悪く逆戻りした。もう一両は部隊の陣地を越えるところまで進んだがダメージを受けて停止した。ショットが報告すると、シュタウフェンベルクは火薬で破壊するよう命じた。ショットが火薬がないと答えると、シュタウフェンベルクは砲兵隊長に電話を代わり、彼がショットに乗務員室に一袋あると教えた。ショットが導火線がないと異議を唱えると、その将校は手榴弾を使えといった。ショットが今度は手榴弾の導火線は四、五秒しかもたないと反論すると、とうとうシュタウフェンベルクが話をさえぎり、ショットに工兵として状況に立ち向かうよう命じた。ショットは手榴弾を使って火薬を爆発させた。彼は車両からわずか七メートルのところで地面に伏せて生き延び、聴力を一時的に失っただけで済んだ。

一方、戦闘部隊は敵の歩兵隊と迫撃砲を撃退するのに苦労していた。領域には数十の低い丘が寄り集まっているため、二二ミリ砲や八八ミリ砲は役に立たない。ショットは十分に見通しのきく丘に機関銃を設置した。機関銃は弾を使い果たすまで、あるいは迫撃砲や手榴弾で破壊されるまで射撃を続けた。歩兵の攻撃が突然止まり、それが主要目的地のジャバルルースエルヴィディエンヌ山地北部から注意をそらすための作戦だったことが明らかになった。

四月六日、イギリス第八軍がワディアカリットのドイツ＝イタリア軍を撃破した。翌日パットンは第二軍団に海岸への突破を命じた。第一〇装甲師団は孤立の危機に見舞われた。アメリカとイギリスの最前線は四月七日の午後四〜五時の間にワディアカリット陣地の北で合流した。

四月五日の時点でブルーフとシュタウフェンベルクはすでに師団の撤退を緊急に要請していたが、ドイツアフリカ軍団は四月六日まで命令を下さず、秩序ある撤退をするには遅くなりすぎた。その日、師団の指令所はシディマンスールの西にあるビアールジェルージャの交差路のオリーヴ林で敵の砲弾を浴びていた。

師団中隊長フリードリヒ・ツィプフェル中尉は、四月六日にシュタウフェンベルクに報告にきたところで、指令所が砲撃されているのを知った。アフリカの軍服のシャツとアメリカのズボンをはいたシュタウフェンベルクは粉々になった窓ガラスを地図から振り落とし、窓のひとつを通して指し示した。「あれが再び始まったら、右の塹壕に入れ。私は左の塹壕に入る」。西から戦闘の轟音が聞こえ、歩兵隊の射撃がすぐ近くに迫っていた。ツィプフェルがそこにいる間、援軍あるいは退却の許可を求める部隊長からの電話が鳴り続けた。シュタウフェンベルクは午後九時まで持ちこたえるよう命じなければならなかった。

師団の上級参謀将校が午後六時少し前に電話をしてきて、午後七時までもちこたえて午後七時五分になったら怪我人も連れてメズーナに向かって退却せよと命じた後、現場で起こったことをショット少尉が記録している。ショットと彼の戦闘部隊はセブケト シディマンスールとジャバルベンクレイルの間の湿地帯に乗り入れた際、突然低い丘の間のくぼみから出てきた六両から八両の戦車に砲撃された。ショットのグループは「一〇〇メートルに満たない距離から砲撃された」。ショットの小さな車両の後ろに、後部に二〇ミリ砲をつないだ別の車両が続いており、さらにその後ろには一二トンの牽引車に積まれた二門の八八ミリ砲、兵員輸送車数両、他の車両が続いていた。最初の砲撃は最大の砲と兵士を満載した牽引車を狙っていた。これら大型車両のほとんどは直撃を受けた。数秒のうちに大きな火だるまになり、あたりは爆発音、煙、埃に包まれ、兵士の死体があちこちに転がり、生き残った者はほとんどいなかった。ショットは手榴弾が爆発した拍子に車から投げ出された。運転手が彼を引っ張り上げ、車に戻るのを助けた。彼らは二両の乗用車、二〇ミリ砲、軍需品運搬車とともに猛火から逃げ出したが、運搬車は砲弾を受け、いくらもたたないうちに炎上した。ショットと運転手は何度も車から飛び出し、とげだらけのサボテンの間に急いで隠れねばならなかった。敵の砲弾が届かない場所まできて、やっとドイツ部隊に出会ったので停止して、誰かが上級参謀将校への報告を命じるまで眠った。シュタウフェンベルクはまだビアール ジェルージャのオリーヴ林のバスにいて、戦闘部隊の戦いぶりがまずいと述べた。なぜ大型砲で敵をめちゃめちゃにしてやらなかったのか、と。ショットは部隊は精一杯義務を果たしたが、低い丘の間で大砲を撃つだけの広さがなかったのだと反論した。シュタウフェンベルクは納得し、ショットを解放した。

同日夜、シュタウフェンベルクはまだ撤退のための命令を作成していた。しかし部隊は命令が届く前に、闇に紛れて後退し始めていた。ほとんどの命令は電話で伝えられるか、そうでなければ口頭で伝えられた。四月七日午前八時には、師団がちょうど去ったばかりの陣地を敵が砲撃したが、彼らはまもなく移動する車列でいっぱいの退却ルートを見つけ出した。情報担当の行動報告書には次のように記されている。

（第一〇装甲師団の）エルハフライ峠を越える動きは四月七日の朝、敵機によって発見され、攻撃を受けた。師団の撤退はボルディボハンダにあるサブキットエンヌアルの北西五キロで敵の激しい砲兵射撃に、メズーナ南で戦闘爆撃機と爆撃機の攻撃にあい、四月七日の間、混乱した。師団が物的および人的損失を低く抑えることができたのは、ひとえにサブキットエンヌアルと呼ばれる塩水湖の北端に沿って進路が開けていたおかげである。これによって困難な地形をうまく退却することができた。敵の歩兵隊はあまりに遅くて追撃できなかった。

エルハフライ峠の南西入り口で、車両は危険なほど混雑した。数百の車両が避難場所も偽装もなく、四列から一列にまとまらざるをえず、入り口付近にとどまっていた。夜明け後、最初の敵の偵察戦闘機が、そして一時間後には双発爆撃機が現れ、通過できるのを待っていた部隊に大きな損失を与えた。

師団の車両の大多数は、エルハフライ峠の高地とサブキットエンヌアルの間を東に移動し、メズーナの南の山々の周囲を進み、それから北に向かった。第八六装甲連隊の一部は、サブキットエンヌアル北のジャバル チャビタとジャバル ケタチの間を通るさらに困難なルートをとった。ハインリヒ・ドレヴェス少佐（予備役）率いるK一〇がエルハフライ峠を越えた後、後衛は午後一時少し前に同じ道を通って撤退することができた。敵の空襲を避けるために、K一〇はサブキットエンヌアルの北端の沼地に沿ってできるだけ南に進んだ。それにもかかわらず、彼らとそれに続く後衛は、空襲から身を守る自然の防御物のない平地や、メズーナと塩水湖の南の山々の間の狭い道を縦走しなければならなかった。ここですべての車両は、メズーナの比較的安全な場所にたどりつく前に、激しい砲撃と戦闘爆撃機の空襲に見舞われた。

師団は第二一装甲師団とともに、四月八日、メズーナ近くの防衛陣地を利用した。しかし南には敵の戦車が多数集結していたので、同日夜、さらにファイドとスファックスを結ぶ道に退却し、四月一〇・一一日にさらに北に移動し、四月一二日にアンフィダブィルの陣地に落ち着いた。

四月七日午前五時、シュタウフェンベルクは第一特別任務将校フォン・オッペンフェルト中尉に撤退の命令を持たせて、第九〇装甲砲兵連隊のハインツ・シュミット大佐のもとに送った。その後、シュタウフェンベルクは自分のホルヒのジープから師団の撤退を監督するためにブルーフと別れ、メズーナ近くの新たな指令所に向かった。ブルーフはシュタウフェンベルクが戦闘爆撃機を警戒していたのを覚えている。彼自身は最後の大隊が通過する約一時間後、後に続くことになっていた。

数台の装甲無線車とともにシュタウフェンベルクはエルハフライ峠を抜け、サブキットエンヌアルの北端を進み、ボルディボハンダの近くで停まった。ライレ中尉がK一〇の第五中隊とともに到着したとき、シュタウフェンベルクはジープの中に立ち、装甲無線車も近くに停まっていて、急ごしらえの撤退を命じようと努力していた。彼はライレにいった。「ここを切り抜ければうまくいくだろう。いつもどおり、撤退が二四時間遅すぎた」。K一〇は走り続け、数回空襲を受け、戦闘爆撃機を一機撃ち落とし、負傷者を二名出した。シュタウフェンベルクはK一〇に続いた。その後、師団がかつて経験した中でも最悪な時間が訪れることになる。

チャビタケタチ峠とサブキットエンヌアルの間の狭い領域に到着したシュタウフェンベルクは、戦闘爆撃機の地獄のような攻撃に襲われた。炎上する車は標的になりやすく、爆撃機は何度も攻撃を繰り返した。負傷者の回収は不可能で、銃弾が炸裂した。混乱の中、到着した第九〇装甲砲兵連隊第三大隊の搭乗員は、牽引車や運搬車から飛び出すと逃げ場所を求めて走らねばならなかった。隠れるのが間に合わなければ、戦闘機のパイロットが目標を変えることができなくなるぎりぎりまで待って、それから身を翻して逃げるしかない。攻撃の合間に生存者は使用可能な車両を手に入れて逃げ出そうとした。こういった騒乱の中、シュタウフェンベルクは部隊の間を前後して走り、ジープに立ったまま彼らに指図していたが、そのとき彼の車が砲火を浴びた。彼は飛び出し、うつぶせに地面に倒れ込んだが、撃たれた。

ショットが部隊の生存者とともに到着し、縦列が停まると、誰かが「Ｉａ」が負傷していると叫んだ。ショットは前方に急ぎ、すでに二、三人がシュタウフェンベルクを介抱しているのを見つけた。シュタウフェンベルクのジープの助手席側のフロントガラスには二〇ミリの弾丸の穴が開いていた。救急車はすぐに到着した。ショットはシュタウフェンベルクが救急車に運び込まれたとき、包帯をしていなかったことを覚えている。

大混乱の詳細に関する報告には当然のことながら食い違いもある。医師のハンス・カイサー少尉は第九〇軽師団第三六一装甲擲弾兵連隊の軍医助手だったが、四月七日、赤十字の旗を立てた半トンのベドフォードトラックに同乗してアンフィダブィルに退却した。彼はガフサの方向の内陸部に向かうことが決定していた。途中、一台のジープに出会った。その中に兵士が立って、彼に手を振っている。ジープの運転手は無傷だが、助手席にいる将校は頭に負傷し、右手も撃たれていた。後部座席には中尉の遺体があった。医師が傷を手当てする間、将校は彼に名前を尋ねた。カイサー医師はその後一番近い野戦病院（おそらくスファックスの第二〇〇野戦病院だろう）の方向を指示し、自分は目的地へ向かった。彼は一年以上経って、アメリカ軍の捕虜になっているとき、自分の患者がシュタウフェンベルクだったということを知った。

ブルーフとブルクはジープと無線車と二台のオートバイ伝令とともに、最後の部隊に続いて樹木のない平地を進み、一二機の低空飛行する戦闘機に二度攻撃され、そのたびに何とか走って逃げ場所を求め、撃たれずに済んだ。さらに進んだところで、彼らは弾丸で穴だらけになったシュタウフェンベルクの空のジープを見つけた。メズーナ近くの指令所で、彼らはシュタウフェンベルクが重傷を負い、たまたま救急車で通りかかった師団外の部隊の医師の応急手当を受け、今は治療後送所（訳注　前線から送られてきた傷病者の治療にあたり、症状に応じて後方へと送る施設）に運ばれている途中だということを知った。

シュタウフェンベルクはスファックス近くの第二〇〇野戦病院に運ばれた。右手の手首から上を切断し、左手の小指と薬指と左目も切除しなければならなかった。三日後、救急車でチュニス　カルタゴの第九五〇基地病院に運ばれた。シュタウフェンベルクははなはだしく不快で苦しい旅だったこと、敵の戦闘爆撃機で何度も旅が中断させられたことを覚えていた。

10章 謀略

四月三〜一二日にかけて、シュタウフェンベルクの家族に彼の安否について連絡はなかった。一二日になって初めて、クラウスが重傷を負い、まだドイツに運ぶことができないという情報をベルトルトがつかんだ。数日後、クラウスはリヴォルノに船で到着し、病院列車に乗せられた。ペーター・ザウアーブルッフがミュンヘンのラツァレット通りにある第一将官陸軍病院第二病棟に入れるよう取り計らってくれた。ここの外科部長マックス・レプシェ博士はもっとも腕のよい外科医と評判だったからである。シュタウフェンベルクは四月二一日に入院し、ルーヴェンシュタイン中尉と同室になった。第一軽装師団がズデーテンラント占領中に宿泊したハイド城主の息子である。

ニナ・シュタウフェンベルクは、夫がアフリカに発って以来初めて、四月二三日の聖金曜日に夫に再会した。四月二六日に彼は中耳の手術を受け、そのせいでかなり衰弱していた。その後まもなく、今度はひざ関節の手術を受け、その間に悪性の破傷風菌の存在が発見された。頭皮の下と腕に入った爆弾の破片が炎症を引き起こした。しかしシュタウフェンベルクは鎮痛剤や催眠剤の投与を一切拒否した。

まもなく親戚や友人や同僚が続々と見舞いに訪れた。いとこのクレメンス・シュタウフェンベルク伯爵がイェティンゲンから妻と娘のマリア＝ガブリエルを伴い、四月二七日に訪れた。シュタウフェンベルクの母は五月四日以後、毎日見舞いにきている。五月一一日からはニナも毎日きた。ベルトルトおじもやってきた。マリア＝ガブリエルは五月一〇日に婚約者のヨアヒム・クーン大尉（参謀本部）とともに再度訪れている。彼も参謀本部の同じ編制課だった。彼女は五月二六日と七月三日には母親とともに訪れている。クーンは六月二七日に、今度はひとりで見舞いにきた。シュタウフェンベルクは彼に、将軍が動かないのだから「われわれ」がやらねばならないと話している。マリア＝ガブリエルの兄弟マルクヴァルトは隣の通信部隊の兵舎で無線技師をしていたが、いとこのためにラジオを持ち込み、ときには彼を劇場に連れていってくれた。そんなとき、シュタウフェンベルクは自分で服を着て、自分で靴紐を結ぶといってきかなかった。

彼は「白バラ」の学生グループについて尋ねている。そのメンバーの何人かはミュンヘン大学で公然と抗議活動を行い、逮捕され、裁判にかけられ、二月に斬首されていた。マルクヴァルトはほとんどの学生たちは国家社会主義政権を支持していないが、白バラもその抵抗も支持しなかったと述べた。シュタウフェンベルクは、ドイツは明らかに「指導者原理」を必要としている、と評した。

いとこクレメンスの義理の姉妹エリザベート・フォン・ウント・ズー・グッテンベルク男爵夫人は五月半ばに見舞いにきた。シュタウフェンベルクは彼女に、アフリカで自分の手が指輪をはめたまま捨てられてしまった、と冗談をいって元気を取り戻しているところを見せた。また、ヘニング・フォン・ブロムベルク大佐の未亡人に手紙を口述筆記させ、自分が病院で見てきた負傷者に比べれば、自分の運命はそれほど惨めではないと述べた。パルチュがシュタウフェンベルクを見舞った際には、負傷する前よりも活動に没頭しているように思えた。ヘルヴァルトも彼が落ち着きのない様子に見えて、後から考えれば、シュタウフェンベルクは自分の人生の任務を知り、燃える思いを心に秘めていたのだろう、と述べている。

一九四三年三〜六月の間に多くの上級将校たちが、当時ベルヒテスガーデンに置かれていた総統本営に行く途中でシュタウフェンベルクを訪ねた。五月には参謀長のツァイツラー大将が戦傷金章とワインを持って訪れた。六月初めにビュルケルが見舞いにきた際には、ルーヴェンシュタインがいる前で、シュタウフェンベルクはヒトラーの指揮能力について厳しい言葉を発している。ドレヴェス少佐（予備役）も六月にやってきた。彼はエル・ゲタールでK一〇を率いていたが、銃を手に先頭に立ってアメリカの三個大隊を撃退した功績により騎士鉄十字章を授与されていた。彼もまだチュニジアで受けた傷から回復しきっていなかった。六月の終わり頃、編制課長をミューラー＝ヒレブラントから引き継いだシュティーフ大佐（参謀本部）が見舞いにきて、ヒトラーのリーダーシップについてあからさまに非難したため、ルーヴェンシュタインは聞くに堪えないと述べている。主計総監のヴァーグナー少将が立ち寄った際には、二人の軍人にオレンジを数箱送ってくれた。ゲイル・フォン・シュヴェッペンブルク大将はシュタウフェンベルクに会いにきて、フランスで組織されることになる装甲集団の参謀長に彼を迎えたいと述べた。シュタウフェンベルクは、それは上官が決めることだと答えている。実のところ、彼はゲイルと働きたくはなかった。

クラウスの兄ベルトルトは、できる限り頻繁にミュンヘンまでやってきた。たとえば、ギリシャへの穀物輸送に関する公用でスイスに行く途中の五月一〇日に、そして帰途の五月一九〜二九日にかけても立ち寄っている。ベルトルトは国際赤十字救援委員会委員長のロベルト・ベーリンガーに会う機会も利用した。これは穀物船が海上戦域を楽に通行できるようにするための打ち合わせだけでなく、一九四一年にシュトゥットガルトとチュービンゲンで開始されていたヘルダーリンの本文校訂版について議論するためでもあった。ベルトルトとロベルトは、スイスでのヘルダーリンの原稿の収集を手伝っていたのである。一九四三年二月二六日にフランクがスターラヤルッサで亡くなっていたので、シュテファン・ゲオルゲの相続者と信託設定者を誰にするかについても話し合った。ベルトルトはすでにクラウスを選んでおり、それについては四月にロベルトに話していた。クラウスがちょうど負傷してまだ動けない頃の話だ。ベルトルトは、自分が「無条件で」信頼できる者は他にいないといった。ロベルトは誰を指名するにしても、他の二人と連絡がとれて活動できる立場にある者でなければいけないと助言したが、ベルトルトの決定を受け入れた。

五月初旬、クラウスがすでに「何でも話し合えるようになっている」のをベルトルトから聞いて、ヌクスおじが訪ねてきた。一九四二年と四三年にプリルキの第一六二歩兵師団アゼルバイジャン連隊長だった彼は、ドイツの命令による集団銃殺を、自分の部隊を使って阻止していた。彼はクラウスに、現在進行中のクーデター計画で積極的役割を果たすよう勧めた。この時点では、クラウスはまだ立場を明らかにしていない。しかしおじが再度訪問した際には、将軍たちが何も実行していないのだから、大佐がかかわらねばならないといっている。

六月八日、シュタウフェンベルクはルドルフ・ファールナーに手紙を出した。左手の指三本で書いた震える字で、聖霊降臨節の後に訪ねてくれればうれしいが、「都合があるので」あらかじめ知らせてほしいと述べている。その少し前にファールナーはアレクサンダーの妻メリタに手紙で、アレクサンダーが再び前線に配属されないよう、クラウスとベルトルトが手をまわしてくれるだろうと述べていた。クラウスはこれを知り、自分もアレクサンダーもメリタ自身も、そのような「保護主義的なごまかし」には耐えられないとファールナーに書き送っている。最後にシュタウフェンベルクはファールナーに、彼が議論したいと思うもの、とくにファールナーが訳した一九世紀のギリシャ独立の英雄ディオニュシオス・ソロモスの『対話』と、フ

45. 1943年の休暇中のシュタウフェンベルクと子どもたち。左から、息子のハイメラン、娘のヴァレリエ、姪のエリザベート、甥のアルフレート、息子のフランツ・ルートヴィヒ

ァールナーがマックス・ヴェッターその他数人の友人との共同作業で書いた『ローランの歌』の現代ドイツ語版を送ってほしいと頼んだ。ファールナーは『ローランの歌』を送り、シュタウフェンベルクは六月二五日に手紙で非常に感動した旨を伝えている。彼は六月二八日にファールナーに会えることをかなり楽しみにしていた。ファールナーは『対話』の訳を持ってきてくれた。昔のギリシャ正教会と大衆の現用語に大きな影響を及ぼした作品である。ファールナーは序文で、国民の生の水準を上げることができるのは詩人だけだと述べている。シュタウフェンベルクはそういった問題は「当面われわれの関心事ではない」が、『対話』には「西洋人にとって大切なもの」が含まれている、と考えた。彼は訳文の変更すべき点について示唆し、ファールナーの技巧にはしったスタイルを批判している。

　七月三日、シュタウフェンベルクはミュンヘンからバンベルクに移った。彼の家族もヴッパータールからバンベルクの妻の両親の家に移ったが、まだ住める状態にはなく、クラウスとニナはホテルに滞在しなければならなかった。七月五日、彼はラウトリンゲンにきて、八月七日まで滞在した。ここからシュタウフェンベルクはルドルフ・ファールナーに、『ローランの歌』を短縮してはどうかと提案している。シュタウフェンベルクと兄たちはマクデブルクにあるフランクの工兵像の復元についても話し合った。彼らは『オデュッセイア』第七巻の翻訳の手直しをして印刷にまわし、エーベルハルト・ツェラーのハンニバル伝の改訂版の編集作業も行った。この頃にはシュタウフェンベルクは杖なしでラウトリンゲン周辺の低い山々に登れるようになっていた。八月初旬、彼はウーバーリンゲンで数日ファールナーと過ごした。

　一般軍務局の参謀長ヘルムート・ラインハルト大佐（参謀本部）は、一九四三年春に戦場への配置転換を求めていた。彼が自分の後任として一番に候補にあげていたのがシュタウフェンベルクである。一般軍務局長オルブリヒト中将は、もちろんシュタウフェンベルクが参謀本部編制課で働いていた頃から彼のことを知っていた。オルブリヒトは陸軍人事局にかけあって、シュタウフェンベルクを自分の部下にまわしてもらった。中佐であるシュタウフェンベルクにとってこれは非常な優遇だった。元来は大佐が就くべき地位であって、准将への抜擢昇進の可能性もあったからだ。オルブリヒトが五月にシュタウフェンベルクを誘ったのは明らかで、シュタウフェンベルクはすぐに承諾し、三ヵ月で任務につけるようにしたいと述べている。彼はこの新しいポストが自分に「クーデター参加への決定的な機会」を与えると予測していた。長い入院生活の間、シュタウフェンベルクはよく熱に浮かされたようにこういっていた。「われわれはドイツを救わねばならない」「参謀将校にはみな責任がある」

しかしシュタウフェンベルクはデスクワークをする軍人にはなりたくないとも繰り返し述べていた。彼は前線に戻りたがっていた。ツァイツラー大将はシュタウフェンベルクが傷が癒えないうちから新たな戦場への配属を希望していたことを覚えていた。しかしツァイツラーは彼に十分回復する時間を与えたいと考えており、国内予備軍参謀長の裁量に委ねた。最終的にシュタウフェンベルクは国内予備軍司令部の軍医カーペンティア博士から「現役勤務可」の証明をもらうことに成功している。

シュタウフェンベルクのように戦場への再配属を希望する陸軍将校は多かった。負傷のせいで永久に何もできないと認めたくない気持ちの現われだったのかもしれない。

一方、ヒトラー打倒に何が足りないかはあまりにも歴然としていた。精力的な中心組織とリーダーシップである。

トレスコウは一九四三年二月、マンシュタインに話をもちかけて失敗に終わった。トレスコウはまた四三年二月、国民の利益のために、そして戦争での敗北を防ぐために、参謀将校がヒトラーを排除するのは歴史的義務だとシュティーフに話している。シュティーフは紛れもなく反ナチで、独裁者に接近する機会のないトレスコウにとって、唯一の希望の星だった。その後、三月にヒトラーの飛行機に爆弾を仕掛ける機会が訪れた。だが爆弾が爆発しなかったため、一週間後の「英雄記念日」の公式行事で彼を襲撃する計画が立てられた。しかしこれもヒトラーの予測不可能な行動によって挫折した。レジスタンスたちが失敗のショックからようやく立ち直った頃、ゲシュタポが四月に彼らの仲間を突き止め、カナリス総督の国防軍防諜部のレジスタンス数人を逮捕した。トレスコウは再びシュティーフと暗殺計画を進め、八月にシュティーフはヒトラー暗殺を実行すると約束している。

三月、ゲルデラーはハインツ・グデーリアン大将を味方に引き入れたいと考えた。しかしグデーリアンはレジスタンスに加わる代わりに、ヒトラーから一二五万マルク以上の価値がある約二〇〇〇エーカーの田舎の土地を受け取った。中央軍集団最高司令官ギュンター・フォン・クルーゲ元帥は脈がありそうに思われたが、クルーゲの意志はとらえどころがなく、立場をあいまいにしたままだった。

フリッツ・ディートロフ・シューレンブルク伯爵は一九四三年にもっとも活動的だったレジスタンスのひとりである。「信頼できる将校」を探しに行った彼が経験したことは、四二年秋にシュタウフェンベルクの身にも起こりえたことだった。彼は四三年四月二日午前二時半に、リュディガー・フォン・デア・ゴルツ伯爵の家で逮捕されたのだ。ゴルツは防衛に関する助言者として、フォン・フリッチュ大将のもとで以前働いていた人物である。シューレンブルクは党とSSメンバーから受けた扱いに激怒し、数時間で解放された。

しかしそれは危険な信号であるとともに警告でもあった。当局は第六軍がスターリングラードで全滅し、ハンス・ショルとゾフィー・ショルが二月にミュンヘンで学生運動を起こそうとして以来、神経を尖らせていた。シューレンブルクの逮捕から三日後、ゲシュタポはハンス・フォン・ドホナーニ、ディートリヒ・ボンヘッファー、ヨーゼフ・ミュラーを逮捕した。みな長きにわたるレジスタンスで、国防軍最高司令部外国課と防諜課の人間だった。偽造書類と賄賂によってユダヤ人の逃亡を助けたことが発覚したのである。

他のレジスタンスたちは努力を続けた。五月にトレスコウは参謀本部作戦課長アドルフ・ホイジンガー少将に話をもちかけている。トレスコウは、ヒトラーの筆頭副官で陸軍人事局長でもある友人シュムント准将の助けを得て国防軍作戦課長になるか、あるいは二ヵ月間ホイジンガーと交代してヒトラーに近づくかして、暗殺を決行したいと考えていた。しかしホイジンガーは賭けにのるつもりはなかった。七月、シューレンブルクはパリで反ヒトラーの友人たちにイニシアチブをとるよう主張したが、彼らはわずか一個師団でさえ、国防軍最高司令部とヒトラーに知られずに動かすことはできないと答えた。もっとも古株の元帥、つまり西方軍総司令官フォン・ルントシュテット元帥を説得しようとしても無駄だということも判明した。もっとも、ルントシュテットはクーデターに反対するつもりはないとレジスタンスたちに述べている。彼もまた、ヒトラーから莫大な金を受け取っていた。八月二日にシューレンブルクがオルブリヒトに報告できたのは、フランスの軍政府長官カール＝ハインリヒ・フォン・シュテュルプナーゲル少将がクーデターに喜んで協力する意志を表明し、イニシアチブをとるのもやぶさかでないと考えているということだけだった。ツェーザル・フォン・ホーファッカー中佐（予備役）がシュテュルプナーゲルの特別助手として、ベルリンとパリのレジスタンスの連絡役を務めることになった。

七月初旬、東部戦線における最後の大攻撃「ツィタデレ作戦」がクルスクを前に行き詰まり、打ち切られた。七月一〇日、敵の九個師団がシチリア島に上陸した。トルコは今では反ドイツ連合寄りになっている。もしイタリアが負ければ、ヒトラーは現在掌握している地中海とドイツの南側面を失いかねない。彼はソ連を負かす希望を捨て、持てる力すべてを増大しつつある西方の脅威に集中させた。七月二五日、ムッソリーニは敵との交渉を望む将軍たちによって失脚した。彼は最終的にドイツの特殊部隊によって解放されたものの、イタリア軍のほとんどはもはやドイツに協力しなかった。

七月の終わりに、クーデターは今にも起こりそうなところまで進行した。二九日にベルリンを訪れたトレスコウが、クルーゲがヒトラーへのクーデターを決意し、国内予備軍に政府の中枢をすべて占拠させることにした、といったのである。七月三一日、国内予備軍は総司令部および軍管区司令部に特使を送り、至急強力かつ迅速な対応のできる部隊を準備するようにという新たな緊急指令を出した。八月九日、モルトケはハンス・ルカシェクに、装甲師団がヒトラーを総統本営で逮捕するだろうと述べている。

ゲルデラーはケーニヒスベルクからベルリンに呼び戻され、八月二日午前一一時にベントラー街の国内予備軍司令部に到着し、トレスコウとオルブリヒトと協議した。それからオルブリヒトはドイツ軍がイタリア占領を開始したため、装甲部隊がベルリン地区から引き上げられたという知らせを受け取った。あとは車で七時間かかるファリングボステルに装甲大隊が一個残っているだけだ。午後にはこれも出発したことがわかった。さらに、クルーゲにしろ他の誰にしろ、実際にクーデターを先導しようという様子はまったく見せなかった。

八月七日、シュタウフェンベルクは親戚に会うためにイェティンゲンに旅した。八月九日、彼は義手と義手首をつける予備手術を受けるためにミュンヘンに移った。しかし銃弾片のせいで右手が化膿しており、手術は四週間延期になった。それでこのときはガラスの義眼を合わせるだけで終わってしまった。彼は普段は義眼をつけなかったが、突然お偉方に会うような呼び出しを受けた場合には、運転手に「目を取りに」行かせたという。

オルブリヒト中将がシュタウフェンベルクをベルリンに呼んだのはこの時期だった。連絡を受けたシュタウフェンベルクはすぐに第三軍管区（ベルリン）の参謀長ハンス＝ギュンター・フォン・ロスト准将に会いに行った。一九四三年の初めからレジスタンスに関与していた人物である。ホーエンツォレルン通り一四四番地の軍管区司令部で、ロストは暗号名「ワルキューレ」と呼ばれる新たな非常事態国内予備軍動員令を金庫から取り出し、それを彼の特別任務将校、ハインツ＝ギュンター・アルブレヒト中尉（予備役）に渡した。彼はすぐにベルリン地域でのクーデターに適用できるよう、シュタウフェンベルクの指導のもと、修正を開始した。シュタウフェンベルクはアルブレヒトに「非常事態」と題した指令書の草稿を渡している。

八月半ば〜一〇月半ばにかけて、シュタウフェンベルクは少なくとも二度、クーデターの詳細について話し合うため、トレスコウに会いにバベルスベルクに行っている。ベルトルトはそれについてヨルクと話し合い、弟が陰謀に加担するのを概ね助けていた。

八月の終わりに、シュタウフェンベルクは再度バンベルクを経由してラウトリンゲンに旅した。バンベルクでニナはクラウスの変化に気づき、陰謀にかかわっているように思えると彼にいった。シュタウフェンベルクはそれを認めたが、誰の名前も出さなかった。ニナに知らないほうがいいといっただけだった。

クーデターが始動したのは八月一三日だったと思われる。新たな「ワルキューレ」の指令がこの日に施行されたからだ。新システムのもと、軍管区司令官は必要が生じた場合、独立して自分の軍管区のために「ワルキューレ」を始動させることができた。

トレスコウは医師から命じられていた治療だけでなく、家族とエルマウで過ごす休暇もあきらめ、クーデターの軍事的な準備に没頭した。八月のこの週と九月の間、彼と妻はベルリン、バベルスブルク地区にある彼の姉妹マリエ・アグネス・フォン・アルニムの家に住んでいた。トレスコウはベルリンのカイザーアレーにある中央軍集団後方司令部で、オルブリヒトが温めてきたクーデター計画の修正に取り組んだ。彼は妻に、今まではほとんど何も進まない状態だったが、クーデター仲間を統率してくれるシュタウフェンベルクのような人物が国内予備軍にきてくれてうれしいし安心だ、と語ったという。

レジスタンスたちはまだ最高指導者となってくれる元帥を探していた。トレスコウは七月二九日にベルリンを訪れた際、クルーゲが役割を承諾したものと信じていた。クルーゲは自分の防諜将校フォン・ゲルスドルフ大佐（参謀本部）を、ザポロージェにあるマンシュタインの南方軍集団司令本部に派遣した。ゲルスドルフは八月八日にマンシュタインと話をしている。マンシュタインは日記に「ゲルスドルフから口頭で伝えられたクルーゲの質問」への回答を記している。質問とは、外交政策に関するものである。マンシュタインは、今のところ和平の見込みはない、と述べている。敵は勝利が目前にあると信じているからだ。しかし、たとえロシアとであっても、交渉の機会があるなら努力すべきだ。日本の仲介でロシアと会談すれば、イギリスも「現ドイツ政府との交渉には応じないというばかげた要求」をあきらめて交渉する気になるかもしれない。「主たる目的は常にひとつの敵を破ることだ。総統以外の誰が協議を始めても、事態は悪化するだろう。われわれの内部分裂を敵方に知らせるだけだからだ。陸軍はそのようなことに決して巻き込まれるべきではない」。指導者の変更を内部でもくろむことはできない。総統は人々と兵士の信頼を得た唯一の人間だからだ。

「軍の指導者が政治的指導者に干渉するとなれば、それは軍の服従の原理を捨てたということになるし、常に自分自身に背いて働くということを意味する」。

マンシュタインは指揮命令系統の変更について賛成意見を述べ、ヒトラーは国防軍の全兵科に参謀長を置くか、あるいは陸軍だけでなく海軍と空軍の指揮を直接執り、陸海空すべての参謀長と直接仕事をすることになるだろう、と述べた。マンシュタインは、ヒトラーにそう上申することについてはクルーゲも了承したと示唆している。ゲルスドルフは、たとえルントシュテットやクルーゲやマンシュタインが束になっても、ヒトラーにそんな提案は通用しないと答えた。今、ドイツを大惨事から救うには、「もっと別の方法」を使わねばならない。マンシュタインはいった。「君は彼を殺したいというのかね」。ゲルスドルフがそういった計画はあると答えると、マンシュタインは軍人として陸軍を二分するような行動には参加しないと繰り返したものの、クーデター後の新たな政権には忠実に仕えると付け加えた。同じ日、マンシュタインはツァイツラーに、戦争を決着するためには全精力を東方に注がねばならないと伝えている。ロシアを破れば、ドイツはヨーロッパの列強とうまく交渉することができるだろう、と。

レジスタンスたちはまだ、クルーゲがクーデター計画を積極的に支援してくれることを期待していた。シュティーフは八月一三日にクルーゲを訪ねた後、次のように報告している。「いずれにせよ、われわれは彼を頼りにできる」。しかしクルーゲはシュティーフに、ヒトラーを「暴力でねじふせること」には反対だと述べていた。それにもかかわらずゲルデラーは、九月に、あるいは少なくとも一〇月一五日よりかなり前に、ヒトラーの打倒を期待していた。

一〇月にトレスコウは南方軍集団の将校の予備要員となり、南方軍集団第八軍第一六八歩兵師団に所属する第四四二擲弾兵連隊長に任命された。彼は一〇月一〇日に出発したが、この一時的な配属によって准将に昇進し、その後、一九四三年一二月一日付けで第二軍参謀長に任命されるための必要条件が整った。トレスコウは第二軍の司令本部に行く途中、一一月二五日にマンシュタインの南方軍集団司令本部に立ち寄っている。彼は妻に「いくらか進展があり」、マンシュタインは「相変わらず（考えに）相違はあったものの、非常に思いやりある態度だった」と書き送った。ヒトラーが「われわれを間違った方向に導いている」という点で二人の意見は一致していたが、マンシュタインの考えはベックやシュタウフェンベルクやゲルスドルフに述べた内容と同じだった。

11章　クーデター計画　国内での準備

シュタウフェンベルクは一九四三年九月二～九日まで、再びラウトリンゲンに滞在した。ベルトルトも弟に会うために数日の休暇をとっている。ルドルフ・ファールナーは九月一日にウーバーリンゲンから二人に会いにきた。彼らは『オデュッセイア』第八巻の翻訳について、そして「国家と宗教、労働問題、農業」について論じ合った。ユダヤ人迫害に対する非難も再び話題にのぼった。ベルトルトは九月七日にベルリンに戻り、モルトケ、シュテルツァー、ヨルク、トロットと会っている。

九月七～九日まで、シュティーフ大佐（参謀本部）は装甲部隊の会議でベルリンにいた。トレスコウは九月九日にジーベル通りの彼のフラットを訪ね、その年の三月一三日と二一日に彼が準備した、二度にわたる暗殺計画について話した。次なる計画は九月二〇日頃を予定していたが、新型の対戦車砲と歩兵用銃が一〇月一日にヒトラーに披露されることになった。参謀本部編制課長であるシュティーフは出席する予定だったため、その機会に乗じて暗殺を決行することに同意したと思われる。しかし結局これは実現しなかった。

シュタウフェンベルクは一一月一日に一般軍務局の参謀長として着任する予定だった。そこで九月九日、八月の初めから延期していた義手と義手首を合わせるためにミュンヘンに向かった。陸軍病院の以前に入院していた部屋に入ると、ルーヴェンシュタインも脚の傷治療のためにたまたまきていた。シュタウフェンベ

46. ベルリン、ヴァンゼー地区、トリスタン通り八番地の家（1988年頃撮影）

ルクが到着してまもなく、オルブリヒト中将がすぐにベルリンにくるよう電話をかけてきた。シュタウフェンベルクは必要な治療のためにミュンヘンにきたのだと抗議したが、オルブリヒトは頑として聞かなかった。

シュタウフェンベルクはバンベルクで家族に会い、アフリカに赴任する前の軍服を受け取ってから汽車でベルリンに戻った。九月一四日、ヴァンゼーのトリスタン通り八番地にある兄のフラットからルドルフ・ファールナーに手紙を書き、手術がまたもや延期になり、

「ここで緊急の仕事があるので、上官の願いを聞いて新たな任務に慣れ、役立てるよう時間を使うことにした」と述べている。シュタウフェンベルクはとりあえず九月一五日付で一般軍務局参謀長となり、一〇月一日からフルタイムで働いたが、正式な任命は一一月一日付だった。しかし、前任者のラインハルト大佐（参謀本部）は一〇月一日以後数週間職にとどまっている。シュタウフェンベルクは新たな仕事について知るために、必要とされるより早く着任したのだった。

まもなくヌクスおじがシュタウフェンベルク兄弟の家に引越してきた。クラウスが環境に慣れるのを助け、クーデターの準備を手伝うためである。彼は独立した大国としてのドイツを救うには手遅れだとわかっていたが、邪悪な政権への反対者がドイツ国内にもいるということを世界に知らしめる価値がまだあると信じていた。また、クーデターを引き起こす望みが少しでも残っているのだとしたら、それはクラウスがレジスタンスに加わったおかげだとも信じていた。ヌクスおじによれば、遅々として進まぬレジスタンスたちの努力が明確な形になったのは、クラウスがいればこそだったのである。

ペーター・ヨルク伯爵の姪で、シュタウフェンベルク兄弟にとっても親戚のアンナベル・ジーメンスが、三人のために毎日家事をしにきてくれるようになった。ベルトルトが働いている海軍総司令部の建物が一一月二三日のベルリン大空襲で焼け落ちると、司令部の将校たちは初めはエーベルスヴァルデに、その後一九四四年一月にはベルナウに移った。ベルトルトはベルナウに家を買ったが、打ち合わせがあるときや週末にはベルリンにやってきた。クラウスはめったにアンナベルに会わなかった。たいてい彼女がくる前に出勤していたし、帰宅するのは彼女が帰ったずっと後だったからだ。一一月に大空襲があってからは、帰宅途中に空襲警報が鳴って公共の防空壕や地下鉄の駅で過ごさなくてもいいように、アンナベルは住み込みで働くことにした。一九四四年二月、彼女とクラウスが珍しく親密な会話をした後、彼はこういった。「では机に戻って、何万もの人間を無意味な死に追いやるとするか」。アンナベルがどういう意味かと尋ねると、彼は東部の前線に交代要員を送らねばならないのだと答えたという。

またあるとき、カトリック教徒のクラウスはルター派のアンナベルに、もし数千人の命を救えるとしたら、自分の魂の救済を犠牲にしてもやるべきだと思うかと尋ねた。彼女は躊躇することなく答えた。「思います」と。彼女は陰謀について何も知らなかったが、入れ替わりたくさんの人間が訪れて、前夜何人の客がきたかは毎朝の使用済みのグラスでわかった。一九四四年の三月か四月、ヌクスおじが突然アンナベルに、もうこなくてよいと伝えた。彼女は傷ついたが、後になって、自分に危険が及ばぬようにという配慮だったことがわかった。

シュタウフェンベルクとレジスタンスたちは、軍事行動と政治行動に関する詳細な計画を準備した。古い草稿をある程度もとにして、軍の動員と配置のための命令、新たな指揮命令系統、軍管区司令部の政治的代表者のリスト、政策綱領を作成したのである。

シュタウフェンベルクが一九四三年九月に新しい任務を引き継いだ頃、国防軍最高司令部作戦部二課長ビュルケル大佐（参謀本部）はクラムロート少佐（参謀本部。第一〇装甲師団の一員として対ソ連戦に参加した経験があり、当時は参謀本部編制課で働いていた）から、参謀将校のグループがクーデターを準備しており、シュタウフェンベルクがその一員だと聞いた。ビュルケルは自分の地位の重要性から、彼らを支援できるのではないかと考えた。彼はシュタウフェンベルクをベルリンのティルピッツウーファにある自分のオフィスに招き、「状況」について当たり障りのない前置きをした後、自分が耳にした計画を支援しているのは誰なのかと尋ねた。シユタウフェンベルクはベックの名前だけをあげた。ビュルケルは、ベックは優柔不断だし、クーデターを起こすには指令組織と情報源を把握する関係上、少なくともひとりは元帥が必要だと助言した。彼はまた、ヒムラーの警察組織が大きな脅威だと述べている。一九二三年にミュンヘン歩兵学校の士官候補生だったビュルケルは、ヒトラーの企てた一揆を目撃していた。彼はシュタウフェンベルクの答えから、現在の計画では成功の見込みはないと結論づけ、ありふれた軍事クーデターにしか見えないと感想を述べた。シュタウフェンベルクは自分でもそう感じることがあると打ち明けた。ビュルケルが、七月にクルスク攻撃が失敗したのでクーデターにはもう手遅れだというと、シュタウフェンベルクは鋭くいい返した。「遅すぎるなどということは決してありません」。数日後、ビュルケルはシュタウフェンベルクを再度呼んで、自分も貴君と同じ気持ちで計画にも賛成だが、支援するのが正しいと心から納得できないと語っている。数日後、ビュルケルはオルブリヒトのオフィスを訪ね、シュタウフェンベルクのもとに立ち寄った。シュタウフェンベルクは机の上に飾った子どもたちの写真を指さしていった。「私はこの子たちのためにやっているのです」。

政治体制を徹底的に刷新するための広範な支援がクーデターに必要なことは、もちろんシュタンフェンベルクにもわかっていた。一九四三年の終わりと四四年の初めにペーター・ザウアーブルッフと話した際には、ヴァイマール時代の政治指導者の多くは共和国の意味を理解しておらず、とくに陸軍総司令官フォン・ゼークト大将は、陸軍を政治からも社会からも隔離してしまった、と述べている。シュタウフェンベルクはまた、一九三三年三月の国会で、ヒトラーの全権委任法を阻止しようとした社会民主党の態度に大きな感銘を受けたとも述べている。ヴァイマール共和国で彼らは明らかに好機を失したのだ。ゆえにシュタウフェンベルクは労働組合の幹部や社会主義者との対話を求めるつもりだった。事実、ペーター・ヨルク伯爵は第一次世界大戦時の勇敢な将校で勲章を授けられた社会民主党員ユリウス・レーバーとシュタウフェンベルクの会見をお膳立てしている。レーバーは国会では党の軍事関係のスポークスマンだった。レーバーとシュタウフェンベルクは戦場の兵士に対する懸念という点で一致していたが、それ以上に共通するものがあった。レーバーも非常に熱心なカトリック教徒だったのだ。それでレーバーは一九四四年にルター派の妻と、彼女が改宗すべきかどうかについて話し合っている。シュタウフェンベルクがレーバーについて語るとき、その言葉にはいつも大きな尊敬と親愛の情があふれていた。

ベルリンにきて数ヵ月の間に、シュタウフェンベルクは他のレジスタンスたちにも会った。ウルリヒ・シュヴェリーン・フォン・シュヴァーネンフェルト伯爵、エドゥアルト・ブリュックルマイアー、オイゲン・ゲルステンマイヤー、カール・ゲルデラー、イェンス・ペーター・イェッセン、ウルリヒ・フォン・ハッセル、ヨハネス・ポーピッツ、ヘルマン・マース、ヴィルヘルム・ロイシュナー、ヤーコプ・カイザー、マックス・ハーベルマン。シュタウフェンベルクは暫定政権の組織について彼らと話し合った。彼はゲルデラーの立候補に反対し、労働系の政治家が内閣の長になるべきだと主張した。ロイシュナーとレーバーは労働者が大きな役割を果たすことを望んでいたが、一九一八年以来社会民主党が負わされてきた敗北後の清算人という憎まれ役を再び引き受けるつもりはなかった。彼らはそれぞれ喜んで副首相と内相を務めるつもりだったが、組閣に携わるつもりはなかった。

シュタウフェンベルクの兄ベルトルトと、いとこのハンス・クリストフ・シュタウフェンベルク男爵は、開戦前からモルトケと接触していた。モルトケはずっと以前から自分のグループにベルトルトを引き入れたいと考えていたのだ。彼はドイツは戦争に負け、敵軍に占領され、領土を失うと考えていた。「将軍たち」

はヒトラーを打倒しないだろうし、自分や友人たちにもそれはできないだろうと思っていた。望みのないクーデター計画で命を危険にさらすよりは、政権が崩壊するまでじっと我慢しているほうがよいと見ていたのである。

もっともモルトケは「将軍たち」を信頼してはいなかったが、明らかにクラウス・シュタウフェンベルクの情熱が、最終的に成果を上げるのではないかと考えていた。モルトケがクーデターに反対していたのは、何より成功の保証があまりに小さかったからである。早くも一九四一年九月の段階で、彼はクラウスと一緒に「何か」できないかと尋ねていた。まず戦争に勝利し、それから「あの褐色の災厄を一掃しよう」とシュタウフェンベルクは答えており、モルトケが単なる戦後の計画について話していたのではないことがわかる。一九四三年の秋、モルトケは再びシュタウフェンベルクを仲間に引き入れようとした。今度は明らかにクーデターのためである。それと同時に、彼はシュタウフェンベルクの魅力と行動力によって友人たち、とくにヨルクとレーバーがクーデター仲間に加わり、命を落とすのではないかと心配してもいた。しかしひとたびシュタウフェンベルクがクーデター計画に加わると、モルトケは柔軟な態度を示すようになった。

シュタウフェンベルクの力強い意志は、彼とモルトケの関係に軋轢を引き起こした。モルトケは冷静で高慢なところがあり、シュタウフェンベルクは彼に個人的には魅力を感じていなかった。ただし、広大な所有地を無償で再分配するというモルトケの考えには感銘を受けていた。しかしモルトケが大国としてのドイツの地位と領土保全を無価値だと考えていたこと、そしてモルトケのグループの議論がどうやら抽象論に終始しているらしいことで意欲をそがれた。彼はクーンに、お茶会と討論会は終わりだ、とコメントしている。当然のことながらシュタウフェンベルクは、第三者の立場から批評されるよりも、自分の取り組みが支援されることを望んでいた。

一一月のある晩、シュタウフェンベルクとアンナベル・ジーメンスは、モルトケとゲルステンマイヤーも出席する会議のために、ホルテンジエン通り五〇番地のヨルクの家に車で向かった。女たちは乾燥プラムでジャムをつくっており、ゲルステンマイヤーが味見をしに台所に入ってきた。一〜二時間後、今度はシュタウフェンベルクが台所に入ってきた。顔は蒼白である。彼はアンナベルに「帰ろう」とだけ告げた。「ヘルムート・モルトケにはうんざりだ」。モルトケは自分がなぜシュタウフェンベルクを苛立たせたか気づいていなかった。彼がベルトルトを女々しいと考え、クラウスのほうを高く評価したのが原因だったのだが。もっとも、モルトケとクラウスの性格の不一致が、協力の障害となるわけではなかった。

シュタウフェンベルクとゲルデラーを引き合わせたのはトレスコウである。明らかに九月半ばのことだ。ゲルデラーはシュタウフェンベルクを尊敬していたが、彼が高潔だが無遠慮でもあることに気づいていた。死刑を宣告されて二ヵ月後の一九四四年一一月に獄中で、ゲルデラーはシュタウフェンベルクが頑固な人間で、策を弄し、左翼の社会主義者や共産主義者に傾倒して「あいまいな方針」に従おうとしていた、と書いている。ゲルデラーはゲシュタポの取調官に、シュタウフェンベルクから「政治的手段や高い地位に就くことになるすべての人物についての十分な情報」を要求され、自分はそれに応じていたと述べている。

シュタウフェンベルクは、ポーピッツにも疑念を抱いていた。一九四三年五〜八月にかけて、ヒトラーに対抗すべくヒムラーと共謀しようとしていたからである。これは実に危険な計画だった。オルブリヒトが八月初旬、会合のためにトレスコウをポーピッツのフラットに連れていったところ、ポーピッツの仲介者であるカール・ラングベーンがそこにいた。ヒムラーの事務弁護士である。ラングベーンは九月に逮捕され、陰謀の背景について数週間尋問された。四三年一一月にイェッセンの家でハッセルとポーピッツに会った後、シュタウフェンベルクはハッセルにポーピッツが警察の厳しい監視下にあることを教えている。

しかし、他にも意見の相違はあった。暗殺という点でシュタウフェンベルクの立場が明解であるのに対し、ゲルデラーはあいまいだった。彼は宗教的・道徳的観点から暗殺に反対していたが、暗殺を催促し、その結果を強く望むようなところもあった。五月二六日、シュタウフェンベルクとゲルデラーはベントラー街にあるヘルマン・カイザー大尉（予備役）のオフィスで話し合った。彼は国内予備軍司令部の戦争日誌の保管係である。その直後、ゲルデラーはカイザーに、説得するまでもなく、社会民主党と労働組合との交渉を指揮する人間がゲルデラーを置いて他にいないということはシュタウフェンベルクも承知している、と述べた。シュタウフェンベルクは市民レジスタンスと軍人レジスタンス間の仕事の配分にはこだわっておらず、クーデターの予定に関する情報はすべてゲルデラーに伝え、ゲルデラーを市民側のクーデター指導者と認識していた。四四年五月、ゲルデラーは参謀長ツァイツラー大将の啓発を求める手紙を書き、それを渡してほしいとシュタウフェンベルクに頼んだ。六月か七月にシュタウフェンベルクは、その必要はない、とゲルデラーに述べている。なぜなら彼がフロム大将の参謀長としてツァイツラーのもとに出頭した際、戦争は負けたも同然だと思うといったところ、ツァイツラーは多くの人々がそう考えているが、それを大声でいう者はほとんどいない、と答えたからだ。

一九四三年六月、モルトケのクライザウ サークルのメンバーで、かつて運輸労働者の労働組合で事務局長を務めていたカルロ・ミーレンドルフが、無党派の「人民連合」に共産主義者も含めてはどうかと主張した。社会主義者のアドルフ・ライヒヴァインとレーバー、さらにモルトケは、共産主義者と接触するという考えを支持した。ロイシュナー、ヤーコプ・カイザー、シュタウフェンベルクは、初めてその提案を聞いたときには反対している。

一九四四年一月、ライヒヴァインとレーバーは共産主義学生同盟のかつてのメンバー、フェルディナント・トマスとの予備会議に乗り出した。トマスはドイツ共産党中央委員会地下組織との仲介役である。レジスタンスたちは四四年五月には、「共産主義は敗戦後のドイツに決定的な役割を果たす」というライヒヴァインとレーバーの考えを受け入れるようになっていた。それならば共産主義者の革命が急進化するのを吟味し、阻止しなければならない。西部戦線の部隊が撤退し、東部戦線が安定したら、ドイツはまだ赤軍による占領を避けられるかもしれない。シュタウフェンベルクと仲間たちは、もちろんナチ独裁の代わりに共産主義者独裁を受け入れるつもりはなかった。しかしシュタウフェンベルクは最終的に共産党員との対話に同意し、フリッツ＝ディートロフ・シューレンブルク伯爵とヨルクも同意した。

ライヒヴァイン、レーバー、共産党地下組織のリーダーであるアントン・ゼフコウとフランツ・ヤーコプとの最初の会談はベルリンの医師ルドルフ・シュミットのフラットで行われた。数日後、シュタウフェンベルクは会合のことをルドルフ・ファールナーに話し、「他の反対グループ」との接触は重要だと語っている。

ライヒヴァインとレーバーがシュミットのフラットに着くと、トマスがゼフコウとヤーコプだけでなく、彼らの知らない第三の人物を連れてきていた。ライヒヴァインとレーバーはだまされたわけだが、トマスを信頼したのだろう、そのまま会談を行った。共産党員たちは、「外国の友人たち」がどう答えるかはわからないが、ボルシェヴィキのシステムをドイツに導入する計画がないことは保証できると明言した。宗教の自由は保障され、キリスト教徒の労働組合は容認され、私有財産は尊重されるだろう。彼らはドイツが赤軍に占領されるのは当然だといわんばかりの口ぶりだった。会談は協力を相互確認して終わった。次の会談は七月四日に設定された。トマスは第三の人物が情報屋だということを明らかに知らない様子だったが、レーバーは次回は出席しないことに決めた。ライヒヴァインと共産党員は約束の日に出席したところを逮捕された。レーバーは翌日自宅で逮捕されている。

クーデターの組織化を進めるために、トレスコウはハンス＝ウルリヒ・フォン・エルツェン少佐（参謀本部）がベルリン、フェーベリナー広場のホーエンツォレルン通り一四四番地にある第三軍管区司令部に配属されるよう取り計らった。シュタウフェンベルクもベルリン内外の状況に慣れるよう、そこに配属された。エルツェンとシュタウフェンベルクは、ＳＳ（親衛隊）兵舎や省庁、通信センター、放送局といったベルリンの重要地点を占拠する計画に取りかかった。彼らは軍管区参謀長であるハンス＝ギュンター・フォン・ロスト准将の特別任務将校ハインツ＝ギュンター・アルブレヒト中尉（予備役）のオフィスを使った。アルブレヒトは部隊の兵力や配置についての情報を密かに提供し、彼らの仕事が不審がられないよう付き添った。ベルリン警察署長ヘルドルフ伯爵も頻繁に立ち寄った。カナリス提督や、カナリスの諜報部で計画に加担していたハンゼン大佐（参謀本部）、オルブリヒト中将、フォン・ヘフテン中尉（予備役）も同じように立ち寄った（ヘフテンはまもなくシュタウフェンベルクの特別任務将校になった。彼はモルトケの「クライザウ サークル」の一員で外交官ハンス＝ベルント＝フォン・ヘフテンの弟だった）。

計画の一連の草案はエタ・フォン・トレスコウがポツダムの自宅でタイプしたが、子どもたちの面倒を見てもらわねばならなかったし、トレスコウが前線に戻ると、シュタウフェンベルクがいつもポツダムに行けるとは限らなかった。それでタイプの雑用は、トレスコウ家の友人で、彼の紹介で中央軍集団ベルリン後方司令部に就職したマルガレーテ・フォン・オーフェンと、エーレンガルト・フォン・デア・シューレンブルク伯爵夫人が分担することになった。彼女は第三軍管区司令官代理ヨアヒム・フォン・コルツフライシュの秘書だった。

トレスコウはマルガレーテ・フォン・オーフェンに、タイプを打つ間は手袋をはめ、借り物のタイプを使い、作業は自宅で行い、警報が鳴っている間はタイプも草稿も防空壕に持って入り、いらなくなった草稿は焼き捨てるよう指示した。一〇月一〇日に前線に発つ前に、彼は何度も彼女と母親が住むグリューネヴァルトを訪れて修正した草稿を手渡し、シュタウフェンベルクにも会いにきた。二人の男は自分たちの話す内容が立ち聞きされないよう、一緒に長時間散歩した。

最新版の草案を抱えたマルガレーテとトラベナー通りを歩いているときに、ＳＳ兵士を乗せた貨物車が近づいてきてそばに停車したことがあった。シュタウフェンベルクとトレスコウは顔面蒼白になった。ＳＳ兵士たちは車から飛び降りると、通りの向こうの家に入っていった。

マルガレーテ・フォン・オーフェンは草稿の最初の言葉を読んだとき、動揺した。「アドルフ・ヒトラー総統は死んだ」。これは起草者がヒトラー暗殺計画にかかわり、大逆罪を犯すということを意味する。しかし彼女はトレスコウが夏の間に語った言葉を思い出した。何万ものユダヤ人がきわめて残酷に殺されている。だからこそ、彼と仲間たちはクーデターを決意したのだ。敬虔なカトリック教徒のシュタウフェンベルクは非常に事務的だが、心に熱い思いを秘めており、彼女に同じ説明をした。そしてその状況にぴったりと思われるシュテファン・ゲオルゲの詩を読んで聞かせた。

ひとたびこの世代が恥を雪《そそ》げば、
その首から農奴のくびきははずされる
そのはらわたにあるは名誉への渇望のみ
累々と続く墓で覆われた戦場から
血まみれの光がきらめく…雲の隙間を通して
兵士たちの群れが雄叫びをあげ、平原を押し寄せてくるだろう
恐怖の中の恐怖、第三の嵐が猛威を振るうだろう
死者が帰還したのだ

もしこの国の民がその臆病な緩みから
その選択を、その使命を思い出すなら
神は彼らに説くだろう
言葉ではいい表せない恐怖について…それから両手が掲げられる
唇はその国の価値を讃えるだろう
朝のそよ風の中に真の紋章をはためかせるだろう
王旗を、そして恭しく頭を垂れる
高貴なる英雄たちに

人は二つの悪のうちからひとつを選ばねばならない。行動する（政権に対して）か、あるいは行動しないかだ。シュタウフェンベルクは神が任務を与えたと信じており、完全に身を捧げていた。彼の強い欲求によって、仲間たちは自分たちの道を納得し、正当性を確信していた。それにもかかわらず、彼は常に自分の考える道が唯一の可能な道かどうかを自問自答していた。

エーレンガルト・フォン・デア・シューレンブルク伯爵夫人はシュタウフェンベルクとロストから仲間に入るよう説得された際、女性にレジスタンスは務まらないと反対した。しかしロストから「おそらく他に方法はない」といわれ、ヒトラーが意味もなく死に追いやった多くの人々のことを思い出し、承諾した。彼女とアルブレヒトは勤務時間後に草稿をタイプした。建物はセントラルヒーティングで火をたくことができなかったため、彼女は廃棄する草稿をトイレの便器で焼き、便器を磨かねばならなかった。日中、訪問者がやってくると、エルツェンやシュタウフェンベルクに近づけないために、彼女とアルブレヒトは小さな待合室で応対しなければならなかった。知らないふりをしたり、嘘をついたりせざるをえない場合も多かった。日曜日になるとロストがやってきて、クーデターの準備をした。シュタウフェンベルクがベルリン地区の兵力について十分な情報を集めるのに三日しかかからなかった。この後、彼はベントラー街の一般軍務局に仕事に行った。

「ワルキューレ作戦」は、暗号名「ラインの黄金」という同様の作戦とともに、予備軍を結集するひとつの方法として、一九四一年冬、ロシア戦線が破滅的状況に陥った際に初めて発案された。「ワルキューレⅠ」は前線のために予備軍を集めることを目的としていた。シュタウフェンベルクは四二年夏に参謀本部編制課でその作成にあたっていた。「ワルキューレⅡ」は戦闘に即応しうる師団、旅団、増強された連隊と戦闘部隊を三段階で組織して、「本拠地、あるいは国境地帯に局所的に配備し」、海岸の防衛や対空にあたるというものである。指令書は高レベルの機密事項で、「いかなる事情があっても、国防軍外部の機関および個人に、その意図について、あるいは予備作業について知らせてはならない」。これは警察にもゲシュタポにも一切秘密だ（もっとも彼らはいかなる国内の危機にも必ずかかわることになるのだが）ということを意味する。武装ＳＳを国防軍の内部組織と認める記述もない。「ワルキューレ」の指令書は総司令部と軍管区司令部の金庫と占領地域の軍政府長官の金庫に封印して収められていた。

これらの指令は一九四二年一〇月には実状にそぐわなくなった。「ワルキューレⅡ」に参加するはずの五個師団が編制され、前線に配備されてしまったからである。そこで四三年七月三一日にオルブリヒト中将が国内予備軍司令官の署名入りで修正命令を出し、交代要員と訓練部隊を戦闘グループに組み込むよう、軍管区司令部に指示した。これは「国内の騒乱」に対する予防措置であると記載されている。

暗号による指令が発せられてから六時間後に、部隊は態勢が整っていなければならない（ワルキューレ第一段階）。その後すぐに戦闘部隊として組織されねばならない（ワルキューレ第二段階）。これはできるだけ迅速に行う必要があるが、第二段階完了の時間制限は設定されていない。地理的状況や軍管区によって装備がさまざまなためである。装甲部隊と装甲歩兵部隊は、装甲中隊や歩兵学校とともに、別の戦闘部隊を組織することになる。軍管区司令部は、電話交換や電信および無線送信機、発電所、橋といった重要目標を確保する準備をしなければならない。一九四二年五月版と同じく、この指令は機密であることが強調されている。「ワルキューレ」の部隊確保のために、毎週金曜日、各軍管区司令部は動員可能な人員と装備について一般軍務局に報告しなければならなかった。四三年一〇月六日、オルブリヒトは一時的に国内にいる野戦軍部隊も「ワルキューレ」の戦闘部隊に含めるという修正命令を出している。オルブリヒトとトレスコウの修正により、軍管区司令部は「ワルキューレ」を始動させ、必要なときに独立して部隊を配備する権限をもつことになった。指令は緊急事態の際に発動することができた。そしてクーデターを起こす場合にも。

ロストはこれらの準備を、適切な判断を下しながら精力的に進めた。彼は緊急配備のための詳細な計画を指示し、SSやナチ党の軍事施設に自ら出向き、人員、装備、兵器についてできる限りの情報をつかみ、特定の部隊の「信頼度」を評価した。彼は大隊長マイヤー少佐と副官のフォン・ゴットベルク中尉率いる第九補充訓練大隊が並外れて「信頼できる」と考え、ベルリンの省庁の占拠を割り当てた。ベルリンが大空襲に見舞われた際、ロストは最終リハーサルを行った。その結果、クランプニッツ装甲兵学校の装甲車は一時間少々でベルリンの政府地域に押し寄せた。ゲッベルスはこれに怒り、抗議している。

一九四四年二月一一日、シュタウフェンベルクの署名で「ワルキューレ」に重要な変更が加えられた。増援した連隊を組織するための規定で、各軍管区は他の軍管区の部隊を利用できるようになった。戦闘に即応しうる編制をいちはやく組織するためである。補充部隊と訓練部隊を無許可で再編制したり、「野戦配置用の人員を保持したりする」ことは禁じられた。これにより、野戦交代要員を迅速に、しかも軍管区から部隊すべてをはぎとらずに（緊急事態に深刻な結果を引き起こしかねないので）、まとめることができるようになった。また、レジスタンスたちが装甲部隊をひとつ以上の軍管区から引き出したり、装甲部隊を配置してSS守備隊を孤立させたりすることができるようになった（SS部隊は軍管区や軍管区司令官の支配下にはなかった）。

一九四四年五月二九日、兵器・弾薬相アルベルト・シュペーアが国防軍作戦部のアルフレート・ヨードルに手紙を書いて、空襲でライン川にかかる橋が破壊されドイツの中心地が川の西岸にいるドイツ軍と切り離された場合や、連合軍が北海沿岸に上陸した場合に備え、危機管理計画を立案してほしいと要請した。そのような侵攻に対抗できる部隊はドイツ領土にはほとんどない。六月五日、ヨードルは日記に、常時三〇万の兵が休暇で国内にいることになるが、これは一〇ないし一二個師団に相当する、と書いている。彼はこういった兵たちをすぐさま組織できる「師団の骨組み」をつくってはどうかと提案した。ヒトラーは六月三日と五日の打ち合わせでシュペーアとヨードルの提案を承認している。

六月七日、シュタウフェンベルクはフロム大将に同行して、迅速な動員の方法について議論するため、ヒトラーとの最初の打ち合わせに出席している。七月六日と八日の総統本営への訪問でも、この件に関する議論は続いた。七月六日にシュタウフェンベルクは「ワルキューレ」について報告している。ヒトラーは彼の提案のほとんどを承認し、敵軍がドイツ領内に侵入した場合には、軍の総司令官たちは国防委員（首都と行政区のガウライターと、党と政府の他の役人を意味する）をめぐる権限も含め、軍民両方に対し完全なる「執行権」をもつことにすると決定した。

一九四四年六月と七月に、クーデターの同志たちは首都を制圧するための一連の特別指令を準備した。これで軍管区司令部は必要な場合に単独で、重要な軍事施設を守るための手段を講じることができるようになった。彼らは適切な立場にあったので、クーデターの必要条件にその手段を適応させることができたのだ。「ワルキューレ」の訓練指令は反乱の前日（X―一デー）にクランプニッツの装甲部隊と、デーベリッツとポツダムの歩兵隊に出されることになっていた。それからXデーに少しずつ時間をずらして、総統が死んだという告知で始まる「基本指令」を軍管区に発する。ヒトラー暗殺の直前もしくは直後のX時には、ベルリンの軍司令官に第二の指令を出すことになっていた。緊急事態発生、軍事政権の樹立、「ワルキューレ」発動を、指揮下にある全部隊に指示せよというものだ。配備のスピードはもちろんさまざまで、その日の時間にもよるし、最近頻繁な空襲の影響も考えられた。すべてのSS司令部、党の地区事務所、閣僚の自宅、通信施設、新聞社、テーゲルのラジオ局、ベルリン無線塔、マジューレンアレーのラジオ放送室同様、庁舎も占拠されることになる。警察は陸軍への協力を命じられる。ベルリン警察署長ヘルドルフ伯爵と帝国刑事警察長官アルトゥール・ネーベ少将は協力を約束した。将官が率いる突撃部隊は、武装SS（強制収容所の警備部隊とは異なる、SS軍事組織）が陸軍に組み込まれるということを、ベルリンのSS部隊の司令官に伝える。同様の指示がベルリン軍司令官から「ゲーリング」連隊に伝えられる。SS部隊と「ゲーリング」連隊は、兵舎に監禁される。X時に装甲学校は、その「ワルキューレ」大隊三個と、さらにポツダムの士官学校と下士官学校の二個大隊を、ベルリンのティアーガルテン＝ベントラー通りのエリアに移動させるよう命じられる。装甲兵員輸送車中隊と自動車歩兵中隊はケーニヒス＝ヴュスターハウゼンとツェーゼンの無線送信機を占拠し、いかなる政治的放送も禁止する。一七〇トンの車両がポツダムの南西二四キロにあるカニンから調達される。装甲学校の司令官はすぐにフロム大将の司令部に出頭して命令を受けなければならない。その二個大隊はベルリン陸軍司令官の指揮下に置かれる。装甲学校からの軍の多くはベントラー街のクーデター司令部の管理下に置かれることになり、一部はリヒターフェルデとランクヴィッツの武装SSの兵舎に対する武装偵察を行う。装甲兵員輸送車中隊一個はテンペルホーフ飛行場でフロム大将とシュタウフェンベルク大佐に会い、ベントラー街に向かう彼らを護衛する。

クーデター立案者たちは特定の電話交換と回線を重大な時間に確実に遮断し、その一方でクーデター側はいつでも回線を自由に使えるようにするために、国防軍および陸軍の通信部門責任者フェルギーベル少将と、彼の信任を得ている数人の部下を頼りにし、彼らに電気通信の支配権を与えた。施設の破壊は問題外だった。通信手段は不可欠だし、いずれにせよ、非常に多くの回線やルートを遮断するには軍の司令を通じて行うのが一番効果的だったからである。

クーデターの成否はフロム大将の態度次第で大きく変化すると思われ、いくぶん賭けに似たところがあった。フロムは抜け目のない日和見主義者と評判だった。オルブリヒトが彼に「リーダーシップ」に「介入」してはどうかとほのめかした際も、フロムはただ礼を述べただけだった。六月半ばにシュタウフェンベルクがフロムの参謀長に就任し、彼のもとに出頭して、戦争から抜け出す唯一の方法は政権を倒すことだと主張したときも、フロムは彼の率直さに感謝する、と述べるにとどまった。一度フロムがとくに誰に話しかけるでもなく、こういったことがあった。「クーデターをやるというなら、ヴィルヘルム・カイテルのことを忘れるな」。七月一五日、ヒトラー暗殺の決行を見越してクランプニッツ装甲学校が動員されたが、無駄に終わっている。フロムはオルブリヒトを非難し、装甲兵総監のグデーリアンが動員に立腹して装甲部隊を前線に移動させるかもしれないといった。シュタウフェンベルクはフロムを大して評価していないことを隠しもしなかったが、クーデター側にしてみれば、ヒトラーが死ねばフロムが自分たちの側に加わるだろうと期待するのは当然だった。

クーデター計画者はテレタイプのメッセージで任命、あるいは指名された「政治代行者」のリストを各軍管区に送れるよう準備した。この代行者たちは地方長官に匹敵する権限を与えられ、ベルリンのクーデター指導者の命令を遂行するにあたり、軍管区司令部に「助言」することになっていた。ゲルデラーはリストを準備し、それをベックとシュタウフェンベルクに提出した。

各軍管区との間の連絡将校も必要だった。シュタウフェンベルク自らが一七の軍管区のうち一五管区一六人の名前のリストを用意した。彼はその説得力で候補者を獲得した。参謀本部と前線、両方での彼自身の経験からくる権威も功を奏したようだ。

一九四三年秋、シュタウフェンベルクは参謀本部補給課のハンス＝ユルゲン・ブルメンタール少佐を陰謀に引き入れた。このような場合、候補者をオフィスに呼んで戦争の状況を述べ、国防軍が主導権を握らねばならないという結論を引き出すのが彼のやり方である。ルートヴィヒ・フォン・レオンロート少佐は、一二月半ばにシュタウフェンベルクの要請に応じてベルリンにきた。シュタウフェンベルクは彼に、総統は「支持できない」状態にあり暗殺しなければならないこと、軍が執行権を掌握した瞬間から連絡将校が必要となること、レオンロートに第七軍管区（ミュンヘン）との連絡将校を引き受けてほしいと考えていることを話した。レオンロートは自分は総統に忠誠を誓っていると反論した。それに対しシュタウフェンベルクはさらに次のように述べた。誓いは原則として神聖なものだが、現在のような危急の際にはもはや有効ではない。レオンロートはカトリックを実践する者として「良心をもって、誓いに反する行動をとらねばならない」。一二月二〇日、シュタウフェンベルクはシュレジェンからフリードリヒ・ショルツ＝バビッシュ大尉（騎兵、予備役）をベルリンに呼び出した。四四年一月にはディートリヒ・トルフゼス・フォン・ヴェッツハウゼン大尉（予備役）と第一軍管区（ケーニヒスベルク）のハンス・エルドマン中佐を呼び出している。

シュタウフェンベルクの友人ペーター・ザウアーブルッフは、ヴァンゼーによく自分を訪ねてきていた騎士鉄十字章受章者ローラント・フォン・ヘースリン少佐を説得して、シュタウフェンベルクと話をさせた。クーデター失敗後、ヘースリンは大逆罪で告訴された。彼はザウアーブルッフをかばい、自分がクーデターに加わったのは、一九四四年四月一日にシュタウフェンベルクに説得されたからだと証言している。シュタウフェンベルクは、前線では毎月一個軍団に相当する人間が戦死していること、人員の補充が無理なこと、ドイツは軍事的崩壊に向かっていることを告げ、彼の将校としての誇りに訴えかけ、一九一八年にできなかったこと、つまり主導権の保持を今こそ実現させ、「総統を排除しなければならない」と述べたという。他国民はナチ国家を脅威とみなし、決して和解しないだろう。ドイツが完全に破壊されるまで戦い続ける責任を取れる者はいない。ヒトラーが打倒されれば、陸軍、つまり国家の中でもっとも保守的で人々に根ざしている機関が、秩序を維持しなければならないだろう。ヘースリンは第一軍管区（東プロイセン）での自分の真の役割を隠し、「ケーニヒスベルクに緊急事態を起こすことが任務だった」と尋問官に証言している。実はヘースリンはマイニンゲンの装甲偵察訓練大隊を指揮しており、三個中隊を率いることになっていた。うち一個は装甲中隊で、総統本営を「防御する」、すなわち孤立させるのが任務だった。

シュタウフェンベルクは一九四三年一月にペーター・ザウアーブルッフ中佐（参謀本部）を病院に訪ねている。彼は第二装甲軍司令部参謀の情報将校、その後はベルリン、ラングスドルフ地区で戦術空軍大将の参謀本部連絡将校を務めていた。四三年一二月、シュタウフェンベルクはザウアーブルッフを一般軍務局に異動させ、一月に提起した話題を蒸し返し、軍事的な議論で彼を説得しようとした。戦争には負ける、とシュタウフェンベルクは断言した。戦術的に有効なものといえば新たなロケット弾だけだ。西側との単独講和のめどは立っていない。ドイツの無条件降伏を要求している連合国の意見を変えるのは無理だ。唯一の希望の光は、西側列強がこれからフランスに上陸しなければならないこと、ロシアが中央ヨーロッパにあまり深く侵入してくるのをイギリスが好まないだろうということだ。将官たちは政治に無関心で、ヒトラーの戦果によって判断力を失っている。元帥たちは危機を承知しているが、優柔不断だ。したがって若手が責任を負わねばならない。戦争によって生み出された、そして今も生み出されている犠牲者の死が無意味だと認識している者なら、この誤った戦争を全力で終わらせなければ、死んだ者たちの血縁者に顔向けできないだろう。忠誠の誓いは問題になりえない。忠誠は相互的なものであるはずなのに、ヒトラーは軍隊と国民を裏切ったからだ。四三年末の時点で、クーデターが政治的に正当だと認められるかどうかはシュタウフェンベルクにとってあまり重要な問題ではなかった。重要なのは戦争の終結だった。クーデター後に生まれる暫定政府は、真の権威には欠けるだろう。しかし残虐なロシア軍の侵入を阻止するために、東部戦線の保持に集中しなければならない。シュタウフェンベルクは三八年のヒトラー排除の試みと失敗の理由を言外にほのめかした。

ザウアーブルッフは自分が聞いた内容についてよく考えてみた。シュタウフェンベルクは暗殺者になれと頼んだわけではないが、それが彼の気持ちと隔たりがないとザウアーブルッフにはわかっていた。だが、まもなく答えを出す必要はなくなった。異動になったからである。シュタウフェンベルクがユダヤ人やロシア人捕虜の虐殺を引き合いに出してザウアーブルッフの道徳的信条に訴えれば、もっとうまくいったかもしれない。しかしシュタウフェンベルクは、明らかに軍事的な主張のほうに自信を抱いていた。

暗殺後、暫定的な国家元首と軍最高司令官はベック大将が引き受けることになっていた。彼の「暫定の指揮命令系統」を宣言する草稿には、ベックが退役する前、とくに一九三四年と三八年の覚書で主張していた統一指揮命令系統に関する考えが盛り込まれていた。また、第一次世界大戦中の分離した司令による弊害を鑑み、現状の命令系統に対するシュタウフェンベルクの積年の批判に基づいて作成されていた。宣言は「大参謀本部」、軍務省、「将校局」（人事管理室）、「東方最高司令部」の設置を指示している。「大参謀本部」の下に国防軍作戦部を置き、「東方最高司令部」、航空参謀、外国課、情報部に組み込まれるセクションはここから除外する。「大参謀」長は参謀の統合責任者となる。彼は陸軍総司令官でもあるが、この肩書は命令では触れられていない。新たな「東方最高司令官」はA軍集団、南方軍集団、中央軍集団、北方軍集団のエリア、ウクライナ、「東部地域」（バルト諸国、白ロシアを含むオストラント）の野戦軍を指揮することになる。参謀は現在の陸軍参謀本部出身者で組織されることになるが、「参謀長」についての言及はない。全員が軍の指名した最高司令官フォン・ヴィッツレーベン元帥に従う。かつて第四装甲軍の誉れ高き司令官で戦前からヒトラーと対立していたエーリヒ・ヘプナー大将は、国内予備軍の指揮をとることになる。これはフロムが協力を拒否した場合の話だった。

こうして軍司令部は一九三四年にベックが要求したように再編制されることになった。戦時には、陸軍総司令官が「大参謀」長を兼任し、平時の「大参謀」長は主計総監を務める。戦域で指揮を執るのは、軍最高幹部直属の総司令官だ。「大参謀」長は国防軍最高司令官と陸軍司令部全体の権限下で、戦争の全体計画と全般的な軍事的方向を担当する。

一九四二年三月から更迭されていたフォン・ヴィッツレーベン元帥は、四三年九月か一〇月にクーデターで国防軍最高司令官の役割を果たすことに同意し、こうしてクーデター立案者のつくった全軍司令官への最初の命令に彼の名が記されることになった。命令はヒトラーが死んだという言葉で始まり、陰で軍を中傷し利己的な目的のために権力を侵害しようとした「党指導部の無節操な輩」を糾弾し、それゆえに帝国政府は法と秩序を守るために軍事的緊急事態を宣言し、フォン・ヴィッツレーベン元帥を国防軍最高司令官ならびに行政当局責任者に指名する、と続いた。事情を十分飲み込めない者には、「帝国政府」がヒトラーの公式後継者ゲーリング帝国元帥を長とする現存の政府を指しているように思われたことだろう。しかし、クーデター側の発した「法と秩序を守る」という文言は、実は法と秩序の「回復」を意味していた。

戒厳令を準備し、屋内外での集会や、軍および警察以外の武器の保持を禁じる。私的な長距離旅行を三日間禁止し、長距離電話を規制し、夜九時以降外出禁止にする。重要な設備、通信、社会事業、公益事業には続行を命じるが、戒厳令に反すれば罰則を科す。ナチの役人が党の命令に従うことを禁じる。党の全資産と書類は移動可能だが、戒厳令によって罰則を科される。

不服従、略奪、暴力、政府あるいは国民に対する反逆、殺人、不法拘留、強奪、贈収賄はすべて戒厳令下で管理される。簡易軍事法廷は従来の刑事訴訟に準ずるが、至急の場合には、適切と考えられるいかなる決定も可能だ。彼らは被告人と目撃者から聴取し、それから即刻裁定を下し、遅滞なくそれを実行させる。とくに、前政権の機関によって犯された重大な犯罪は、民衆の激しい怒りを喚起するため「厳罰を求められる」。それゆえに法廷は、新政権が樹立した最初の数時間でナチ政府の主犯格の人間に刑を宣告し執行する必要があるだろう。

九月半ば、シュタウフェンベルクはクーデター政府の基本理念の宣言書を再検討し、修正を始めた。一〇月にベルトルトがウーバーリンゲンにいるルドルフ・ファールナーに、ベルリンにくるよう電報を打った。クラウスは「マウアーヴァルト」にある軍司令部でシュティーフ大佐（参謀本部）に会い、熱心に支援を求めていた。シュティーフはクーデターを手伝うこと、暗殺の企てにさらなる仲間を引き入れることを約束した。クラウスはファールナーに普段どおりの笑顔で、「実行」は一〇～一四日後になるだろう、と述べ、ヒトラーの死後放送する布告の作成を手伝ってほしいと頼んだ。

ファールナーはトリスタン通り八番地のベルトルトのフラットの一室で仕事をした。何人かが出入りするのに気づいたが、彼自身は家族の誰にも会わなかった。彼の存在は部外者からは隠された。文学関係の共通する知人には、必要があれば説明した。破棄する草稿は燃やしたが、あまりに多くて不審がられるような場合には、ファールナーかニナ・シュタウフェンベルクが持ち出さねばならなかった。一〇月二八日にオルガ・ユクスキュル伯爵令嬢とフレディ・フォン・ザウケンとの結婚式でベルリンにきた際、ニナはリュックサックいっぱいの書類をバンベルクに持ち帰らねばならなかった。ツェーザル・フォン・ホーファッカーと他のクーデター仲間も、一九四四年七月二〇日の「愛国者」代表のひとり、ヨアヒム・フォン・コルツフライシュも、結婚式に出席した。クラウスはニナに、二九日はトリスタン通り八番地でいとこと重要な相談をすると告げている。

ユクスキュル伯爵（ヌクスおじ）も草稿の編集に参加していた。ベルトルトの妻ミカは「大衆紙」の反応を知るための実験台になった。「大衆紙」には草稿が何をいっているのかさっぱりわからないだろう、というのがミカの感想である。これは作者にとってありがたい反応だった。クラウスとファールナーは現在流行している陳腐な言葉づかいを避けたいと考えていた。そういった言葉では時代を超えて残らないと考えたのだ。彼らは自分たちには理解できる立派な文体で新たな考えを進めたかった。シュタウフェンベルクは草稿をシューレンブルク、ベック、ゲルデラーに見せ、批判や修正案を出してもらい、それを盛り込んだ。

数日後に去るとき、ファールナーはクラウスに「FINIS INITIUM」（訳注　終わり、始まりという意味のラテン語）と刻んだ金の指輪をくれた。クラウスはそれを左手の中指にはめた。シュテファン・ゲオルゲの「私は終わりであり始まりだ」というフレーズからとられた言葉である。

クラウスは軍事的・政治的文書について主にユクスキュルおじと議論した。ベルトルトは文体や法的・行政的な点についてファールナーと作業した。彼らは法律や手続きを元に戻し、強制収容所を占拠し、囚人たちの権利と名誉を回復し、彼らを苦しめた人々に罰を与えたかった。全閣僚と、行政区から共同体にいたるまでの党指導者は逮捕されるだろう。SSと警察の兵舎はすべて重火器で包囲される。SSと警察の将校と兵は武装解除され、全員逮捕される。屈強な陸軍将校二名がすべての兵舎でSS上級将校への面会を求め、次のように宣言する。「総統は死んだ。戦闘経験のない恥知らずな党指導者たちのグループがクーデターを企てた。軍事的緊急事態が宣言され、執行権は軍管区司令官の手に移った」。彼らは武装SSが軍管区司令官に従い、軍に組み込まれることになると説明し始めるだろう。武装SSはさらなる通知があるまで兵舎に軟禁されることになる。この命令を実行するにあたり、必要とあれば、施設を包囲している重火器を使用することもありうる。SS上級将校は陸軍将校二名の立ち会いのもと、即刻必要な命令を出さねばならない。もし拒否すれば射殺されることになるし、護衛と全軍は武装解除されることになる。

党もしくはSSの反乱というつくり話は、新政府が旧政権を守っているように聞こえて胡散臭い。さらに次の命令で、これがつくり話であることは明らかになる。住民に「前支配者の専制的なやり方との差を気づかせる」ために報復行為は禁じる、と命じているからだ。

ヒトラーの死後、SS部隊によって監視されていたラジオ送信機を即時占拠し、クーデターを公にするため、声明を放送する。ヒトラーが死んだという告知の後、党指導者たちの所業を明らかにして、陸軍による介入を正当化する。兵士の帰還後、国民は新たな政体について自由に決めることができるようになる。法と正義はすぐに回復される。ナチによる犯罪は、正当な法の手続きを経て罰せられることになる。講和は早急

47. オルガ（デュジー）・ユクスキュル伯爵令嬢とフレディ・フォン・ザウケンの結婚式。ベルリン、「カイザーホーフ」ホテルにて、1943年10月28日。前列左からアレクサンドリーネ（ラスリ）・ユクスキュル伯爵夫人、ニコラウス（ヌクス）・ユクスキュル中佐、オルガ（デュジー）・フォン・ザウケン（ユクスキュル伯爵令嬢）、フレディ・フォン・ザウケン中尉、フレーダ・フォン・ザウケン（フォン・ホーレン男爵令嬢）、ジークフリート・フォン・ザウケン＝ロシュエン、ベルタ（ピュッツェ）・ジーメンス（ヨルク伯爵令嬢、ペーター・ヨルク伯爵の姉妹）、ディートリヒ・フォン・ザウケン准将（装甲部隊）。
二列目左からヨアヒム・フォン・コルツフライシュ中将、エーデルガルト・フォン・コルツフライシュ、エリザベート・ブルーメ、マルガレーテ・ブルーメ、ジークリート・フォン・ビューロウ（旧姓ザウケン）、ベルトルト・シュタウフェンベルク、フリードリヒ・カール（ピギー）・ジーメンス、マリア（ミカ）・シュタウフェンベルク、ペーター・ヨルク伯爵、ニナ・シュタウフェンベルク、エドガー・フォン・ユクスキュル男爵、クラウス・シュタウフェンベルク中佐（参謀本部）、マリオン・ヨルク伯爵夫人（旧姓ヴィンター）、ツェーザル・フォン・ホーファッカー中佐（予備役）、エリザベート・フォン・ザウケン（旧姓フォン・ザウケン、ディートリヒ・フォン・ザウケン准将の妻）、アレクサンダー（ユレクス）・ユクスキュル伍長、オスカー・フォン・ザウケン中尉、ハンス＝エーリヒ・フォン・ザウケン少尉（1944年５月30日、ヤーシ付近で戦死）、フリードリヒ・ブルーメ

に求められるが、「起こっていたことを考えれば」、(領土的) 損失には我慢せざるを得ない。ドイツは内側から浄化され、神の力で和解し、未来への希望を与える。すべてのドイツ人は力の限り祖国に奉仕することを求められる。

軍に向けた別の声明では、狂気ともいうべき方法で戦争が遂行された点を強調し、他の国民を威嚇する考えを一切捨て、国と女性、子どもたちを即時守らねばならない場合を除き、戦争のために再び人命を犠牲にしないことを誓い、分別ある司令官は軍をできるだけ早く故郷に導くだろう、と力説している。

シュタウフェンベルクは政治家や社会状況をヴァイマール時代に逆戻りさせたくなかった。一九四四年初め、ヤーコプ・カイザーに次のようにいっている。「カイザーさん、昔に戻ることはないと思いますよ」。シュタウフェンベルクは労働組合に政治的役割を与えることに賛成したので、カイザーは彼がゲルデラーやポーピッツのような人々には反対なのだと理解していた。シュタウフェンベルクは貴族階級の歴史的功績が国家再生の際に考慮されることを望んでいたが、それ以上の具体的な考えは抱いていなかった。

九月にラウトリンゲンで、クラウスとベルトルトとファールナーは、どうしたら社会の全階級が集まって政府を形成できるか、どうしたら旧式な政党なしで国民議会をつくり上げることができるかについて議論している。一九三三年以前の政党のシステムは地域や社会に根ざしておらず、指導者は本当の意味で人民の代表者ではなく、党員の中でのし上がり、私腹を肥やすような腐敗をつくり出す者たちにすぎなかった。三人は共同体や職業の団体や利益団体が直接代表者を出すべきだと考えていた。また、人民がその地位や財産に関する個々の必然的な違いを受け入れること、大土地所有者が自発的に土地を分けること、土地を「利益を計算した構造物」(産業を意味している) に置き換えるよりも、むしろ農業を保護することを望んでいた。さらに、雇用者と被雇用者が責任を共有することを望んだ。技術、産業、商業は国民に従属すべきものであって、要求ばかりして人々を支配するようになってはならないし、技術がいわゆる「客観的な必要性」によって政治を支配するのを許してはならない。資産階級は社会的問題の解決を先取りし、無産階級の間に要求が高まるまで待っていてはならない。将来の国際紛争が重要事項でないのは、ドイツ国内の民族集団間の違いが重要でないのと同じである。クラウス・シュタウフェンベルク自身は、陸軍と国民のアイデンティティの概念に重点を置いていた。四二年と四三年一月、彼は軍の上級将校による介入に賛成した友人に次のように答えている。「そう、われわれはまさに陸軍の指導者であり、国民の指導者でもある。われわれがリーダーシップを握るのだ」

しかし、シュタウフェンベルクの政治計画の基本は、ヒトラーの打倒だった。彼は次第に政治的考察や計画に参加するようになり、労働者に味方する法律や社会保険に関心を示したものの、ごく基本的で一般的な考え以上の政治計画を発展させるほどの経験もなければ時間もなかった。彼は独善的ではなかった。理想をそのまま受け入れるのではなく、一九二三年に述べたように、人間を追求していた。彼は「世界観を受け入れる」人々は「拘束されている」と考えていた。その一方で、国民には宗教的基盤が必要だとも考えていた。

一九四三年六月一四日のミーレンドルフの綱領には無党派国民運動の考えが盛り込まれていた。四四年になった今、ロイシュナー、ヤーコプ・カイザー、ハーベルマン、労働組合の指導者たちは、みなヴァイマールの多党体制の復活に反対し、政治的意識の高い勢力が幹部を務める一党体制に賛成した。レーバーは綱領にはほとんど重きを置かず、活動をより重視していた。この点で、シュタウフェンベルクはレーバーに心から賛成していた。とはいえ、政策綱領の草稿には具体的な構成と政府の基本骨格が示されており、シュタウフェンベルクはそれを受け入れた。

一九三三年二月二八日にヒトラー政権が出した緊急命令は、一九一九年の帝国憲法に記された基本的権利を一時停止した。人身の自由、言論・出版の自由、集会・結社の自由、通信の自由（郵便、電報、電話）、捜査押収からの保護、財産の自由などである。クーデター計画者たちが準備した政策綱領は、こういった基本的権利を、軍事的に必要な制限を除いて、直ちに回復することを宣言していた。

一九四三年一一月から四四年三月にかけては、草稿の内容についてこれ以上の進展はなかったようだ。この期間は、おそらくもう何通か控えが必要だったためだろうが、ベルトルトが海軍総司令部の信用できる秘書に草稿を口述していた時期にあたる。六月末、クラウスはルドルフ・ファールナーに、アテネからベルリンにきて草稿の修正を手伝ってほしいと頼んでいる。ファールナーはベルトルトが「ドイツ国民への声明」を修正するのを手伝った。変更したのはほとんど文体の問題で、感情過多な部分を削除した。女性に対する言葉は、全般的な声明の中でひとつの文に集約させた。前線の状況や講和の見込みについては、最新の情報に変更する必要があった。全体的に簡約化され、的を射た表現になった。「右翼、左翼、あるいは中道による」政治的冒険への警告が付け加えられた。

ベックはシュタウフェンベルクが二度目か三度目のヒトラー暗殺を試みて未遂に終わった日の前日、つまり七月一四日の夜に新版を受け取っている。七月一五日、新政府の首相になる予定のゲルデラーと、野心的なレジスタンスのギゼヴィウスは将来の国家の代表と見込んだベックの自宅で、ヒトラー死亡の知らせが届くのを待っていた。ベックは修正された宣言書を訪問者たちに呼んで聞かせた。読み上げるにはいくぶん時間がかかったが、それは「手垢のついた書類に、数多くの手書きの訂正が書き込まれていたからだった」

クーデター失敗後の裁判でゲルデラーが証言したところによると（ハッセルとヨーゼフ・ヴィルマーも同じ証言をしている）、「ドイツ国民への宣言」の草稿は、シュタウフェンベルクによって書かれた。その中に記されていた告発と告示について、ルドルフ・ファールナーが一九四五年（文書が文書館で読めるようになる何年も前）に回想している。そこには、ドイツ国民はヒトラーを選びはしなかった、と宣言されていた。ヒトラーは言語道断な策を弄して政府を強奪したのだ。彼はドイツ人に不道徳な驕り、堕落、負債と欲望を植えつけた。権力にしがみつくために恐ろしい政権を立ち上げた。神の戒律をあざけり、正義を傷つけ、数百万の幸福を踏みにじり、他人の名誉と尊厳、自由と生命を無視した。残虐な集団殺戮によってドイツ人の名声を汚した。国民を窮乏に陥れた。指揮能力の才を自ら主張しながら、勇敢な兵士たちを最悪の事態に導いた。国民とその魂を裏切った。一九三三年に自分が立てた誓いを幾度となく破った。「この恐ろしい危険を回避し、自尊心を取り戻すために全力を尽くす勇気をもたなければ、われわれは父祖の威厳を損ない、子孫の軽蔑の的になるだけだ」。ゆえに、良心と名誉の命じることが、あらゆる利己主義に堂々と優先する。

新政府の準備段階での目標は、国民が目標を決定できるようになるまで有効に存続することになっていた。新政府の目標は、「尊敬、相互扶助、社会正義に基づく真の国民共同体」、正義と自由、政府と行政の誠実、国民共同体におけるドイツ人の名誉回復だった。ドイツ国民および他国民に恥辱と苦悩をもたらした罪人たちは罰せられる。「政策綱領」は一二の見出しで、新政府の「原則」と「目標」を説明している。

1. 法と正義の回復
2. 倫理性の回復
3. 偽りのプロパガンダへの反対
4. 思想・良心・信仰・見解の自由の回復

5. キリスト教を基盤にする（ただし他宗教には完全なる寛容を示す）教育の刷新
6. 管理と行政事務の再編成
7. 新たな憲法
8. 経済的自由の原則の承認
9. 社会正義の方針
10. 公共予算の改革
11. 祖国防衛のみを目的とする軍事の継続
12. 公正なる講和条約の制定

法を破ったり曲げたりした裁判官は罰せられる。一九三三年二月二八日にヒトラー政府が停止した基本的自由は回復される。強制収容所は解体される。新憲法は国民と戦場の兵士たちの同意で作成され、兵士の関与は「特別な重要性」をもつ。これが達成できるまで、即時公布される暫定憲法が補完する。「もっとも非人間的かつ残酷で心から恥ずべき取り返しのつかない方法で行われた」ユダヤ人迫害は即時停止される。とくにユダヤ人殺戮の責任者には、法律違反者に対する当然の罰が適用される。

「政策綱領」はドイツ人労働者が建設的に責任に関与する必要性を強調している。労働者が「支配的な経済法則を免れる」ことはできないものの、社会政策は現代の生活の困難に対する社会連帯を重視する。私有財産は保護されるが、資本蓄積が労働者の健康や作業能力の保護と矛盾する場合には国家が介入する。

「政策綱領」の次にあげる事項がベックとゲルデラーによって作成されたのはおそらく間違いない。「われわれが警告を発したにもかかわらず、この戦争はすべての人類に多くの不幸をもたらした。今、われわれは自由に話すことができる。われわれの存在にかかわる利益を守る方法は他にあったと信じていたし、今も信じている」。ドイツは今「勇敢に、根気強く、そのあまりに不名誉な名前を浄化しなければならない」し、他国民の信頼を回復しなければならない。すべての政治家がこの奮闘に実り多い成果を求め、この戦争によって引き起こされた苦痛を和らげるためにドイツとともに働く準備がまもなく整うことを信じている。「政策綱領」は次のように続く。新政府はドイツの倫理的・物質的回復が世界平和のために必要だと考えている。イギリスとドイツはともにヨーロッパをロシアから守らねばならない。白人の国家、あるいは中国を犠牲にして日本の領土拡大と結託する白人国家はないものと考えている。全世界は経済的に協力すべきだ。ドイツが倫理的に立ち直るために、ドイツの犯罪者はドイツによって罰せられなければならない。

同じ考えは「ラジオ演説」の草稿にも見られる。これはベルリンでゲルデラーに預けられた書類の中にあった。ゲルデラーがシュタウフェンベルクの書いたものだとする草稿のひとつである。クーデターへのより深い動機が、ここにも記されている。第二次世界大戦を誇りをもって終わらせ、ドイツの死活的な利益を守るために唯一望むことができるのは、ヒトラーのテロリズム的・犯罪的政権に代わる、「法、自由、尊厳、良識」を基盤にした政権の樹立だ。「しかし、この目標だけが将来を決定するわけではない。われわれが決め手と考えるのは、次のような点だ。つまり、われわれはもはや軽率な犯罪者と嘘つきが国民の名誉を汚し、名声を貶めることを許してはならないのである。(中略) われわれは良心の命ずるままに行動すべきだったのだ」。

同様にシュタウフェンベルクが作成した無題の草稿には、国家社会主義の考えは概ね正しいが、ヒトラーの首相就任後に正反対の考えに変わったという記述が見られる。ヒトラーの新たな指導者階級は、劣った人物、堕落した人物による支配をもたらした。ロシアでの軍事行動はコミッサールを殺せという命令から始まり、戦争捕虜の餓死と民間労働者の集団逮捕へと続いた。二正面戦争を避けられなかった指導者たちに、全ドイツ国民を道連れにして堕落させる権利はない。政権交代後、フランスに上陸した連合軍が戦果を上げる前にドイツの軍事力を使って大国ドイツを守り、できるだけ早く敵陣営における意見の相違につけこむ必要がある。

「国防軍への声明」はベック、トレスコウ、シュタウフェンベルクによって起草された。そこには、第一次大戦後にドイツになされた不公平を是正し自由を保護するための正義の戦争だとして、前政権が兵士の信頼を無節操に利用したと明言されている。前政権は無制限の征服と、支配下においた国民の搾取という目的のために彼らを悪用した。前政権は決して平和をもたらすことはせず、あらゆる場所に憎しみの種を蒔いた。

ヒトラーは自分に戦略家の能力があると信じていたが、「困難な隊務のさまざまな段階で」必要な手腕を発揮することは決してなかった。彼は「頑固さ、無能力、節度不足によって」、国防軍に非常に厳しい犠牲を要求したが、これは回避できるはずのものだった。スターリングラードにおける第六軍の破滅、北アフリカの軍事作戦の崩壊、シチリアでの無駄な敗北。「数十万の勇敢な兵士が命、健康、自由を、ひとりの男の無謀さと虚栄心のために投げ出さねばならなかった」。年長者は祖国を守る勇気がなかったと若者から非難されぬよう、こういった事態が続くのを許してはならない。「われわれが行動するのは、これがもっとも重視すべき理由だが、犯罪が貴君らの背後で行われており、それがドイツ国民の名誉を汚し、世界における名声を貶めているからだ」

最後にこの宣言は、犠牲が求められるのは厳密に防衛のために必要な場合のみだと約束している。

12章　外国との接触

戦争が勃発するずっと以前にも内部からヒトラーの政府を打倒しようとした者はおり、フランス、イギリス、アメリカの政府に政治的支援を求めたが、大きな成果は得られなかった。開戦後、連合国が戦争の目標を拡大したため、ドイツの地下抵抗組織との真剣な協力は妨げられた。反ヒトラーのレジスタンスたちとイギリス政府は一九三九年から四〇年にかけての冬、ピウス一二世の仲立ちによって接触したものの、連合軍側がヴェルサイユ条約で得た以上の「保障」を求める結果に終わった。それは何よりも、ドイツにもっと有効な武装解除を課することを意味した。その結果、四一年八月一四日にイギリス首相とアメリカ大統領がプラセンシア湾で発表した大西洋憲章の第八条には、「他国への武力侵略の脅威を与える、もしくは与える可能性のある国」の非武装化が要求されている。これはドイツの無条件降伏を前提としていた。アメリカの正式な参戦後、四二年一月一日には二六ヵ国が連合国共同宣言に調印している。これは戦争の目標が、完全なる勝利と枢軸国の無条件降伏にあると宣言するものだった。三九年の独ソ不可侵条約、二ヵ国間のポーランド割譲、四一年七月のイギリス・ソ連の相互援助条約、連合国共同宣言、四二年七月のイギリス・ソ連の相互援助の延長、そしてロシアの広大な領土獲得に対する西側諸国の容認。こういったすべてが、ドイツが一九一九年よりも大きな領土的損失を被らざるをえないことを暗示していた。分割された領土からドイツ人住民を追放することで連合国の意見が一致しているのはいうまでもなかった。

ウルリヒ・フォン・ハッセルはこういった合意の意味と含意を十分に理解していたし、楽天的なカール・ゲルデラーでさえ、連合国が東プロイセンとシュレジェンをポーランドに委ね、ドイツの統治を制限するであろうことを恐れていた。その一方で、ゲルデラーは一九四三年九月になっても、イギリスが一九一四年の東国境を含む戦前の領土をドイツに許可してくれると信じており、フランスがアルザスとロレーヌの処理について喜んで交渉に応じてくれると考えていた。もちろん、こういったことはすべて、ヒトラー政権を内部から早急に打倒できるかどうかにかかっていた。

ユリウス・レーバーは公平な講和条約に希望を抱いていたが、一九四三年秋には、敵の結束を崩すことは不可能で、無条件降伏と軍事占領は避けられないという認識に変わった。モルトケは一九四〇年の時点で、ドイツが領土をかなり失い、シュレジェンがチェコスロヴァキアかポーランドのものになることを確信している。彼はロシアの支配とドイツの共産主義化を恐れた。四三年一二月、彼はイスタンブールを訪れ、レジスタンスたちからの提案をアメリカ・イギリス政府に伝えようとした。政治問題において最低限合意に達したなら、西側連合軍によるドイツの占領をレジスタンスが手助けするという内容である。ツェーザル・フォン・ホーファッカーはいとこのシュタウフェンベルクに、フランスはゲルデラーの思惑のようにアルザスとロレーヌに自治を許すだけでは済まさず、返還されないなら和平に同意しないと考えていることを明らかにした。

外務省の公使館法務官でモルトケのクライザウ グループの一員であるアーダム・フォン・トロット・ツー・ゾルツは、一九四三年六月一二～一四日の聖霊降臨節に行われたこのグループ最後の大きな会合で、レジスタンスと西側連合国とが協議する見込みはないが、自分はソ連が応じてくれるかもしれないと考えていると報告した。多くの人々はソヴィエト政府が実際にはゲッベルスのプロパガンダでいわれているほどには恐ろしくないと信じていた。トロットはストックホルム駐在のソ連の外交官（四四年からは大使）アレクサンドラ・ミハイロヴナ・コロンタイと接触する案に賛成した。しかし彼はまず、四三年六月と七月のイスタンブール出張の間に、再度内密に西側列強との接触を試みている。

一九四三年七月一三日、「自由ドイツ国民委員会」がソ連の庇護のもと、クラスノゴルスクで結成された。これはロシアが交渉に応じてくれるかもしれないというトロットの考えを裏づけているように思われた。もっとも、やはりソ連の保護下で結成されたポーランド愛国者同盟が四三年初頭にダンツィヒ、西プロイセン、北シュレジェンの併合を要求していた事実を考えれば、レジスタンスたちが少々危惧の念を抱くのも当然だった。しかしモルトケは四三年七月二八日に、スターリンの（国民委員会結成の際の）声明は状況を根底から変えてしまったと書いている。

スターリンがヒトラーと、あるいは別のドイツの政府代表と単独講和を話し合う意志があるという兆候は見られたし、前モスクワ駐在大使シューレンブルク伯爵が交渉人ならば歓迎されるという噂もあった。ヒトラーはいかなる和平工作も拒否していたので、その件についてシューレンブルクが七月の終わり頃、ゲルデラーおよびハッセルと協議している。トロットとハッセルはまだ、ドイツがソ連の支配下に入ることをイギリスとアメリカは望まないと信じていた。だがハッセルもトロット同様、もし他にとるべき手段がないなら、ロシアとの協定を試みたと思われる。

しかしシューレンブルク伯爵は、西側列強との合意に達することがまだ可能で、ソ連に迎合する必要はないと考えていた。ベックはそれにも賛成せず、ハッセルを彼の外交政策顧問だと確認することによって、事実を強調した。しかし一九四四年七月半ばには、ベックはハッセルとシューレンブルクのどちらかを外務大臣として受け入れることを承諾し、よりよい条件を得られそうなほうに決めることにした。

トロットの訪問と同時期の四三年七月五〜一〇日にかけて、モルトケは公用でトルコに滞在した。トロット同様、彼もドイツの反ヒトラー運動への支援を求めた。モルトケは驚くべき提案をしている。西側におけるドイツ軍の位置を熟知しているあるドイツの参謀将校が、イギリスに情報を流すというのだ。彼は西方におけるドイツ前線の突破計画に力を貸し、英米軍による西ヨーロッパの空挺部隊の侵入にも同様に力を貸す。だが東部戦線ではドイツは防衛を続ける。モルトケは、自分がヒトラー暗殺には反対だが武力による打倒には反対していないということを接触相手に暗に伝えた。実際、もしドイツ国防軍が「崩壊」したら、本格的な上陸開始前にドイツの指揮下で領土を占領するという、暗号名「ランキン」という連合軍の計画があった。モルトケはそれについて知っていたのかもしれない。彼は一二月にイスタンブールを再度訪問して準備を完了したいと考えていた。しかしアメリカの情報機関（戦略諜報局もしくはＯＳＳ）の在イスタンブールエージェント、アルフレッド・シュワルツは九月一四日までモルトケの提案を伝えずに放置しており、幸先がよいとはとてもいえなかった。

そうしている間に、元ベルリン警察副署長、元シュレジェン総督で、一九四〇年からポツダムの第九歩兵連隊で軍務に就きロシア戦線で戦ったフリッツ＝ディートロフ・シューレンブルク伯爵が、パリの司令官たちに打診をしていた。八月二日、彼はオルブリヒトとトレスコウに、パリの軍司令官たちは西側連合軍が攻撃を開始すれば彼らが進軍するに任せることもできるが、それまではヒトラー政権の崩壊を進めることはできないと述べた、と報告している。

シュタウフェンベルクも国際関係についての議論に参加している。彼は一一月の初めにイェンス・ペーター・イェッセン大尉（予備役）の家でハッセルに会った。イェッセンはプロイセンの元大蔵相ポーピッツの相談相手で、ベルリンのグロスアドミラル＝プリンツ＝ハインリヒ通りにある主計総監の旅券事務所長を務めていた。シュタウフェンベルクはゲルデラー、シューレンブルク大使、トロット、モルトケと同じく、クーデター後に交渉が可能だと考えていた。彼は公平な講和を望んでおり、兄のベルトルト、フリッツ＝ディートロフ・シューレンブルク伯爵、シュヴェリーン・フォン・シュヴァーネンフェルト大尉（予備役）とともに、一九一九年の前例を念頭において、もし弱気な政府、あるいは社会主義政府が講和を要求されるまま受け入れることになったらどうすべきかについて話し合っている。

シュタウフェンベルクはソ連との交渉と、ソ連がドイツ軍およびドイツ国家を打倒しようとしていることとは別物だと考えていた。一九四三年末か四四年初めのバンベルクへの短期訪問の際に、彼は自由ドイツ国民委員会が出版した小冊子を持ってきて、こうコメントしている。「私は政府への反逆に携わっている。だが、この人たちは国に反逆している」。

共産主義の歴史家たちは、シュタウフェンベルクの目的がソ連を後ろ盾にした自由ドイツ運動と密接な関係にあったということを立証しようとしている。彼らはとくにシュタウフェンベルクの友人、メルツ・フォン・クヴィルンハイム大佐（参謀本部）が共産主義への共感を深めていたと主張している。彼は東部戦線で戦った経験があるし、義理の兄弟であるオットー・コルフェス准将がドイツ将校同盟（一九四三年九月一一～一二日にルニョーヴォの戦争捕虜収容所で結成された）の結成を手伝い、国民委員会で活躍していたからである。こういった主張のさらなる根拠となっているのが、ハンス・ベルント・ギセヴィウスによる報告だ。彼は三九

〜四四年にかけてチューリッヒで防諜エージェントとして働いていたが、ベルンにいるアメリカの情報機関代表アレン・ダレスとレジスタンスの連絡役も務めていた。共産主義者の主張もギセヴィウスの主張も、それぞれの政治的課題を推進するために述べられたものである。

一九四三年の秋、シュタウフェンベルクは断固として東部戦線あるいは西部戦線の放棄に反対していた。ベルトルトは海軍総司令部の同僚アルフレート・クランツフェルダー司令官に、前線がもちこたえている限り、ロシアとの交渉の見込みをちらつかせて西側列強に圧力をかけることができるかもしれないと述べている。ソ連との協力は完全なる破滅を意味するが、イギリスはヨーロッパがソ連のものになるのを望まないだろうし、おそらくヒトラーを排除したドイツ政府との交渉に応じるだろう、というわけだ。

トロットとモルトケはすでに一九四三年秋の段階で、西部戦線に「突破口を開いても」かまわないと考えていた。彼らの頭の中には、フランスとベルギーの軍政府長官、フォン・シュテュルプナーゲル中将とフォン・ファルケンファウゼン中将があったに違いない。四四年三月末、シュタウフェンベルクはペーター・ザウアーブルッフに、西方への連合国の上陸は避けられないのだから、すべての使用可能な戦力を東部戦線に移すべきだと述べている。戦争には負ける。政権交代なしでは確実に破滅だが、政権交代後なら、少なくとも交渉の可能性はある。連合軍のノルマンディー上陸直前に、シュタウフェンベルクは東部戦線の崩壊を避けるために、西側連合軍がドイツ国内を容易に進軍できるよう誘導してはどうかという考えについてレーバーと議論した。二人とも西側連合軍が協力するなどありそうにないと思っていたが、そのアイデア（「西方解決法」と呼んでいた）は何度も繰り返し提起された。シュタウフェンベルクは四四年の夏にミヒェル中尉（予備役）に、東部戦線はもちこたえるだろうし、その間に西側列強がドイツの東部前線近くまで進攻するだろうと示唆している。これは無条件降伏も同然だった。

モルトケは一九四三年一二月一一～一六日までイスタンブールに滞在した際、現地の連合軍の情報将校に欺かれた。そしてヒトラーおよびヒトラー政権の排除後、西部戦線に突破口を開くというレジスタンスの申し出は、回答を得ることができなかった。

トロットは早くも一九四二年春の段階で、領土と政治を戦前の状態に戻すことを認めていた。四三年秋にレジスタンスが作成した政治的宣言書にもそれはほのめかされている。アメリカ・イギリス政府に対するモルトケのメッセージは、レジスタンスが道徳的・政治的理由から敗北、無条件降伏、ドイツの占領を必要だと考えており、和平交渉が始まる前にそれを受け入れる用意がある、という内容だった。自分たちは適切で品位ある処置を期待しており、西側列強に協力したいと考えている。しかしレジスタンスがドイツ人民に対して自分たちの行動を正当化し、「裏切った」と非難されずに済むためには、東部前線をおおよそチルジットからルヴォフまでのラインに沿って防衛しなければならない。レジスタンスグループは、連合軍に軍事協力を行うことで西側によるドイツの占領が速やかに実現するなら、喜んで協力するつもりだ。もしこれに同意が得られるのであれば、われわれは連合軍の上陸と同時に反ナチの臨時政府を組織することを誓う。レジスタンスグループは自由と民主主義に賛成し、「国家共産主義」の台頭をドイツとヨーロッパにとって最大の脅威と考えている。われわれは非共産主義の国内政策を実施し、東部前線をもちこたえるつもりでいるが、その一方でロシアと協力関係を結びたいとも考えている。われわれの政府は社会主義者や労働組合と強いつながりをもち、「誠実な人柄の独立した共産主義者」と協力するだろう。

モルトケのメッセージにある考えは、明らかに当時のシュタウフェンベルクの考えとは異なる。しかし軍事協力の申し出は、軍のクーデターグループの支援なしには不可能で、それがベックやシュタウフェンベルクのグループを意味しているのは間違いない。ヒトラーの打倒、すなわちヒトラーの暗殺なしでは、軍事協力の申し出には応じられなかっただろう。

アンカラのアメリカ大使館付き武官リチャード・D・ティンダル准将はもっぱら情報源のつもりでモルトケと接触していたが、西方で戦争を終わらせ、おそらく数十万の命を救う可能性があることをローズヴェルト大統領、ジョージ・キャトレット・マーシャル大将（アメリカ軍参謀長）、ウィリアム・ドノヴァン大佐（アメリカの情報機関OSSの長官）に強く勧めるべきだと上官に主張している。だが成果はなかった。そして一九四四年一月一九日のモルトケ逮捕後、接触は途絶えた。七月のクーデター失敗後、ドノヴァンは大統領に、ロシアの疑念を考えれば、モルトケの提案を続行するのは不可能だと書き送っている。四三年一一月一日、連合国は和平の打診があった場合、互いに「早急に」伝えることで合意していた。しかし公になった政府文書によると、モルトケの「和平の打診」がイギリスとソ連の大使館に届いたのは、四四年五月一四日になってからのことである。

シュタウフェンベルクは一九四三年一二月一一日と一三日の間にベルリンで、友人のメルツと長時間にわたり話し合っている。メルツは第二九軍団の参謀長で、短期休暇をもらっていた。シュタウフェンベルクは、戦争に負けるにしても、政権を排除することによって終わらせねばならないし、今後の軍事行動はすべて、ドイツの領土を守るためだけに行われねばならない、と述べている。前線がもちこたえている限り、敗戦国にも交渉のチャンスはある。敵の列強が新たなドイツの指導者を認め、改革するという誓約を受け入れてくれれば、の話だが。彼らはドイツをボルシェヴィズムに対する便利な潜在的同盟国と考えてくれるかもしれない。そうすれば、名誉は回復され、再建が可能になるだろう。講和条件は間違いなく厳しいものになるだろうが、ドイツ側の罪を考えれば耐えねばならない。メルツはこの予測に同意し、自分の軍人としての誓いを破ることにした。

一九四三年一一月二三日、銀行家ヤコブ・ヴァレンベリ（ゲルデラーの友人）を含むスウェーデンの外交官と専門家グループが、エーテボリとアイスランド、スペイン、ポルトガル、アフリカ、トルコ、ギリシャの港間の船舶輸送の再開について話し合うためにベルリンを訪れた。ドイツ海軍の代表は上級海軍法務官のベルトルト・シュタウフェンベルク伯爵とクランツフェルダー司令官である。ところが協議が予定されていた日の前夜、スウェーデン公使館が空襲で崩壊したため、訪問者たちはすぐにストックホルムに戻らざるを得なくなった。翌日の夜、投宿する予定だった「カイザーホフ」ホテルも破壊された。同じ空襲で海軍総司令部の建物も破壊され、事務所は一時的にベルリンから六〇キロ北にあるエーベルスヴァルデの駐屯地に、さらに四四年一月二二日にはベルリンから三〇キロ北のベルナウの臨時兵舎が集まっている「コラレ」駐屯地に移された。一二月一日、二日間の交渉のためにスウェーデン人が再訪し、四四年一月三〜六日にかけて、ベルトルトとクランツフェルダーはドイツの派遣団とともにストックホルムに滞在した。派遣団の中にはライトナー大臣、外務省のベーレンス、フォン・ヴァラート司令官、海軍総司令部のレーメル少佐も含まれていた。

ベルトルトとクランツフェルダーはこの機会を利用して、ヴァレンベリ兄弟の仲介によるイギリス政府との接触を試みた。ベルリンのスウェーデン公使館付海軍武官モイエ・オーストベリがストックホルムの海軍将校の食堂で、昼食の間、ヤコブ・ヴァレンベリとクランツフェルダーが二人きりで話せるよう、取り計らってくれた。結果についての直接の記録は見つかっていない。しかし、クラウス・シュタウフェンベルクがチャーチルと通信可能だと信じていたのは明らかだ。

ベルトルトはギリシャへの食糧供給にも携わっていた。ドイツ占領下のギリシャ住民は世界の同情を集めており、交戦国は一九四二年から国際管理のもとでギリシャに食糧供給がなされるよう手配に乗り出していた。航路は戦闘域と機雷原を通らざるをえない。ベルトルトは四三年五月にこの仕事でスイスに赴き、そこで国際赤十字救援委員会代表のロベルト・ベーリンガーと会った。ベルトルトはこの件に関するＯＫＷ（国防軍最高司令部）と外務省との会議で海軍総司令部の代表も務めており、ギリシャに食糧を供給するためにさらに三隻のスウェーデン船舶の利用を検討し、必要な許可を海軍から得られることを確認できた。ベーリンガーはこの件がベルトルト個人の功績によるものだったと信じている。スイスへの再訪は実現せず、誰もその機会があるとは考えていなかったが、ベルトルトは四四年五月一日のベーリンガーへの手紙で意味ありげにこう付け加えている。「それでも僕はそう遠くない将来、再び会いたいと思っている」

海外とのもうひとつのルートは、一九四二年初頭からマドリードのルフトハンザで顧問弁護士を務めているオットー・ヨーンを経由するものだった。彼はＯＫＷ情報部に協力しており、以前から反ヒトラーのレジスタンスに加わっていた。四三年秋、ヨーンはやはり情報部で働いていたルートヴィヒ・ゲーレから、オルブリヒトの新たな参謀長がヒトラー打倒に向けて動いていると聞いた。シュヴァーベン人の伯爵で、レジスタンスに参加している「多くのプロイセン人の伯爵」よりも切れ者だという話だった。

一九四三年一一月二三日、ゲーレはヨーンに、マドリードのアメリカ大使館経由で、アルジェの司令部にいる北アフリカとヨーロッパの連合軍最高司令官アイゼンハワー大将とのホットラインを設置可能かどうか確認するよう指示した。当時、数日以内にドイツでクーデターが起こると予想されていたのである。ヨーンはマドリードに飛び、まもなくベルリンのルフトハンザの事務所にいるクラウス・ボンヘッファー（ディートリヒの兄弟）を通して、通信が可能であることを伝えた。クーデターの知らせがなかなか届かないことに業を煮やし、一二月一六日にベルリンに戻ったヨーンは、暗殺が決行されるはずの行事をヒトラーがキャンセルしたことを知った。ヨーンは、クーデター後に交渉が可能だと期待できる感触がマドリードにはあった、とも報告している。四四年一月、ヨーンはヴェルナー・フォン・ヘフテンの家でシュタウフェンベルクに会い、ローズヴェルトやプロイセン王家のルイ・フェルディナントと接触してはどうかと提案した。しかしシュタウフェンベルクは旧君主制や復古的なものには懐疑的だった。彼は「新たな状況」をもたらすほうが先だと明言した。ヒトラーが死ねば、両陣営の軍人が何をすべきか適切に決めることができるだろう。シュタウフェンベルクはヨーンにゲーレと同じ指示を与え、ヨーンは二月の初めにマドリードに戻った。

ヨーンは三月一〇日にベルリンに戻り、次のような内容の報告書を二通書いている。連合軍が六月下旬にボルドー・ハンブルク間への侵攻を予定しており、着々と準備を進めている件。イギリスとアメリカがドイツに無条件降伏を強いることを決意した件。スターリンの目的はドイツ軍の粉砕にあり、自由ドイツ国民委員会は政治的な偽装に過ぎないということ。ドイツの諜報員は東西の緊張についての噂を信じる傾向があるということ。

シュタウフェンベルクはアーダム・フォン・トロットの助言をとくに信頼していた。一九四三年の秋、モルトケはトロットに冗談半分で、シュタウフェンベルクと懇意になるのは許さないといっている。実際は、シュタウフェンベルクは四一年春にトロットと知り合い、チュニジアに赴任する前の四三年初頭に彼のオフィスを訪問していたようだ。四三年一一月から、トロットは頻繁にシュタウフェンベルクのオフィスを訪ね、一一月初頭には一〇月のスウェーデン行きの結果、すなわち、クーデターを起こしてもイギリスは講和において譲歩してくれそうにない、という結果をシュタウフェンベルクに報告している。

一九四四年の初めに関係は深い親交へと発展した。トロットはイースター（四月九日）に、非常に有能で情熱的な、もう一度事態を動かしてくれる若い将校に会ったと妻に話している。シュタウフェンベルクはトロットよりも年上だったが、トレスコウ、ホーファッカー、オルブリヒトよりは年下で、実年齢よりも若く見えた。トロットの外交官仲間で、四三年一二月にシュヴェリーンとブリュックルマイアーの家でシュタウフェンベルクに会ったアルブレヒト・フォン・ケッセルは、彼についてこう書いている。「彼は片目と片手をチュニジアで失ったが、若き軍神のように美しく強く見える。黒い巻き毛、整った顔立ちに満ちた活力、長身と、彼の性格に秘められた情熱は、われわれをすっかり虜にした」。トロットは四月二三日には用心のためか、シュタウフェンベルクと名指しはせずに、次のように記している。モルトケの逮捕後、最初は心細い思いをしたが、今では「やりがいのある仕事と仲間関係以上の世界に」包まれ勇気づけられており、そのことに感謝している、と。

トロットは後に警察の尋問で、シュタウフェンベルクは重要問題を彼に相談していたと述べている。ヒトラーと国家社会主義を排除したドイツが、その兵力を東西どちらかに集中させ、そちら側にも交渉を強いるために、もう一方の側と単独講和を結ぶことが可能だろうか、という相談だ。「新生ドイツ」と力を合わせてロシアに対抗するよう西側連合国の司令官と協定を結ぶのは不可能だとトロットは主張したものの、シュタウフェンベルクを納得させることはできなかったと証言している。シュタウフェンベルクはその可能性を強く主張し、ベックも最後まで同じ信念を貫いていたため、トロットはシュタウフェンベルクが西側から何らかの確約を得ているに違いないと思っていたという。ゲルデラーも、シュタウフェンベルクが四四年六月と七月にチャーチルとの通信手段があると述べていたと証言している。もっとも、シュタウフェンベルクは連合国から確実に譲歩が得られると主張していたわけではない。

一九四四年八月七日、ヨルクは「民族法廷」の審理で、連合軍がフランスに上陸した後の四四年六月、クーデターがたとえ成功してもドイツには無条件降伏が要求されるだろうという考えに、シュタウフェンベルクは「断固反対はしなかった」と証言している。その頃ホーファッカーは、講和において譲歩を得るのはもはや不可能と考え、軍事的に戦争に敗北することは避けようがないので、せめて戦争を政治的に終わらせ、できるだけ耐えられる必然的な敗北にするしかないという立場をとっていた。彼はドイツが「中央ヨーロッパにおいて許容できる地位」を確保するために、時宜を得た降伏を勧めている。

六月一八日、ストックホルムへの最後の旅の前日、トロットは妻への手紙の中で、シュタウフェンベルクに対する期待をにおわせている。後にトロットは尋問で、西側列強に反ヒトラー政権と交渉する気があるかどうかについて、自分は常にシュタウフェンベルクに反対していたと語った。シュタウフェンベルクは次のように主張していたという。「ドイツがすぐさま交渉せざるをえないのであれば、イギリスとアメリカがどう出るかを知らねばならない」。トロットの発言はもちろん、尋問官に認められた。シュタウフェンベルクはトロットの懐疑的な態度にも、ハンゼン大佐の態度（彼はカナリスの後を継いでアプヴェーアの長を務めていた）にも落胆しなかったという。彼はトロットがスウェーデンから空手で戻ってきた後も、ソ連の迅速な進軍を目の当たりにすれば、西側も反ヒトラー政府との交渉に応じるはずだと主張していた。

トロットのストックホルムでの交渉相手は、トロットは知っていたに違いないが、イギリス情報部の関係者で、彼の提案を覚書にするよう求めた。この覚書は、シュタウフェンベルクがこだわった条件を反映している。まず、トロットが代表を務めるグループは、精神的・政治的理由から、無条件降伏を前提にした連合国との協力は考えられないと述べている。そして軍事的占領を受け入れたとしても、領土保全と自決は聞き入れられねばならない。ドイツの労働者や兵士が奴隷のような扱いを受けたり、政権の犯罪者が外国によって裁かれたりするといった専制的な併合（こういったことはすべて、アメリカ財務長官モーゲンソーが立案した計画に盛り込まれていた）への懸念を和らげるためだ。そのような事態になるのであれば、ヒトラーの敵は連合国に対し抵抗せざるをえないだろう。ドイツの反ヒトラー勢力は軍や警察の上級司令官の支援を必要としており、ドイツ人によりよい見通しを提示できるのでなければ協力は得られないからだ。それがだめなら、いたずらに反逆者の汚名を着せられることを彼らは望まない。覚書はまた、両大国の支援を受ける二つの対立するドイツ国家という恐ろしい見通しについても述べている。つまり「国家的ボルシェヴィキ」の東の国と、ヒトラー伝説を基盤にした国家主義に反対する西の国だ。西側はこれを防ぐための試みはまったく示していない。内側からの政権打倒を実現しうるわれわれのグループは、軍事独裁は望まず、広い選挙制度を基盤にした民主的文民政治を望んでいる。そこから排除されるのは、暴力的な革命を主張する共産主義組織だけだ。覚書はレジスタンス独自の条件についても明記している。これは領土についての期待が非現実的だと承知していて、厳しい状況を受け入れざるをえないという彼らの認識を反映している。彼らはドイツの政権下での動員解除を求めていた。降伏から軍事占領までの間に数週間の猶予を設けること、一九三六年の国境を回復すること、ソ連によるドイツ領土の占領はしないこと、そして戦争犯罪人の裁判はドイツの法廷で行うことを求めていた。この内容に見られるドイツ国家の存在は、シュタウフェンベルクの考えに非常に近いと思われる。しかし、自分たちが交渉する立場にあるとしか考えていないように見受けられる。

連合軍のノルマンディー上陸作戦成功から数週間後、フランスに配置されていたB軍集団の司令官ロンメル元帥の協力を得て、クーデター成功の見込みが高まった。彼は当初レジスタンスたちの活動を黙認しているだけだったが、最終的にクーデター計画者を支援することにした。六月の初め、ロンメルはゲイル・フォン・シュヴェッペンブルク中将、ハンス・シュパイデル准将、シュヴェリーン准将、ルーゲ海軍中将と協議し、フランスの軍事政権とフォン・シュテュルプナーゲル中将、その副官ツェーザル・フォン・ホーファッカー中佐（予備役）が練り上げた計画に同意した。西部戦線の休戦交渉とヒトラー逮捕という計画である。四四年七月九日、日曜日、ロンメルと彼の参謀長ハンス・シュパイデル准将は、ラ ロッシュ＝ギヨンの司令部にシュタウフェンベルクのいとこであるホーファッカーの訪問を受けた。ホーファッカーは、シュタウフェンベルクがヒトラーとできればゲーリングとヒムラーも同時に殺害し、政権を掌握する計画を立てたとロンメルに告げた。ロンメルは、ヒトラーが暗殺されたら可能な限りの方法で計画を支援するだろうと述べた。七月一六日、ロンメルはル・アーヴル近くの第一七空軍野戦師団の上級参謀将校エルマー・ヴァーニング中将（参謀本部）に、自分と西方軍の新司令官フォン・クルーゲ元帥は、ヒトラーに戦争を終結させる最後通告をしたと話している。もしヒトラーが拒否すれば、ロンメルは西側の前線に突破口を開くという。「なぜなら、もうひとつだけ重要な決定をしなければならないからだ。われわれはロシア人がくる前に米英がベルリンを占領するよう仕向けなければならない」。七月一七日、ロンメルはリヴァロ近くの道を車で移動中、空襲に遭い重傷を負った。クルーゲは七月二一日、ロンメルの最後通告に自分の賛成意見も添えてOKWに送った。

七月一〇日にホーファッカーは上官であるシュテュルプナーゲルからの指示でベルリンに赴いた。シュテュルプナーゲルの司令部では準備万端整ったので迅速な行動を要請する、と伝えるためだった。七月一一日の夜、ホーファッカーはベックに、ロンメルと七月九日に会談したこと、ロンメルに反ヒトラーの行動を起こす準備があること、そしてシュテュルプナーゲルからの指示について報告している。ベックはクーデター後直ちに、ロンドンとモスクワに優れた交渉人を送ることを話し合いの最後で明言した。

この頃には、戦況はすべての前線で等しく望み薄になっていた。東方の中央軍集団は崩壊した。敗北と損失はスターリングラードで受けたよりもずっと甚大だった。ソ連の攻撃が開始された六月二二日から七月八日にかけて、ドイツの師団二八個と兵三五万人が壊滅した。北方軍集団は今やロシアのリガへの進軍で孤立状態にあり、同様に壊滅の危険にさらされていた。西方の前線も崩壊まであと数週間と思われた。

モルトケ、トロット、ヨーン、ギセヴィウスのあらゆる努力にもかかわらず、敵には反ヒトラー政府と交渉する気がないと明らかになって以来、レジスタンスと外国との関係についてシュタウフェンベルクが受け取ったのは、悪いニュースばかりだった。六月一八日のトロットへの指示には異なる精神状態がうかがわれるものの、六月初めにペーター・ヨルク伯爵に話したように、彼は無条件降伏以外にまったく見込みがないということを知っていた。また、ドイツが完全なる軍事占領下に入ることにも疑いを抱いていなかった。七月一日に、彼は彫刻家で砲兵隊中尉の友人ウルバン・ティールシュ（シュタウフェンベルクとハンゼン大佐の連絡役を務めていた）に、次のように話している。政権を転覆させても絶望的な軍事情勢を変えることはできない。それでも、多くの血が流れるのを防ぎ、現政権の恥辱を取り消すことにはなるだろう。「何もせずに傍観し、恥辱と無気力に縛られた状態でいるのは」失敗よりも悪い。

七月半ば、そして再び七月一八日に、ゲルデラーはシュタウフェンベルクに、東プロイセンを救うことができるかと尋ねている。シュタウフェンベルクはできないと答えた。ヨルクへの発言でもわかるように、彼は六月の初めにはこの結論に達していた。六月のソ連攻撃の開始後、彼は片脚を失ったレジスタンス仲間のアクセル・フォン・デム・ブッシェを、東プロイセンのインステルブルクの陸軍病院からベルリン近くのホーエンリュッヘンに転院させている。

シュタウフェンベルクの親友で六月一七日にオルブリヒト中将の参謀長を引き継いだメルツ・フォン・クヴィルンハイム大佐（参謀本部）は、七月一三日にこう述べた。「われわれがドイツ陸軍の終焉をもたらすのは間違いない、どんな講和を結ぶのであれ、軍人は解職させられることになるだろう。それでも、われわれは行動しなければならない。ドイツと西側のために」。

七月一六日、シュタウフェンベルクと兄のベルトルトは、兄のフラットでホーファッカー、ヨルク、トロット、シュヴェリーン、フリッツ＝ディートロフ、シューレンブルク伯爵、メルツ、ハンゼンと会った。トロットは後に尋問で、シュタウフェンベルクの考えについて証言している。彼は西方の軍司令官を説得して前線をドイツ国境まで後退させ、「戦争を早く終わらせるために、西側列強とドイツでソ連に対する共同行動の状況をつくり上げる」（西方解決法）ことができるかもしれないと考えていたというのだ。ハンゼンは尋問で、ドイツの政権が根底から変われば敵軍が喜んで交渉に応じてくれるとトロットが考えていたと述べている。続く議論でシュタウフェンベルクが、そのような交渉は軍人間で行われることになり、「西側とだけでなく、ソ連とも交渉することになるだろう、そのために元大使のシューレンブルクとモスクワの元大使館付武官（ケストリング）を専門家として交渉に参加させるべきだ」と主張したのは間違いない。「ベルリン解決法」も考えられた。総統本営が覆すことができないように、クーデター側が全通信システムを掌握して、「退却開始」命令を出すというものだ。さまざまな議論の後、レジスタンスたちは「中央解決法」の遂行を再確認した。この計画にはヒトラー暗殺も含まれた。

一九四四年六月と七月に行われた最終協議についての証言は、主に逮捕されたクーデター関係者から得られた。彼らは死ぬほどの拷問を受けたか、あるいは交渉役としての自分たちの価値を尋問者に印象づけようとしたと思われる。結局、尋問者には連合軍の占領後にさらなる報復を恐れるだけの理由があったのだ。しかし、嘘をつけなかった、あるいはクーデターに気が進まなかった多くの将校からも証言は得られた。さらに、ゲシュタポの将校が入手した証拠は、独自の証拠によって十分に裏づけられている。ゆえに、それがレジスタンスたちの真の考えを反映している可能性は高い。

シュタウフェンベルクは当然のことながら、ドイツの独立と偉大さを少しでも救いたいという望みと、人命を救い戦争を終わらせるという望みを決して捨てなかった。しかし全体的に見ると、シュタウフェンベルクも含め、レジスタンスたちの無力さは証拠に十分明確に現れている。彼らとの交渉に応じる者は誰もいなかった。ソ連との連絡手段を求める試みはあまりに危険だと判明したり、間接的にではあるが、七月四日・五日のライヒヴァインとレーバーの逮捕につながった。トロットは尋問で、シュタウフェンベルクが「イギリス最高司令部」から「敵側の情報」をある程度得ていたかもしれないと話している。しかし、もしそれが事実なら、トロットも知っていただろうし、推測する必要もなかっただろう。そうでなければ、シュタウフェンベルクは「外交政策に関してむなしい努力を続けていた」ことになるとトロットは述べた。だが、これについては、シュタウフェンベルクと仲間のクーデター関係者が準備したラジオ放送で実際に述べられている。「諸外国がわれわれにどんな地位を与えるかはわからない。それでもわれわれは良心に命じられた義務感によって行動しなければならない」。

13章 暗殺計画

一九四三年九月九〜一四日の間に、ミュンヘンの病院にいるシュタウフェンベルクがオルブリヒトから至急ベルリンに戻るよう求められた際、ヒトラーの暗殺は九月二〇日頃に計画されていた。

フォン・トレスコウ大佐（参謀本部）は中央軍集団からイギリス製プラスチック爆弾を入手し、九月の時点でベルリンに運び込んだ。参謀本部編制課長であるシュティーフ大佐（参謀本部）はヒトラーに比較的近づきやすく、誰かが手伝ってくれるなら、暗殺の実行犯を務めてもよいと同意していた。

同月、シュタウフェンベルクはOKWとWFSt（国防軍作戦部）の第二課（編制）課長だったビュルケル大佐（参謀本部）に協力を求めたものの失敗した。同じく九月に、シュティーフもOKWおよび陸軍の参謀長ヨアヒム・マイヒスナー大佐（参謀本部）に一件を切り出した。彼は四三年一一月にビュルケルの後を継いでOKWとWFSt第二課長になった人物である。マイヒスナーは同意したが、暗殺が何度も延期された結果、手を引いてしまった。待つというストレスに耐えられなかったのである。

ゲルデラーは九月の時点で、ヤコブ・ヴァレンベリにクーデターは目前に迫っていると知らせ、ベルリン、シュトゥットガルト、ライプツィヒを一〇月一五日まで爆撃しないよう西側列強を説得してほしいと依頼している。クーデターは九月から一〇月前半に予定されていたが、クーデターに続く休戦交渉の時間をいくらか考慮しなければならなかった。

計画では、ヒトラーをまじえた会議に爆弾をブリーフケースに入れて持ち込むことになっていた。シュティーフが出席するヒトラーとの会議は一〇月一日に開かれたが、その時点ではまだ、ヒトラーに対する企ては話し合いの段階を超えていなかったようである。明らかにシュティーフは爆発物を受け取っていなかった、もしくは最終的に受け取りに同意していなかった。一〇月の終わりになってようやくシュタウフェンベルクが爆弾を「マウアーヴァルト」のシュティーフの元に届けて暗殺の実行を要請し、シュティーフは承諾した。やはり一〇月の終わりに、シュタウフェンベルクはルドルフ・ファールナーに、暗殺は一〇～一四日以内に実行されるはずだと述べている。

明らかにマイヒスナーはこの頃には手を引いており、シュティーフはひとりで実行するのは気が進まないと考えていた。シュタウフェンベルクは何度も自分が暗殺を実行すると申し出たが、他のクーデター同志はこれに反対していた。クーデターを成功させるために、彼はなくてはならない存在だったからである。あるいはシュタウフェンベルクの急進的な面を危惧していたのかもしれない。一九四四年七月の事件は、高い地位にあるクーデター派の多くが確実な成功を求めていたことを示唆している。こうした思惑とは裏腹に、肉体的ハンデを抱えたシュタウフェンベルクは、もちろん暗殺実行犯として理想的な候補者ではなかった。四四年六月二九日にシュタウフェンベルクは、「一〇月に実行に同意していた人物が行動を起こさなかった」ため、四三年一〇月に暗殺を実行できなかったとファールナーに語っている。ゲルデラーはクーデターが延期されたとヴァレンベリに知らせざるをえなかった。

一九四三年三月にヒトラーは中央軍集団を訪れている。

そこでヒトラーが再度訪問するよう仕向ける試みがなされた。この機会を狙って、シュラブレンドルフ、フォン・クライスト大佐（参謀本部）、エッゲルト大尉、フォン・フォス中佐（参謀本部）、フォン・エルツェン少佐（参謀本部）、フォン・ブライテンブーフ大尉（騎兵隊）、フォン・ボッディーン中尉が、集団でヒトラーを銃撃しようというのである。軍集団司令部はスモレンスクからヴォルシャ、さらにミンスクへと移されたが、ヒトラーを説得して訪問させることはできなかった。一〇月一二日、クルーゲはヴォルシャとミンスクの間で交通事故にあい重傷を負った。それまでレジスタンスの努力に好意的だった中央軍集団の環境はこれで大きく変わった。

一一月にアクセル・フォン・デム・ブッシェ大尉が登場した。有名な第九ポツダム歩兵連隊の将校だった頃、彼は異なる状況で三度胸を撃ち抜かれたことがあり（最初は一九四〇年五月にマルヌ川を渡る際、二度目と三度目はロシア戦線で）、高位の勲章を授かっていた。

一九四二年一〇月五日、彼はウクライナのドブノで、ＳＳ（親衛隊）とウクラレーンドルフイナの民兵が約三千人のユダヤ人を射殺する場面を目撃しており、ヒトラーは殺されるべきだと結論づけていた。

四三年一一月、彼は連隊の副官リヒャルト・フォン・ヴァイツゼッカー中尉と結託して無期限の休暇をとった。ヴァイツゼッカーはブッシェの目論見を知っており、目的や日付を記入せずにブッシェの休暇記録簿にサインした。ブッシェは総統本営に近い東プロイセンの領地にいるレーンドルフ伯爵に会いにいき、ヒトラーを殺さねばならない、自分にはそれができると述べた。レーンドルフはブッシェについて調査し、フリッツ＝ディートロフ・シューレンブルク伯爵に連絡をとった。彼はブッシェをベルリンの西郊外にあるドゥッペル駐屯地に連れていき、シュタウフェンベルクに会わせた。

ブッシェはシュタウフェンベルクの冷静な態度と外見（アレクサンダー大王の将軍のような）に大きな感銘を受けた。彼はシュタウフェンベルクにドブノでのできごとを話し、シュタウフェンベルクが集団虐殺計画について知っており、実は彼もそのためにヒトラーに反逆する気になったということを知った。シュタウフェンベルクはそこで暴君殺害を正当化するのはプロテスタントよりもカトリックのほうが容易だが、ルターも抵抗する権利について述べていたという説教を始めた。ブッシェはこういった冗長な演説には頓着せず、どう見ても頭のおかしな暴君を射殺するのはルターだって許してくれますよ、と応じた。

いずれにせよ、彼は宗教的な問題はずいぶん前に乗り越えていた。シュタウフェンベルクが軍人の誓いについてどう思うかと尋ねると、ブッシェは誓いは相互の忠誠に基づくものであって、ヒトラーが破ったのだから無効だと答えた。

こういった予備試験の後、ブッシェは「マウアーヴァルト」に行ってシュティーフに会うよう指示された。彼はヒトラーの状況報告会議に常時出席可能で、ヒトラーのいる場所にブッシェを連れていくこともできたからだ。これはブッシェが実行犯となることを暗黙のうちに物語っていた。ブッシェはなぜシュティーフがやらないのかと尋ねた。シュタウフェンベルクは、シュティーフは競馬の騎手のように神経質だからできない、と答えた。将校たちの間では、これは共通の認識だった。ブッシェはドイツの運命を握る者が「実行できない」ということに驚いた。シュタウフェンベルクは小さなオランダ葉巻をくゆらせながら、外に出てよく考えるようにブッシェにいった。

ブッシェはシューレンブルクと昼食に出かけ、シュタウフェンベルクとの会話について詳しく話した。それからシュタウフェンベルクのもとに戻って、承諾の返事をした。問題は方法である。ピストルでは確実さに欠けると思われた。ピストルを隠しておかねばならないし、ひょっとしたら隠れたX線装置で発見されるかもしれないからだ。また、狙いすました一撃を機敏な護衛が邪魔するかもしれない。シュタウフェンベルクはブッシェの陸軍総司令部への異動命令書にサインし、ファールナーがずっと取り組んでいた最初のクーデター宣言の草稿をシュティーフに渡すようにと預けた。ブッシェは東プロイセンに向かう途中の寝台車の中で草稿を読んだ。彼はクーデター派の将校たちに政治に対する自信が欠けていることにショックを受けた。野心的な党の小集団がヒトラーを殺し軍を裏切ろうとした、というつくり話で始めなければならないと彼らが信じているのが明らかだったからだ。

「マウアーヴァルト」でブッシェは陸軍総司令部の客用兵舎に滞在した。彼はシュティーフの参謀本部第三部の筆頭副官クーンと暗殺の技術的な点について、そしてシュティーフとは「暗殺にかかわるもっと具体的な」問題、つまりヒトラーにいつどのようにして近づくか、について相談することになっていた。シュティーフによると、襲撃のチャンスがあるのは新たな装備の展示会で、ゲーリングとヒムラーの出席も期待できるという。二人か三人の兵士が装備を着けて披露する。ブッシェは彼らの指揮官として必要な説明をすることになった。ブッシェはシュティーフに総統本営の入り口にあるX線機器について尋ねた。長靴に隠して持ち込むつもりの長ナイフは気づかれないだろうが、爆弾が気になったのである。ブッシェとシュティーフは暗殺によって実行犯も死ぬことを了解していた。装備を披露する日取りはまだ決まっていなかったので、ブッシェはベルリンに戻った。シュティーフは一一月二〇日に休暇をとった。彼はクーンに、トレスコウが調達してシュタウフェンベルクが「マウアーヴァルト」に運んだ爆発物を、シュタウフェンベルクに再び渡すよう命じた。

一一月二二日、ブッシェはウンターデン リンデンの皇太子宮殿で、友人のカール・コンラート・フォン・デア・グレーベン伯爵、皇太子の管財人クルト・フォン・プレッテンベルク男爵と夕食をとった。夜も更けた頃、ベルリンで大規模な空襲が始まり、ヴィルヘルム二世の二度目の妻で今は未亡人となった「ヘルミーネ皇后」を含む全員が防空壕に避難した。

一一月二三日、ブッシェはデンマーク人である母親に会うためにデンマークに行った（彼は自分の存在が他のデンマーク人の目にとまり、母を危険にさらすといけないので、決して三日以上滞在しなかった。身長一八〇センチを超えるドイツ陸軍将校は、いささか目立ったからだ）。

一一月二八日頃、ブッシェは装備の披露会を待つために「マウアーヴァルト」のシュティーフのもとに戻ってきた。クーンはブッシェに、酸による時限付起爆装置のついたイギリス製の爆弾を渡した。一九四三年にトレスコウ、シュラブレンドルフ、ゲルスドルフが用いたのと同様の爆弾である。起爆装置の中にガラス容器入りの酸が仕込まれている。ガラスが壊れると酸が流れ出し、綿に埋め込まれたワイヤーを腐食させ、それによってピンのついたばねがはずれ、爆発が起こる仕組みだ。爆発までの所要時間は気温によって異なるし、酸の濃度、ワイヤーの太さや合金の種類、流れ出した酸を吸収する綿の状態にもよる。こういった複合要因によって、爆発までの時間に四分半から一三分という比較的予測不可能な変動が生じる可能性がある。

ブッシェは暗殺の成功をいいかげんなものに頼りたくなかった。そこで使い慣れたドイツの爆弾と起爆装置を所望した。敵から爆弾を入手していたと取り沙汰されるのも嫌だったのだ。クーンと彼の特別任務将校ハーゲン中尉（予備役。チュニジアの第一〇装甲師団に勤務していた際、シュタウフェンベルクが大義のために仲間に引き入れた）は、ブッシェが拒否した材料を「マウアーヴァルト」に埋めているところを一一月二八日に目撃された。幸運なことに、その後の取調べを行ったのはクーデター同志だった。

シュティーフもアプヴェーアの大佐から取調べを受けたが、うまく疑念をはらうことができた。代わりの爆弾材料を手に入れるのはかなりの困難を極めた。一般にドイツ陸軍では、規則は文字通り守るべきもので、いかなる疑念も生じさせてはならなかったからである。クーンはドニエプル川沿いのオルシャの東に駐屯する第六三〇工兵大隊長で、彼に会うために「マウアーヴァルト」に立ち寄った友人、クナーク少佐にブッシェが必要とする品の調達を頼み、承諾を得た。それから彼はシュティーフに、ハーゲン中尉（予備役）に出張を許可するよう求めた。ハーゲンはミンスクに飛び、そこでフォン・エルツェン少佐から爆弾を受け取った。

ある晩、ブッシェがまだ爆弾の到着を待っていたとき、彼とクーンは夕食をとりにクイッタイネンのマリオン・デーンホーフ伯爵夫人の家に行った。ハーゲンの帰還後、クーンはブッシェに一キロの爆弾と対戦車地雷を持ってきたが、信管は役立たなかった。ブッシェは四秒半で爆発する手榴弾の起爆装置をほしがっていたのだ。大きく咳払いすれば、起爆音をごまかすこともできる。しかし工兵隊から手榴弾を調達するのは不可能だと判明した。

ブッシェはベルリンに戻った。シューレンブルクとシュヴェリーンはポツダムの第九歩兵予備大隊の副官フォン・ゴットベルク中尉に会いにいき、手榴弾の信管が必要だと説明した。ゴットベルクは二つ都合してくれた。ポツダムのゴットベルクのフラットをブッシェが訪ね、二人で手榴弾の木製の柄を切り離し、短くした引綱と信管を取り付け、ブッシェの爆弾ができ上がった。組み立てた爆弾はブッシェの軍用コートのポケットに収まった。ゴットベルクと、同じ連隊のエーヴァルト・ハインリヒ・フォン・クライスト少尉は、グリーニッケ橋からハーフェル川に手榴弾の残りを投げ捨てた。

ブッシェは「マウアーヴァルト」に戻り、再び客用兵舎に宿泊した。三日目にシュティーフが彼を呼び、幾分ほっとした様子を見せながら遺憾の意を表明した。披露される予定の装備が空襲で破壊され、暗殺計画を進められなくなったというのだ。ブッシェは、新しい予定日が決まったらシュティーフが前もってクーデター同志に伝え、ブッシェ抜きで軍服と装備の披露会を行い、暗殺を実行すればよいと述べた。これに対するシュティーフの反応は神経質で不愉快なものだった。ブッシェは東部戦線に戻り、「完全に疲弊した」状況にあるポツダム連隊（I／G・R・九）の大隊を引き継いだ。一九四四年一月三一日、彼は爆撃で左脚をなくした。

四四年七月二〇日以後、彼はまだ病院にいた。彼の爆弾と起爆装置はまだ病室の洋服ダンスの一番上に置いた小さなスーツケースに入れたままで、シュタウフェンベルクの特別任務将校でクーデター同志のクラウジング大尉について秘密警察の諜報員が尋問にきた際、彼は冷や冷やしながらも何とか乗り切った。クラウジング大尉は彼のポツダム連隊所属で、七月一七日に彼を訪ねていたのだ。数週間後、グレーベン伯爵が厄介な品物を持ち帰り、湖に捨てた。

後にシュティーフはシュタウフェンベルクが暗殺者を探し続けていたと証言している。その結果、新しい爆弾の入手が必要になった。ゲルデラーが警察と「民族法廷」で証言したところによると、暗殺の次なる実行日はクリスマス頃に予定されていた。シュタウフェンベルクはゲルデラーに、一二月二五〜二七日にかけて政治的代表を待機および準備させるよう要請していた。また、メルツには、一二月一一日と一三日の間に決定的な事件が起こる可能性があると述べていた。

このチャンスは実現せず、ゲルデラーは政治的代表を待機させ、非常に多くの人々を危険にさらしたことでシュタウフェンベルクを非難した。シュタウフェンベルクは二度と事前に待機させないと約束した。ゲルデラーはヒトラー暗殺についても反対意見を述べたが、シュタウフェンベルクは暗殺を強く主張し、ヒトラーを排除する他の方法を考えるくらいなら自分がやるといい切った。

一九四四年一月、シュラブレンドルフのベルリンのフラットで、トレスコウ、シュタウフェンベルク、フライターク＝ローリングホーフェン（アプヴェーア第Ⅱ部部長）、ゲルスドルフ、シュラブレンドルフがさらなる爆弾の調達について話し合った。フライターク＝ローリングホーフェンが手配を約束した。彼らはまた、暗殺方法についても話し合った。トレスコウは一九四三年七月二六日に総統本営をクルーゲとともに訪れた経験から、ヒトラーの真昼の状況報告会がチャンスだと考えていた。

一九四四年一月半ばまで、シュタウフェンベルクは前線からブッシェを呼び戻そうとしていた。シュタウフェンベルクはベルリンの一般軍務局にくるよう、ブッシェにテレタイプを送っている。しかしブッシェが所属する第九歩兵連隊の副官フォン・ヴァイツゼッカー中尉は、テレタイプのメッセージを無謀だと考えた。ブッシェの師団長は、交代要員を送ってもらえないならブッシェをベルリンに送ることはできないと一月二一日に決定した。ヴァイツゼッカーは立ち聞きされずにシュタウフェンベルクに電話できるよう、後方のエリアまで車で行き、状況を説明した。ブッシェを呼び戻す別の口実が整う前に、彼は左脚を撃たれてしまった。

一月二八日に、エーヴァルト・ハインリヒ・フォン・クライスト＝シュメンツィン（保守派の政治家でヒトラーに妥協しない敵）の息子、エーヴァルト・ハインリヒ・フォン・クライスト少尉は、至急ポツダムに戻れとの電報を受け取った。彼はポツダム第九連隊に所属しており、前線で負傷した後ポツダムの予備大隊に配属され、電報が届いたとき、ちょうどポメラニアにある父の家に着いたところだった。翌朝土曜日に彼はポツダムに戻った。シュ－レンブルクが彼を将校クラブの共同のフラットに呼び、何の前置きもなく、彼にとってかなり不愉快な申し出をした。「ヒトラーを殺し、自分の命も犠牲にできるかね？　シュティーフも爆弾で暗殺を試みることになっているのだが」。シュティーフがいるなら、なぜ自分が必要なのかとクライストが尋ねると、シューレンブルクは、シュティーフは神経質なので、確実に行うためだと答えた。ブッシェが暗殺を実行できなくなったのでシュティーフでは頼りにならないのだと、クライストは推断した。

同じ日、シューレンブルクはクライストをシュタウフェンベルクは午後じゅう六時間も彼と話した。近い将来戦争は終わり、ドイツを救う試みはすべて無意味になるだろう。だがドイツを救うチャンスはまもなく訪れる。クライストに強要するつもりはない。ただ、自分の命を犠牲にするかもしれない道を義務と感じるかどうか、知りたい。ブッシェはヒトラーを殺す覚悟でいたが、もはや彼を使うわけにはいかない。今、新たなチャンスが訪れた。前線で試されていた新しい軍服の披露が二月一一日にヒトラーを迎えて行われる。君の役目は前線の将校として案内役を務めることだ。そこに多数の報告書、そしてプラスチック爆弾を入れたブリーフケースを運ぶ。

クライストは返事をするのに二四時間の猶予を求めた。彼はシュメンツィンに戻り、日曜日にシュタウフェンベルクの申し出を父に説明した。彼は講和において譲歩を得るには遅すぎること、そして新たな匕首伝《ひしゅでん》説《せつ》（訳注　第一次世界大戦でドイツが敗北したのはユダヤ人や社会民主党員といった裏切り者のせいだとする主張）が生まれることを理由に、父が止めてくれるのではないかと期待していた。しかし父はやらねばならないといった。もしその任務に応じることができないなら、お前は二度と幸福にはなれないだろう、と。それでクライストはポツダムに戻り、シュタウフェンベルクに覚悟ができたと伝えた。彼はシュタウフェンベルクからイギリス製のプラスチック爆弾と四秒半で爆発する手榴弾を受け取ることになっていた。シューレンブルクはクライストに、爆弾を腹にくくりつけるよう指示した。

軍服披露の日はクライストが呼ばれることなく過ぎた。最後の最後になって、ヒムラーが出席しないことがシュティーフに伝えられたためである。クーデター同志のうち高官たちは、ヒトラーの後継者に指名されているゲーリングも独裁者と同時に暗殺する必要があると考えていた。同様に巨大なＳＳの武装組織を指揮するヒムラーも排除しなければならないと信じていた。しかし一九四四年七月一五日のできごとを考慮すると、決意が鈍っていたという考えを否定するのは難しい。

ほぼ同じ頃、一九四四年一月の終わりに、シュタウフェンベルクの特別任務将校、ヴェルナー・フォン・ヘフテン中尉（予備役）が、ヒトラーを射殺しようと決意した。ヘフテンはロシアで重傷を負っていたので、もはや前線で軍務につくことはできなかった。しかし、兄弟のハンス＝ベルントから、本当に第五の戒律（訳注　十戒の五番目「汝殺すなかれ」）を破りたいのかと尋ねられて、ヘフテンは計画をあきらめた。

それからトレスコウが自らヒトラーに近づく努力をした。参謀本部編制課長ホイジンガー准将は毎日昼間の打ち合わせでヒトラーに東部前線の状況を報告していたので、トレスコウは彼に手紙を書き、准将が休暇の際には自分が代わりを務めようと提案した。また、シュティーフにも暗殺用の爆弾を爆発させる際の注意を書き送っている。シュラブレンドルフがホイジンガーとシュティーフに手紙を運んだ。だが、二人ともトレスコウの望みどおりには動かなかった。

しかし、トレスコウはエーベルハルト・フォン・ブライテンブーフ大尉（騎兵隊）を説得して、ヒトラー暗殺の実行役を引き受けさせることに成功した。ブライテンブーフは、ナチが政権を掌握して以来ずっと彼らに反対してきた人物である。一九四〇年に彼はフォン・ヴィッツレーベン元帥の特別任務将校を務めていたが、トレスコウの介入によって、四三年八月にクルーゲ元帥の特別任務将校に異動した。その際トレスコウは、彼の本当の仕事は元帥が陰謀を支援するよう感化することだと説明している。それ以来、ブライテンブーフは暗殺計画の最先端で活動を続けた。四三年一〇月一二日にクルーゲが交通事故にあった後は、クルーゲの後任ブッシュ元帥の特別任務将校にとどまった。

一九四四年三月九日、ブッシュは三月一一日にベルヒテスガーデン近くの司令部「ベルクホーフ」でヒトラーに状況説明をせよという命令を受けた。ヒトラーはブッシュと補佐官のためにコンドルFW二〇〇を迎えに寄越すという。

三月九日の午後、トレスコウとエルツェンがブライテンブーフに会いにきた。一一日にブライテンブーフがヒトラーの昼の状況報告会にいくことをトレスコウは知っており、彼にこういった。ドイツの運命、敵の空襲に脅かされている女子どもの運命、前線にいる兵士の運命はみな、貴君の手中にあり、貴君は彼らに対する責任があるのだ、と。エルツェンはブリーフケースから一種の小銃擲弾と、一秒から三分で爆発する信管を取り出した。ブライテンブーフはそれを軍服の下に隠し持って、適切な時間にセットし、爆発が起こるまでヒトラーに抱きつくことになった。トレスコウはゲーリングやヒムラーについて何もいわなかったので、三人すべてを同時に殺せるまでクーデターを遅らせるわけにはいかないと考えたに違いない。

ブライテンブーフはトレスコウの提案した暗殺法ではあまりに不確実だと思い、自分はピストルを使うほうが好きだといった。ズボンのポケットにピストルを忍ばせていくというのだ。トレスコウはヒトラーの頭か首を狙わなければならないと指摘した。防弾服を着ているはずだからだ。シュタウフェンベルクも計画を知っていたと思われる。三月八日にバンベルクに到着し、三月九日から一〇日にかけての夜に出発しているからだ。

ブッシュとブライテンブーフは三月一一日の朝、ザルツブルク空港に到着した。ヒトラーの七・七リッターのメルセデスが彼らを「ベルクホーフ」に運んだ。たまたまこのとき、前線からきた将校はブッシュ、彼の作戦将校ペーター・フォン・デア・グレーベン、ブライテンブーフだけだった。昼間の状況報告のために大ホールで待つ者たちの中には、ゲーリング、カイテル、ヨードル、ゲッベルスがいた。まもなくSSの将校がドアを開き、全員が階級の順に中に入った。もっとも下級のブライテンブーフが、ブッシュが報告に使う地図や物品を持って最後に入っていこうとしたそのとき、SSの将校に腕をつかまれた。特別任務将校は入ることが許可されていないというのだ。ヒトラー暗殺のチャンスは消えた。

トレスコウはその晩、ミンスクの中央軍集団司令部で、ブッシュ、グレーベン、ブライテンブーフが戻ってくるのを待っていた。彼はブライテンブーフにいった。「ああ、ブライテンブーフ、計画はばれていたんだ」。彼はベルリンの同志との電話を誰かが盗み聞きしたに違いないと考えていた。電話の相手に彼は計画のことを知らせていたのだ。

一九四四年の初めに、シュタウフェンベルクはペーター・ザウアーブルッフ中佐（参謀本部）を一般軍務局に異動させた。オルブリヒトのセクション長のひとり、ベルナーディス中佐（参謀本部）のいる場所での会話中、シュタウフェンベルクは何の前触れもなく、シュテファン・ゲオルゲの詩『アンチ・キリスト』を暗誦した。だがザウアーブルッフには、シュタウフェンベルクがベルナーディスを仲間に引き入れようと考えているのが明らかだった。彼はまたドイツの占領地域の人々やユダヤ人に対して行われている犯罪についても話した。

三月半ば、シュタウフェンベルクはザウアーブルッフにブッシェとクライストが関係した暗殺計画について、さらにヴェルナー・フォン・ヘフテンの宗教的な罪の意識についても話した。そして最後に、実行する気があるかと尋ねた。

ザウアーブルッフはヒトラーを排除する方法は他にあるのではないかと述べ、正確にピストルを撃つ自信がないと続けた。また、爆弾を使うことによって第三者を傷つけたくないともいった。忠誠の誓いについての疑問もあった。シュタウフェンベルクは、忠誠は相互の関係であるはずなのに、ヒトラーはずっと国民に対する誓いを破っていると反論した。この会話からまもなくザウアーブルッフは異動になったため、別れの挨拶に行くと、シュタウフェンベルクはこのような結果になったのはいいことだと述べた。

三月二五日頃、ザウアーブルッフは第四装甲師団の上級参謀将校として前線に戻った。

その頃、ベルリンからベルヒテスガーデンの総統本営に向かう寝台車の中で、シュタウフェンベルクはマイヒスナーに暗殺を引き受けさせようとしていた。シュタウフェンベルクとOKWならびにWFStのパウルス・ファン・フーゼン大尉（騎兵隊、予備役。彼のフラットでシュタウフェンベルクはヨルクとよく会っていた）は同じコンパートメントに乗っていた。マイヒスナーは同じ列車の別のコンパートメントにいた。マイヒスナーにはヒトラーに近づく機会があったし、総統を明らかに敵視していた。そして彼は精力的だった。

しかし最近の彼は課せられた仕事とレジスタンスの圧力に十分応じられないところを露呈させていた。彼の神経はぼろぼろになっていたのである。列車がベルリンを出ると、シュタウフェンベルクはスーツケースからバーガンディーを二本出していった。「さあ、マイヒスナーと話そう」。彼はマイヒスナーをコンパートメントに呼んで、軍事・政治状況についての広範な演説を始めた。それがヒトラーの排除をにおわせているのは明らかだった。とうとうボトルが空になったとき、シュタウフェンベルクはマイヒスナーに、ブリュックルマイアーのところでのさらなる話し合いに出席するよう求めた。しかしマイヒスナーは明確な返答を控えた。マイヒスナーが自分のコンパートメントに戻ると、シュタウフェンベルクはフーゼンにいった。「彼にやる気がないのはすぐにわかる」

ヒトラー暗殺の実行役について、トレスコウとシュタウフェンベルクの手札は尽きてしまった。とはいえ、喜んで実行したいという陰謀者はたくさんいたのだ。

シュタウフェンベルクのいとこのホーファッカーは、クーデター失敗後のゲシュタポによる尋問で、自分はシュタウフェンベルクともめていたと証言している。ホーファッカーがもっと「行動的な」役割を果たしたいと望んでいたからだ。彼は裁判で自分が唯一後悔しているのは、シュタウフェンベルクの代わりに暗殺者の役割を果たせなかったことだと裁判長に述べている。

カール・ハルデンベルク伯爵はフォン・ボック元帥の専属副官だったが、「いずれにせよ、われわれの直接の仲間はみな、進んで志願していました」と証言している。そのなかにはスターリングラードで負傷し、一九四四年四月にシュタウフェンベルクの特別任務将校になったクラウジング大尉も含まれていた。クラウジングはシュティーフのような将軍の地位にある同志が行動できないことに驚きを示している。志願する若手将校は大勢いたが、ヒトラーに近づくことができなかった。

新たな機会は六月の終わりになってようやく訪れた。シュタウフェンベルク自身がヒトラーに近づくことができるようになったのである。

14章 始動

クラウス・シュタウフェンベルク伯爵は一九四二年にはヒトラーを暗殺する覚悟ができたと述べ、チュニジアで負った重傷から回復した後、自分が手を下すといい続けた。しかし他の同志たちは賛成しなかった。彼には肉体的なハンデがあったし、ベルリンでのクーデターに欠かせない存在だったからである。いずれにせよ、フロム大将の参謀長に指名されるまでは、彼はヒトラーに近づくことができなかった。

週末になると、シュタウフェンベルクはよく友人たちと田舎に泊りにいった。一九四四年三月に総統本営とともにベルヒテスガーデンに移された陸軍総司令部に行かねばならないときは、可能な限り途中にあるバンベルクに立ち寄った。彼は四月一日と二日の週末をキュストリン近くのノイ＝ハーデンベルクでヴェルナー・フォン・ヘフテンと過ごした。カール・ハーデンベルク伯爵は、シュタウフェンベルクを「知的で勇敢なドイツ将校の鑑」と見ていた。いにしえの英雄のように、自分が捨石になることを十分承知している人物だ、と。

四月にベルリンでルートヴィヒ・トーマエーレンに会ったとき、シュタウフェンベルクはこういった。「ルートヴィヒ、僕はもう回復できないんじゃないかと思った。われわれにはまだ任務がある。それに僕は自分の肩にかかっている任務を遂行できなかったことに絶望した。（中略）ルートヴィヒ、もしずっと今のような状態が続いたら、誰も生きていられない。家族は無意味になるだろうし、家族でいることすら不可能になる。家族というものが存在しなくなるだろう」。後の六月にこう述べている。「今、危機にさらされているのは総統でも国でもないし、私の妻や四人の子どもでもない。すべてのドイツ人民だ」

シューレンブルクも同じ考えだった。一九四四年七月、彼はクーデターに加担しているポツダム連隊の若手将校のひとりに、クーデターに失敗したら命はないが、歴史と正義のために試みなければならない、と話している。四月六日の洗足木曜日、シューレンブルクはアントワープでの四週間にわたる大隊長訓練課程の後トレッボウに帰宅し、シュタウフェンベルクがイースターにやってくると告げた。彼は妻がすでにシュタウフェンベルクの特別任務将校クラウジング大尉を招いていたのを知り、この組み合わせでは注意を引くかもしれないと思ったが、おそらくレジスタンスが恐れる疑念はほとんど自分たちの思い込みにすぎないのだと自分にいい聞かせてその考えを振り払った。

シュタウフェンベルクはイースターの日曜日の午後に到着し、くつろいで陽気に振舞い、シューレンブルク家のもてなしを楽しみ、女性家庭教師や乳母に忍耐強く応じた。彼女たちは二人ともナチ信奉者で、争って彼のために肉を切り分けようとした。夕食の後、みんなで幽霊の話や狩猟の話をし、シェークスピアやリルケやゲオルゲについて論じ合った。

まだ休暇中の月曜日の朝、シュタウフェンベルクとシューレンブルクは森を長時間散歩した。シュタウフェンベルクがドイツの未来についてシューレンブルクに語ったのは間違いない。火曜日の朝六時にシュタウフェンベルクとクラウジングはベルリンに戻った。

四月七日にベルトルトはルドルフ・ファールナー（まだアテネにいた）に手紙を書いて、さまざまな文学作品についての最新情報を常に提供してほしいと頼んでいる。アレクサンダー・シュタウフェンベルクがシュテファン・ゲオルゲの死を詠んだ、本一冊ほどの長さの詩（『巨匠の死』）やカール・ヨーゼフ・パルチュの『アギスとクレオメネス』、エーベルハルト・ツェラーの『ハンニバル』などだ。彼は「アーリア化」後、空軍に入隊できたウィリ・デッテが今、戦争捕虜になっていることを報告した。こういった話の間に、次のようなフレーズを差し挟んでいる。「残念ながら、ヴァンゼーへの移動について新しく報告することは何もない」。これはクーデターをすぐには実行できそうにない、という意味だ。

四月二〇日と二一日に、クラウス・シュタウフェンベルクはシュヴェリーン、ブリュックルマイアー、ボートー・フォン・ヴィソウに会った・ヴィソウはシュヴェリーンの友人で、外務省情報課で働いており、現在はリスボンに駐在していた。彼は外交政策の状況について彼なりの評価を教えてくれた。シュタウフェンベルクは非常に感銘を受けたので、ヴィソウをフロム大将に紹介すると示唆した。ヴィソウは懐疑的だったが、シュタウフェンベルクはフロムがクーデターに賛成している信じており、こういった。「フロムのことは心配するな。ただ、われわれが軍部を廃止したがっているとはいうな。それ以外のことなら、彼と率直に話せばよい」

シュタウフェンベルクを国内予備軍司令官の参謀長にしようという決定は、五月上旬になされた。当時の軍需相アルベルト・シュペーアが後に詳述したところによれば、ヒトラーの筆頭副官だったシュムント大将が、「仕事に飽きがきているフロムの仕事を活性化する」ために、シュタウフェンベルクをその地位に指名したのだという。シュムントはシュペーアに、シュタウフェンベルクは陸軍でも指折りの手際がよく有能な将校だと述べていた。ヒトラー自身はシュペーアに、シュタウフェンベルクとしっかり協力するようにと助言していた。シュペーアはシュタウフェンベルクの若々しい魅力と彼の「ロマンティックであると同時に几帳面」な様子を覚えていた。

国内予備軍の総司令官フロム大将は、クーデターを妨害する意図はないとレジスタンスたちが信じ込むに足る意見をときどき述べていた。シュタウフェンベルクは新たな参謀長として六月半ばにフロムのもとに出頭した際、自分は総統を打倒するために活動していると話した。フロムは彼に礼を述べ、それ以上何もいわなかった。彼は「民族法廷」の審問で、七月三日にヘルドルフに、総統が自殺してくれたら一番よいのにといったことを認めている。

シュタウフェンベルクの異動は、大佐に昇進させるための配慮だったに違いない。この地位には将官が就くのが普通だったからである。一九四一年三月以降のシュタウフェンベルクの前任者のうち、二人は大佐（参謀本部）で配属され、このポストに就いている間に准将に昇進した。シュタウフェンベルクの後任は准将だった。

クーデターを進めようとするシュタウフェンベルクの努力は、メルツが一九四四年春に婚約者に宛てた手紙からもうかがえる。四二年一月、参謀本部編制課に勤務していたメルツは、事務職では自分の「軍人としての夢を果たせない」と書いている。第二九軍団の参謀長として東部戦線の南端でほぼ一六ヵ月過ごした後の四四年三月二日には、ロシア軍との戦いは自然の力に対する挑戦であるばかりか、鋭い思考力を問われる戦いでもあると書いている。

そしてその中に、純粋に軍人としての観点から、戦争を僕の中に呼び起こす唯一の内なる共鳴がある。

そのようなすばらしい敵と戦うことには楽しみがある。得るところがあるし、人は毎日より多くのことを学ぶものだ。僕の頭に何度も繰り返し訪れるこういった奇妙な考えを、あなたなら理解してくれるだろう。もしあなたがそう考えてくれるなら、われわれの奮闘の奥深くにある基盤は別として、ここでの僕の仕事は充実したものであり、わが職業生活の絶頂だといえるだろう。戦争の目に見える現実によって、自分の職業の究極の本質がゆっくりと明らかになっている。その本質は、他の職業や目標が遠のき始めるときや場所で成就し始める。この世界と次の世界の間にある前線に立つ瞬間に人々を導き、心と頭を使って常に人間の生活にかかわる疑問や決定について格闘するために。

五月一一日、メルツは婚約者に、自分は「少し興奮している」が、それはさらなる異動を前提として、将校の予備要員に任ぜられるということを「内密の公式ルート」で知ったからだ、と書いている。自分は前線にいたいと思っている。「あの連中が僕にどんな将来を用意しているというのか。もしＯＫＨ（陸軍総司令部）の第一課に配属されるなら、私は戦争には興味がないといおう」。四日後に彼は次のように書いている。

まったくの期待はずれだ。僕は一般軍務局（シュタウフェンベルクの職場）に参謀長として配属されることになった。がっかりだ。もし部署替えさせてくれるなら、軍の参謀長になることを希望するだろう。それに国内での配属にはまったくなじめない。以前二年半編制課にいたことがあるが。（中略）ヒルデ、僕はこの異動に憤慨しているし、がっかりしている。戦争のこの局面で、よりによって自分が国内にいなくてはならないとは。

五月二二日、メルツはルーマニアの前線からの帰途にあった。彼はウィーンから、婚約者ヒルデ・バイアーが住んでいた黒い森に五月二四日に到着すると知らせている。五月二三日に彼はベルリンでシュタウフェンベルクとオルブリヒトに会った。二人は彼に、前線にとどまりたいという希望は捨てなければならないと説明した。五月二四日､メルツはアンガーブルクからヒルデに電話して､二五日まで行けないと連絡している。日付はシュティーフが保管していた爆弾を手に入れるために、シュタウフェンベルクがメルツを「マウアーヴァルト」に行かせたことを示唆している。最重要なオフィスと将校はすべてベルヒテスガーデンのエリアにあった。総統は二月から七月半ばまでここに本営を置いていたからだ。参謀本部編制課長シュティーフ准将もベルヒテスガーデンにいた。そこから彼は編制課のシュタウフェンベルクの後任で「マウアーヴァルト」にいるクラムロート中佐（参謀本部）に電話した（クラムロートはロシアの第一〇装甲師団で補給係だった）。彼の編制課の同僚ハーゲン中尉（予備役）は、ロシアとチュニジアで同じ師団にいた。クラムロートとハーゲンがそれぞれ爆弾を半分ずつブリーフケースに入れて、工作員用の列車でベルリンに運んだ。五月二五日、彼らは材料をオフィスにいるシュタウフェンベルクに渡した。

メルツは今では「晴れ晴れした」気分になっていた。クーデターの準備で活動的な役割を果たすことができたからである。

七月一三日、彼は友人に自分の動機について説明している。「ドイツ軍の終焉をわれわれがもたらすのは実に明らかだ。どんな種類の講和を結ぶにしろ、軍人階級はこれきりでなくなるだろう。それでもわれわれはドイツと西側のために行動しなければならない」。黒い森で数日の休暇を過ごした後、彼は六月九日にベルリンに出発し、一〇日に到着し、シュタウフェンベルクとともに六月一四日、トリスタン通り八番地に移った。六月一七日に彼はヒルデ・バイアーに次のように書き送っている。

今日午後二時にシュタウフの椅子に座った。聞こえるほど大きな音を立てて。精一杯の自信をこめて。僕の頭は六日というあわただしい引き継ぎでふらふらしている。だが、本腰を入れて仕事にとりかかり、責任を負うことができるのはとても楽しい。この二日というもの、座って話を聞くばかりで欲求不満だ。オルブリヒトは僕が「元気に動きまわれる」ようになるまで、最初の数週間は辛抱強くしていなければならないだろう。だが僕はシュタウフからとてもよく訓練されたスタッフを、大勢の実にすばらしい参謀将校とともに引き継いだ。

理論的には、これでクーデター計画は飛躍的に進歩した。ヒトラーを喜んで殺そうという人間が彼に近づく現実的な見込みができたからだ。シュタウフェンベルクはヒトラーに近づき、メルツがベルリンでクーデターを指揮することだろう。

四月後半に、自らヒトラーの暗殺を実行できる見込みが立つやいなや、シュタウフェンベルクはチャンスをつかむ準備に入った。ヴィソウは四月二〇〜二一日の滞在中に、「シュタウフェンベルクが暗殺を実行する」ことを知った。

五月末、おそらく六月一三日よりは前に、シュタウフェンベルクは義姉のメリッタ・シュタウフェンベルク伯爵夫人に、自分を乗せて総統本営とベルリンを飛行機で往復してほしいと頼んだ。彼女はベルリン＝ガトウにある空軍学校の特別な飛行装備の試験場で働いていた。クラウスの計画を聞いたメリッタは承諾したが、彼女が使用できるのはフィーゼラーの「シュトルヒ」だけだという。これは遅いし、給油のために着陸する必要があった。

クラムロートとハーゲンが五月二五日に爆弾を運んできた際、シュタウフェンベルクはハーゲンに、ヒトラーと側近（ゲーリングとヒムラー）を殺すつもりだと話している。また、五月二六日、シュタウフェンベルクと打ち合わせを終えたゲルデラーは、国内予備軍司令部で戦争日誌をつけていたヘルマン・カイザーに、シュタウフェンベルクが総統を暗殺すると名誉にかけて約束したと話している。

それにもかかわらず、約束を再確認するためもあったのだろう、議論は時折繰り返された。

一九四四年六月六日、アメリカ、イギリスおよびカナダ軍がノルマンディーに上陸した。

トレスコウは参謀長が東プロイセンで招集した軍司令官の会議に出席した。たまたまベルリンにいてシュタインオルトに戻るところだったレーンドルフ伯爵に、シュタウフェンベルクはクーデターにまだ意味があるかどうかをトレスコウに尋ねてほしいと頼んでいる。政治的に有用であるかどうか、わからなかったからだ。トレスコウはレーンドルフを通じて次のように答えた。

ヒトラーの暗殺はぜひとも実行するべきだ。たとえ成功しなくとも、クーデターは試みなければならない。今大切なのは有用な目的があるかなきかではなく、世界に、そして歴史の前に、ドイツ人がすべてを賭け、命を危険にさらして抵抗したという事実を立証することだ。それ以上に重要なことはない。

シュタウフェンベルクは七月四日にルドルフ・ファールナーにも、自分がヒトラーを暗殺するのが正しいと思うかどうかを尋ねている。ファールナーは、シュタウフェンベルクが実行の決心を固めるために、肯定的な答えを聞きたがっているると思ったという。

暗殺決行の数日前（ヒトラー襲撃予定の前日、七月一〇日だったに違いない）、シュタウフェンベルクとヨルクはパウルス・ファン・フーゼンと夕食をともにし、ヒトラー打倒の緊急性について語り合った。七月四日から五日にかけてライヒヴァインとレーバーが逮捕され、事態は切迫した状況に追い込まれていたのだ。また、「暴力の行使が倫理的に許されるか」どうかについても話し合われた。シュタウフェンベルクはベルヒテスガーデン行きの夜行列車に乗るために出発する際、こういった。「仕方がない。奴は殺さねばならん」。

五月二九日、シュタウフェンベルクは一般軍務局補給課長ハーバー中佐（参謀本部）と一緒にベルヒテスガーデンに向かう夜汽車に乗った。ベルヒテスガーデンで行われる参謀本部編制課の状況報告会に出席することになっていたのだ。これがヒトラー自身との状況報告会の準備のためだったのは間違いない。さらにこの会議はシュタウフェンベルクにとって、暗殺で積極的な役割を果たすようシュティーフを説得するための機会でもあった。

六月一日、シュタウフェンベルクはバンベルクに到着した。ベルヒテスガーデンから直行したのは明らかで、ここで数日間の休暇を過ごしている。六月七日の夜午前二時に、彼はベルヒテスガーデンに戻る汽車に乗った。午後三時五二分から四時五二分にかけて、フロム大将とともに、ヒトラーとの「特別状況報告会」に参加している。独裁者と直接対面したのは、これが初めてだった。カイテルとシュペーアも同席していた。シュタウフェンベルクを紹介されると、ヒトラーは両手で彼の左手をとった。それからヒトラーは状況図を震える手で置き換え始め、何度もシュタウフェンベルクをじっと見つめた。シュタウフェンベルクはヒトラー、ゲーリング（彼は明らかに顔色をよくみせるために化粧していた）、カイテル、ヒムラー、シュペーアとともに円卓での会議についたが、彼には出席者の中で良識ある人物はシュペーアだけだと思われた。あとはみな、サイコパス（病的な人格障害者）だ。ヒトラーの目はベールがかかっているかのようで、空気は朽ちて腐ったようによどみ、息をするのもつらかった。ヒトラーの独特な雰囲気に、シュタウフェンベルクはみすぼらしく弱々しい印象を受けた。

会議では軍需品の製造の統計値、対戦車砲、航空機の製造、早急な部隊動員の方法、ヒトラーの特別列車のシェルター、掃海艇に対応する誘導起爆装置について話し合われた。

六月八日、シュタウフェンベルクとハーバーはベルリンに戻る前に、ベルヒテスガーデンで聖体祭りの行進に参加している。

シュタウフェンベルクが六月七日にヒトラーを暗殺するつもりだったという証拠はない。「総統の近辺では自由に行動することが許される」というシュティーフへの発言には、シュタウフェンベルク自身の事実認識とシュティーフへの非難がこめられていた。メルツはまだ休暇中だったため、シュタウフェンベルクの留守中にベルリンでクーデターを指揮できる者はいなかった。数日後、レーンドルフがトレスコウにシュタウフェンベルクの質問を伝えている。シュタウフェンベルクは自分の裁量で事態を進めるわけにはいかなかった。連合軍のノルマンディー上陸後、重要人物、つまりベック、オルブリヒト、ヴァーグナー、フェルギーベル、ヘプナー、ヴィッツレーベンとの間で、クーデターを進めることについての政治判断を見直す必要が生じたからである。さらに、シュタウフェンベルクがヒトラーとの二度目の会議、つまり七月六日に、自分が爆弾をすべて持っているとシュティーフに述べたのは、六月七日に彼が爆弾を持っていなかったことを示唆している。

クーデターへの切迫感は日に日に高まった。

トレスコウはシュタウフェンベルクをフランスに派遣して、シュパイデル少将（ロンメルの参謀長）の説得にあたらせたいと考えていた。西側連合軍がドイツに侵攻できるよう、前線に大きな割れ目を生じさせてほしいと頼むのだ。六月二二日、中央軍集団に対する大規模な赤軍の攻撃が開始され、七月八日にはドイツの二八個師団が全滅した。やはり六月二二日に、ライヒヴァインとレーバーがドイツ共産党の指導者アントン・ゼフコウ、フランツ・ヤーコプと会っている。七月四日にライヒヴァインと共産主義者たちは逮捕され、レーバーも翌日逮捕された。レーバーの逮捕はシュタウフェンベルクの重荷になった。責任の一端は自分にあると感じざるをえなかったからである。

六月後半に、オルブリヒト中将はシュタウフェンベルクと一般軍務局のグループ長の送別会を、クランプニッツの騎兵・自動車学校の将校食堂で開いた。一般軍務局の全スタッフと、他にも何人かの将校が出席した。シュタウフェンベルクの友人で司令官のモム大佐が乗馬と速足を披露した。シュタウフェンベルクも馬に乗るよう説得されて、前脚を高く上げた足踏みを披露している。そのとき、あるいはその後まもなく、モムはシュタウフェンベルクに、ヒトラーを暗殺したらブランデンブルク門に学校の装甲部隊を派遣すると約束した。

六月二四～二六日の週末に、シュタウフェンベルクはバンベルクで家族と過ごした。

六月の終わり頃、シュタウフェンベルクと数人の将軍たちと政治家が、有名な外科医フェルディナント・

ザウアーブルッフ（ペーター・ザウアーブルッフの父）のグリューネヴァルトの家で会合を開いた。一行が帰った後も、シュタウフェンベルクは残っていた。疲れているように見えたので、ザウアーブルッフは数週間の休養を勧めた。シュタウフェンベルクは重要な任務があるのでだめだといい、クーデター計画について話し始めた。ザウアーブルッフは聞きたくなかったので、すぐさまさえぎった。シュタウフェンベルクの負傷があまりにひどく、体調も悪くて神経もかなり参っているために、間違った方向に進んでいるのではないか、と。シュタウフェンベルクはむっとして帰ろうと立ち上がった。ザウアーブルッフは何とか彼をなだめたが、引き止めることはできなかった。

シュタウフェンベルク兄弟はドイツを完全な破滅から救いたいと考えていたが、究極の悲劇的結末も覚悟していた。いわば「秘密のドイツ」のしるしのもと、彼らは再び自分たちの遺産を準備するために集まった。アレクサンダー・シュタウフェンベルクは一九三九年の初めに第五三自動車化重砲兵予備大隊、第四砲兵中隊の予備役下士官として召集された。四〇年九月初めに除隊となり、ヴュルツブルク大学で「自由の身」に戻った。彼はテオドリック大王、東ゴート王国、民族大移動について研究していたが、これらのテーマは魅力的ではあるものの知的創造性に欠けると考えていた。テオドール・プフィーツァーへの手紙で、彼は「今日本当に重要なテーマ、つまりペイシストラトスからアテナイの衰退までのギリシャ人」について研究するのが楽しみだと述べている。この時代に歴史についての執筆活動を続けるのは、明らかに「さほど容易なわけではない」が、彼は「歴史をつくる者たちがいる一方で、彼らの活動的な従者でいることが自分は好きだし」、その歴史の中で人は「ひょっとして、あれかこれかが違っていてくれたらと思うのかもしれない」と考えていた。

48. 砲兵隊少尉時代のアレクサンダー・シュタウフェンベルク、1943年

しかしもし兵士にならねばならないなら、彼は前線に行くことを望んだ。四二年一月に第三八九砲兵連隊に召集された際、彼は上級の兵士に与えられる、ノルウェーの沿岸部隊に志願するチャンスを拒否している。「ロシアへとまっすぐに進もう。何といっても、東ゴート人が昔さすらった場所を見なくては」。彼は第六軍とともに前線にいたが、四二年秋に負傷したことでスターリングラードでの破滅的状況を免れ、回復後にシュトラスブルク大学の古代史教授に任命された。少尉に昇進し、再び四三年二月一五日に召集されると、四月にベルリンでの訓練課程を終え、「砲術練習生らしく身なりを整えて」東部戦線に戻り、六月にさらなる砲兵訓練のためにノルマンディーに送られた。ここで彼は自由時間を利用して『オデュッセイア』の第七巻を翻訳し、自作の詩『巨匠の死』（ブルメンタールから批判されて、何年もの間、棚上げ状態になっていた）に取り組んだ。

東方に戻って一〇月五日からはドニエプル川で前線の砲兵隊観測員を務めていたが、ノヴォ リポヴォ近くで一〇月三〇日に負傷した。ほとんど痛みを感じなかったため、部隊を離れるのを嫌がったが、力ずくで治療後送所から国内に送還された。彼は再び詩に取り組んで、四三年の大晦日には完成させ、四四年に半私家版の形で出版したいと考えていた。回復後、彼はすぐに元の野戦部隊に戻りたがったが、四四年二月にロレーヌのサンタヴォルの第六九重砲兵予備・訓練大隊に配属された。この頃には、大学で再び教えるためにシュトラスブルクへの配属を希望するようになっていた。

ルドルフ・ファールナーは声明の草稿作成を終えて、一九四三年の秋にアテネに戻っていた。

彼は四四年の春にアテネのドイツ研究所にアレクサンダーを伴い、「古代アテネにおける悲劇と国家」についての講義をさせることに成功した。講義後、彼は第六八軍団の砲兵隊司令官クルト・シュスター＝ヴォルダン准将を説得して、六月一日付でアテネの国家社会主義者指導将校にアレクサンダーを任命させた。アレクサンダーが上官に面会して、自分はその地位に不向きだというと、将軍はだからこそ君を任命したのだと答えた。

六月の初めに、アレクサンダーとベルトルトは『巨匠の死』の修正点について議論した。ベルトルトはイエスの死に言及することに反対し、友人たちを師との親密さや距離によってランクづけするべきだと主張した。クラウスも前線への交代要員を確保する大変な仕事を終えた後（おまけにクーデター計画も進めつつ）、時間を見つけてはアレクサンダーの記念碑ともいうべき詩に注意深く目を通し、兄たちと話し合った。

六月二八日にファールナーはアテネからプラハ経由でベルリンに向けて出発し、二九日の早朝到着すると、まっすぐクラウスに会いにヴァンゼーのフラットに行った。普段はヘフテンが運転手を務めていた小型のメルセデスでクラウスが出かけないうちに。クラウスはファールナーを迎えてこういった。「大先生、君は笑うかもしれないが、僕は自分なりのやり方で反逆するよ」

トリスタン通り八番地でファールナーはメルツに会った。彼はまだここに住んでいて、議論に参加した。クラウスは七月二日の日曜日に、ヘフテン、クラウジング、ゲオルク・フォン・オッペン（彼はレジスタンスに加担していた）とアルト＝フリースラントに出かけた。アルト＝フリースラントから彼はクルーゲに電話しようとしたがつながらなかった。クルーゲは七月三日にフォン・ルントシュテットから西方軍最高司令官を引き継いだのだった。ファールナーは「コラレ」駐屯地のベルトルトの兵舎の、クランツフェルダー司令官（彼は留守だった）の部屋で七月二日と三日を過ごした。彼とベルトルトは一緒に長く散歩し、いくつかの湖で泳いだ。また、『アギスとクレオメネス』のテキスト、ファールナーとアレクサンダーの『オデュッセイア』の翻訳の一節、宣言書と政策綱領に修正を加えた。さらにクラウスの要望で、クラウスが口頭で指示した声明を含む「宣誓」を起草した。クラウスはまた、左手の三本の指を使って、これらの原稿すべて、とくに「宣誓」に変更を書き入れた。それからファールナーが最後の版をベルトルトの秘書、マリア・アッペルに口述した。ベックは手書きの修正を加えた政策綱領の古い草稿を承認のために受け取った。

命令系統に変更があった。カナリスの後任ゲオルク・ハンゼン大佐（参謀本部）率いるアプヴェーアが、ヒムラーのSS帝国の一部である国家保安本部（RSHA）に吸収されたのだ。これはハンゼンが危険なほど密告者に取り巻かれているということを意味した。クラウス・シュタウフェンベルクには信頼できる部下の将校が必要だった。彼はルドルフ・ファールナーに助言を求めた。ファールナーは彫刻家の友人、ウルバン・ティールシュ中尉を指名した。ロシアで重傷を負った後、レーゲンスブルクで予備訓練大隊を指揮している人物だ。シュタウフェンベルクはティールシュをベルリンに呼ぶ電報を打ち、七月一日に彼を迎えた。ファアールナーに告げたのとほとんど同じ言葉で。「単刀直入にいおう。私は自分なりの方法で反逆に携わっている」。彼は続けた。クーデターを起こしても軍事的状況は変わるまい。それは望みなしだ。だが、それでも多くの血が流れるのを防ぎ、決定的な混乱を防ぐことはできる。そして現政府の恥辱を排除する。東方諸国やユダヤ人に対する犯罪についての情報が流れるのを止めることは決してできない。ドイツを救うのはもはや無理だが、人命は救える。もはや祖国の問題ではなく、人民の問題なのだ。クーデターが成功する保証はないが、クーデターに失敗するよりも、恥辱を傍観するほうがはるかに悪質だ、と彼はティールシュに述べている。

優秀な陰謀家ではなかったが、彼らには「名誉のために」行動する機会があった。

その頃のクーデター同志による発言には、彼らの道徳的な誠実さが表れている。シュタウフェンベルクはペーター・ザウアーブルッフに、犯罪者に対して行動を起こさず責任を放棄したら、死んだ兵士の未亡人の目を見られないと述べた。七月二〇日のほんの数日前には、「決行のときがきた。しかし行動する勇気のある者は、自分が反逆者としてドイツの歴史に残ることを覚悟のうえでやらねばならない。しかし、もし行動しなければ、自分の良心への反逆者になるだろう」と述べている。ベルトルトも七月一四日に、「もっとも恐ろしいのは、自分が成功できないと知ること、それでも祖国や子どもたちのためにやらねばならないと知ることだ」と述べている。

ツェーザル・フォン・ホーファッカーは同志との打ち合わせ後、妻子には会わず、七月一七日にパリに戻った。二度と会えないかもしれないということを彼は知っていたのだ。ベルリンからメスに向かう列車の中で、彼は妻に、自分の活動の性質と意味は「英雄的な」域にまで達しているので、「たとえ数時間であっても、この目的以外に時間を使うのは聖霊に対する罪であり、とくにドイツ女性の夫、そしてドイツの子どもたち

künftigen Führern die Kämpfer bildet, derer sie bedürfen.

Wir geloben

untadelig zu leben,

im Gehorsam ~~gewissenhaft~~ zu dienen,

unverbrüchlich zu schweigen,

und füreinander einzustehen.

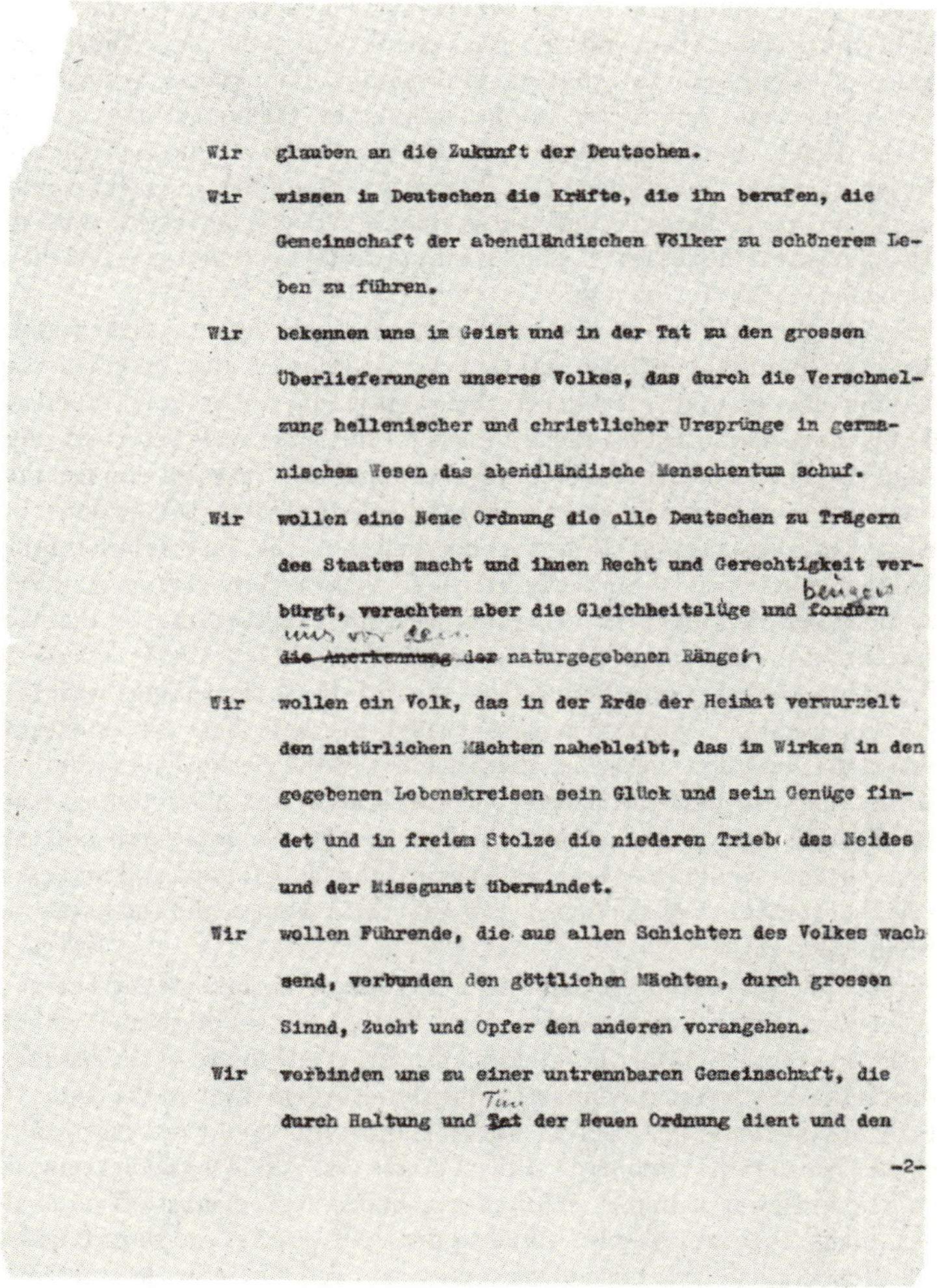

Wir glauben an die Zukunft der Deutschen.

Wir wissen im Deutschen die Kräfte, die ihn berufen, die Gemeinschaft der abendländischen Völker zu schönerem Leben zu führen.

Wir bekennen uns im Geist und in der Tat zu den grossen Überlieferungen unseres Volkes, das durch die Verschmelzung hellenischer und christlicher Ursprünge in germanischem Wesen das abendländische Menschentum schuf.

Wir wollen eine Neue Ordnung die alle Deutschen zu Trägern des Staates macht und ihnen Recht und Gerechtigkeit verbürgt, verachten aber die Gleichheitslüge und ~~fordern~~ beugen uns vor den ~~die Anerkennung der~~ naturgegebenen Rängen.

Wir wollen ein Volk, das in der Erde der Heimat verwurzelt den natürlichen Mächten nahebleibt, das im Wirken in den gegebenen Lebenskreisen sein Glück und sein Genüge findet und in freiem Stolze die niederen Triebe des Neides und der Missgunst überwindet.

Wir wollen Führende, die aus allen Schichten des Volkes wachsend, verbunden den göttlichen Mächten, durch grossen Sinnd, Zucht und Opfer den anderen vorangehen.

Wir verbinden uns zu einer untrennbaren Gemeinschaft, die durch Haltung und ~~Tat~~ Tun der Neuen Ordnung dient und den

-2-

49. クラウス・シュタウフェンベルクが手書きで訂正を加えた「宣誓書」のカーボンコピー（訳は付録6に）

の父親としての義務を怠ることになる」と書き送っている。

ウルバン・ティールシュはシュタウフェンベルクの外見と行動力に感動した。シュタウフェンベルクは「才能のもつ難攻不落の力」を駆使しているように見え、彼ならば政権の粗野な力を消すことができると確信したのだ。ティールシュはクーデター組織からはあまりよい印象を受けなかった。軍事機構を大っぴらに利用することができなかったし、シュタウフェンベルクは実のところ事務所でも自宅でさえも公務に追われていたため、系統だっていないように思われたのだ。シュタウフェンベルクはあらゆる合理的期待に反して、「あるべき人」があるべき時にあるべき場所にいることを望んでいた。

シュタウフェンベルクはクーデターに成功する、あるいは生き残るという望みはほとんどもっていなかった。それゆえに、自分と直接の友人たちの基本的な考えと目的を記した声明書をほしがった。それを安全な場所に保管しておけば、自分たちが話せなくなったときに証拠としての役割を果たしてくれる。「宣誓」は、ドイツの避けられない敗北と占領の後、生き残った友人たちの絆を強めることを意図していた。それはシュテファン・ゲオルゲの遺産の継承者、「秘密のドイツ」の継承者の「新たな生」のための宣言だった。それは「当然」出版を意図したものではなく、ファールナーが説明したように、シュタウフェンベルク自身の考えを明確にすることを目的としていた。彼の考えが大きく反映されているとはいえゲルデラー、ベック、J・カイザー、ゲルステンマイヤー、モルトケといった他の人々の考えとの「妥協点も」数多く見られる、共同で作成されたさまざまな政策綱領とは一線を画するものなのだ。シュタウフェンベルクはベルトルトとルドルフ・ファールナーにそう説明している。七月一日頃、彼は「宣誓」に自分の考えを明確に表してほしいと、二人に頼んだ。ベルトルトとファールナーは「コラレ」駐屯地のベルトルトの部屋で、宣誓を短い論文の形で記録した。それをマリア・アッペルがファールナーの口述でタイプした。

ファールナーのベルリン滞在最後の日となる七月四日、シュタウフェンベルクはドイツの敗北が確定しているいる今、クーデターに何らかの意味があるのだろうかと考えた。まだ戦争が数週間以上続くと思ってと思っている人間は、今ではほとんどいない。モルトケの考えをまねて、新たな始まりの準備をするために建設的な力を温存しておくほうがよいのだろうか。しかし、今戦争を終わらせれば、非常に多くの命を救うことができるし、ドイツを支配した犯罪人からドイツは解放されるべきだと道徳的責務が命じている。

七月四～五日にかけての夜、クラウスは自宅にいながら、前線に補給するためのお役所的な戦いにほとんどの時間を費やした。ファールナーは彼が何時間も電話をかけて、命をつなぐのに必要な人員や物資を獲得し、陸軍、党、軍事局にかけ合い、それと同時に軍備や交代要員に対する敵の空襲の影響や、現在東方の領域から逃げ出している数千の難民について処理するのを見ていた。そういった件がすべて片づき、深夜になってようやく、彼はベルトルトやファールナー（アテネにいるアレクサンダーの代理）とともに、長編詩『巨匠の死』を読む仲間に加わることができた。彼らはこれがよい作品だと認め、出版に同意した。この詩は一九四五年に限定版が印刷された。これは「秘密のドイツ」の宣言だった。師の友人たちは「帝国の目に見えない境界内から」やってきた。師の墓の前で団結を誓い合った者たちである。クラウスとベルトルトは次のような言葉が気に入った。

われわれは別れを知っていた。人生の別れを
すべての息と震える痛みが

血と魂をこの墓に差し出す

クラウスのことは「結び」の最終行で語られていた。

だが君はわれわれとともに残るだろう。われわれを確かに導きながら
軍神は堂々と未来の世界の到来を告げる
片方の目を犠牲にすることによって高められた世界の到来を

カール・ヴォルフスケール（亡命先のオークランドで『巨匠の死』の写しを受け取った）と他のユダヤ人の友人たちは、「結び」の一節を不快に感じ、後に異議を唱えている。アレクサンダーは一九四八年の第二版で修正を加えた。オリジナル版はこうだ

罪もなく陥れられ離れ離れになった者たちに、
どれほど邪悪な罪がなされたのか
彼らの血の一〇〇〇年の呪いに
国土の果実や飲み物は彼らの手に届かない
彼らのタンタロスの運命——報いのなきように

修正されたものはこうだ。

離れ離れになった者たちに、
どれほど邪悪な罪がなされたのか
――彼らが陥れられた場所で
彼らの血の一〇〇〇年の呪いに…

修正版はヴォルフスケールの異議に応えたものとは思えない。「彼らの血の一〇〇〇年の呪い」というフレーズはアウシュヴィッツの集団虐殺後のユダヤ人には耐えられなかっただろう。明らかに配慮に欠けた表現だ。シュタウフェンベルク兄弟はその犯罪を終わらせるために、自分たちの命を進んで投げ出したのだが。

ファールナーは陰謀について知っている数少ない事実をアレクサンダーに漏らさないよう注意しなければならなかった。アレクサンダーは無謀だったからである。しかし二人の男は政権に反対する精神を共有し、表明していた。夜、彼らはファレロンの居酒屋「ファレリオティッサ」でワインを飲み、ハルモディオスとアリストゲイトンの『宴会歌』をテーブルでリズムをとりながら暗誦した。

銀梅花の枝で私の剣を運ぼう
ハルモディオスとアリストゲイトンがしたように
彼らが暴君を殺し

アテナイを平等な権利をもつ都市にしたときのように

七月五日、クラウス・シュタウフェンベルクはライヒヴァインとレーバーが逮捕されたのを知った。彼は動転し、トロットにいった。「われわれにはレーバーが必要だ。助け出そう」。七月八日、ティールシュはシュタウフェンベルクの特別任務将校フォン・ヘフテンにベントラー街で会った。ヘフテンは絶対に今、行動しなければならない、シュタウフェンベルクは自分でやりたがっている、と述べた。その日、ティールシュはシュタウフェンベルクにも短時間会ったが、彼は「ひどく悩んでいる様子」だった。シュタウフェンベルクはどうやらその翌日、シュティーフを当てにしないと決めたようだった。

クーデターの際、どの部隊を利用できるかという問題については、予測は常に流動的だった。「ワルキューレ」計画のもとで動員できる国内予備軍の部隊は重要地点を占拠することになっている。しかし現在の危機的状況では、使用可能な「ワルキューレ」編制はすべて、一九四二年に行われたように、いつ前線行きを命じられてもおかしくなかった。

第三軍管区（ベルリンとその周辺）の守備隊は第三軍管区司令官代理フォン・コルツフライシュ中将が指揮していた。彼の参謀長フォン・ロスト准将はクーデター計画に関与しており、信頼できた。

ところが一九四四年三月の終わりに、ロストは突然第三装甲擲弾兵師団長に任命される。彼は五月一日付でベルリンのポストを離れなければならず、特別任務将校アルブレヒト中尉も一緒に連れていった。彼もまた、クーデター計画に詳しい人物だった。シュタウフェンベルクはロストと同じくらい驚いたが、介入するチャンスはなかった。力になってくれる者も、陸軍の人事課にはいない。ロストの離脱によって、ベルリンでのクーデター作戦は危機に陥った。ヘフテンはアルブレヒトから慎重に扱うべき書類をすべて引き継いだが、準備はほとんどロストとアルブレヒトにしかわからない指図をもとに作成されていたので、何もかもやり直さなければならなかった。

エルツェンはロストの後任オットー・ヘルフルト准将に付き従った。レジスタンスたちはヘルフルトの支援をあてにできると信じていたのだ。もっとも、彼はクーデター計画について、せいぜい表面的に知っている程度にすぎなかった。ヘルフルトにはロストのような強烈な個性はなかったし、クーデターの機構に明るいわけでもなかった。また、ヘルフルトの上級参謀将校ミックス中佐は参謀の中で確固たる地位を築いてはおらず、クーデター計画に参加し、その見直しにも参加したが、計画における自分の役割について、シュタウフェンベルクに伺いを立てねばならなかった。新たな計画では、クーデター指令は一般軍務局からホーエンツォレルンダム一四四番地の第三軍管区司令部に手渡しで、それもクーデター当日に運ばれることになった。司令官代理のコルツフライシュはヒトラー支持派だったので、オルブリヒトがクーデター当日に彼をオフィスに呼び出して逮捕し、クーデター同志でベルリン補充総監のカール・フォン・チュンゲン少将に代行させる計画を立てた。しかしロストが去った後、軍管区司令部はもはや謀反における活動の中心にはなりえず、「ワルキューレ」を使ってイニシアチブをとる能力も意志もなくなった。

「ワルキューレ」指令はオルブリヒト中将の監督下で立案されていたものの、それを始動させる権限は彼にはなかった。あるとき一般軍務局がオルブリヒトとメルツを通じ、最上級の命令レベルとして、軍管区司令部に命令しようとしたことがあった。しかし質問を返されたり、国内予備軍総司令官による確認を要求されたりして、命令に従わせることはできなかった。

もうひとつの予測不能な要因は軍管区、とくにベルリンの兵力だった。迅速な配置が可能なもっとも強力な部隊といえば装甲部隊である。、それはつまりクーデター計画がこの部隊にとくに左右されるということを意味した。

ポツダムに程近いクランプニッツの第二装甲学校は、常に新しい部隊の組織に携わっており、兵力もさまざまだった。その自動車化歩兵大隊と他の機械化部隊が東部戦線に移動することが七月初めに決まった。何度か動員の警報をかけて訓練を受けている部隊だ。この部隊を利用できれば、クーデター側は大いに助かる。もっとも、クーデター前に部隊が前線に移動しなければの話だったが。

クーデターで装甲部隊を制御できるかどうかは不確実だったが、これらの部隊には計画上、重要任務が割り当てられていた。かなり多くの装甲学校の部隊が、国内予備軍司令部とベルリンの軍事通信センターがあるベントラー街を守ることになっていたのである。他の部隊はリヒターフェルデとランクヴィッツの武装SSの駐屯地を偵察することになっていた。装甲学校の装甲部隊のうち、重火器を備えている一個中隊は、ベルリンのSS指揮官と渡り合うために待機していなければならない。もうひとつの装甲兵員輸送車中隊は国内予備軍の司令官および参謀長とテンペルホーフ空港で合流することになっていた。フロムとシュタウフェンベルクはヒトラーの死後約二時間半で、ベルヒテスガーデンあるいはラステンブルクから戻ると予想できた。そのときには装甲部隊がベルリンで彼らを迎える準備ができていなければならない。したがって、クーデターを成功させるためには、装甲部隊は暗殺の一、二時間前には警戒態勢に入っていなければならなかった。配置は装甲部隊が兵舎を出て二時間後にベルリン中心部に到着することを前提にしていた。

ベルリン防衛司令官フォン・ハーゼ少将はクーデター計画に加担しており、重要な役割を果たすことになっていた。彼はブランデンブルク門の隣のウンター デン リンデン一番地に駐在していた。大ベルリン軍警察大隊はツィーゲル通り一二番地におり（やはりクーデター同志のハインツ中佐が指揮していた）、ハーゼはモアビットのクルップ通り一五番地ａでベルリン防衛大隊「グロスドイッチュラント」を指揮した。防衛大隊は装甲学校の部隊を除けば、ベルリン中心部に迅速に駆けつけることのできる唯一の部隊である。しかしクーデター側はこの部隊を手中に収めているわけではなかった。五月一日にヒトラー・ユーゲントの元指導者で騎士鉄十字章を授与されているレーマー少佐が司令官に任命されたからだ。明らかに、クーデター側は七月までレーマーの忠誠心を深刻にとらえていなかった。彼を仲間に引き入れる試みがあった様子は見られない。

六月の終わりに、ハーゼはレーマーを叱責した。防衛大隊が空襲後の消火活動を手伝う代わりに、宣伝相ゲッベルスの夏至の祝祭に参加していたからである。ベルリン警察署長ヘルドルフ伯爵はハーゼに、レーマーは熱狂的なナチだと警告した。しかしハーゼは、他の少佐同様命令に従うだろうといった。クーデター当日は戒厳令が実施されることになるのだから。

七月一八日、ハーゼは司令部で管轄下の司令官と「国内での騒乱」が起きた場合についての打ち合わせを行った。レーマーが立ち去るとハインツが後に残り、レーマーが軍服にヒトラー・ユーゲントの金バッジをつけており、現政権を支援していると指摘した。彼はレーマーに架空の任務を与えてイタリアに行かせてはどうかと提案したが、ハーゼは反対した。レーマーは勇敢さで高い勲章を受けた人物だ、命令には従うだろう、と。この考えはもちろん筋が通っている。ただし、そのためにはレーマーが彼の命令を適正だと考えなければならない。ハーゼはヒトラーの死と、それがもたらす新たな「正当性」を当てにしていた。

クーデター計画者はベルリンに近いブランデンブルクに駐屯する「ブランデンブルク」師団も当てにして

いた。アプヴェーアが自由に使える特別な妨害組織で、一九四三年には前線で活動している。その際、組織が壊滅状態に陥ったため、生存者は再編制のために帰国した。一時的にラホウゼン大佐の指揮下にある師団部隊を、クーデター側は利用できるだろう。この状況は四三年四月一日にアレクサンダー・フォン・プフールシュタイン大佐が指揮官に任命された頃から変わっておらず、クーデター側は彼にシュヴェリーン・フォン・シュヴァネンフェルト大尉（予備役）とハインツ中佐をつけた。

しかしその一方で、アプヴェーア部長で陰謀をさりげなく支援していたカナリス提督は、次第にアプヴェーアと「ブランデンブルク」師団両方を制御できなくなり、一九四四年二月には完全に解任状態となっていた。四三年の終わり頃、そして四四年一月に入った頃、上級軍事裁判官マンフェルト・レーダーによって、反ナチ活動者に対する一連の逮捕と取り調べがあった。これはクーデター同志に深刻な脅威を与えた。カナリスは、レーダーが「ブランデンブルク」の隊員を怠け者呼ばわりしたとプフールシュタインに話した。四四年一月一八日、プフールシュタインはリヴォフ近くのモルシンで、この件についてレーダーに詰め寄り、顔を平手打ちした。その結果、レーダーはクーデター同志に危険を及ぼす取り調べからはずされたが、プフールシュタインも「ブランデンブルク」師団長を四四年四月一日に罷免された。シュヴェリーンはグロスアドミラル＝プリンツ＝ハインリヒ通りの主計総監事務所、戦時管理二課の旅券事務所に配属された。

フェルギーベル中将はクーデター当日、電話、テレタイプ、電報をすべて停止させ、総統本営を孤立化させることを約束した。北アフリカでの軍事行動に参加したヘースリン少佐は騎士鉄十字章を授与された人物で、装甲偵察訓練大隊マイニンゲンの司令官だったが、「ケーニヒスブルクでの緊急事態の実行」と、総統本営から数キロはなれた陸軍総司令部の「防衛」を担当することになった。つまり、総統本営の孤立化を助ける仕事である。

トレスコウが参謀長を務める第二軍のE分遣隊上級参謀将校フォン・エルツェン少佐（参謀本部）は、一九四三年九月のシュタウフェンベルクとの仕事でベルリン内部と周辺の軍事施設を知っていた。七月九日、彼は第二軍の人員、兵器、他の装備の交換のため、という架空の任務でオルブリヒトを訪ねた。実のところ、彼はオルブリヒト、メルツ、シュタウフェンベルクを助けてクーデター組織のギャップを埋める役割を果たすことになっていた。

七月一七日、オルブリヒトはエルツェンをコトブスの自動車化歩兵補充訓練旅団「グロースドイッチュラント」に送り込んだ。エルツェンはこの旅団の「ワルキューレ」部隊を集めるのにどれだけの時間がかかるかを調べることになっていた。旅団の補充訓練連隊長で、不在の旅団長の副官でもあるシュティリウス中佐は、エルツェンを第三軍管区司令部の上級参謀将校だと思った。おそらく彼がそのようなことを匂わせたからだろう。翌日、シュティリウスはシュタウフェンベルクから、議題については触れずに七月一九日午前一〇時に打ち合わせにくるようにいわれた。同じ日、エルツェンとフォン・デア・ランケン中佐はコトブスの旅団の副官に会いにいき、その兵力についての知識を得た。もちろん、装甲軍での戦闘経験のあるシュタウフェンベルクにとって、装甲部隊を利用できるかどうかを確かめるのは当然のことだった。もっとも、彼らに対する直接の権限はなく、動員命令はあくまでも第三軍管区司令部が出さねばならなかったのだが。

しかし、彼は自分の装甲戦闘での経験と人柄の魅力が、クーデター当日にベントラー街からの指令の遵守を確かなものにしてくれるという希望を抱いた。暗殺が予定された七月一五日、「ワルキューレ」部隊は暗殺予定時刻の六時間前に召集された。襲撃が未遂に終わると、オルブリヒトは動員は訓練だったと宣言した。コトブスの「ワルキューレ」部隊は、ベルリンへの一〇〇キロを進軍するのに予想以上に時間がかかった。七月一六日の朝になっても、シュルツェンドルフ＝マリエンフェルデ＝リヒテンラーデのエリアに到着しなかったのである。七月一九日、シュタウフェンベルクはシュティリウスに旅団の兵力と組織、七月一五日の「訓練」の結果について尋ね、旅団がハンブルクの南のエリアに到着するのにどれくらいの時間が必要かを尋ねた。

シュティリウスは次のように報告している。三六〇キロの距離で進軍の準備時間をXとすると、先遣隊の到着にX＋一五時間、主力部隊の到着にX＋一八時間、班の到着にX＋二四時間を要すると。シュタウフェンベルクは満足だと述べた。計算すると、行軍準備後、先遣隊はベルリンに四時間で、主力部隊は五時間で到着することになる。実際、国内向けの主要ラジオ送信機は七月二〇日当日、発令から一時間四五分後に旅団の部隊によって占拠された。

以上のようなことから、クーデター当日にさまざまな兵力を管理し指揮するために、ベルリンで権限を行使する人物には強いカリスマ性が必要だったことがわかる。オルブリヒト中将にそういったカリスマ性はない。メルツ・フォン・クヴィルンハイム大佐（参謀本部）の地位では十分な権限を行使することはできなかった。シュタウフェンベルクはきわめて重大な最初の三時間、遠方にいる。

不確実さを考慮して、さらに戦場から分遣隊を呼び寄せる計画が立てられた。これは第二軍の参謀将校フォン・トレスコウ准将によって組織された。分遣隊は中央軍集団中央騎兵連隊の大隊（今ではゲオルク・フォン・ベーゼラーガー中佐率いる第三騎兵旅団の一部となっている）で構成されていた。トレスコウは七月七日にベーゼラーガーを東部前線からパリに派遣し、フォン・クルーゲ元帥を西側で降伏するよう説得させた。ベーゼラーガーは七月一四日か一五日にこの任務から帰還すると、第三一騎兵連隊第一大隊を率いる弟のフィリップ・フォン・ベーゼラーガーに、ヒトラーが近いうちに暗殺されると話した。フィリップは第三騎兵旅団の一二〇〇人の兵（六個大隊）を集め、ポーランド総督府（ポーランドのドイツ占領地）の飛行場に彼らを動かし始めた。そこから、彼らは暗殺後すぐテンペルホーフ飛行場に飛ぶことになっていた。そうすれば、ヒトラーの死から三時間後にベルリンのクーデター同志が彼らを自由に使えるようになる。ゲオルク・フォン・ベーゼラーガー中佐は同じ方法で同じ目的のために、別の二個あるいは三個大隊をベルリンに動かす準備をした。フィリップ・フォン・ベーゼラーガー少佐は七月一五日に部隊の移動を開始した。七月一九日には彼の連隊の六個大隊がブレストに向けて二〇〇キロ進み、三六時間後の七月二〇日の午後に到着した。彼らを飛行場に連れて行く運搬車は待機していた。しかし七月二〇日に彼らは招集されず、反乱の崩壊後、前線に戻った。

15章 クーデター

早急に予備軍を動員する件についての打ち合わせは六月七日に始まり、ヒトラーの「ベルクホーフ」司令部で七月六日と八日にも続けられた。七月六日に「ベルクホーフ」で、シュタウフェンベルクはヒトラーとの二回の「特別協議」に参加している。一回目は午後五〜六時まで、二回目は七月七日の真夜中少し前から午前一時まで。シュタウフェンベルクは「ワルキューレ」計画を提示した。ヒトラーは彼の指摘のほとんどに合意し、敵軍がドイツ領域内に侵攻した場合、全軍および市民、さらには国防委員（ガウライターあるいは他の役人）に対し、軍司令官たちが執行権を行使できるよう定めた。

この段階でシュタウフェンベルクはまだ、シュティーフが暗殺を実行してくれるか、あるいは少なくとも助けてくれることを望んでいたに違いない。ツァイツラー大将が延び延びになっていた軍服と装備の披露会を強く求めたのは、おそらくシュタウフェンベルクとオルブリヒトに促されてのことだろう。ひょっとしたら主計総監にも催促されたのかもしれない。六月一九日から二二日の軍需相シュペーアとの打ち合わせの際、ヒトラーは披露会は行うべきだと承諾した。七月七日、ザルツブルク近くのクレスハイムで披露会は開催された。七月六日にシュタウフェンベルクはシュティーフに、「材料はすべて持ってきています」と告げている。爆弾のことだ。彼はシュティーフに見せるだけのために「材料をすべて」持ってきたわけではない。だがシュティーフは命のかかった裁判で、自分はシュタウフェンベルクがその機会に暗殺を実行しようとしたのを阻止したと証言している。七月八日に、シュタウフェンベルクは「重くて陰気な荷物を背負った」ように見え、ヘフテンはティールシュに、シュタウフェンベルクが自分で暗殺を実行したがっていると話した。

七月一一日、シュタウフェンベルクは「ベルクホーフ」で午後一時七分から三時半まで行われたヒトラーの「朝会議」に出席するためにベルヒテスガーデンに飛んだ。彼は特別任務将校としてカール・フリードリヒ・クラウジング大尉を伴った。ゲーリングとヒムラーが出席しないという事実で新たな障害が判明した。

一九四三年三月から四四年三月まで、暗殺はゲーリングもしくはヒムラーの存否にかかわらず、試みられてきた。しかしフォン・クルーゲとロンメルの両元帥は、ゲーリングとヒムラーもヒトラーと同時に排除しなければならないとベック大将に主張した。主計総監ヴァーグナー中将、フェルギーベル中将、シュティーフ准将、オルブリヒト中将、ヘプナー大将とベック大将も、ヒムラーをヒトラーとともに暗殺せねばならないと考えていた。これはまったく理不尽な要求とはいえない。ゲーリングはヒトラーの公式に指名された後継者だったし、ヒムラーは潜在的な内乱軍SS（親衛隊）を支配していたからだ。しかし、シュタウフェンベルクが呼ばれる打ち合わせにゲーリングが出席していることはめったになかった。ヒムラーにしても、必ず同席しているわけではない。もっとも、不安定な東部前線のために組織される「阻止師団」をSSは訓練することになっていたし、それが七月一一日の議題のひとつだったので、ヒムラーが出席する可能性は高かった。

ふたを開けてみると、ゲーリングもヒムラーも出席していなかった。シュタウフェンベルクは「朝会議」の前に彼らの欠席を知り、シュティーフにいった。「いまいましい。何が何でも進めるべきではないのか」。

翌日クラウジングは、シュティーフのせいでヒトラー暗殺が実行されなかったと不満を述べている。この時点でシュティーフにどのような役割が期待されていたかは、この言葉とシュティーフ自身の後の証言からではよくわからないが、シュタウフェンベルクがゲーリングとヒムラーの欠席にもかかわらず暗殺を実行したいと考えていたこと、そしてシュティーフがそれを阻止したことは明らかだ。

会議後、シュタウフェンベルク、フェルギーベル、シュティーフ、クラムロートはベルヒテスガーデンのフランケンシュトループの兵舎で会い、次の機会の準備について話し合った。夕刻にはシュタウフェンベルクとクラウジングはベルリンに戻った。ベルリンではゲルデラーとヴィッツレーベンがヒトラー暗殺を期待して警戒態勢をとり、大勢の警察将校とポツダムからの第九擲弾兵補充訓練大隊の将校たちがベルリンで合図を待っていた。

チューリッヒのドイツ総領事館にいたアプヴェーアの諜報員ハンス・ベルント・ギセヴィウスは、クーデターに参加するために七月一二日の朝、スイスからベルリンに戻った。ヘルドルフ伯爵に会いに行ったものの、ギセヴィウスが後に詳述したところによれば、シュタウフェンベルクに対する賛辞はほとんど聞けなかった。ヘルドルフは、シュタウフェンベルクが全クーデターのリーダーシップを掌握し、ヘルドルフとベックク、オルブリヒトとシューレンブルクの接触を阻止していると述べたという。そのせいで、警察が正確にはどういった役割を果たすかについての段取りが、ヘルドルフにはまったく提示されていなかった。

午後になって、ギセヴィウスはベックに会いにいったが、彼にはギセヴィウスのために割く時間がなかった。自分が所属する学術的な「水曜会」の会議の準備をしていたからである。しかしベックはギセヴィウスにできるだけ早くシュタウフェンベルクに会うよう勧めた。最近はシュタウフェンベルクが大黒柱となって、クーデターを準備する重責をすべて引き受けているとベックはいった。オスター准将がアプヴェーアのポストからはずされたため、シュタウフェンベルクは完全に覚悟を決めた陸軍で唯一の活動家なのだと。ベックがこれほど賞賛しても、シュタウフェンベルクに対するギセヴィウスの疑念は変わらなかったに違いない。ギセヴィウスはシュタウフェンベルクが自分の野心の障害になることを当然認識していた。ギセヴィウスが希望している地位、つまり「浄化および社会的秩序回復のための国家委員」への就任を、彼がそう簡単には認めそうになかったからである。クーデターの三日目に「文民全体の上に立つ高官」の役割を任せてもらえる見込みも薄かった。結局、内務相に予定されているのはユリウス・レーバーなのだ。

リヒターフェルデにあるベックの家を出て、ギセヴィウスは旧友のシュトゥルンク家の人々に会いにいった。テオドール・シュトゥルンク大尉（予備役）はアプヴェーアの将校で、ベルリンとチューリッヒの間でレジスタンスの連絡係を務めていた。一方のギセヴィウスは、チューリッヒでアメリカの戦略諜報局のベルン駐在員アラン・ダレスとの主要な窓口を務めていた。シュトゥルンク家は空襲で家を失い、市の西端にあるシャハト（訳注　シャルマル・シャハト元ドイツ国立銀行総裁）の元別荘の地下室に住んでいた。ギセヴィウスのすぐ後にゲルデラーが到着し、嘆いた。ヘルドルフと同様に、シュタウフェンベルクが彼を孤立させたというのだ。シュタウフェンベルクは「軍事的に」だけでなく、政治的にも上に立ちたがる。彼は国民が勇敢さを維持したまま社会主義者に変わるよう仕向け、許容できる講和を軍事的な方法によって実現したがっている。ゲルデラーはそのように不平を漏らした。ギセヴィウスはゲルデラーに次のような意見を述べた。シュタウフェンベルクが「『真の』国家社会主義者による軍事独裁」を欲しているのに対し、ゲルデラーは「明白に」民主主義を欲している。シュタウフェンベルクは全体主義、軍隊、社会主義原理のいずれもあきらめたくないと考えており、レーバーと組んでゲルデラーが首相になるのを阻止しようとしているのだ。

少し後にシュタウフェンベルクとハンゼンがくることが知らされた。フロムとの会議の後、彼らはギセヴィウスに会うためにシュトゥルンクの家にくることを決めたのだった。

二人の大佐は真夜中すぎに到着した。シュタウフェンベルクの一八三センチの長身は、天上の低い地下室では一層高く見えた。この最初の打ち合わせの際に、シュタウフェンベルクに対するギセヴィウスの印象は形づくられたが、もちろん、それはヘルドルフとゲルデラーの不平の影響を受けており、ギセヴィウスはライバルにも自分同様の野心があるものと考えた。ギセヴィウスの下品であざけるような意見は彼にとって何のメリットもなく、かえってそれが本心から出たものと受け取られた。ギセヴィウスは次のように述べている。手足の不自由な人間が考えそうなことはすぐにわかる。「このかわいそうな男が、広範な聴衆の中で群衆心理を生み出すことはまず望めないだろう」。「無慈悲な運命が彼を陰謀者の役割へと駆り立てたのだ」。ギセヴィウスは粗野な態度でシュトゥルンク夫人にコーヒーを求めた。ギセヴィウスにしてみれば、シュタウフェンベルクは「自分が障害を負ったことによる劣等感を克服するために、逆に過度な行動に出ようとしている」としか思えなかったのだ。ギセヴィウスはシュタウフェンベルクから反ナチの印象を受けなかった。むしろ、「有能な、もしくは生まれつきの暗殺者にするには惜しいとヒトラーが思うような、まさに『新たな参謀将校のタイプ』」に思われた。

ギセヴィウスはレジスタンスと敵国の連絡係のひとりだったので、外交についての質問が出た。シュタウフェンベルクは当然ギセヴィウスから連合国の態度についての情報を聞きたがった。ギセヴィウスはこれを軍人が政治に介入しようとしているのだと考えた。彼はシュタウフェンベルクを無教養なアマチュア政治家と評し、中央軍集団が崩壊し、スターリンの部隊が数週間以内にベルリン郊外に押し寄せるかもしれないという事態に直面して、「政治的には完全に東側と」取引するつもりなのに決断力がないと批判している。ギセヴィウスはドイツに対する無条件降伏の要求が変わらないことを、「うれしそうに」シュタウフェンベルクに伝えた。回想録に書いているとおりの嫌味なほど偉そうな態度で彼がそういったのだとしたら、シュタウフェンベルクは立腹したに違いない。

気の利かないギセヴィウスが、暗殺を実行しようというシュタウフェンベルクの勇敢な意志を褒めちぎると、苛立っていたシュタウフェンベルクは、自分が「爆弾を投げる」つもりだということをどうして知ったのかと尋ねた。ギセヴィウスの回想録は次のように続いている。「この夜私は、この偉い男は必死に頑張っているのだという印象を受けた」。しかし彼はシュタウフェンベルクのことを、軍事的敗北に直面して覚醒し、落胆した近衛兵が、任務に対する誇大な自信から、自分を「軍人で、政治家で、暴君殺害者で、祖国の救済者」と思い込んでいる、と見ていた。クーデター後には、必ず「粛清」が行われる。ギセヴィウスはシュタウフェンベルクが、とくに陸軍内の「犯罪者」の数を厳しく制限し、粛清する対象を「どう見ても」無節操な「ライネッケやカイテルタイプのナチびいきの将軍」にとどめ、ブラウヒッチュ、ハルダーあるいは「意気地がなくてヒトラーの武力侵略を許した」者に対する糾弾は拒絶したと述べている。最後にシュタウフェンベルクはオスターと接触するな、とギセヴィウスに警告して彼をいらつかせた。「オスターは褐色の暴政に対してもっとも明確に、もっとも断固たる態度で、もっとも絶え間なく、そしてもっとも長く戦ってきた人物だ。彼の見解と、スターリングラードの悲劇的事態が起こって、やっと寝返ってレジスタンスに参加したシュタウフェンベルクの見解の間には、深い溝がある。同じ将校といっても、世界が違う」

50. シュタウフェンベルクとヒトラー、1944年７月15日。左からシュタウフェンベルク、カール＝イェスコ・フォン・プットカマー准将、カール・ボーデンシャッツ空軍中将、ヒトラー、ヴィルヘルム・カイテル元帥（ファイルを持っている）

ギセヴィウスは、明らかに敵意によって判断力を失っている。常にゲシュタポの監視下にあったオスターと接触すればレジスタンスの命に危険が及ぶのに、それを認めようとしなかった。ギセヴィウスは一九四二年にシュタウフェンベルクがヒトラー殺害のために孤独な努力を続けていたことについて何も知らないし、オスターが決して自分ではヒトラーを殺そうとしなかったことを忘れている。クーデターが失敗し、シュタウフェンベルク兄弟が犯罪者から国民を解放するために命をささげた後、数ヵ月熟考する時間がギセヴィウスにはあったはずなのに、彼はクーデター関係者の立場に何の理解も示していない。彼らにとって、名前と名誉にどれほど重大な意味があったかということにも、彼らがクーデターにおけるもっとも割に合わない仕事のために犠牲になったということにも。シュタウフェンベルクはクーデター後の新たな秩序の中に暗殺者の居場所はないということを知っていた。

七月一四日、ヒトラーは総統本営を東プロイセンの「ヴォルフスシャンツェ」に移した。同じ日、フロムとシュタウフェンベルクは翌日の本営行きを命じられた。フロム、シュタウフェンベルク、クラウジングは午前七時すぎには飛行機でベルリンを発ち、午前九時半頃、「ヴォルフスシャンツェ」の南にあるラステンブルク飛行場に到着した。彼らは第二封鎖区画内の「クアハウス」カジノに車で行き、司令部の司令官と彼の参謀将校三人と朝食をとった。カジノから、シュタウフェンベルクはシュティーフとフェルギーベルに電話をかけている。午前一一時近くにフロム、シュタウフェンベルク、クラウジングは第一封鎖区画内にあるカイテルのオフィスに行った。ヒトラーの正午の会議で発表するための打ち合わせをした後、フロムとシュタウフェンベルクはカイテルとともに、午後一時頃ヒトラーの会議用兵舎に行った。兵舎は低い木造の建物で、レンガの縁どりにセメントの薄いコーティングが施され、コンクリートの天井で、窓には鋼鉄製のシャッターがあり、それは開いていた。当時ヒトラーが宿舎として使っていた掩蔽壕と護衛のための兵舎は第一封鎖区画内にあり、フェンスで防護されていた。この「総統区画」に入るには特別な通行証が必要だった。

暗殺の方法は、シュタウフェンベルクの肉体的ハンデのみを考慮して決められたわけではない。成功の望みがあるなら、彼は生きてベルリンに戻り、クーデターの指揮をとらねばならなかった。実際、ベックはシュタウフェンベルクにもし生き残れないと思うなら暗殺を試みるなと命じている。彼はクーデターを率いることができる唯一の人物だったからだ。七月一五日と二〇日の事件はベックの判断を立証している。オルブリヒトは革命を起こす活力に欠けていたし、メルツの立場と職権では不十分だった。フロムにはクーデターを大目に見てもらう以上のことは期待できない。こういった制限があることをシュタウフェンベルクは理解していた。罪の意識、ためらい、小心に悩まされる将軍たちを嫌というほど見てきたからだ。こういった理由から、彼はヒトラーのそばに爆弾を置いたら爆発前に立ち去ることができるよう、時限つきの信管を使わねばならなかった。

ドイツの爆弾に最適な信管は、イギリスから鹵獲《ろかく》した酸を使うタイプのものだった。これは音がしない。こういった信管は爆発までの所要時間が一応一〇分、三〇分、九〇分、五時間、一〇時間、二〇時間のものに分かれている。しかし所要時間は気温によっても異なるし、部品のワイヤーや酸、綿によっても異なる。一〇分で爆発する装置はもっぱら訓練用に使われるが、摂氏二〇度から二五度という比較的狭い範囲の温度差でさえ、爆発までの時間に四・七五分から九・六分という幅が生じる。三〇分の起爆装置だと、同じ気温でも一四・五分から二八・七五分の幅が出る。暗殺を試みようとしている環境下では、三〇分の装置がもっとも適していた。暗殺者はヒトラーの会議室に入る前に爆弾をセットしなければならない。そしてセットしている間、誰にも見られてはならない。シュティーフの役割は、おそらく七月七日、そしてほぼ間違いなく一一日と一五日に信管をセットし、シュタウフェンベルクに爆弾と起動させた信管入りのブリーフケースを渡すことだったに違いない。シュティーフが明らかにこれを嫌がったため、シュタウフェンベルクは最後の予備ミーティングとヒトラーの会議との間に信管をセットしなければならなくなった。そうすると、爆発までに別の場所に移動する時間が必要となる。七月一五日、そして再び七月二〇日に、彼は四〇〇メートル歩かなければならなかった。それには約四分かかる。一〇分の信管では明らかに不向きだった。

七月一五日の会議は、とくに東部戦線の「阻止師団」を国内予備軍で組織し、SSが訓練する件について話し合われることになっていた。総統本営の公式の速記者は七月一五日にヒトラー臨席の会議が三回あり、そこにフロムとシュタウフェンベルクが参加したと記している。状況報告会は午後一時一〇分から一時四〇分、防衛陣地に関する「特別報告会」が午後一時四〇分から二時二〇分、もうひとつの「特別報告会」が二時二〇分から二時二五分。

シュタウフェンベルクはシュティーフに信管を作動させてもらうことも、あるいは自分で作動させることもできたが、いずれにせよ、ヒトラーが会議室にいることが必須だった。七月一五日にヒトラーが会議に到着した際、他の将校たちとともに出迎えるシュタウフェンベルクの写真があるが、彼はブリーフケースを持っていない。シュティーフが持っていたのかもしれない。

シュタウフェンベルクは七月一五日の経験から、ヒトラーの在否が確認できるまで会議に行くのを遅らせねばならないと結論づけている。それから信管をセットして、時限装置の作動した爆弾入りブリーフケースを会議室に持ち込む。彼がブリーフケース内の爆弾をシャツでカムフラージュしたのは、おそらく会議の前にシャツを着替えたいという口実をもうけるためだったのだろう。

こういった難点とはまったく別に、信じられないようなことが起こった。

シュタウフェンベルクの飛行機が東プロイセンに向けて飛び立った頃、つまり暗殺予定時刻の五、六時間前に、ベルリンではメルツが近郊の陸軍学校と予備訓練部隊に「ワルキューレ」のための進軍準備開始を命じていた。その目的は、暗殺から首都中枢部の軍事的占拠までの時間を最短にすることにあった。進軍命令を出したのは、シュタウフェンベルクがゲーリングとヒムラーの出席如何にかかわらず暗殺を実行すると決めていたからに違いない。メルツが命じた進軍警報はほとんど繰り返されなかったからだ。七月二〇日以後に事件を調査したゲシュタポの委員会は、「訓練警報」の本当の意味を誰かが知っていたという証拠は発見できなかったものの（理解していたと認める者は当然いない）、クーデター側がそれがばれないかどうか心配していたことを知った。いずれにせよ、メルツの七月一五日の行動に、ゲーリングとヒムラーに関する何らかの条件から生じるためらいはなかった。

シュタウフェンベルクは「ヴォルフスシャンツェ」に飛ぶ準備をしており、その途上にあったが、クーデターに関与している将官たちは、ヒムラーがそこにいなければ行動は中止だと彼にいうのを怠っていた。ティーレ少将とハーン大佐が同席した打ち合わせで、ベルリンにいるフェルギーベルの陸軍通信本部の参謀長と「マウアーヴァルト」の国防軍通信本部の参謀長、主計総監のエドゥアルト・ヴァーグナー中将は、ヒムラーがいないのであれば暗殺を決行してはならないと主張していた。

ティーレは同日の夜、ハーンを「マウアーヴァルト」に送って、フェルギーベルとシュティーフにしかるべく伝え指示するよう命令書を持たせた。シュティーフへのメッセージは、もちろん、シュタウフェンベルクにも同様に伝わるものと考えていた。陸軍ではヴァーグナーが参謀長ツァイツラー（彼は六月三〇日から病に伏せっていた）の代理を務めており、野心家のヴァーグナーは明らかにクーデターにおいても、同様の権限を要求していた。ベック、オルブリヒト、ヘプナーの七月一五日午後の行動からは、ヒムラーがいないならシュタウフェンベルクに実行してほしくないと思っていた様子がうかがえる。

しかし、シュタウフェンベルクが「ヴォルフスシャンツェ」に着くまで、誰もこのことを彼に伝えていなかったのは明らかだ。実際、クーデターに関与していた将官たちは、「ヴォルフスシャンツェ」で彼がシュティーフに会うまで、このことを知らせずに放置していた。「民族裁判」でシュティーフが証言したところによれば、暗殺を実行する「条件のそろっていなかった」七月一五日に、シュティーフはシュタウフェンベルクを「必死で諭し」たという。また、シュティーフが爆弾入りブリーフケースを持ち去ったとシュタウフェンベルクがベックに報告しているところからも、この信じられない展開は明らかだ。

序列による制約だけならシュタウフェンベルクも無視しただろうが、クーデターに関与する他の重要人物たちの支援が得られないという事実は無視できなかった。ヒムラーがいないなら実行するなという土壇場の指示のせいで、計画すべてを白紙に戻すよう求められたのだ。クーデター同志が突然手を引いたとき、すでに国家元首で最高司令官である人物の暗殺を決意している人物にどれほどの精神的ストレスと緊張がかかるか、誰に想像できるだろう。シュタウフェンベルクはベルリン近郊の装甲部隊がその早朝、警戒態勢に入っていたことを知っていたに違いない。また、クランプニッツ装甲学校の部隊があと五日以内に東プロイセンに出発することになっているのも知っていたはずだ。七月一五日の企ては行き当たりばったりの実験ではなく、強大で危険な支配者たちに対するクーデターの成否を決める重大な仕事だった。それなのにシュティーフ、フェルギーベル、ヴァーグナーは、彼にヒトラー暗殺をやめろという。彼は裏切られた気分だった。ヒトラーとの打ち合わせの間、シュタウフェンベルクは二度会議室を出て、ベントラー街の同志に電話をかけ、ヒムラー不在での暗殺の許可を得ようとした。が、同意は得られなかった。最後にメルツと話し、決行することで意見が一致したときには、会議は終了し、ヒトラーは去っていた。

打ち合わせ後、シュタウフェンベルクは会議用兵舎の前でいくらか会話を交わした。フロムとカイテルはモイゼーの停車場に停まっているカイテルの特別列車「ブラウンシュヴァイク」に昼食に行った。シュタウフェンベルクはクラウジング、シュティーフ、フェルギーベルが待つ八号棟まで歩いていった。彼らと話した後ベルリンにもう一度電話し、それから「ブラウンシュヴァイク」の食堂車での昼食にクラウジングと出かけた。フロム、ブーレ、シュタウフェンベルクとクラウジングはそれから「マウアーヴァルト」（アンゲルベルク近くで約二〇キロ北西）に車で向かった。「マウアーヴァルト」での会議後、フロムは飛行機で、シュタウフェンベルクとクラウジングは列車でベルリンに戻った。

その朝、メルツは午前七時にシュタウフェンベルクのフラットに電話して、彼が出発したことを知った。数分後、面前にある軍事施設のリストのうち、陸軍学校とベルリンおよびその周辺にある他の「ワルキューレ」組織に最大の警戒態勢を命じるよう、ベントラー街の担当官に指示した。メルツはその朝オフィスに出かける際、ピストルを携行していた。それまで一度もそんなことをしたことはなかったのに。彼は気力が増し、穏やかで自信に満ちていた。

午後三時から三時半の間にメルツは家に電話して、「とくに何もない」が遅くなるかもしれないいない、といった。友人のジーベックを夕食に連れていき一泊させる予定だった。彼らは午後八時に疲れきって帰宅した。それから元気を回復し、気持ちのよい夜を過ごした。メルツの自制心は完璧だった。ジーベックがいるところで、彼はその日のストレスをおくびにも出さなかった。この日、彼は世界の歴史のターニングポイントとなるべき事件の中心にいて、クーデター同志に失望していた。

ジーベックが床に着くと、メルツはその日のできごとを妻に話した。シュタウフェンベルクが「総統会議」開始後に電話してきて、ヒムラーがまたもや欠席しているといったこと。メルツがオルブリヒトとベックに話をしたこと。長い議論が続き、他からも電話（たとえばヘプナー）があったこと。対応が遅いという印象を受けたこと。メルツは「無条件の勇気や究極の結果を受け入れる意欲を試されるとき、人は孤独だと悟る」と結論づけた。約三〇分後、ヒムラーがいないので暗殺は中止だという将官たちの判断を、彼はシュタウフェンベルクに伝えざるをえなかった。シュタウフェンベルクは自分とメルツで決めようといった。君はどう思うか、と尋ねられ、メルツは答えた。「やれ」。少しの間をおいて、シュタウフェンベルクから再び電話があり、会議室に戻ったときに会議がちょうど終わったと聞かされた。

ジーベックは後に、シュタウフェンベルクのニュースが届いたときのことを思い出している。暗殺を決行できなかったというニュースだ。ベントラー街にあるオルブリヒトのオフィスの緊張は、突然「ある種の興奮状態」にとって代わった。誰もがすんでのところで命拾いしたと感じたかのようだった。ヘルドルフも、オルブリヒトがばかでかい荷物から解放されたかのようにふるまったと述べている。オルブリヒトはセクション長のハルナック少佐（参謀本部）とフォン・エルツェン少佐（参謀本部）を呼び、「ワルキューレ」警報は訓練だったと宣言し、学校に視察に出かけた。オルブリヒトはフロムに叱責された。彼の警報のせいで、装甲兵総監グデーリアン大将が装甲部隊を引き上げてしまうかもしれないからだ。

翌日は日曜日で、ジーベックは朝食後にヒルシュベルクに戻る列車に乗らねばならなかった。メルツはオフィスに行かねばならなかったので、ジーベックもついていった。オフィスにはシュタウフェンベルクがいて、すぐにジーベックを指差して尋ねた。「こいつは誰だ」。メルツが「信用できる」人間だと説明したので、シュタウフェンベルクはヒムラー不在のために引き起こされた失敗について話した。彼とメルツは、次こそは誰が何といおうと実行し、自分たちを助けてくれなかった他の同志の要望は聞き入れまいということで同意した。失敗の可能性については承知していた。だが彼らは純粋にクーデターがもつ象徴的価値のために進んでやるつもりだった。シュタウフェンベルクはその夜、ベックに報告にいった。

シュタウフェンベルクはハルナックハウスのアパートで、メルツ家の人々と夕食をとった。フォン・メルツ夫人はシュタウフェンベルクに初めて会い、彼が非凡な人物であることを知った。「広い知識、生き生きした思考力、すばらしい知性、魅力、すべてにおいて優れた人だけれど、精神状態はよくありませんでした。表情に冷静さが見られず、普段なら感じられるであろう強固な意志や自信が表れていなかったんです。その晩はずっと政治の話は出ませんでした。楽しく過ごしたけれど、心からではなかったと思います」。フォン・メルツ夫人は軍人同士には無条件の絆があることにも気づいていた。軍人でない者に非常に強い疎外感を味わわせるような深いつながりだ。戦後になって、フォン・メルツ夫人は自分が受けた印象をさらに詳しく述べている。

もしもあらかじめ知っていたなら、シュタウフェンベルクが前日の事件を引きずっているのがわかっただろう。決行できなかった暗殺は彼にそれほどまでに多大な要求を課していたのだ。そして彼が知性と精神に恐ろしいほどの緊張を感じて生きているということもわかっただろう。しかし一人前の人間の情熱的な献身、穏やかな表情の下に隠した神経の震えが私には非常に強く感じられ、そのことから彼についての私の印象は強まり、この強く男らしい驚くべき人格について、さらに根本的な認識を得ることができたのだ。

シュタウフェンベルクがどれほどの緊張下で生きていたかを見ている人物が他にもいる。ルドルフ・ファールナーはクラウスについて否定的な話は一切したことがないが、六月の終わりに彼の疲労と極度の緊張に気づいたという。一九四三年一〇月にみなぎっていたクラウスの活力は見る影もなかった。その頃の彼は「まだ」元気旺盛で、「非常に生き生きとして、さまざまな方針に縛られることもなく、ものすごい勢いで突進していた」のに。もしそのときに暗殺が成功していたら「明らかにすばらしい成功を収めていただろう」。最後の数日の落胆は、彼のためにならなかった。クラウジングは間違いなく裁判で真実を話した。クーデターにおける自分の役割を率直に証言した後で、彼はもしクーデターで指揮をとることになっていた人々（もちろんシュタウフェンベルクは含まない）を知っていたら、自分は参加しなかっただろうと述べている。成功するはずがないことは明らかだった。

同じ七月一六日の夜、ヴァンゼーのクラウスのもとにベルトルト、フリッツ＝ディートロフ・シューレンブルク伯爵、トロット、ホーファッカー、メルツ、シュヴェリーン、ハンゼンが集まった。これまでの暗殺の企てで表面下した難点を解決する方法について、そして西部の前線を開いて（西方解決法）クーデターを開始するかどうかについて議論したのである。これは得策ではないと思われた。ヒトラーは間違いなく反逆者にSSと陸軍の部隊を差し向けるだろう。

ツェーザル・フォン・ホーファッカーは、ロンメル、クルーゲ、シュテュルプナーゲル、シュパイデルから、総統司令部、ベルリン、ドイツ全般でのクーデター活動と西方での活動の連携を図る権限を与えられていた。「ベルリン解決法」についての議論もなされた。通信網を二四時間強奪し、軍集団すべてに退却命令を出すという方法だ。最後に、ヒトラーを殺害する「中央解決法」は他のあらゆる方法の前提条件だということで一致した。その後の証言が信用できるものなら、トロットはヒトラーと全政府排除後に東西両方との交渉が可能だとみていた。「軍人同士の交渉」についての話も出た。しかし実のところ、降伏が唯一の選択肢だった。無条件降伏を要求されていたし、連合軍関係者に政治交渉の権限はなかったからである。

七月一七日、ロンメルは車で移動中、空襲で重傷を負った。同日、国家保安本部はゲルデラーの逮捕状を出した。七月一八日、ベルリンに現れたゲルデラーは逮捕が迫っていることを知った。彼は「西方解決法」を進めるために、ベックとともに飛行機でクルーゲに会いにいくつもりだとシュタウフェンベルクに話したが、彼にはそれが適切だとは思えなかった。シュタウフェンベルクがヒトラーとの打ち合わせのために七月二〇日に再び「ヴォルフスシャンツェ」に行かねばならないことが、七月一八日のうちに判明した。同日、シュタウフェンベルクはクランツフェルダーから、総統本営が近い将来「吹き飛ばされる」という噂がベルリンに流れていることを知った。彼はいった。「選択の余地はない。賽は投げられた」。

七月一九日、シュタウフェンベルクとメルツは再びベルリン近くの装甲部隊について確認した。午前一〇時にはシュティリウス中佐がシュタウフェンベルクに自分の旅団の組織、戦力、進軍速度について報告している。メルツは装甲兵総監の参謀長トマーレ准将に電話して、装甲学校の部隊を東プロイセンに移動させる計画を数日延期してほしいと頼み、部隊が「ワルキューレ」の訓練のために必要だと話した。トマーレはアレンシュタインにいる装甲兵総監のグデーリアン大将に電話して了解をとり、メルツに伝えた。トマーレとグデーリアンは「訓練」の意味を理解していたように思われる。

七月一九日の午後、シュタウフェンベルクが補佐役の将校三〇人ほどと打ち合わせをしている間に、クーデター関係者は（七月一四日に行ったのと同様に）フォン・ヴィッツレーベン元帥、ヘプナー大将、フォン・ハーゼ少将、ポツダムの第九擲弾兵補充訓練大隊の新任将校たち、クランプニッツ装甲学校のフォン・レンロート少佐に、翌日が重要な日であることを伝えた。ハーゼとオルブリヒトは計画について再度議論した。

シュタウフェンベルクの運転手カール・シュヴァイツァーは、ポツダムのフォン・デア・ランケン中佐からブリーフケースを受け取り、ヴァンゼーのトリスタン通り八番地に運ばねばならなかった。中にはひもでくくった包みが二つ入っていた。ランケンは暗殺の企ての合間に爆弾の管理を担当していたのだ。

午後六時頃、シュタウフェンベルクはツォッセンのヴァーグナー中将のもとに立ち寄り、一時間ほど話をしてから半時間ほど一緒に野ウサギを追いかけ、ヴァーグナーの特別任務将校がそれをショットガンで殺した。

その夜、シュタウフェンベルクはトロットに会った。帰宅途中、彼はシュテグリッツの境界でシュヴァイツァーに車を止めさせ、しばらく中にいた。家ではベルトルトが彼を待っていた。クラウスはシャツで包んだ爆弾入りのブリーフケースを見せた。ベルトルトはその晩は泊り、翌朝、弟と一緒に飛行場に行った。

ニナと子どもたちは夏の休暇で七月一八日にラウトリンゲンに行っていた。クラウスは一六日に彼女に旅行を遅らせるよういったが、理由を話すことができず、彼女は切符を買ってしまった。暗殺決行の前日、クラウスはニナと話がしたかった。それが最後になりそうだったからだ。一九日の夜に電話をかけたが、エビンゲンに爆弾が数発落ちたため、つながらなかった。

七月二〇日午前七時頃、シュヴァイツァーがラングスドルフ飛行場にクラウスとベルトルトの兄弟を乗せていった。そこにヘフテンが待っており、シュティーフも同じ飛行機に乗ることになっていた。ヘフテンはシュヴァイツァーにシュパンダウの軍服支給所に行って、新しい軍服をもらってくるよう指示した。シュヴァイツァーはなぜ新しい服が必要なのかを知りたがったが、ヘフテンは「君にはもっとたくさん新しいものが必要になる」といっただけだった。軍用機は霧で出発が遅れ、午前八時頃に飛び立ち、ラステンブルクに午前一〇時一五分に着陸した。シュタウフェンベルクは出迎えの車で第二封鎖区画内のカジノに向かった。シュティーフは「マウアーヴァルト」まで自分で車を運転し、ヘフテンは彼に同行した。シュタウフェンベルクは司令部の参謀たちと朝食をとった。その中にはフォン・メーレンドルフ大尉（騎兵隊）もいた。午前一一時頃、シュタウフェンベルクは自分で車を運転して第一封鎖区画に行き、ＯＫＷの陸軍参謀長ブーレ中将に会った。陸軍一般局時代の彼の上官である。彼はブーレと第一軍管区（ケーニヒスブルク）参謀長フォン・タッデン少将と「阻止師団」について議論した。この時点でシュタウフェンベルクのブリーフケースを運んでいたのは、司令部の特別任務将校である。ヘフテンは爆弾入りのブリーフケースを持っていた。午前一一時半頃、シュタウフェンベルク、ブーレ、タッデン、ブーレのオフィスのレヒラー中佐（参謀本部）、シュタウフェンベルクと再び合流したヘフテンが、さらなる準備の打ち合わせをするためにカイテルのオフィスに行った。

ヘフテンはこの打ち合わせで役目がなかったので、狭い廊下で待っていた。彼は明らかに落ち着きのないそぶりで人目を引いた。カイテルの副官ヨーン・フォン・フライエント少佐とともに働いていた特別任務将校のフォーゲル軍曹は、何もなかったはずの床に防水シートでくるまれた包みがあるのに気づいた。フォーゲルがヘフテンにそれはあなたのものですか、と尋ねると、ヘフテンはシュタウフェンベルク大佐が総統の会議で必要なものだと答えた。正午少し前にフォーゲルがもう一度見ると、包みはなくなっていた。

正午少し前、ヒトラーの従者リンゲがカイテルに電話してきて、「朝会議」が午後一二時半に早まったことを念押しした。その午後、ムッソリーニが特別列車で「ヴォルフスシャンツェ」に到着することになっていたからだ。午後一二時二五分頃、参謀本部作戦課長ホイジンガー少将が、「マウアーヴァルト」と「ヴォルフスシャンツェ」を結ぶローカル列車で到着したという連絡がカイテルに入った。カイテルは休むまもなく会議に急いだ。シュタウフェンベルクは、ヒトラーが会議室にいるとわかるまで、事態の進行を遅らせ、待ち、できれば後に残らねばならない。彼はカイテルの副官ヨーン・フォン・フライエントに、さっぱりしたいのでシャツを着替えられる場所はないかと尋ねた。プライバシーが守られてヘフテンの手を借りても不審に思われないための作戦だ。シュタウフェンベルクとヘフテンは指示された小部屋に入った。フォーゲルが通りかかり、彼らが何かをやっているのに気づいた。カイテル、ブーレ、ヨーン、さらにレヒラーとタッデンは総統の会議に行かず、兵舎の外でシュタウフェンベルクを待っていた。

フェルギーベルがカイテルのオフィスに電話してきて、シュタウフェンベルクに声をかけるよう頼んだ。電話に出たのはヨーンである。彼はフェルギーベルが電話してきたので会議用兵舎に急ぐようシュタウフェンベルクをせきたてろ、とフォーゲルに命じた。フォーゲルが小部屋に行ってドアを（内側に向けて）開けたところ、シュタウフェンベルクの背中にぶつかってドアが止まった。メッセージを伝えている間、シュタウフェンベルクとヘフテンが忙しそうに何かをしているのにフォーゲルは気づいた。シュタウフェンベルクが返答し、いらいらして無愛想に、「今行くところだ」といった。それと同時にヨーンが正面玄関から呼んだ。「シュタウフェンベルク、行くぞ」。フォーゲルは小部屋のドアのところに立ってシュタウフェンベルクとヘフテンを見ながら数秒待っていた。彼が自分のオフィスに向かって歩き出したとき、シュタウフェンベルクとヘフテンが小部屋から走り出してきて兵舎を後にするのが見えた。フォーゲルにはシュタウフェンベルクとヘフテンが部屋の中で何をしていたのかわからなかった。しかし、そんなことはシュタウフェンベルクに判断できるはずもなかった。

カイテルの兵舎の外で、ヨーンとシュタウフェンベルクは腹立たしげに視線を交わした。ヨーンがシュタウフェンベルクのブリーフケースを運ぶつもりですでに手をかけていたが、シュタウフェンベルクはひったくった。フォーゲルは障害のある将校の腕力に感服した。

シュタウフェンベルクとヘフテンはドイツ製プラスチック爆弾九七五グラムの塊を二つ持ってきていた。各爆弾にはイギリス製の伝爆薬が二つずつついている。一方の爆弾は二つの伝爆薬にそれぞれイギリス製の三〇分の信管が取り付けられ、もう一方の爆弾は片方の伝爆薬にだけ三〇分の信管が取り付けられていた。

シュタウフェンベルクは会議室にいる全員の殺害を目指さねばならなかった。爆発の瞬間にブリーフケースがヒトラーに対してどんな位置にあるかを確認できないからである。シュタウフェンベルクのこの心積もりは、状況証拠とは別に、資料や情報からも立証されている。調査した専門家の判断では、二つの爆弾があれば、居合わせた人間をすべて殺せるはずだった。しかしシュタウフェンベルクはブリーフケースに二つの爆弾のうちのひとつだけを入れて会議に出かけている。フォーゲルに声をかけられて焦ったため、もうひとつの爆弾をヘフテンに預けてしまったのだろう。これは痛恨のミスだった。

起爆装置のセットは慎重を要する。シュタウフェンベルクはペンチを持ってきており、そのもち手は三本指でも扱いやすいように曲げられていた。彼がヘフテンではなく自分がそれをやらねばならないと感じていたのは明らかだ。暗殺実行者は彼だし、すべての信管を確実に作動させることが目的だったからだろう（一九四三年三月一三日の暗殺計画では、信管をひとつしか使用しなかったため、失敗した）。シュタウフェンベルクは伝爆薬についた信管をはずして銅のカプセルをつぶし、中のガラス管を壊さねばならなかった。すると、ワイヤーを包んでいる綿に酸が染み出す。圧力をかける角度を間違えたり、強く圧力を加えすぎたりすると、ワイヤーが破損し、計算どおりの時間に爆発するようにゆっくりと腐食を進行させることができない。それで彼は突き刺すピンのついたバネがまだ縮んだ状態にあることをのぞき穴を通して確かめ、安全ボルトをはずし、それから信管を伝爆薬に再びセットし直さねばならなかった。そこにフォーゲルという邪魔が入り、作業が中断されたわけだ。

ヘフテンはシュタウフェンベルクを飛行場に連れて戻る車の確認にいった。シュタウフェンベルクはブーレと快活にしゃべりながら会議室の建物に向かい、ヨーンが彼らの横を歩いた。会議棟の正面玄関に着く寸前にシュタウフェンベルクはヨーンにブリーフケースを渡し、総統の近くに席をとってほしいと頼んだ。

シュタウフェンベルクが会議室に入ると、ホイジンガー少将が東部前線の状況を報告しているところだった。ゲーリングとヒムラーはいない。ヒトラーとヴァルリモント大将が振り返ってシュタウフェンベルクを見た。ヴァルリモントはその場面を、次のように記憶している。

昔ながらの伝統的な戦士のイメージ。私は彼のことはほとんど知らなかったが、片目を黒の眼帯で隠し、軍服の片袖の腕は失われているものの、堂々と背筋を伸ばし、やはり振り向いたヒトラーをまっすぐに見据えて立つ姿は誇り高く、まさに当時のドイツの参謀将校のイメージそのものだった。

カイテルが総統に、シュタウフェンベルク大佐が新たな組織について報告しますと伝えた。ヒトラーはシュタウフェンベルクに手を振ってみせた。ヨーンはヒトラーの近くにいる者たちに地図テーブルの場所をシュタウフェンベルクにあけてほしいと頼み、シュタウフェンベルクの正面の床にブリーフケースを置いた。これでシュタウフェンベルクとヒトラーの間にいるのはホイジンガーだけとなった。シュタウフェンベルクはブリーフケースをできるだけヒトラーに向けて押しやったが、ブリーフケースとヒトラーの脚の間には重厚なテーブルの脚があった。シュタウフェンベルクは何ごとかをつぶやくとヨーンに合図して一緒に部屋を出て、フェルギーベル中将に電話をかけてほしいと頼んだ。ヨーンは会議棟の電話交換手に命じ、シュタウフェンベルクが受話器をとるのを見て会議室に戻った。シュタウフェンベルクは受話器を置くと、ベルトと帽子を残したまま、フェルギーベルとヘフテンがいる副官の建物（第八一三号棟）に向かった。彼はすぐにフェルギーベルと建物を出て、話をしている間に会議棟のほうからものすごい爆発音が聞こえた。一二時四〇分と五〇分の間のことである。

フェルギーベルは後に、彼とシュタウフェンベルクは総統のマントで覆われた人物が会議棟から運び出されるのを見て、それをヒトラーの死体と判断したと証言している。シュタウフェンベルクがそれで確信を得たのは間違いない。五時間半後、ベントラー街のオフィスに戻ったシュタウフェンベルクは、ヒトラーが死んだと告げた。自分はヒトラーが運び出されるのを見た、と。戻ってから最初の半時間、シュタウフェンベルクはこの言葉を何度か繰り返している。

爆発の直後、シュタウフェンベルクとヘフテンは車で飛行場に向かった。秘密保持規定に従って、爆発が起きた際には門はすべて閉じられることになっている。シュタウフェンベルクは冷静さと軍人の無愛想さで最初の検問所を通過した。二番目のゲートは飛行場に続く道にあったが、警備の軍曹がフォン・メーレンドルフ大尉（騎兵隊）に電話してシュタウフェンベルクとヘフテンを通す許可をもらうまで、通過することは許されなかった。ゲートを出た後、飛行場に続く細い道でヘフテンは二つめの爆弾の包みを車から森に投げ捨てた。主計総監はシュタウフェンベルクがすぐ帰還できるように自分のハインケルHeⅢを提供してくれていた。彼らは搭乗し、午後一時一五分に離陸した。

「HeⅢ」でのベルリンへの所要時間は早ければ一時間半、逆風で遅くなっても二時間だった。調査委員会はベルリン＝ラングスドルフ空港（テンペルホフではない）への着陸時間が「午後三時四五分頃」だったと結論づけている。シュタウフェンベルクとヘフテンが到着してみると、予定されていた装甲兵員輸送車はおろか、運転手のシュヴァイツァーもスタッフカーも見当たらない。彼らは戦術空軍の将軍に車を頼まなければならなかった。メリッタが急降下爆撃機のテストパイロットだった関係で、将軍がシュタウフェンベルクの名を知っていたのは間違いない。ヘフテンが午後四時頃にベントラー街に電話して、総統の死を伝えた。ラングスドルフからベルリンまでは三〇キロで約三〇分かかる。シュタウフェンベルクとヘフテンは午後四時半頃に到着した。

シュヴァイツァーは後にラングスドルフでむなしく待っていた様子や、シュタウフェンベルクがベントラー街に到着したと聞かされたときの様子について回想している。ベントラー街の駐車場の支配人は、シュヴァイツァーがシュタウフェンベルクを迎えにいってくるという電話を午後に受けたと述べている。おそらくシュヴァイツァーはそれからすぐラングスドルフに行ったが遅すぎたのだろう。ひょっとしたら緊急の臨時便でくると思って間違った飛行場に行ってしまったのかもしれない。

爆発の際、会議室にいたヒトラーの側近のひとりは、ヒトラーがほんのわずかな打撲傷で済んだのに気づいた。彼は近くの電話交換庫に駆け込み、許可なしにいかなる情報ももらさないよう、通信の制御を試みた。国防軍司令部の通信将校が掩蔽壕に呼ばれた。フェルギーベルもそちらに向かったが、自分に割り当てられた役割、つまり総統本営から情報が流出しないようにすることが、ヒトラー政権の利益と一致するのに気づいた。だが彼はニュースが漏れないことを確認するしかなかった。いずれにせよ、二、三時間は様子を見るほかない。フェルギーベル、ヴァーグナー、カイテル、あるいはヒムラーのような高級将校は電話を使うことができたが、通常の電話回線とテレタイプの接続はすべて遮断された。それからフェルギーベルは総統区画正面の狭い道を行ったり来たりしながら、ヒトラーが部屋の中を歩きまわっている様子を観察した。フェルギーベルは通信掩蔽壕に行ってティーレ中将に電話をかけ、「何か大変なことが起こったが総統は生きている」と話した。

明らかに今あるような状況、つまり表沙汰になった暗殺計画の失敗は如何ともし難かった。その日、その後に起こったできごとは、在ベルリンのクーデター同志の一部が陰謀から距離をおき、結果から逃げようとしたことを示している。

ティーレはフェルギーベルからの情報を午後一時過ぎに受け取った。わずか数分後、フェルギーベルの「マウアーヴァルト」の参謀長ハーン大佐からも、暗殺が実行されたが失敗したことを知らされた。ティーレとオルブリヒトはさしあたり何もしないのが一番だと決めて、いつもどおり昼食に出かけた。彼らはツォッセンの陸軍総司令部にいる主計総監ヴァーグナー中将に連絡し、事件については何も知らなかったふりをするのが一番だということで彼の同意を得た。夜、オルブリヒトは、暗殺が実行されたが失敗したとフェルギーベルからティーレ経由で聞いたと、ギセヴィウスに伝えた。オルブリヒトは何か他のニュースが「ヴォルフスシャンツェ」から届くのを待つと決めていた。それから彼はギセヴィウスに、ひょっとしたら自分たちはまだすべてを否定できるのではないだろうかと尋ねた。

メルツもオルブリヒトと同じ頃に知らせを受けたに違いない。彼はすぐにクランプニッツ装甲学校の「ワルキューレ」部隊をベルリンに動かそうとした。午後二時頃、フォン・エルツェン少佐（参謀本部）が一般軍務局の権限で警報を装甲学校司令官に伝えた。司令官は進軍準備を命じ、リヒターフェルデとランクヴィッツにあるSS駐屯地の偵察を命じた。装甲学校第二訓練集団の司令官ローデ少佐は、自動車学校のマークでカムフラージュした二両の装甲偵察車両を連れて、リヒターフェルデのSS兵舎の見える場所に行き、まったく平穏だと報告し、新たな命令を受けてブランデンブルク門近くのケーニヒス広場にある「勝利の柱」まで前進した。デーベリッツの歩兵学校も「ワルキューレ」警報を午後二時頃に受けた。メルツは軍管区司令部で警報の準備を専門に行っていたハルナック少佐（参謀本部）に、全軍管区ですぐに「ワルキューレ」

を発動するよう命じた。

その間にもメルツは一般軍務局の参謀将校を招集して、ヒトラーが暗殺されたので秩序維持のために軍が全執行権を引き継いだこと、武装SSを陸軍に組み込むための交渉が進行中であること、フォン・ヴィッツレーベン元帥が新たな国防軍最高司令官となり、ベック大将が国家のリーダーシップをとることを発表した。

午後三時に、ティーレは通信回復を試みた。午後四時五分から「ヴォルフスシャンツェ」との正常な通信が回復した。午後三時を少し回った頃、ティーレがベントラー街に到着したオルブリヒトとヘプナーに、総統本営がラジオで公式声明を出すところだと連絡した。将軍たちはラジオのスイッチを入れて待ったが、声明はなかった。メルツはオルブリヒトに第二レベルの「ワルキューレ」を発動するよう主張したが、オルブリヒトは疑問を抱き、躊躇した。

国防軍宣伝部のクラッツァー大佐（参謀本部）にはクーデター当日、ノイエンのラジオ局と帝国ラジオ放送局を占拠する任務が割り当てられていた。彼は車を準備させ、午後四時半頃、シュタウフェンベルクとオルブリヒトに命令を求めた。シュタウフェンベルクはオルブリヒトに指示を仰ぐよう求めた。オルブリヒトは状況がまだはっきりしないといった。一部の戦闘部隊がラジオ局に向かっているが、これまで関与していなかったのに、この局面でわざわざクーデターに巻き込まれたいと考える者はいない、と。オルブリヒトがクーデターは成功しそうにないと考えていたことが、ここからうかがえる。

シュタウフェンベルクがベルリンに戻ってきたと聞いたメルツは、午後四時少し前にとうとう自分の意志で次段階の命令を出した。オルブリヒトはギセヴィウスにその夜、「メルツにしてやられた」と述べている。オルブリヒトはいっそのこと死んだふりをしたかった。しかし午後四時頃、結局メルツがさらなる命令を出すことに了承している。彼はメルツとともにフロムに承認を求めにいったが、フロムは拒否した。彼はすでにカイテルからヒトラーが生き延びたことを聞いていたのだ。

次の命令、つまり「ワルキューレ第二段階」が発令された。全上級軍司令官への将軍命令で、「総統アドルフ・ヒトラーは死んだ」という言葉で始まり、戒厳令が宣言される。この命令は長く、とくに二番目の命令は長かったが、エニグマに暗号化する機械でタイプしなければならないので時間がかかった。時間を短縮するために、オルブリヒトは秘書のデリア・ツィーグラーに命令の写しをタイプさせた。所用で出ていた別の秘書アンニ・レルヒェが午後五時半に戻ると、彼女にもタイプさせなければならなかった。

シュタウフェンベルクとヘフテンが午後四時半にシュタウフェンベルクのオフィスに戻ると、海軍の軍服姿のベルトルト、フリッツ・ディートロフ、シューレンブルク伯爵、イェーガー大佐（第二一軍管区司令部装甲部隊の司令官で、騎士鉄十字章の保持者）、フォン・クライスト中尉とフリッチェ大尉が待っていた。シュタウフェンベルクが宣言した。「奴は死んだ。私は彼が運び出されるのを見たんだ」。それから彼とヘフテンはオルブリヒトのところに行って同じ報告をした。一五〇ミリ手榴弾規模の爆発だった。あれでは誰も生き残ることなどできない、と。

フロムがメルツを逮捕させたがっていると聞いたので、シュタウフェンベルクはオルブリヒトとともにフロムに会いにいった。オルブリヒトはヒトラーが死んだという報告をシュタウフェンベルクから聞いたと述べた。フロムは、カイテルがそれとは正反対のことを断言したのでありえないといった。シュタウフェンベルクは自分はヒトラーの死体が運び出されるのを見たと繰り返した。カイテルはいつものように嘘をついているのだ。オルブリヒトはだからこそ「われわれ」は「ワルキューレ」を発動したのだと付け加えた。フロムは握りこぶしで机を叩きながら、大逆罪で死刑に値すると叫び、誰が命令を出したのか教えろと要求した。オルブリヒトは自分の参謀長だと述べた。確認のためにメルツが呼ばれた。彼はクライストとヘフテンに付き添われてやってきた。フロムはみな逮捕だとわめきたてたが、シュタウフェンベルクは穏やかに反論した。逮捕されるのはフロムのほうだ。自分が爆発を起こしたのだから、ヒトラーが死んだことは自分が一番よく知っている。フロムはもう一度いった。暗殺の企ては失敗した、貴君は銃で自殺しなければならない。常に冷静沈着なシュタウフェンベルクが拒否すると、そのとたん、フロムはこぶしを振り上げて彼に殴りかかろうとした。クライストとヘフテンが彼を取り押さえ、クライストがピストルをフロムの腹に突きつけると、フロムはおとなしくなった。シュタウフェンベルクは五分の猶予を差し上げますから謀反に参加するかどうかを決めてくださいと述べ、全員がフロムのオフィスを出た。五分後にオルブリヒトがフロムのもとに戻ると、フロムは自分に指揮権はないようだなといった。彼は隣の部屋で特別任務将校の監視下に置かれた。

参謀本部編制課長シュティーフ准将は午後四時から五時の間に主計総監ヴァーグナー中将に電話して、国内予備軍司令部から軍事政権を樹立したと聞いたが、無茶な話だと述べた。ヴァーグナーはシュティーフに、クーデターに関する情報をすべて国防軍最高司令部総長のカイテル元帥に報告するよう命じた。ヴァーグナーはクーデターの同志を見捨て、裏切ったのだ。

その一方で、ベントラー街には同志たちが続々と到着していた。ベック大将、シュヴェリーン・フォン・シュヴァーネンフェルト伯爵、オッペン、ルートヴィヒ・フォン・ハンマーシュタイン。ギセヴィウスはヘルドルフとポツダムの地方長官ゴットフリート・フォン・ビスマルク伯爵とともにやってきたが、ヘルドルフとビスマルクはすぐに立ち去った。午後六時にゲルステンマイヤーが到着した頃には、ベントラー街の雰囲気はすでにいくらか落ち込んでいた。しかしシュタウフェンベルクはドイツ中の司令部に絶え間なく電話をかけ続け、ヒトラーの死に関する質問や命令の確認要求に応え、クーデターを進展させることに全精力を注いだ。

クーデター関係者は第三軍管区司令官代理フォン・コルツフライシュ中将にフロムに会いにくるよう頼んでおり、彼はベック、オルブリヒト、ヘプナーに迎えられた。コルツフライシュはヒトラーの死を信じようとせず逃げようとしたので逮捕された。コルツフライシュに代わってフォン・チュンゲン少将が、ホーエンツォレルンダム一四四番地の第三軍管区司令部に送られたが、チュンゲンはとりたてて急いで到着しようとせず、新しい役割にも熱意を示さず、政府および党の中枢部を占拠する努力もしなかった。

コトブスでのできごとは、部隊にクーデターを支援してもらうのがどれほど難しいかをレジスタンスたちに思い知らせた。自動車化歩兵補充訓練旅団「グロースドイッチュラント」は午後三時と四時の間に「ワルキューレ」の命令を、総統が死んだという宣言で始まる長い命令文とともに受けとった。彼らに課せられた任務は、ケーニヒス＝ヴスターハウゼンのラジオ局とヘルツベルクの帝国ラジオ放送局を占拠することだった。彼らの主戦力はベルリン南部の「ワルキューレ」集合区域への移動を命じられた。一般軍務局からテレタイプ機械を使って書面による命令が送られたが、旅団は第三軍管区司令部の指示に従った。「グロースドイッチュラント」旅団の司令官シュティリウス中佐は旅団長であるシュルテ＝ホイタウスの代理を務めていた。ホイタウスが近くの訓練場での訓練を指揮していたからだ。シュティリウスはこの命令を妙だと感じたが、必要な命令を出し、部隊を移動させ、通信機を占拠し、ＳＳの護衛を交代させた。午後六時を過ぎた頃、旅団長の特別任務将校がシュティリウスのもとにやってきた。総統の暗殺の企てがあったがほんの軽傷で済んだ、どうやらベルリンでクーデターが進行中のようだ、と護衛大隊「グロースドイッチュラント」（旅団と同じ師団に所属していた）の副官から電話で聞いたという。午後六時半にラジオで、ヒトラーが生きていて後で話をするという旨の放送があったが、旅団部隊は移動を続けた。シュティリウスは彼らが前進していることを第三軍管区副司令官エルツェンに伝えた。レーマー少佐がシュティリウスに増援として重火器を備えた編制を要請したとき、シュティリウスはコトブスの「ワルキューレ」部隊が移動中なのだから何もする必要がないということに気づいた。午後八時半を過ぎてシュティリウス自身が第三軍管区司令部に車で向かう準備をしているときに、「ワルキューレ」が中止され、旅団部隊が兵舎に戻りつつあることを知った。シュルテ＝ホイタウス大佐は兵舎に帰還後、命令どおり第三軍管区司令部に午後七時頃に車で到着した。すべてが混乱状態にあった。司令官代理がベントラー街に呼ばれたきり、消息不明だという。明らかにチュンゲンがコルツフライシュの後任に任命されていたことを誰も知らなかったのだ。しかし護衛大隊の少尉から声をかけられ、宣伝省にいるレーマー少佐のもとに連れていかれた。ここで彼らは何が起こったのかを知った。

一方、ヒトラーはヒムラーを国内予備軍の総司令官に任命していた。ヒムラーはSS中将ユットナーを副官に指名した。ユットナーは一、二時間ベルリンの政府支持者たちの集まる場所となっていた宣伝省に現れ、シュルテ＝ホイタウスに「ワルキューレ」の全面的破棄と全部隊の兵舎への即時帰還を旅団に命じさせた。デブリッツの歩兵学校も午後四時と五時の間に、マズーレン通りの放送スタジオを占拠せよという特別指令とともに「ワルキューレ」を受けた。これは実行された。歩兵学校の分遣隊長がすべての放送を一時停止するよう求めたところ、「主配電室」に案内され、すべてのスイッチが切られるのを見せられた。しかし、空襲に備えて隣棟に新たな配電室が建てられていることを彼は知らなかった。そこはチェックを受けず、したがって機能し続けた。こういった件はティーレ少将や彼のベルリンの参謀長ハッセル大佐が信号の専門家を用意し対処することになっていた。しかしティーレは専門家を送らなかったし、ハッセルは午後四時と五時の間に分遣隊をハーゼ少将のベルリン軍司令部に送ったものの、到着後、分遣隊には何の指示も与えられなかった。他の歩兵学校の分遣隊はテーゲルの通信機とノイエンの海外用通信機を占拠したが、専門家がいないために、送信が命令どおり一時停止されているかどうかを判断できなかった。

「ワルキューレ」にとって有望な部隊をもつ他の軍事施設でも、程度の差こそあれ同じだった。クランプニッツの装甲学校IIの装甲大隊は午後六時頃「勝利の柱」に到着し、フェーベリナー広場に行くよう命じられた。ポツダムの下士官学校の二個大隊も、やはり「勝利の柱」に行くことを命じられた。装甲兵員輸送車中隊と歩兵中隊がケーニヒス＝ヴスターハウゼンとツェーゼンの通信局を占拠し、政治的放送を止めるために派遣された。しかし午後七時頃、クーデターが進行中という情報をつかむと、大隊長は関与を敬遠し、反対の命令が発せられていることを伝え聞いたり、あるいは直接受けたりした。

午後六～一〇時にかけて、シュタウフェンベルクはドイツ中の軍管区司令部の上級参謀将校、あるいは参謀長に電話をかけ続けていた。反乱の命令に合わせて何らかの行動をとってくれるところはほとんどなく、多くの場合、命令が勤務時間後に届いたこともあって遅れが出たし、十分な権限をもつ将校に連絡をとるために、自宅や帰宅途中でつかまえねばならなかった。ヒトラーが暗殺の企てから生還したというニュースは短い時間で伝わった。多くの場合、それはベルリンから奇妙な命令が届くのと同時だった。

プラハ、ウィーン、パリでは非常に広範な方法がとられたが、そのために責任者が自らの地位を引き換えにしなければならなかった。そしてもっとも極端なケースでは、つまりパリでは、彼らの命が代償となった。プラハでは装甲軍のシャール中将がベルリンに電話して、フロムに命令の確認を求めた。代わりに応対したのはシュタウフェンベルクだった。シャールはそれから軍事施設を確保する手段を講じ、SSとプラハの党指導者への対抗措置を開始した。夜になって彼は自分の命令をすべて撤回したが、この日とった行動のために一九四五年四月まで投獄された。ウィーンの指揮官（第一七軍管区司令部）は装甲軍司令官フォン・エーゼベック中将だった。一九四〇年のフランスでの軍事行動で第六装甲師団の戦闘部隊を指揮していた人物である。ベルリンからの指示が届くと、彼はすぐに実行を命じ、党組織、SS、ゲシュタポの長を逮捕した。しかし彼らにはコニャックやタバコを与え、待遇はよかったようだ。また、いくつかの郵便局と鉄道駅を占拠させ、ゲシュタポ長官の武装解除を行い、ゲシュタポとSSを国防軍に従属させた。しかしカイテルが電話をかけてくると、エーゼベックは現政権の命令に従った。シュタウフェンベルクはウィーンで事態が停滞していることを知り、午後一〇時頃に状況を聞くために電話をかけた。エーゼベックからもはやクーデターの命令には従えないと聞かされたとき、彼は補給係将校のソコル大尉に「挫折してはだめだ」といったが、エーゼベックと参謀長コードレ大佐（参謀本部）はすでに党とSS指導者に詫びていた。

パリには信頼できる同志がいた。西方軍補給係将校のフィンク大佐（参謀本部）、フォン・ホーファッカー中佐（予備役）、軍政府長官フォン・シュテュルプナーゲル中将である。彼らはすべての準備を入念に整えていた。午後二時少し過ぎにヒトラーが死んだという知らせを受けて行動を開始し、重要地点の占拠と、SSおよびゲシュタポ将校全員の逮捕を命じた。彼らを銃殺する際に必要な砂袋は、サンシールの陸軍大学に積み重ねられた。西方軍司令官フォン・クルーゲはシュテュルプナーゲルとホーファッカーをラ・ロシュ＝ギヨンの司令部に呼んだが、シュティーフからの電話で暗殺が失敗したことを知った。ベントラー街に連絡をとり、シュタウフェンベルクにつながると、フロムを出すよう求めた。もちろん、普通なら同じランクや司令官レベルの将校と話すものだ。シュタウフェンベルクはフロムが出られないので、フロムの後継者であるヘプナーに電話をまわした。ヘプナーはクルーゲに、ヒトラーは死んだのだから、ベルリンの命令には従わねばならないと断言し、その後電話は切れ、クルーゲは接続を回復させることができなかった。クルーゲはヒトラーの死を信じられず、動揺した。シュテュルプナーゲルは彼にクーデター計画のことを思い出させ、関係者はクルーゲがクーデターに同意していたと信じていると念押しした。クルーゲは何のことだ、と白を切り、すべての謀反行動の撤回を命じ、シュテュルプナーゲルに軍服を脱いで身を隠せと助言した。パリのSS上層部はそれにもかかわらず逮捕されたが、まもなく解放された。シュタウフェンベルクが午後一〇時すぎに軍政府のオフィスに電話すると、フォン・リンストウ大佐（参謀本部）が出た。リンストウは彼に万事休すだと述べた。シュタウフェンベルクの耳に、政権の子分たちがホールをずかずかとうるさく歩き回る音が聞こえた。

午後六時になってもシュタウフェンベルクはあきらめていなかった。ハッセル大佐には彼がこういうのが聞こえた。「結局奴は死ななかった。だがことはもう動きだしている。どう転ぶかは誰にもわからん」。しかし国営ラジオ局はまだ放送していた。なんとかしなければならない。ハッセルはベルリン軍司令部に信号の専門家の分遣隊を送ったと報告した。そこでさらなる指示をもらうしかないだろう。その後、彼は車で帰宅した。

午後五時と六時の間にメルツはスタッフの将校に、ヒトラーが死んで国防軍が全執行権を掌握したと伝えた。国内予備軍の新司令官となったヘプナー大将は、シュタウフェンベルクの参謀将校たちと同じことをした。午後六時頃、シュタウフェンベルクはスタッフの部門長にフロムが難局にうまく対処できないので保護監禁し、全体の執行権を軍管区司令部に引き渡したと告げた。

オルブリヒトは護衛大隊が政府の建物を封鎖しているかどうかをクライストに見にいかせた。クライストは戦車がシャーロッテンブルガー大通りを封鎖し、ヘルマン＝ゲーリング通りの護衛大隊の部隊がSSの武装解除を行っていると報告した。それからベントラー街で国家保安本部のSS大佐アッハマー＝ピフラーダー（ちなみに、彼は集団絶滅の効率的な方法を見つけるベテランだった）に出会った。彼はゲシュタポ長官SS少将ハインリヒ・ミュラーと「会談」させるべく、シュタウフェンベルクを呼びに来たのだった。シュタウフェンベルクはSS大佐を逮捕させた。

ギセヴィウスはゲシュタポ司令部の占領を催促したり、ゲッベルスをすぐに射殺しろと主張したりしてシュタウフェンベルクをいらつかせていた。ギセヴィウスは「後で」何もかも暴露してしまうだろうSS将校をなぜ射殺しないのか知りたがった。シュタウフェンベルクはこの敗北主義的な発言にもほとんど無口だった。ギセヴィウスはすぐに意見を変え（こういった証言はすべて彼自身の記述による）、少なくともハインリヒ・ミュラーとゲッベルスを撃つことによって、「明白な事実」を突きつけるべきだと主張した。背水の陣を敷いたクーデターであることを見せつけるために「何人か殺してみせる」のは当然だ。周囲にいる役立たずの奴らが目に入らないのか、と。ギセヴィウスはミュラーとゲッベルスを殺すよう将校の特殊任務部隊を指揮するつもりだった。そんなことに協力する将校がいるとは思えなかったが、シュタウフェンベルクはクーデターを急進化させる必要性を説くギセヴィウスの考えをくみとって、襲撃隊を組織するようイェーガー大佐をベルリン軍司令部に送った。しかしイェーガーはうまくやれなかった。ギセヴィウスはヘルドルフに会いにゲシュタポ司令部に行った。午後八時頃ベントラー街に戻ったギセヴィウスは、オルブリヒトから、もはやヒトラーが生きているのは間違いないと聞かされた。まだすべてを撤回できると思うかね、とオルブリヒトは尋ねた。

ギセヴィウスの浅薄な報告はイメージを誤り伝えたものである。その夜の間、オルブリヒトはクーデターを進展させようと懸命に努力していた。もっとも、彼とティーレが躊躇したことによって引き起こされた大きな時間のロスを埋め合わせることはできなかったが。建物から出かけていたが、シュタウフェンベルクが「ヴォルフスシャンツェ」から帰還した後に呼び戻されていた事務局長たちが、午後八時を過ぎた頃ベントラー街に帰ってきた。オルブリヒトはヒトラーが死に、ベック大将とフォン・ヴィッツレーベンがリーダーシップを引き継いだと話した。ところが彼らはヒトラーが暗殺から生き延びたとラジオで聞いたので、協力できないという。オルブリヒトは彼らを説得できず、出ていくのを止めようともしなかった。

この後、ギセヴィウスはシュタウフェンベルク、ベック、シューレンブルクに、警察署長が逮捕命令を出すためにベルリン軍司令部からの命令を何時間も待っていた様子について話した。シュタウフェンベルクはそれならすでにハーゼにヘルドルフと連絡をとるよう指示したと述べたが、ハーゼはもはやそれをする立場にはなかった。ベックが彼らはクーデター宣言と政策綱領をラジオで放送したはずだといった。その役目を負っていたのは、砲兵隊将官で陸軍砲兵総監のフリッツ・リンデマン中将だったが、彼は主計総監の家のあるツォッセンにいて、なかなか見つからなかった。ギセヴィウスは手伝うと申し出たが、宣言書に関するものは何も持っていなかった。リンデマンが持っているのだ。ギセヴィウスは居合わせた者たちからさまざまな文句を募って、新たな宣言書を起草しようとした。ベックはギセヴィウスを急行させたがったが、ギセヴィウスは放送施設がまだ占領されていないという。シュタウフェンベルクは午後八時には完了するだろうといった。戦車が到着するからだ。だが戦車は到着せず、クーデター本部は通信施設を支配下に置けず、もしくは支配下に置いているかどうかもわからなかった。こうして彼らはドイツ中の住民を通りに連れ出し、全面的な革命に突入させるチャンスを失った。

午後七時五五分、シュタウフェンベルクとベックは電話で北方軍集団参謀長キンツェル少将と話した。シュタウフェンベルクはヒトラーが死んだことは自分がよく知っており、ラジオの放送は嘘だと説明した。ベック大将は新政府を組織しており、東プロイセンを守るとなれば、クールラントからの軍集団の即時撤退が欠かせないと考えていることも伝えた。それからベックがキンツェルと話し、軍集団はスターリングラードの第六軍のように包囲されるがままではなく西に突破しなければならない、それが軍集団司令官として良心と歴史に恥じない責任のとり方だ、と述べた。

国防軍最高司令官に指名されたフォン・ヴィッツレーベン元帥はツォッセンの参謀本部に車で行った。そこから指揮をとるつもりだったのだと思われる。ベントラー街の国内予備軍司令部は、結局のところ下位の司令部だからだ。ヴィッツレーベンはヴァーグナー中将から暗殺の失敗を知らされた。そして今、彼はベントラー街に到着した。シュタウフェンベルクが出頭すると、彼はただこういった。「なんてざまだ」。それから彼はベックとともにフロムのオフィスに行った。ベックはヴィッツレーベンにその日のできごとについての報告をした。彼らはヒトラーの死を確認するためにシュタウフェンベルクを呼び入れたが、ヴィッツレーベンは信じなかった。それからヴィッツレーベンとクーデター側との連絡役を務めたシュヴェリーンが呼ばれた。ヴィッツレーベンはシュタウフェンベルクとシュヴェリーンを厳しく叱責し、テーブルをこぶしで叩いた。ヒトラーが生きていようが死んでいようが、首都もラジオ施設もクーデター側は制圧していないではないか。ヴィッツレーベンが怒るのも道理だった。彼は憤然と出ていき、ヴァーグナーのもとに戻った。主計総監は元帥の報告を聞くといった。「では帰るとしよう」

ヒトラーが生きていたという知らせがベントラー街に広がると、旧体制への忠誠を示そうと決意した何人かの将校が、対抗勢力を結集させた。フロムの特別任務将校バルトラム大尉（騎兵）は上官であるフロムを無気力な状態から奮起させるために全力を尽くした。フロムの第二課長フォン・ローエル大佐は「ヴォルフスシャンツェ」の人事課に電話して、ヘプナーが実は国内予備軍司令官になっていないことを確認した。彼はリュッベンの陸軍人事課のマイゼル准将に連絡をとるよう命じられた。マイゼルはクーデター側が軍管区司令部に出した命令がすべて撤回されたことを確認した。オルブリヒトの部下の中にも、同様に体制側に寝返ることを決意し、対抗勢力を組織する者が出てきた。三人のセクション長とサブセクション長がオルブリヒトへの面会を要求し、午後九時頃に彼のオフィスに集まった。オルブリヒトは責任ある男たちがドイツを救うために主導権をとったのだと宣言し、護衛大隊の分遣隊が撤退させられたので、参謀将校はすべて建物を守るのに力を貸してほしい、と頼んだ。将校たちは不満そうだったが何もいわず、オルブリヒトの命令を受け入れたと見せかけて、次の行動を計画するために立ち去った。小型機関銃、拳銃、手榴弾が取り寄せられた。将校たちは武装し、それからオルブリヒトのもとに戻り、フロムへの面会を要求した。オルブリヒトはフロムの後を引き継いだクーデター側のヘプナーのもとに連れていくと申し出た。全員でホールを降りていく途中、誰か（おそらくクラウジング）が移動中の人々に向けて発砲した。オルブリヒトの補給係将校ハーバー中佐（参謀本部）を狙ったのだ。それからは銃撃戦になった。シュタウフェンベルクは白い夏の軍服の上着を着て、オルブリヒトのセクション長プリドゥン中佐（参謀本部）に向けてベルギー製軍用拳銃を発砲し、自分も左肩を撃たれた。

シュタウフェンベルクはフロムの控室に退却し、フロムの秘書にパリに電話をつなぐよう求めた。彼はホーファッカーと話したがったがリンストウにつながり、体制側の子分たちに捕まりそうだと聞かされた。オルブリヒトとハーバーがフロムのオフィスに入ってきて、ヘプナーとベックを見つけた。シュタウフェンベルクの顔には言葉ではいい表せない悲しい表情が浮かび、フロムの秘書にこういった。「みなが私を見殺しにした」

それから彼はオルブリヒトとハーバーに続いた。メルツとヘフテンも現れた。ハーバーは「ワルキューレ」を発動して前線への供給を中断したとヘプナーを非難し、ことの次第を説明するよう要求した。ヘプナーはフォン・ヴィッツレーベンからの命令を待っていたのだと答えた。ヘフテンは床の上で書類を燃やしていた。フロムはもう自分のオフィスに戻っていた。参謀長は陰鬱な顔で彼をにらみつけ、ハーバーと他の体制支持派たちは拳銃を抜いてクーデター派のリーダーたちと対峙していた。フロムはその日の午後クーデター派のリーダーたちにやられた仕打ちをそっくりお返しする、と述べ、国家転覆を企てたかどで逮捕すると宣言し、武装解除を命じた。ベックは自決を願い出て二度拳銃自殺を試み、二発目で倒れたがまだ生きていた。フロムは他の者たちに最後の望みがないかと尋ねた。ヘプナーは自分で身の潔白を主張したいと述べたので、フロムは彼に供述書を書くことを許した。オルブリヒトも書くことを求め、受け入れられた。これにはほぼ半時間を要した。一方、シュタウフェンベルクは怒りに満ちた顔で黙ってそばに立っていた。フロムはしびれを切らし、自分とそこにいた体制支持派からなる軍法会議の開廷を宣言し、メルツ・フォン・クヴィルンハイム大佐、オルブリヒト中将、名前を呼びたくない大佐、フォン・ヘフテン中尉に死刑を宣告する、と述べた。

今度はシュタウフェンベルクも口を開いた。言葉少なく、全責任は自分にあり、他の者たちはすべて軍人として自分の指示どおりに行動したにすぎない、と述べた。フロムは何もいわず、ドアのそばに立っていた。シュタウフェンベルク、メルツ、オルブリヒト、ヘフテンはためらいがちに、しかし静かに彼の前を通り過ぎた。彼らは中庭に連行され、建物の壁沿いに積まれた砂袋の前に順番に立たされ、ヴェルナー・シャディ少尉の指揮のもと、保安大隊の下士官一〇名によって銃殺された。砂袋の前に立ったシュタウフェンベルクは、兵士たちが発砲する前に叫んだ。

「神聖なるドイツ万歳」。

16章　エピローグ

中庭での処刑後、フロムはベックにとどめをさすよう参謀将校に命じ、将校は保安大隊の兵士にそれを命じた。兵士たちは五人の将校たちの遺体を運搬車に積み、シェーネベルクのマタイ教会墓地に運び、軍服や勲章をつけたまま彼らを埋葬した。七月二一日、ヒムラーは彼らを掘り返し、火葬にして灰を野原でばら撒かせた。

弟が連行され銃殺されたとき、ベルトルト・シュタウフェンベルクが何を考え感じていたかはわからない。ベルトルトの二一日に及ぶ苦難の日々はここから始まった。国家社会主義についての彼の意見や、反乱計画について彼が語ったいくらかの情報を除けば、詳細はほとんど不明だ。その後、彼は信じられないほど残虐な処刑により殺された。

裁判が始まる前から、ヒトラーは反乱に関与したかどで告発される軍人は、すべて争う価値のない犯罪者だと宣言していた。彼は「名誉法廷」を設立し、陸軍の最上級将校フォン・ルントシュテット元帥に統括させた。被告人が軍事裁判に支配されないよう（もっとも彼らの多くはすでに上級軍事裁判にかけられていた）、あらかじめ「名誉法廷」で陸軍から除名し、「民族裁判所」に引き渡したのである。この裁判所は、帝国上級裁判所に代わって政治犯を裁くために一九三四年に設立された。だが「民族裁判所」で軍事クーデター犯を裁くのは、国の決められた手続きに反していた。陸軍の旧軍人が在職中に起こした行為で起訴された場合、裁判権は帝国軍事裁判所にあったからである。ヒトラーは「民族裁判所」に肩入れして独断で裁判権を移動させた。

ベルトルト・シュタウフェンベルクの裁判記録は失われている。ベルトルト・シュタウフェンベルク伯爵、フリッツ＝ディートロフ・シューレンブルク伯爵、アルフレート・クランツフェルダー司令官は一九四四年八月一〇日に「民族裁判所」でともに裁かれ、死刑の判決を受け、その日の午後にもっとも残酷なやり方で絞首刑に処せられた。

ツェーザル・フォン・ホーファッカーは八月三〇日に「民族法廷」に立った。悪名高き裁判長ローラント・フライスラーは、一九四二年一月のヴァンゼー会議に法務省代表として出席していた人物である。彼に言葉をさえぎられると、ホーファッカーはいった。「静かになさい、フライスラーさん。今日、危機に瀕しているのは私の首なのですよ。一年も経てばあなたのものになるのだから」。

彼は演説を次のように締めくくった。「何より残念なのは、わがいとこシュタウフェンベルクの代わりになれなかったことです。彼は戦闘で受けた障害のせいで目的を達成できなかった」。ホーファッカーは死刑を宣告されたが、ゲシュタポは数ヵ月間、ロンメルとロンメルの参謀長シュパイデル少将の役割について聞き出そうと尋問を続けた。成果は得られず、ホーファッカーは四四年一二月二〇日に絞首刑に処せられた。

アレクサンダー・シュタウフェンベルク伯爵は、七月二六日に列車でアテネからベルリンに送還された。旅は四昼夜続いた。彼が陰謀に加担していなかったことはすぐに判明したが、親類縁者として拘留された。八月三日の党地区指導者の演説で、ヒムラーは宣言した。「シュタウフェンベルク一族は最後のひとりまで絶滅させねばならない」。実のところヒムラーは親類縁者を一様に拘留するのではなく、親族連座法を自分の判断で適用していた。

アレクサンダーはアテネを発つ前日、妻のメリッタに何とか電話をしようとした。彼女が逮捕されたのはわずか数時間後のことで、九月二日まで親族連座法により拘留を受けた。短期間だがクラウスの未亡人ニナとベルリンのアレクサンダー広場で一緒に拘留されていた時期もある。解放後、彼女はテストパイロットの仕事を再開した。軍事上、非常に重要だったからである。アレクサンダーは東プロイセンのシュトゥットフ、ザクセンのブーヒェンヴァルト、バイエルンのシェーンベルクなど、さまざまな強制収容所や拘置所を転々とした。警察に尋問されたアレクサンダーは、ベルトルト同様、ナチの犯罪を非難した。ゲシュタポのSS（親衛隊）少佐パウル・オーピッツはアレクサンダーとメリッタが多少有利になるよう取り計らった。ひとつには同情したからだが、見返りとして自分の人間的な扱いを後に彼らが証言してくれるだろうという期待もあった。

終戦間際になって、メリッタは夫と拘禁された親類縁者の世話をすることができた。自分の「軍事上重要な」立場を利用して、親類の面倒を見たり食物を運んだりしたのである。彼女は毎月少なくとも一回はアレクサンダーを訪ねた。彼女の仕事は「われわれを助けるための口実にすぎなかった」とアレクサンダーは一九四五年五月八日にロベルト・ベーリンガーに書き送っている。彼女はユンカー八八の急降下テスト、アラド九六、フォッケ＝ヴルフ一九〇、ターボジェット戦闘機メッサーシュミット二六二の夜間飛行を行い、夜間着陸機器について研究し、自分の判断で飛行許可をもらった。アレクサンダーを訪ねるのに爆撃機は不向きだった。収容所や監獄のそばに飛行場はないのが普通だったからだ。スピードの遅いフィーゼラーのシユトルヒならばどんな小さな野原でも着陸できたが、常にドイツ領空を支配するアメリカの戦闘機に撃墜される恐れがあった。

少なくとも二回、メリッタはブーヒェンヴァルトに飛んだ。必要な許可は得ていたものの、彼女はいつも「軍事裁判所の前では落ち着かない様子だった」という。彼女は死んだ兄弟とツェーザル・フォン・ホーファッカーの子どもたちが囚われている場所を発見した。SSは彼らをハルツ山のバート ザクサに連れていったのだ。クリスマスに彼女は子どもたちを訪ね、プレゼントを持っていった。まだ獄中にいたニナへの長い手紙に、メリッタは子どもたちを訪ねたこと、クラウスの長男ベルトルトのリーダーシップのもと、子どもたちが楽しく元気に育っていることを伝えた。

ニナは一九四五年一月の終わりに、クラウスの娘コンスタンツェを産んだ後、赤ん坊とともにポツダムの聖ヨーゼフ病院に移された。メリッタは数日後、自転車に乗り、二級鉄十字章とダイヤモンド付パイロット金バッジを軍服につけてニナを病院に見舞った。空軍にいたことのある年長の医師は彼女が誰であるかを承知しており、それ以後、ニナと赤ん坊が最良の世話を受けられるよう取り計らった。

一九四五年四月八日、メリッタはパッサウ近くのシェーンベルクにいるアレクサンダーに会いにいくため、速度の遅い非武装のビュッカー一八一練習機で飛行していたところを、シュトラスキルヒェン近くでアメリカの戦闘機に背後から攻撃された。彼女は着陸したが、銃弾の傷がもとで二時間後に亡くなった。

アレクサンダーにとって勇敢な妻の死は非常に辛いものだった。彼はまた、兄弟たちが自分を陰謀に引き込まなかったことにも傷ついていた。自分も大義のために一緒に死んだほうがよかったのにと思っていたのだ。

シュタウフェンベルクの近親者はほとんど全員が数ヵ月、もしくはもっと長く投獄された。一族の長にあたるベルトルトおじは八五歳だったが、一九四四年一一月、ヴュルツブルクで独房監禁中に亡くなった。いとこのクレメンスは心臓病を悪化させ、オラニエンブルクの強制収容所から解放された。その後メリッタの計らいでポツダムの聖ヨーゼフ病院に入院している。回復後、彼はメリッタに飛行機でホーフに連れていってもらい、そこからグッテンベルクに旅した。妻のエリザベートは夫の入院中は一緒にいることを許されていたが、退院後はブーヒェンヴァルトの強制収容所に戻らねばならなかった。そこにはアレクサンダー、ベルトルトの未亡人ミカ、エリザベート・シュタウフェンベルクも収容されていた。彼女たちはメリッタが収容所の上を飛ぶのを二回見ている。

ラウトリンゲン、イェティンゲン、ヴィルフリンゲン、アーメルディンゲン、グライフェンシュタインにあったクーデター犯と近親者の財産は没収された。もっともヒトラーは「家族を亡くした者は寛大に扱うよう」求めている。戦後、彼らは財産の返還を求めて、そして未亡人や孤児たちの年金を求めて、ドイツの官僚と戦わねばならなかった。

カロリーネ・シュタウフェンベルク伯爵夫人、つまりシュタウフェンベルク兄弟の母親は、一九四四年七月二〇日にはラウトリンゲンで兄弟のユクスキュル伯爵(ヌクスおじ)、ベルトルトの妻ミカ、クラウスの妻ニナとその子どもたちと一緒にいた。七月二一日、彼女はクラウスが夜のうちにクーデターの首謀者として銃殺されたことを知った。

ヌクスおじは彼女にいった。「クラウスが義務を果たすためにやったのだということを忘れてはならない」。七月二二～二三日にかけての夜にゲシュタポの将校がやってきて、ユクスキュル伯爵とニナを逮捕し、ロットヴァイルに投獄した。七月二三日の夜、彼らは再びやってきて、赤十字の元所長であるアレクサンドリーネ・ユクスキュル（ラズリ）とカロリーネを連行し、バーリンゲンの地方裁判所の刑務所独房に監禁した。八月一七日、子どもたちが連れ去られた。アレクサンドリーネは六週間後に解放され、カロリーネは一一月二日にラウトリンゲンに戻った。程なく八人のゲシュタポ将校が家族を連れて引っ越してきた。一二月になってようやく、カロリーネはベルトルトとニコラウスが死んだことを知った。彼女はクラウスとベルトルトのクーデター計画については何も知らなかったが、四四年一二月、数少ない訪問者のひとりにこういい切っている。

「私には息子がしたことはわかっているし、それが正しいと思います」。

一九四五年四月、フランス軍部隊がラウトリンゲンを占領した。モロッコ人が略奪や陵辱を開始したため、六〇〇人の村人が領主の館に逃げ込み、年老いた伯爵夫人に保護を求めた。四五年六月にはラウトリンゲンで囚われていたフランス人の戦争捕虜がここの部隊の司令官となった。彼はアレクサンドリーネ・ユクスキュル伯爵夫人と他の近親者たちが子どもたちを捜せるよう、軍用自動車を提供してくれた。子どもたちはまだバート ザクサにいた。クラウスの息子たちは車でラウトリンゲンに戻ってきた。ラズリが大型バスを調達し、他の子どもたちはそれに乗って戻ってきた。赤軍がそのエリアを占領する寸前のことだった。ホーファッカーの子どもたちはライヒェンバッハに向かい、ベルトルトの子どもたちとクラウスの娘ヴァレリエはラウトリンゲンにきた。

ミカとアレクサンダーはドイツの占領後、アメリカ軍に拘束された。ミカは釈放されると子どもたちの生存を確認し、ラウトリンゲンに向かった。アレクサンダーはフランクフルト アム マインの別荘で果てしなく続く尋問にさらされた。そこにはフォン・ルントシュテット元帥も拘留されていた。アレクサンダーはフォン・ルントシュテットと同席できない理由を、アメリカ軍の尋問官に納得させるのにかなり苦労した。ルントシュテットはクラウスとベルトルトを陸軍から除名した責任者だったから、アレクサンダーがそのように感じるのも無理はなかった。一九四五年九月一五日になってようやく、彼はウーバーリンゲンを訪ね、ルドルフ・ファールナー、ゲンマ・ヴォルタース＝ティールシュとマルレーネ・ホフマンに会うことができた。彼はそこで三年過ごし、もう一度外の世界に目を向けることができると感じるようになるまで、詩や歴史についての著作活動を続けた。

一九四八年、アレクサンダー・シュタウフェンベルク伯爵はミュンヘンのルートヴィヒ・マクシミリアンズ大学の古代史の教授に任命された。彼はピンダロスを翻訳し、重要な仕事をシチリア、つまりトリナクリアで終えた。一九五〇年代には原子力が全世界に及ぼす脅威に警鐘を鳴らす活動をしている。彼は一九六三年に癌で亡くなった。

シュタウフェンベルク兄弟がナチの許されざる敵となった背景には、彼らの軍務や正義に対する考え方がある。当時の大多数の人々と同じく、一九三三年には彼らもドイツ再生や国内の秩序と国外に対する名誉の回復を期待した。騒々しく、後には無能化した民主政体が破滅しても、彼らは嘆かなかった。しかし、親類や友人たちの多く、つまりニコラウス・ユクスキュル伯爵、フランツ・シュタウフェンベルク男爵、アルブレヒト・フォン・ブルメンタール、フリッツ＝ディートロフ・シューレンブルク伯爵、ウルリヒ・シュヴェリーン・フォン・シュヴァーネンフェルト伯爵とは異なり、シュタウフェンベルク兄弟は誰もナチに入党していない。これは注目に値する。彼らにとって「党」とは「秘密のドイツ」であり、「総統」はシュテファン・

ゲオルゲであり、彼らの未来は、彼らの小さな一団を召還する「理想像」だった。

しかし、彼らは法律違反やユダヤ人に対する暴力、新たな指導者たちの堕落と俗悪に不快になったときでさえ、嫌悪と屈辱の源であるヴェルサイユ条約を破棄する政策、「民族純化」の政策、農村社会の強化に賛成していた。ある友人は、クラウスがナチズムと距離をおいていたとコメントしている。実際、クラウスはどんどん離れていっており、そのことは国民が神聖視して信頼する陸軍に政治的な干渉を拒否することも意味した。しかしシュタウフェンベルク兄弟はヒトラーの「民族観」と征服政策の間にあるつながりを見なかったし、おそらく決して理解しなかっただろう。また、国防大臣フォン・ブロムベルクや陸軍総司令官フォン・フリッチュ大将に対する不愉快な陰謀の詳細を知っていただろうし、彼らの受けた教育や職業観から、責任をとる序列を明確に理解していたに違いないのに、当時帝国の首相であり総統であった人物ではなく、忠実な子分たちを責める傾向があった。

彼らは戦争を意図的に起こしたことを非難した。しかしドイツがポーランドに侵攻した後、イギリス、フランス、オーストラリア、ニュージーランド、南アフリカ、カナダがドイツに宣戦布告すると、自国の防衛を優先した。一九三九年のクラウス・シュタウフェンベルクの冷静な判断によれば、これは生き残るための戦いだった。シュタウフェンベルク兄弟は国民を第一に、非難に値する政権を二番目に置いたのである。

アレクサンダーはそれを明解に表現している。「クラウス・シュタウフェンベルクはなかなかレジスタンスの仲間に入ろうとしなかったが、いったん立場を明らかにすると、彼の性格も手伝って、行動へと駆り立てられた。一九四二年以降、陸軍司令部編制課の将校が発した刺激的な警告の言葉に、東部前線の軍や軍集団の参謀は耳を傾けた」。アレクサンダー自身は新たな支配者たちの中身のないイデオロギーにもっと早くに反応していた。彼がユダヤ出身の女性と結婚したことも関係していたかもしれない。三七年のドイツ歴史協会の年次例会で、彼は当局のイデオロギーには断固反対すると公に表明している。

クラウス・シュタウフェンベルクの立場が急進的に変化したのは一九四二年のことである。政権の犯罪、つまりユダヤ人、ポーランド人、ロシア人、戦争捕虜の大量虐殺が引き金となった。入手可能な証拠からは、他の問題がそれほど重要でなかったことがうかがわれる。ソ連の人民に対し間違った政策をとったことで、ドイツの侵略を支援する気持ちは萎えた。また、四一年に失敗した戦略を四二年に繰り返したのは、地理的に離れた二つの目標を同時に得るためだったが、使える戦力はどちらも不十分だった。クラウス・シュタウフェンベルクにとって、こういったことはすべて陸軍と帝国に対する裏切り以外の何ものでもなかった。四四年初頭、シュタウフェンベルクは別の参謀将校に、総統はいつも国民が破滅に近づくような決定をすると述べている。軍人が国のために命を捨てる覚悟は道理にかなったものであるとともに、意味のあるものでなければならなかった。

しだいにシュタウフェンベルクはダンケルクでのような軍事的指導力における「誤り」が誤りではなく、逸脱の結果、つまりイデオロギー的暴挙に軍事行動が服従した結果だと考えるようになった。戦線後方での射殺やソ連における住民の扱いが例外的なケースではなく、最高レベルから命じられた意図的な方針であることが少しずつわかってきた。それにもかかわらず、軍人にふさわしい絶対服従という不動の原理を徐々に破壊し、最終的に脇に押しやった後に、シュタウフェンベルクは軍の目的、つまり国民と国家の無条件の保護という目的よりも、そういった犯罪と戦うことを優先しなければならないという確信にたどり着いた。

ヒトラーは軍の原理を悪用し意図的に陸軍を前代未聞の犯罪に巻き込んだ、そして国民の指導者たちには倫理的高潔さが完全に欠如している。シュタウフェンベルクは最終的にそう結論づけると、一九四一年一二月に総統が陸軍総司令官の地位を引き継いだ際、直属の部下となった高位の陸軍の指導者たちに目を向けた。四二年と四三年初頭にシュタウフェンベルクが接近した上級のリーダーたちがすべて行動を拒否したとき、彼は将官がやらないのであれば大佐がやらねばならないと決意した。

不当なルールに反対するという自然な権利は、ドイツの歴史に深く根づいている。秩序ある社会で不正行為を目にした者は、まず第一に正規の手続きをとるだろう。そして関係当局からの改善の見込みがなかった場合に限り、自力救済に訴える。不当なルールに反対する権利は高いレベルが行使しなければ低いレベルに移るという自然法の原理にクラウス・シュタウフェンベルクが慣れ親しんでいたかどうかは不明だが、彼は明らかにそれをあてはめるようになった。

ベルトルト・シュタウフェンベルクも同時期に、クラウスと同じ結論に到達した。彼の場合は仕事を通じて得た情報が基盤になっていた。彼は仲間に、ドイツで責任ある立場にいる者は、ドイツが軍事的に完全に敗北する前に「強制収容所やユダヤ人迫害といった」犯罪のために罰せられるべきだし、それを達成するためにはどんな犠牲を払っても足りないと語っている。

ベルトルトもクラウスも、ヒトラーと彼のならず者の手下たちを、ドイツ軍がヨーロッパのほぼ全域を支配したあかつきには排除しなければならないと結論づけた。彼らは一九四二年の夏から、つまりスターリングラード攻防戦が失敗するずっと前から、政権の転覆を積極的に試みたが、自分たちが知っていた既存の反ヒトラーの謀議には加わらなかった。

クラウス・シュタウフェンベルクが一九四二年六月一二日にパウルス中将に宛てた手紙は、上級司令官に向けて、彼らの責任と、それに従って行動し、対抗する権利の両方を認識するようアピールした最初の文書である。四三年一月にフォン・マンシュタイン元帥と交わした議論も含め、その後も彼は何度かそういった意見を表明した。やがてシュタウフェンベルクは自分自身も議論を交わす相手も大きな危険にさらすようになり、四二年の終わりには努力を中断し、前線への異動を願い出る。チュニジアで受けた重傷から回復した後も、シュタウフェンベルクは寄せ集めのクーデター計画に参加することをまだ躊躇していた。彼はグナイゼナウが求めていたように、国民のリーダーシップは陸軍と将校団に属すると信じていた。彼は三九年三月、ゾーデンシュテルンに手紙を書いている。「軍とその土台、つまり将校団は、国家のもっとも基本的な土台であるとともに、国民の事実上の化身なのです」。四二～四三年にかけての冬、同僚や友人にこうもいっている。「そう、われわれは陸軍のリーダーシップであり、国民のリーダーシップである。われわれがこのリーダーシップを制御するのだ」。こういった発言は、シュタウフェンベルクが政権へのいかなる陰謀にも加担していない頃から始まっていた。

クラウス・シュタウフェンベルクの「宣誓書」も同じ方向を向いているように思われる。ドイツの敗北に直面して、シュタウフェンベルク兄弟は自分たちが真に確信したことを述べている。外国による占領と道徳的不面目が確実になったときでさえ、彼らは背筋を伸ばし、自信をもって、国民の未来を信じたのである。シュタウフェンベルク兄弟は外国の征服者の道徳的傲慢をあらかじめ拒否している。彼らは「法と正義」を欲し、自分たちがドイツの不名誉に対する共同責任者になったのは運命だと考えた。しかし彼らが代表しているのは征服者たちが負かしたドイツではない。別のドイツだ。彼らはその名誉を回復するために命を捧げた。カール・ヴォルフスケールは、シュタウフェンベルク兄弟のおかげで精神と帝国と時代が浄化され、ライン川から地中海までの地域でわれわれは今生き返った心持ちでいられるのだ、と述べている。「君たち、ハルモディオスとアリストゲイトンのために、そこに名声と悲哀の月桂樹が育った」と。

「大佐たち」は最後に置き去りにされ、上級のリーダーたちに見捨てられた。一九四四年七月一五日の信じられないできごとは衝撃的で、上級のクーデター関係者からの支援が得られないことは、これでわかったに違いない。クーデターが成功する見込みは完全に消えた。一九四四年七月一五日と二〇日の事件について悲痛な見方をするならば、第二の機会にシュタウフェンベルクは何の希望も持たず、再度の企てを進んで実行したとも考えられる。

クラウス・シュタウフェンベルクはつねに敬虔なカトリック信者であり続けた。貴族の家系と一族が負うべき責任にはひとかたならぬ思いがあったことだろう。最終的に、彼は生きている「秘密のドイツ」に変わらぬ献身を続けたといえよう。シュタウフェンベルク兄弟はシュテファン・ゲオルゲの遺言によって、その後継者となった。ドイツの精神史における新古典主義と新ロマン主義の道は、彼らを他のレジスタンスが属していた知的環境とは異なる、もっと大きな力を伴う行動へと駆り立てた。クラウスとベルトルトは自分たちの命を帝国に捧げるとともに秘密のドイツに捧げた。そして帝国の指導者たちの犯罪の生贄となり、その償いに命を捧げた。彼らはそういった犯罪に反発せずにはいられなかったのだ。クラウスは自分の命、魂、名誉、家族を犠牲にした。

クーデター関係者の自己犠牲は、同時代の人々や後世の人々にも継続する課題を提示している。それがクーデターの歴史的な意義だ。

結局のところ、歴史的な理解や影響を決定するのは「目に見える」行動だ。犯罪的な政権に対するレジスタンス行為がすべて正当化されるのは、シュタウフェンベルクが行動したからこそである。他にやり遂げそうな者がいたとも思えない。そしてシュタウフェンベルクの明白な行動がなければ、大勢の人々の殉死は決してなかっただろう。彼らの死はレジスタンスの倫理的基盤、つまり非人道的行為に対する反応が実際にあったことをはっきりと示した。

アレクサンダー・シュタウフェンベルクは次のように書いている。

国民の秘密の運命はその詩の中に示される。詩人を通じて活動家が行動を起こす気になったとき、あるいは失敗して自ら捨石になろうとしたとき、その詩こそが国民の運命だったのだ、と。

付録

1──クラウス・シュタウフェンベルク伯爵による作文「人生においてやりたいこと」

一九二三年一月二四日（作文 No.八） 校内での作文

祖国と新たな帝国の重要性を認識する者がなすべき気高い使命はただひとつだ。偉大なるギリシャ人やローマ人は、目に見える形でその模範を示してくれた。また、騎士たちはそれをもっとも気高い形で示してくれた。すなわち、祖国にふさわしい人間になること、そして祖国のために戦うにふさわしい人間になること、国民のための崇高な戦いに身を投じること、現実と戦いをじゅうぶん意識して生きていくことだ。この使命は、そのひとが就く職業に関連して実践されねばならないし、職業を選ぶ際の指針とならねばならない。そうすれば、誰もがその職業において、祖国にとって何か新しいもの、利益になるものを生み出すことができる。しかし、その場合にもひとは持てるすべての力と関心を選んだ職業に捧げなければならない。与えられた形の中で全力を注がなければならない。最終的に、僕は建築家になりたいと考えている。建築はすばらしい仕事だし、まったく空想的な空間的形が協調して、美しく合理的に整った、有意義でわかりやすい線で構成された形になることに魅力を感じる。また、平面図と立面図の調和、内部と外部の設備の調和、比率の調和、完璧なラインにも魅力を感じる。ひとつひとつの要素は個性的であっても、全体が調和すると注目に値するすばらしい作品になる。部分的なことをいうならば、僕は建物が好きで、石をひとつひとつ積み上げていくのが好きだ。しかし総合的に見ると、僕は自分の思想を建物にこめたい。それもゲルマン人の知恵、概してゲルマン人の文化から得た力に完全に従った思想を。その結果、あらゆる建物は、いわばドイツ国民と祖国に捧げられた神殿ということになるだろう。だから僕はとくに歴史を学びたいと思う。自国民のみならず、手本となる他国民や文化に対する知識を深めることができるし（そうすれば、もっとはっきり道が示されるだろう）、興味があり、楽しいと感じるからだ。これが目下の自分が望む方向だ。このとおりの結果になるかどうかはわからないが、それはたいして重要ではない。大切なのは、われわれが目を見開いて、選んだ道を明確に楽しく進み、目標に向かって雄雄しく努力を続けていくことだからだ。

2　クラウス・シュタウフェンベルク伯爵から父親への手紙

バンベルク　火曜日（一九二六年四月二七日）

父上

お手紙、ありがとうございました。デュリが足の骨を折ったと聞き、驚きました。ひどくならねばよいのですが。親友を亡くされたッシンが亡くなったことはたいへん残念です。オットー・テ父上の心中、いかばかりかとお察しします。シュトゥットガルトはますます変わっていくことでしょうね。軍務に就いて最初の何年かがあまり愉快なものでないことは予想していました。どのみち、長期にわたり一般人として振舞うことや、知的なことを一切抜きでいることはわれわれにとって容易ではありませんから。しかし、おそらくもっと理想的な目標や動機に取り組み続けるにしても、容易でないことは同じでしょう。そう考えると耐えられないことにも耐えられます。私はこれまでどおり、自分の決定が正しかったと確信しています。ただ、もっと知的な人々が万全の準備を整えているというのに（スポーツや、鉄兜をかぶって行進したくて軍務に就いた者だけでなく）、祖国の役に立てる兆しがほんの少しでもあれば、青年時代を捧げてもじゅうぶん報われるのですが。兄さんたちや友人たちの選択と同じく、父上が私の選択を信頼し賛成してくださったことは、私にとって非常に有益です。われわれが乗り越えねばならない未来のことを考えると、つい悲観的になってしまうからです。とはいえ、私は自信をなくしたわけではありません。父上の助言には感謝しています。いずれにせよ、私はきわめて慎重なたちで、全面的に信頼できない人々には打ち解けられません。私が本当はどんな人間かなんて、他の誰も気にしないのです。

六月六日にグラーフェンヴェーアに行きます。聖霊降臨節に休暇がとれるかどうかはまだはっきりしません。今月五〇マルク送っていただければ、休暇と買い物の費用をなんとか賄えるのですが。もしご迷惑なら大丈夫です。写真を送ってください。部屋にかかっていたデューラーの版画が思い出されてなりません。ベルトルトもイタリアで撮って来た写真を何枚か選んで送ってくれるかもしれません。デュリとベルトの写真も。アレックスと私たちが父上ととった写真も。父上の写真は一枚持っています。洗濯かごをありがとうございました。デュリにキスを、それからよろしく伝えてください。ミカのこと、考えてあげてください。

心からのキスを父上に。　感謝をこめて。

クラウス

お金は書留郵便でお願いします。

3

クラウス・シュタウフェンベルク伯爵からゲオルク・フォン・ゾーデンシュテルン准将への手紙

ヴッパータール＝バーメン、三九年二月六日
ルーンス通り二五番地

尊敬する将軍閣下

ミリテアヴィッセンシャフトリーヒェ　ルントシャウ誌の一読者として、若輩者が論文『軍人であることの本質』への感謝の意を述べることをお許しください。将軍が論文の中で提示なさったのは、新奇なことや、これまで知られていなかったことではありません。それは、われわれがたとえ無意識にであれ、軍人精神の変わることのない基盤をよりどころにしていないとしたら、非常に憂慮すべきことだからです。われわれの時代の大きな問題を初めて示すような何かが喚起されているわけでもありません。なぜなら認められる価値のある軍人は誰でも、目を見開いて、あるいは直観的に、将軍の論文における指針となる考えを実行に移そうと、絶え間なく努力するに違いないからです。将軍のお考えは勇敢なる職業に対する尊敬すべき熱意と、同時に厳しいほど綿密な知的明解さをもって、非常に適切に表現されているので、現代の喧騒から身を守る助けになります。これこそ、私が感謝の手紙を差し上げるつもりになった理由です。

「賞賛」や「賛同」を将軍に向かって私ごときが口にするのがどれほどふさわしくないかは重々承知しています。だからこそ、将軍がこの手紙を、将軍のお言葉に共鳴し「尊敬に値する姿勢をもった上官に指揮されたい」と願う若者からの感謝の気持ちとして受け取ってくださることを切に願う次第です。

将軍の忠実なる部下
シュタウフェンベルク大尉（騎兵）

＊＊＊

ヴッパータール、三九年三月一三日

尊敬する将軍閣下

お返事をいただけるとは思ってもいませんでした。将軍の親切なお手紙に一層の感謝を捧げずにはいられません。将校団全体と、とくに私の仲間（ひとは彼らを「ひとつの環」と呼ぶかもしれません）を奮起させるはずの問題がそこには述べられていますす。私が思うに、これは意識的にしろ無意識にしろ、明確であるにしろ、ぼんやりとしているにしろ、彼らを感情的に動揺させる問題です。

「軍人の生活が平凡になっていくこと」の危険に関する箇所で、

将軍は非常に明確に重要な指摘をされています。軍とその責任を負うべき土台、つまり将校団が国民生活にどのような位置を占めるか、という点です。将軍がなさっているさらなる推測から考えて、若い将校が年長の将校に対し個人的な保証や一般的な要求を述べることを指していらっしゃるのだと思われます。これについては私はけっして自分のためにだけ話しているのではありません。

要望についてですが、お手紙の最後で将軍は、今日、国防軍のリーダーシップを発揮する世代が訓戒を述べても、もはや若者たちから正しい反響が得られないという不安について述べられています。将軍のお言葉があきらめを示しているのでないということはわかっています。ルントシャウの出版物に書かれたことがそれを証明していますから。しかし将軍はおそらく理解してくださるでしょうが、私はまだ始まったばかりのこの若い世代との隔たりが、最後には偉大なる遺産のまさに象徴ともいうべき人々、つまり世界大戦を戦い抜き、その試練によってくだらない慣習や表面的な体裁から自由になった人々が活動することの有効性を阻むに違いないと考えています。私は何回か同じような姿勢に遭遇しました。とくに、(こんなことを申し上げても将軍は不適切な価値判断とはとられないと思いますが)われわれ若者たちがいつも「すばらしい軍人で真の指導者」と呼んでいる将校のなかに見られるのです。大衆の中で広く宣伝され偶像化されたものを失ったのですから、こういった姿勢を見せるのは至極当然なことでしょう。

しかしもし軍人が国家と生命に対して抱く概念の貴族的基盤がもつ絶対的な正当性(もっとも多様な時代にわたる正当性)に対する信頼が、それにふさわしい代弁者と伝達者のものでなくなるようなことがあれば、将軍がおっしゃる危機、そしてわれわれがすでに気づいている危機は非常に深刻なものになるでしょう。

おそらくわれわれ将校団も、すでに大衆に賛辞を送らなければならなくなっており、われわれ自身がすでにある程度、ひとつの集団になっているのです。少なくとも若い世代はそうです。息の詰まるような危険をかかえ、さらに弱さをもった集団です。もしわれわれの一部が、たとえ数の上ではわずかでも、純粋で本質的なものを気高い心で認知させることに成功し、将校と紳士の不滅の姿を確固たるものにできれば、われわれは半分勝ったも同然と言えるでしょう。

これに関連して、いつも気にかかっていることがひとつあります。「全体」という標語を私はむしろ疑っており、そしてこの標語はあらゆる軍事環境で誤用されているのですが、将校の概念には非常に適合しています。われわれは純粋に軍事的なもの、つまり純粋に専門的な環境に引きこもっているわけにはいきません。もっとも、われわれの大部分はとくに状況を考慮して、そうする傾向があるのですが。そして軍人以外の勢力が及ぼす強大な影響のせいでもあります。その勢力はわれわれの力を借りることなく、独力で帝国を拡大したようにも見えます。軍人、とくに軍のリーダー、つまり将校になるということは、国家の僕《しもべ》になること、国家の一部になることを意味し、そこにすべての責任が含まれます。この意義が失われてはなりません。軍人の任務に関する包括的な概念を保護し教えることは、今日、われわれの最大の仕事のように思われます。何ものにもひるまぬゆるぎない信念と高い決断力によって達成できること、それはすべて目の前にあります。われわれも子孫もここで一から始める必要がないということ、つながりがここで断ち切られないだろうということ、戦前の浅薄さによって、あるいは戦争の四年間によって、あるいは戦後の混乱によって、軍人が自分たちを否定してはならない、つまり軍人の本質からそれるのを許してはならないこと。それが私の要望です。私は自分のこういった考えで、じゅうぶん状況を判断できると信じています。われわれは陸軍そのもののために戦う方法を知るだけではいけません。軍隊とその柱である将校団が国民と国家のもっとも基本的な土台なのだということを知ったうえで、国民と国家のために戦わねばならないのです。

私が他人の影響を受けやすい人間だと将軍が誤解なさらなければよいのですが。私はこのこと、あるいはその考え方にも、個人的な背景や教育や職業から生じる対立にも関心はなく、ただドイツに関心があるだけなのです。なぜなら、どれほどものごとを捻じ曲げても、国民の生存・非生存を決定する国民的な大きな戦いが起これば、結局、責任は軍隊にかかってくるからです。真の存亡を賭けた時代にわれわれが必要とされているにしろいないにしろ、政治的組織も他のどんな組織も、われわれを責任から解放することはできません。それどころかもし、ミュンヘン協定の前にわれわれが「じゅうぶん義務を果たさなかった」というプロパガンダが正しいと思われれば、将校団の大部分が示している警戒は（明らかに政治的に不適切ですが）、まさに内的直観に等しいといわれるに違いありません。そしてもし政治的指導者と軍との間に不協和音が生まれたら、それはおそらく国内の将校団の地位が純粋に専門的で職務指向だからというよりも、将校団の間に真の軍人たる姿勢が欠如しているせいでしょう。政治的指導者は軍を信頼し責任を共有することが不可欠だと認めてはいないからです。この信頼と責任の共有こそが、戦いにおいて国民を率いていくのに欠かせないもので、戦争になれば従来どおり軍に課せられるのでしょうが。

最初に私が申し上げた確信は、まさに今述べたことに含まれるのです。怪しげな状況や、国境線を圧倒的な勢いで拡大している力をものともせず、一部の人間のためでなく全体のために戦う意志を意味しています。時代遅れの伝統にとどまらないことをわれわれに示してくれるリーダーや教師の世代への信頼を意味しているのです。

ドイツ式のあいさつとともに、

永遠に将軍に感謝し服従する
シュタウフェンベルク伯爵より

4 クラウス・シュタウフェンベルク伯爵から義母への手紙

H・Q・OKH、一九四二年一月一一日

最愛の母上

お誕生日がやってきましたね。仕事が集中したうえに夜勤や突撃が重なり、インフルエンザまで発生して、私信を書く時間がありませんでした。

しかし、今は何よりも心から誕生日おめでとうございます。年の始まりからさほど自信が持てる状況にはなく、今年平和が訪れることを望んだり期待するのは難しいと思われます。もし平和を捧げることができれば、母上への最高の贈り物になったでしょうに。私からはあいにく何の贈り物も用意していません。実のところ、ニナからのプレゼントが何かすら知らないのです。手紙をどうもありがとうございました。いろいろなことについて母上と父上に説明できればよいのですが、なかなか容易なことではありません。ブラウヒッチュの解任や毛織物の回収について国内であれこれいわれているようですね。そのなかにはひとつとして本当のことはありません。しかしそんなふうに見えるのも仕方がないかもしれません。まず毛織物回収についてですが、東部に配備されている部隊の冬用衣料は準備が間に合いました。それが部隊に届かなかったのは、純粋に輸送と補給の問題です。現在回収している毛織物は痛んだり古くなったりしたものの補充用で、東部に派遣される予定の補充部隊や回復後の兵士のための衣類となります。たしかに、もっと早く準備をしておくべきでした。この件についてOKHは九月の初めには提案したのですが、当時はじゅうぶんな予備軍を作るほうにばかり目が行っていたのです。次に戦況についてですが、今現在非常に難しい状況にあるのは間違いありません。しかし、温存してある資源や手段を使えば克服できるはずです。責められるべき者は誰もいません。もっと重大な理由はソ連とその物資力についての誤った評価にあります。われわれはみな、彼らを見くびっていたのです。ソ連がキエフ、ブリャンスク、ヴャジマの戦い後、軍事的崩壊寸前だったのは確かだと、私は今でも信じています。ただ、その成功を有効に生かす準備が整ったときに悪天候が再開し、ぬかるみがなくなったと思う頃には、ソ連は新たに組織された編制を用意していました。完全なる勝利はすぐ目前にあるので、何もかも一枚のカードに賭けねばなりません。リスクはもちろんずっと大きくなりました。事態が現在どちらかというと困難なのは率直に認めます。しかしこれは基本的に輸送と補充がうまくいっていないせいで、その点においてロシア人は比較にならないほど有利です。

しかし結局のところ、逆転や困難な状況のない戦争はありません。それらは神の名において克服されることでしょう。最後にブラウヒッチュの件ですが、総統はかなり以前から、戦争行為と作戦上の指導にからむあらゆる事柄を事実上自分で決定されています。これは総統のように優れた、強い意志をもつ人間にありがちなことです。総司令官が参謀長と総統の板ばさみになることで、必然的に深刻化したり、妨げになったり、遅延をもたらしたりする影響が生じ、それが誤解や摩擦につながることもしばしばありました。計画通りに進んでいる短い軍事行動では、そういった困難も容認できましたが、本当に難しい状況ではそうもいきません。そういった意味で、ブラウヒッチュの解任は道理にかなっており、長く続く漸進的変化の最終段階だったと言えるでしょう。さらに、ブラウヒッチュが最近深刻な心臓発作を何回か起こしていたという事実もあります。いずれにせよ、今回の決定は絶対的にブラウヒッチュに原因があったのだと言えます。

プロパガンダがこういった状況をうまく処理していないのは明らかです。ブラウヒッチュに目に見える形での恩恵が与えられていないことについても感じるところがあります。まだ次の機会に与えられるとも考えられますが。しかし純粋に客観的に、われわれの仕事は以前よりもずっとうまく進んでいます。新たな解決法によって、国の全資源を獲得し、決定的な戦いのために迅速な利用ができるようになりました。こういったことが将来を決するのです。

私自身は一応うまくやっています。重ねて父上にもよろしくお伝えください。ご多幸をお祈りしています。

いつもあなたのクラウス。

5 クラウス・シュタウフェンベルク伯爵からフリードリヒ・パウルス中将への手紙

H・Q・OKH、一九四二年六月一二日

尊敬する将軍閣下

南方軍集団から、私はもう出頭する必要がなくなったと伝えられました。当日総統が訪問されることになり、時間がなくなったためだそうです。それで私は結局OKWの飛行機で戻ることに決め、まる一日スケジュールが空いてしまいました。

こういった状況のなか、将軍へのお別れはもちろん、司令部で私を親切に受け入れてくださったことへの感謝の気持ちも申し上げられずじまいでした。このことを手紙でおわびし、とくに将軍が私を個人的な客として歓待してくださったことに、手紙ではございますが、心からの感謝を述べさせていただきたく思います。

ハリコフ内外での日々、そして訪問した師団での出会いは、大いなる喜びと「大きな刺激」を与えてくれました。何よりも私の心に訪れたのは、もちろん、戦場の部隊から遠く離れたことの寂しさでした。部隊の面倒を見て、直接役に立つ以上にすばらしいことはありません。それに比べれば、こちらで仕事をしていて味わうことができる満足は、ある意味、悲しいほどの代用物にすぎません。本部内の人間は（私はここで二年間働いて思い上がっているのです）いつどこにいても行動が制限されていて、その方法が客観的な事実によって必ずしも裏づけられているわけではないということを認識していなければなりません。ひとがとにかく戦い続けなければならないということはよくわかっていますし、このことをはっきりさせようと何度も他の人々に話してもいます。しかし、その過程で自分の中にある推進力を保ち続けることが常に容易なわけではありません。そのような雰囲気の職場から出てきた者にとって、このうえない危険な賭けが躊躇することなく試みられ、不平ももらさず命が差し出される場所を訪れるのがどれほど活力を与えてくれるものか、将軍にはよくおわかりでしょう。それなのに、リーダーたちや手本となる者たちは威信をめぐって口論している、あるいは数千人の命を失うことになりかねない意見、いや思い込みに立ち向かう勇気を持てずにいるのです。

こんなふうに考えたからといって、実のところここでの生活が楽になるわけではありません。しかし考えなくなった人間は、できるだけ早くここから追い出されるべきです。

将軍は再び作戦行動の只中にいらっしゃることでしょう。熱烈な心をもって、われわれはその一歩一歩についていきます。幸運をお祈りしています。

尊敬と感謝をこめて

将軍の忠実なるシュタウフェンベルクより

6 シュタウフェンベルクの宣誓書

われわれはドイツ人の未来を信じる。

われわれはドイツ人にはもっと美しい生活に向けて西洋の国民の共同体を率いる力があるということを知っている。

われわれは精神と行動に、国民の偉大なる伝統があることを認識している。ゲルマン的特性におけるキリスト教の源と古代ギリシャの融合によって、ここから西洋人は作り上げられたのだ。

われわれはすべてのドイツ人を国家の土台とし、彼らに法と正義を保証する「新たな秩序」を望むが、平等の欺瞞を軽蔑し、生まれつき定められたヒエラルキーに従う。

われわれは自然の力に近い祖国の土に根づき、与えられた環境に幸福と満足を見出し、自由で誇り高き国民が下劣な激しい嫉妬や嫉妬深い敵意を克服することを望む。

われわれは国民のあらゆる階級出身の指導者が神の力と調和し、気高く、規律と犠牲的精神をもって他者を気高く導くことを望む。

われわれは切り離すことのできない共同体で結束する。この共同体はその姿勢と行為によって「新たな秩序」に役立ち、未来の指導者のために必要な戦士を組織する。

われわれは清廉潔白に生きることを誓う。

従順に奉仕することを誓う。
動じることなく沈黙を守ることを誓う。
互いに敬意を表することを誓う。

アレクサンダー・シュタウフェンベルクは再婚したマルレーネ・ホフマンから、この書類のことを初めて聞いたらしい。マルレーネは一九四四年にルドルフ・ファールナーから書類を預かって隠し、逮捕されていたファールナーが四五年の夏に戻るまで守った。四七年一〇月、アレクサンダーはヨハン・ディートリヒ・フォン・ハッセルに、「自分がクラウスの『宣誓書』を持っていること、それを見ればクラウスが西洋文明の一部だったのが明らかなこと、『宣誓書』はほとんどクラウスが起草したこと」、そして「それが作成された経緯については明らかに何も知られていないこと」を話している。

アレクサンダーは自分の兄弟を題材にした『その前夜』という詩（六四年に発表された）の中で、『宣誓書』をほとんど文字どおり再録している。この中でベルトルトとクラウスは誓いの言葉を代わる代わる述べる。詩の中にルドルフ・ファールナーは言及されていない。

『宣誓書』を手伝った数名のうち、その経緯について証言しているのはファールナーだけだ。彼はクラウスがこの書類をすべて、もしくはほとんどすべて作成したと、最初から首尾一貫して述べている。ファールナーの優れた「助手としての」才能が、彼の証言を裏づけている。

ファールナーの証言によると、クラウスは彼とベルトルトに『宣誓書』の起草を依頼した。彼らは一九四四年七月の初旬に草稿を作成し、ベルトルトの秘書マリア・アッペルがそれをファールナーの口述でタイプした。クラウスはカーボンコピーに左手で修正を施し、七月四日にファールナーにそれを渡し、隠すよう頼んだ。

『宣誓書』を起草しようといい出したのはクラウスだとされ、ファールナーの証言のみならず、フリッツ・ディートロフ、シューレンブルク伯爵、アクセル・フォン・デム・ブッシェ男爵との会話からもそのことは窺える。儀式を大切にするクラウスの性格とも一致する。彼は父の墓地にも誓いを立てていた。

しかし、主役が死んだあとのことを考えて後継者のために宣言書を残すという考えは、アルントとグナイゼナウに関するファールナーの著書にも見られる。一九四二年、シュタウフェンベルクは友人への手紙に、公務でファールナーの『グナイゼナウ』によく言及すると書いている。両方の著書でファールナーは、一八一二年三月初めにナポレオンがプロイセンに進攻し降伏を強要した様子について述べている。シュレジェンを除いたプロイセン全土が占領されること、プロイセンはロシアとの戦争でフランス側につくこと、ナポレオン軍に食糧を供給し、プロイセン領内の自由な通過を認めること、といった条件が提示され、国王フリードリヒ・ヴィルヘルム三世は条約を締結した。

王は降伏した。グナイゼナウは繰り返し申し出ていた解任が受理され、シャルンホルストは無期限の休暇を続け、クラウゼヴィッツ、グレーベン、他総勢三〇〇名の将校は解任を要求した。グナイゼナウと友人たちは神聖なる名誉が汚され、まさに未来の成長の芽が危険にさらされていると感じた。卑屈な精神状態が広がり、結果として歴史が歪曲されることを恐れた彼らは、自分たちが死んでも、不名誉を目にし感じた人々がいたことを将来の人々に知ってもらえるように、共同で秘密の告白書を作成し、自分たちの考えをしたためた。

シュタウフェンベルクが知っていたのは、このファールナーの版だけだったようだ。グナイゼナウの伝記作家ペルツは明らかにファールナーの著書を参考にしているが、それは一八一一年春の出来事だったとし、グナイゼナウが提案したものの失敗に終わったとだけ書いている。

ファールナーが『宣誓書』の作成に関わった理由は明白だ。ファールナーは文献学者、文芸評論家、詩人として、そしてシュテファン・ゲオルゲの信奉者および友人として、宣言書の執筆にも、陳腐な表現を使わず高尚なスタイルで彼らの考えを表現するにも、シュタウフェンベルク兄弟になくてはならない助手だった。兄弟はファールナーを一九四三年秋に招き、四四年六月に再度呼び寄せている。シュタウフェンベルクには『宣誓書』のような書類を書き取ってくれる秘書がおらず、おまけに仕事が忙しくて、自分の考えを系統立てて落ち着いて説明する時間もなかった。ファールナーは綱領の起草や系統立てにクラウスは向いていなかったと述べている。一方のベルトルトには信頼できる秘書がおり、彼は仕事もさほど忙しくなかった。

しかし刺激となった要因はもっと深いところにある。ファールナーはそれを「明確な言葉」ではいわなかったかもしれないが、アルント＝グナイゼナウとファールナー＝シュタウフェンベルクの類似を意識していたに違いない。クーデターが失敗したことを思えば、こんな考えはさほど重要でないように思われるかもしれない。しかし状況を支配できるかどうかは賭けで、世界の歴史の転機となる可能性もあった。

『宣誓書』と、クラウス・シュタウフェンベルクがこれとは別に文書化した考えを比較すると、完全な一致が見られる。

一九二三年に書いた詩『西洋 I（Abendland I）』のなかで、シュタウフェンベルクはドイツの西洋に対する使命と、中世の普遍的キリスト教帝国に対する使命について記している。彼は同じ考えを三六年に書いた手紙でも述べている。ドイツ人にとって、文明の崇高な高みはつねに「普遍的有効性をもつもの、つまり神聖なる帝国、ヒューマニズム、（ドイツ的）古典主義」と結びついている、と。また、「平等の欺瞞」についての言及は、シュタウフェンベルク自身の考えと一致していた。

7 ギセヴィウスと、シュタウフェンベルクの「東方志向」説

ギセヴィウスは一九四四年七月二〇日のクーデター失敗後、地下に潜伏した。彼は四五年一月二三日に、モルトケ夫人フライアの兄弟カール・ダイヒマンのパスポートを使ってスイスに逃亡している。その成功は、アレン・ダレスがパスポートを書き換え、ベルンのドイツ公使館員ゲオルク・フェデラーがビザ取得に尽力したことによる。

一月二五日にダレスはワシントンに電報を打って、ギセヴィウスの話を伝えている。一九四四年七月のクーデターの中心人物シュタウフェンベルクが「ドイツに労働者と農民の政権の樹立」を宣言しようとし、ソ連と単独講和を締結しようとした、というのがその内容である。ドイツの東部戦線の戦況とドイツの全般的な状況から見て「東方解決法」はドイツにとって魅力的だったに違いない、とダレスは続けている。もし西部でドイツ軍の抵抗が長引いていれば、ロシア軍はドイツにもっと深く侵攻しただろう。フランス外相ジョルジュ・ビドーは、フランスの東国境にソ連が支配する政府があると考えただけでも恐ろしい、とほのめかしていた。

それからダレスは策略の核心を明らかにしている。彼はルントシュテットとの接触を密かに求めていたのだ。彼はすでにイタリアでケッセルリングに一度接触していた。これはもちろんイタリアのドイツ軍を切り離して降伏させることにつながる。ダレスは（西側）連合国が部分的降伏を受け入れるだろうと慎重な発言をしている。そうなれば、少なくともドイツ西部は、ロシアの進軍でドイツ全域が混乱する前にアメリカとイギリスの部隊に占領されるだろう、と。多くのドイツ人は、もしドイツがボリシェヴィキ政府を受け入れたら、ドイツはロシアとうまくやっていくことができると信じていた。これは正確に言えばギセヴィウスが一九四四年七月一一日にチューリッヒでダレスに書き残した覚書にあった内容である。つまり彼がベルリンに旅するずっと前、七月一二日にシュタウフェンベルクの考えを知る以前の話だ。

ダレスは一九四五年一月二八日、またもやギセヴィウスの情報を根拠に、さらに執拗な批判を繰り返している。シュタウフェンベルクと彼に近いクーデター関係者は「東方解決法」を実行しようと固く決心し、ロシアとの交渉も試みず、すぐに東部前線を開こうとしていた、というのだ。ギセヴィウスからの情報を根拠に、ダレスは次のように述べている。シュタウフェンベルクは、コロンタイ大使と自由ドイツ国民委員会を通じて、ロシア側から「公正な講和」と、ドイツ軍の武装解除を部分的なものにとどめるという確約をとったと主張していた。その数ヶ月前、トロットはストックホルムでイギリスとの接触を試みたが失敗したため、その後「東方解決法」を容認し、シュタウフェンベルクを支援するようになったのだ、と。ギセヴィウスはさらなる報告書で、そして自分の回顧録で、シュタウフェンベルクのグループが「極左、す

なわち共産主義者との連合」を求め、ロシアによるドイツ占領を望み、ソ連を模範に国を再建しようとしていたと主張している。

ギセヴィウスは自分のキャリアへの望みを抱いていた。ダレスの方針を左右するような要因を与えることができれば、そしてもしその方針どおりうまく運べば、クーデターが失敗しても、ある程度キャリアが救われるのではないかと考えていた。一九四四年七月にチューリッヒからベルリンに発つ前に、彼はダレスの仲介人メアリ・バンクロフトに、自分は外相の地位が欲しいと述べている。

ゲシュタポはこの点についてとくに熱心に調査し、クーデター犯たちが自由ドイツ国民委員会と共謀していたというマルティン・ボルマンの早計な判断を裏づけようとした。しかし結論は逆だった。自由ドイツ国民委員会ともいかなる外国勢力とも、彼らが接触した形跡はなかった。

一九四五年二月のダレスへの報告書にギセヴィウスは自ら修正を加えているが、彼はその中でクーデター後、権力を掌握することになっていた五人の名を明らかにしている。ベック、ゲルデラー、ライトハウザー（?）、ロイシュナー、そしてギセヴィウス。クーデター開始から三日後に、ベックを国家の長として組閣がおこなわれることになっていた。閣僚予定者は以下のとおりだったという。首相にゲルデラー、副首相にロイシュナー、内相がレーバーで、その書記官がフリッツ＝ディートロフ・シューレンブルク伯爵。経済相がリューネ＝ユング、法相がヴィルマー、文化相がボルツ、金融相がレーザー、外相がフリードリヒ・ヴェルナー・シューレンブルク伯爵で、その書記官がハッセル。軍務相はオスターもしくはオルブリヒトで書記官がシュタウフェンベルク、国防軍最高司令官はヴィッツレーベン、そして国家元首の補佐役の大臣がギセヴィウスだという。彼は「浄化および社会的秩序回復のための国家委員」も兼務する。ベックの明確な要請で戒厳令が三日目に停止され、文民幹部全体がギセヴィウスに引き継がれることになっていた。

8 クラウス・シュタウフェンベルク伯爵の軍歴

一九二六年四月一日　バンベルク第一七騎兵連隊に入隊。
一九二七年八月一八日　伍長に昇進、士官候補生となる。
一九二七年一〇月一五日　軍曹に昇進。
一九二七年一〇月一七日
〜一九二八年八月九日　ドレスデン歩兵学校在校。
一九二八年八月一日　下級曹長位の士官候補生。
一九二八年　競技会で銅メダル獲得。
一九二八年一〇月
〜一九二九年八月　ハノーファー騎兵学校在校。
一九二九年八月一七日　優れた業績により殊勲賞の「名誉の剣」を授かる。
一九三〇年一月一日　少尉に昇進。
一九三〇年七月三〇日
〜八月一二日　工兵の課程。
一九三〇年一一月一八日
〜一九三一年二月一四日　迫撃砲の課程。
一九三三年五月一日　中尉に昇進。
一九三四年一〇月一日
〜一九三六年一〇月一日　ハノーファー騎兵学校で助手を務める。
一九三五年　英語の通訳試験。
一九三六年　国防軍試験（陸軍大学校入学のための資格試験）。
一九三六年一〇月二日　第四級殊勲章を授与される。
一九三六年一〇月六日
〜一九三八年七月三一日　ベルリン、陸軍大学校。
一九三七年一月一日　大尉に昇進（騎兵）。
一九三八年四月一日　第三級殊勲章を授与される。
一九三八年八月一日　ヴッパータール第一軽装師団の補給係将校（Ｉｂ）に任じられる（一九三九年一〇月一八日から第六装甲師団に改名）。
一九三九年一一月一日　大尉（参謀本部）として正式に参謀本部に転任となり第六装甲師団の補給係将校に任じられる。
一九四〇年五月三一日　陸軍総司令部、陸軍参謀本部、編制課二課長に任じられる。一級鉄十字章を授与される。
一九四一年一月一日　少佐（参謀本部）に昇進。
一九四一年一〇月二五日　第四種ロイヤルブルガリアメダル一級を授与される。
一九四二年一二月一一日　第三級フィンランド自由十字章を授与される。

一九四三年一月一日	中佐（参謀本部）に昇進。
一九四三年二月一五日	第一〇装甲師団上級参謀将校（Ia）に任じられる。
一九四三年四月七日	チュニジアで重傷を負う。
一九四三年四月一〇日	陸軍総司令部の将校予備要員となり、第五軍管区司令部（シュトゥットガルト）の監督下に置かれる。
一九四三年四月一四日	戦傷金章を授与される。
一九四三年四月二〇日	イタリア＝ドイツ記念メダルを授与される。司令部（シュトゥットガルト）
一九四三年九月一五日	国内予備軍一般軍務局参謀長に派遣される。
一九四三年一一月一日	国内予備軍一般軍務局参謀長に任命される。
一九四四年四月一日	大佐（参謀本部）に昇進。
一九四四年六月二〇日	国内予備軍司令官参謀長に任命される。
一九四四年七月二〇日	軍法会議の結果銃殺に処せられる。
一九四四年八月四日	陸軍名誉法廷の提案で総統により国防軍から除名される。

9

51. シュタウフェンベルクはチュニジアのサブキット エンヌアル近くで1943年4月7日に重傷を負った。

10 トレスコウの計画

一九四三年九月

一九四三年七月末、トレスコウはクーデターの計画と準備が不十分であることを知り、八月一日に休養のために休暇をとるのをやめ、ベルリンの中央軍集団司令部の国内のオフィスを作戦基地として使うことに決めた。彼はヒトラー暗殺計画と、当時東プロイセンにあったヒトラーおよび側近の司令部の軍事占領計画を起草し、クーデター当日用の全般的な命令書と宣言書の旧草稿を修正した。ヤコブ・ヴァレンベリは一九四三年八月、ヒトラーの護衛隊を制圧するために師団全体を利用可能かどうか、ゲルデラーに尋ねている。トレスコウの答えがこの計画だった。ヒトラーの「ヴォルフスシャンツェ」の近くにあるゲーリング、ヒムラー、リッベントロップの司令部は、ヴィルナにいる第一八砲兵師団の部隊が一斉に占領する。師団の上級参謀将校はフォン・クルーゲ元帥の息子ギュンター・フォン・クルーゲ中佐（参謀本部）で、司令官のカール・フィリップ・トホルテ准将はベックと親しい仲だった。ゲオルク・フォン・ベーゼラーガー大佐が率いる騎兵連隊も東プロイセンに移動することになっていた。国防軍の輸送関係を扱っていたルドルフ・ゲルケは国内でのＳＳ部隊の移動をすべて阻止する。フォン・ヴィッツレーベン元帥は東プロイセンに向かい、国防軍の全指揮を掌握する。フェルギーベル将軍はすべての電話・テレタイプによる通信の中断を命じ、ラジオ局と送信機をクーデター側が使用できるよう助力する。フリッツ・リンデマン将軍は四つの司令部の占拠を指揮する。トレスコウの中央軍集団司令部時代からの側近で現在は参謀を務めるウルリヒ・フォン・エルツェン少佐（参謀本部）が、ヒトラー暗殺の二四時間前に東プロイセンに向かう。トレスコウは前線の陣地を引き継ぎ、トレスコウ自身がクーデター指揮に参加できるまでエルツェンが代役を務め、トレスコウが第四四二擲弾兵連隊の指揮を執ったら、彼はシュティーフ大佐とともにオットー・ヴェーラー将軍率いる第八軍に向かう。トレスコウはヴェーラーが中央軍集団司令部の参謀長だった頃から彼と密接なかかわりをもっていた。トレスコウは彼に「緊急時」に飛行機を出してほしいと頼んだ。ヴェーラーは理解し、約束してくれた。

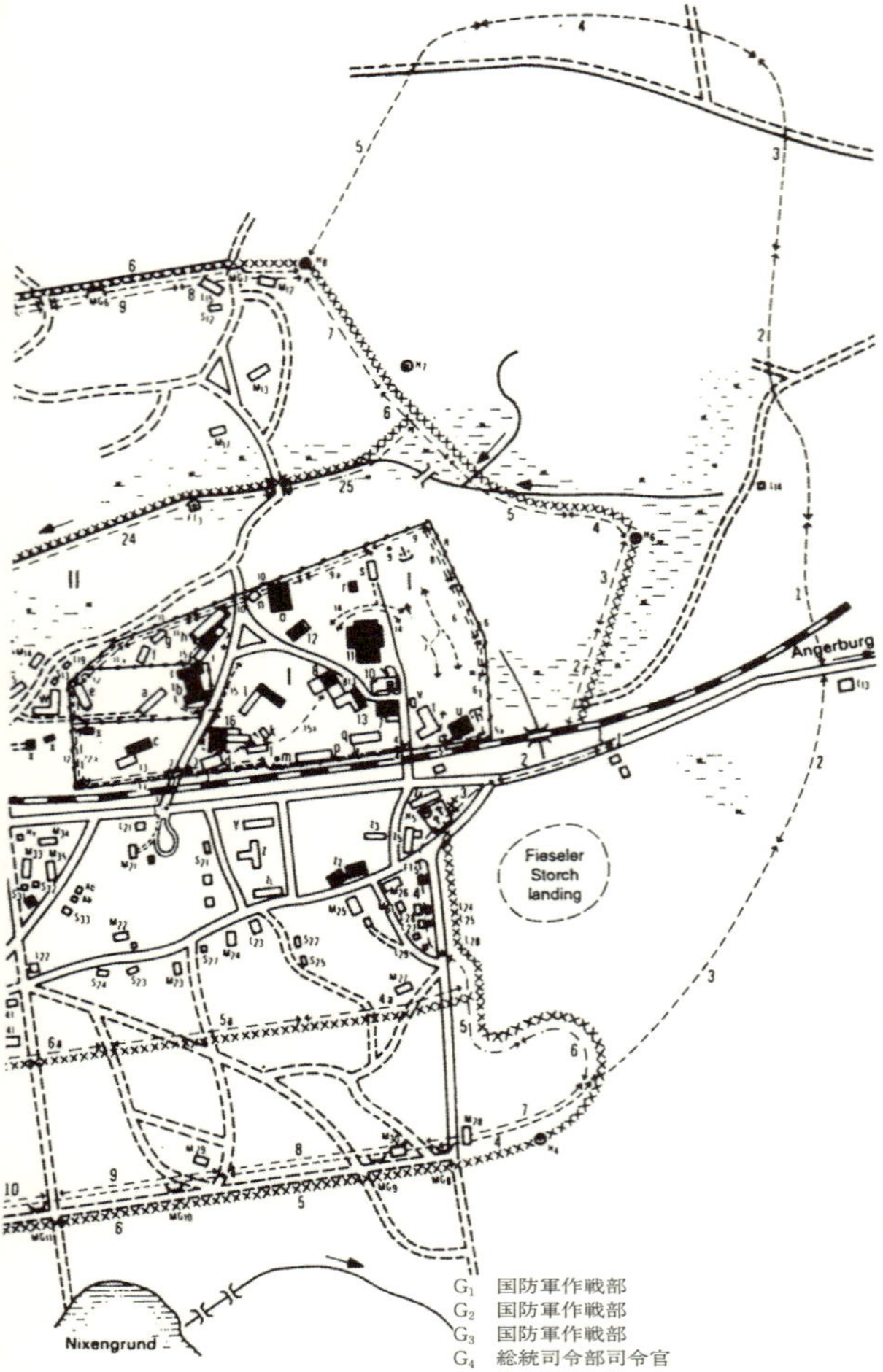

G_1　国防軍作戦部
G_2　国防軍作戦部
G_3　国防軍作戦部
G_4　総統司令部司令官
G_5　総統護衛大隊スタッフ
G_6　国防軍作戦部
A　国防軍作戦部用カジノ、総統司令部用カジノ
B　通信用ブンカー（電話交換室）
C　総統護衛大隊スタッフ
D　暖房設備、テレタイプライター交換室
I　司令官
II　司令官の宿泊所
III　ヴァルリモント将軍の宿泊所
IV　病室
V　病室
VI　洗濯室
VII　第二サウナ
M_1 ～ M_{10}　総統護衛大隊宿泊所
M_{11}　総統護衛大隊第二中隊第三小隊
M_{12}　第七対空砲大隊護衛小隊
M_{13}　サーチライト班
M_{14}　総統護衛大隊第一中隊第二小隊（ヤンソン少尉）
M_{15}　総統護衛大隊第一中隊第二小隊（クリスティアンセン少尉）
M_{16}・M_{17}　宿泊所
M_{21}　総統護衛大隊第一中隊
M_{22}　信号小隊
M_{23}　総統護衛大隊第一中隊第一小隊
M_{24}　総統護衛大隊第一中隊第一小隊（シュトゥンプフ少尉）
M_{25}　総統護衛大隊第三小隊（ゼルテ中尉）
M_{26} ～ M_{30}　宿泊所（M_{28} は旧南番所）
M_{31}　通信用兵舎
M_{32}　ヒルデブラント上級曹長
M_{33}　部隊宿泊所
M_{34}　補給品・食糧品
M_{35}　将校宿泊所
M_{41}　補給課、総統護衛大隊第１中隊
M_{42}　特殊部隊「W」
m_{43}　軍曹、参謀司令官
M_{44}　宿泊所
M_{45}　特殊部隊「W」
M_{46}　消火中隊
M_{47}　宿泊所
M_{48}　下士官、参謀司令官
M_{51}　第三中隊第二小隊（クリーガー少尉）
M_{52}・M_{53}　下士官、国防軍作戦部
M_{54}　第三中隊第三小隊（グロテスマン中尉）
M_{55}　総統護衛大隊（ブレバー大尉）
M_{56}　第三中隊オフィス
M_{57}　第三中隊第一小隊（ヴェグマン中尉）
M_{58}、M_{59}、M_{61}　宿泊所
L_1 ～ L_6　宿泊所
L_7　西番所
L_{13}　東番所
L_{14}　護衛兵宿泊所
L_{15}　護衛兵宿泊所
L_{16}　護衛兵宿泊所
L_{21}　第一番所
L_{22}　ケッセル中尉
L_{23}　第一中隊オフィス
L_{24} ～ L_{29}　宿泊所
L_{31}　第二番所
L_{41}　特殊部隊「W」主計官
L_{42}　宿泊所
L_{43}　特殊部隊「W」オフィス
L_{44}　グナス少佐宿泊所
L_{46}　南番所（旧南西番所）
L_{47}、L_{48}、L_{51}、L_{52}　宿泊所
L_{53}　総統護衛大隊第三中隊将校用カジノ
L_{55} ～ L_{58}　宿泊所
Ab　トイレ
D　銃座（ブンカー）
F　対空砲座
FT　対空砲塔
H　機関銃塔
Hy　給水栓
MG　機関銃座～ z、A ～ D 非公式表示

z5　連絡官、海軍総司令部
7　国防軍最高司令部部課長
8　総統従者
10　第一カジノと喫茶室
11　総統
12　M・ボルマン
13　総統の国防軍副官
813　陸軍個人用オフィス
16　通信用ブンカー（電話交換室）

（30）第二封鎖区画と他の施設

11
東プロイセンの総統本営「ヴォルフスシャンツェ」

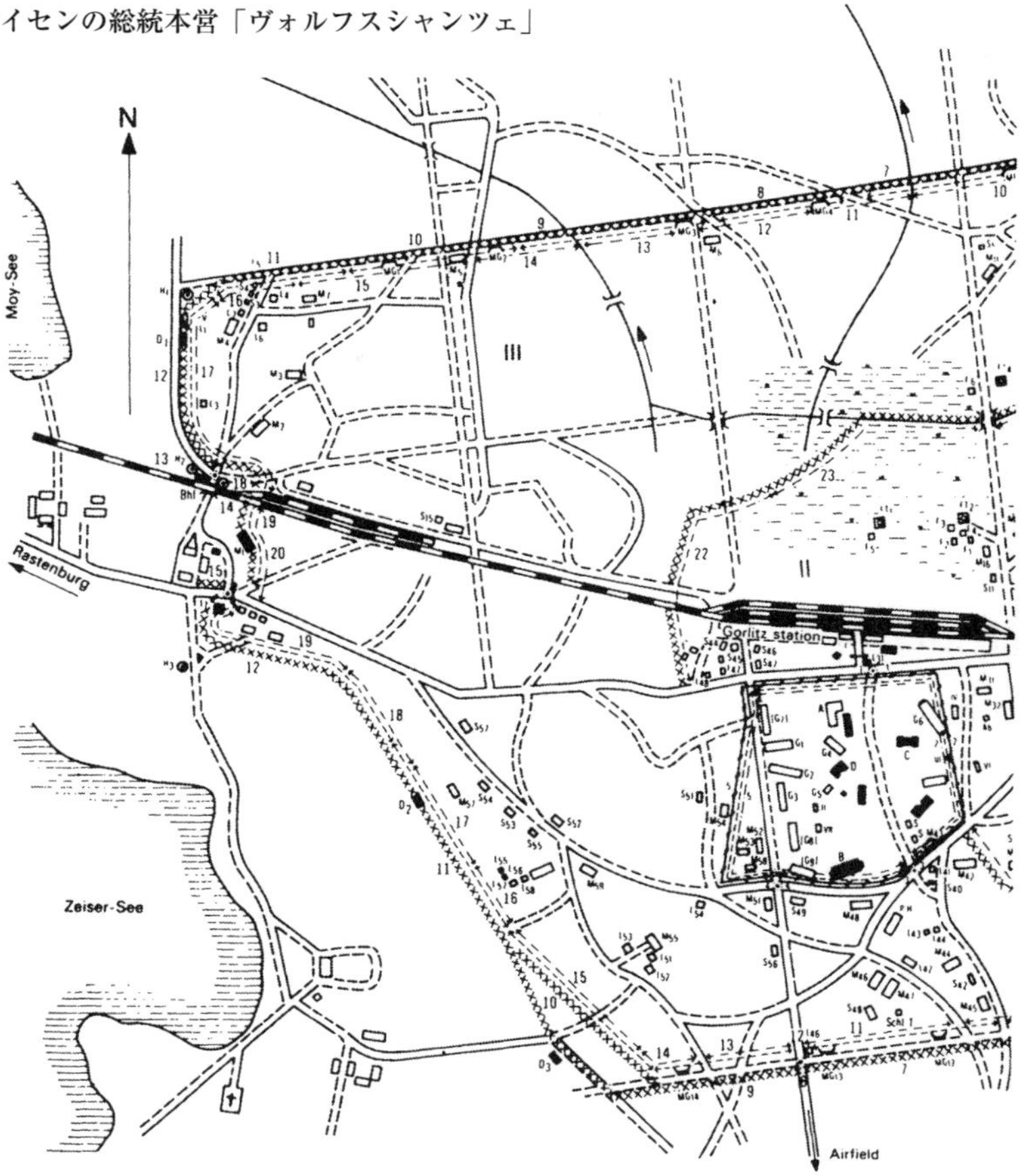

第一封鎖区画と周辺
- a　会議用兵舎
- b　来客用ブンカー
- c　帝国報道局長
- d　車庫
- e　総統警護隊、SS 総統随伴部隊
- f　総統警護隊
- g　SS 総統随伴部隊、従者
- h　速記者
- i　総統警護隊（ラッテンフーバー、ヘーグル）、郵便室
- j　連絡官（ボーデンシャッツ、ヘーヴェル、フォス、親衛隊大将ヴォルフ、のちにフェーゲライン）、モレル医師、床屋ヴォーレンハウプト（ベルリンの「カイザーホフ」ホテルより）
- k　映画館
- l　運転手
- m　暖房設備
- n　サウナ
- o　将官用避難所
- p　第二カジノ
- q　国防軍作戦部長
- r　対空ブンカー
- s　手洗器
- t　元帥宅
- u　ゲーリングのブンカー
- v　古い喫茶室
- w　SS 総統随伴部隊
- x　ブンカー y 外相の連絡官
- z　シュペーア、来客
- z_1　宿泊所
- z_2　将官用避難所
- z_3　連絡官、海軍総司令部
- z4　連絡官、空軍総司令部

52. 東プロイセンの総統本営「ヴォルフスシャンツェ」の地図

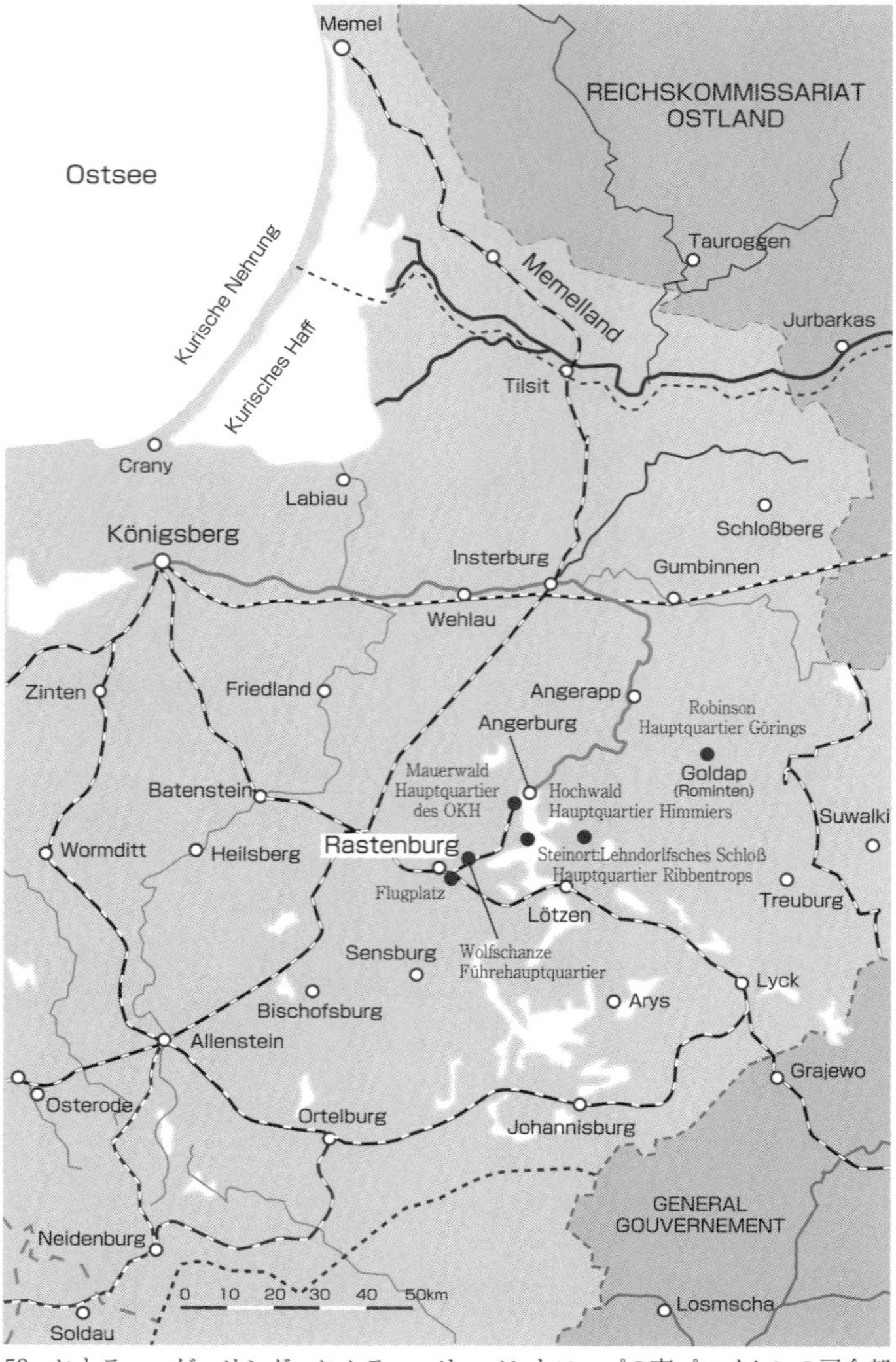

53. ヒトラー、ゲーリング、ヒムラー、リッベントロップの東プロイセンの司令部、1941 ～ 1944 年

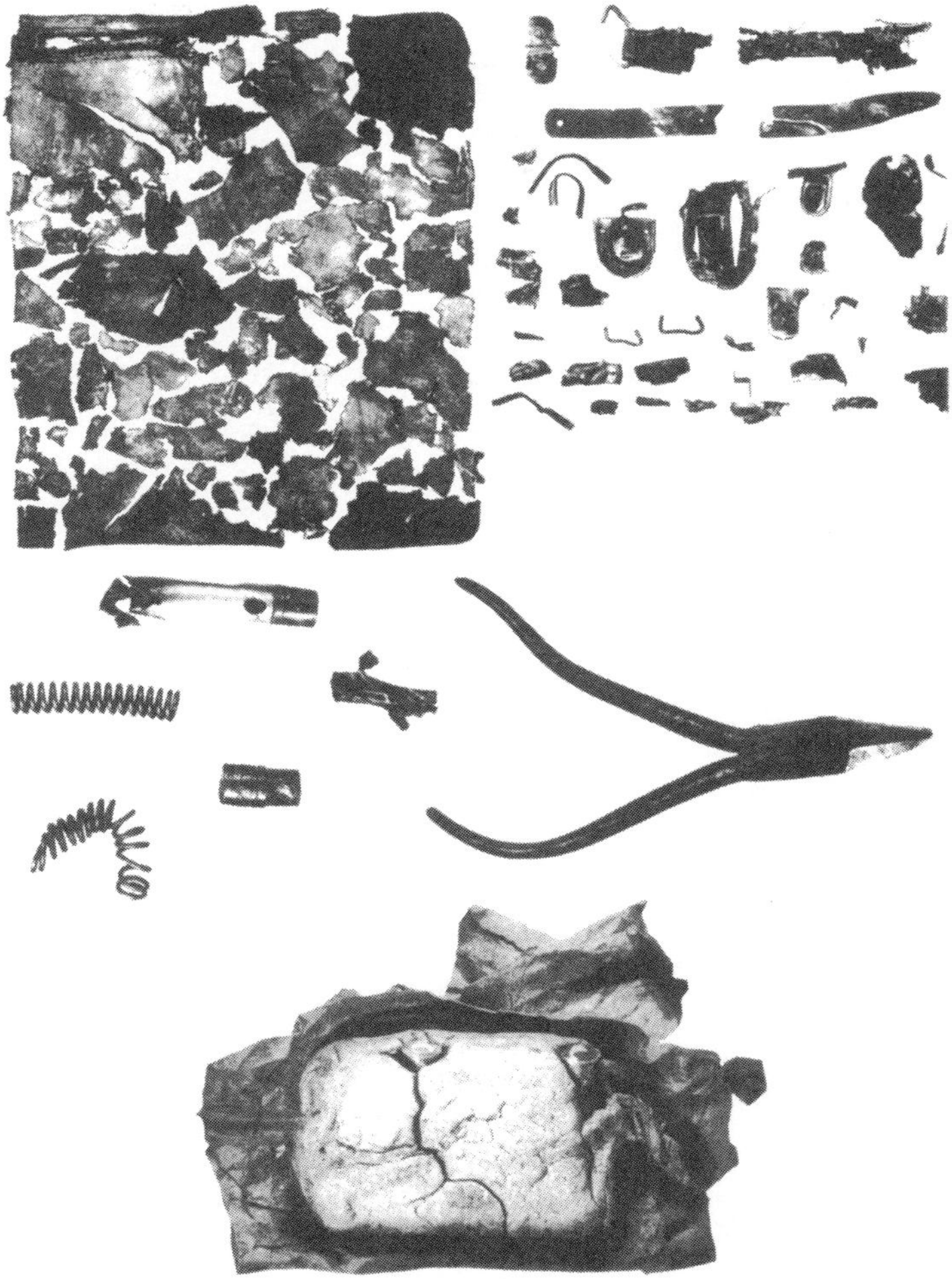

54. 上　シュタウフェンベルクのブリーフケースの残骸。
中央　シュタウフェンベルクの「爆弾」に使用された信管の残骸と信管のガラス管を破壊するのに使用したペンチ。
下　廃棄された伝爆薬付の爆弾の包み。

訳者あとがき

アドルフ・ヒトラーが権力を掌握して以来、彼を狙った暗殺計画は数十に及んだという。もっとも有名なのが、一九四四年七月二〇日のクラウス・シュタウフェンベルク大佐による総統本営爆破およびクーデター未遂だろう。この事件を扱った映画やドキュメンタリー番組は今も数多く制作され、人々の関心を呼んでいる。

この暗殺事件の経緯はもちろん、中心的役割を果たしたクラウス・シュタウフェンベルク大佐の実像に迫ったのが本書の大きな特色だ。とりわけ、シュタウフェンベルク兄弟に多大な影響を与えたと考えられる詩人シュテファン・ゲオルゲとの関係に注目した点は興味深い。クラウス・シュタウフェンベルクを語るうえで欠かせない要素は三つある。まず貴族としての誇りと責任感、それから参謀将校としての使命感、そして最後にゲオルゲ クライスによって培われた「国家」に対する理想だ。このすべてが一体となって、彼を七月二〇日へと突き動かした。兄弟や事件に関係する情報の収集には困難な側面があったようだ。シュタウフェンベルクの日記をはじめ、数多くの文書がゲシュタポの捜査を逃れるために事件直後に廃棄されたからだ。また、ゲオルゲ クライスの秘密主義や、低俗な外部の世界に対して口を閉ざす貴族階級の傾向もあるだろう。一時、事件に関する資料は出尽くした感もあったようだが、著者はそのようななか、家族の手紙や公私にわたる資料、友人による文書、メモを探し出し、さらにはモスクワで新たに発見された資料もあわせ、膨大な資料を分析し、ひとつひとつ組み立てて、シュタウフェンベルクの子ども時代から死後にいたるまでの家族の歴史と、クーデターを実行するまでの経緯を再現してみせた。兄弟がどのような環境で育ち、ゲオルゲ クライスの交流で何を学んだのか、軍務についたのち、どのような悩みや苦しみを抱えていたのか、そして彼自身が周囲に与えた影響はどのようなものだったのか。それが本書から生き生きと浮かび上がってくる。

当初、シュタウフェンベルク兄弟は国家社会主義を支持していた。屈辱的なヴェルサイユ条約の破棄は、当時の大多数のドイツ人に共通の心情であったし、軍人であるクラウスにしてみれば、ドイツの再軍備を宣言するヒトラー政権の方針には当然大賛成だったと思われる。だが、ナチは真の国家社会主義を歪曲し、悪用した。一九四二年夏からクラウスによるヒトラー批判が本格化した一番の理由は、ユダヤ人や占領地域住民に対する残虐行為だった。そのような国家的犯罪に対し何もせず傍観していることは彼の誇りにとって恥辱でしかなかったし、国民を無駄な死に駆り立てるヒトラーの戦争を一刻も早くやめさせ人命を救うのは将校としての務めだった。また、かかる犯罪的行為によって祖国の名を貶め、国家の理想を踏みにじった政権を許すことは師であるゲオルゲの教えに背くことでもあっただろう。孤独な戦いを続けていたクラウスは四三年一月には既存のクーデター組織と結びつき、計画は一気に加速した。その背景にクラウスの強いカリスマ性があったのは間違いない。遅々として進まぬレジスタンスたちの努力が明確な形になったのは、クラウス・シュタウフェンベルクの存在があればこそだったのである。

クーデター計画には最初から大きな欠陥があった。まず権威あるクーデター指導者の不在。シュタウフェンベルクは四二年夏の時点で上級司令官六人に接触し助力を仰いだが、元帥級司令官を上に立つよう説得することはできなかった。次に適切な暗殺実行者がいなかったこと。ヒトラーに近づける者はやりたがらず、すすんで暗殺者を志願する者はヒトラーに近づける立場になかった。さらに、戦況が末期的状況にあり、クーデターに使用可能な部隊を確実に把握できないことも失敗した原因のひとつだった。

このような状況下で、クーデター成功の見込みが薄いことを誰よりも知っていたのはシュタウフェンベルク自身だっただろう。それでも、恥辱にまみれた犯罪的国家に抵抗する者たちがいたことを証明し、祖国の名誉を回復するために、そしてゲオルゲの「秘密のドイツ」に対する献身を貫くために、諦念と絶望の中で行動した彼の姿は崇高というほかない。

本書の刊行にあたっては、多くの方々にお世話になった。とくに原書房の永易三和さん、株式会社バベルの鈴木由紀子さんに、この場を借りて心からの感謝を申し上げたい。なお、訳出作業には全力を尽くしたものの、訳者の不勉強ゆえの誤りもあろうかと思う。ご教示いただければ幸いである。

二〇一〇年五月

大山　晶

訳者略歴
大山　晶（おおやま　あきら）
1961年生まれ。大阪外国語大学外国語学部卒業。主な訳書に『ヒトラー・ユーゲント』『シンボル・コードの秘密』『パットン対ロンメル』（以上、原書房）、『ヒトラーとホロコースト』（ランダムハウス講談社）、『ポンペイ』（中央公論新社）がある。

ヒトラーとシュタウフェンベルク家《け》

●

2010年8月10日　第1刷

著者　ペーター・ホフマン
訳者　大山《おおやま》　晶《あきら》

発行者　成瀬雅人
発行所　株式会社原書房
〒160-0022 東京都新宿区新宿1-25-13
http://www.harashobo.co.jp
振替・00150-6-151594
印刷・製本　中央精版印刷株式会社

装幀　柴田淳デザイン室
DTP編集　エイエム企画

ISBN978-4-562-04589-1　Printed in Japan